株式会社・有限会社
決算書類規定詳解

商法施行規則第5章逐条解説

公認会計士 河野 保 著

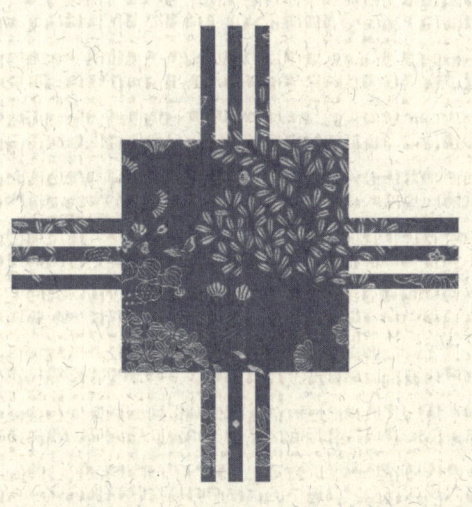

清文社

発刊のことば

　平成15年2月，商法施行規則の大改正が行われ，平成15年4月1日から施行されました。(その後，平成15年9月に同規則の一部改正が行われました。)本書は，この改正後の商法施行規則(以下，この「発刊のことば」において「新規則」という。)のうち，主として，「第5章　貸借対照表等の記載方法等」について逐条解説を行うことを主目的としたものであります。

　平成14年4月1日に施行された当初の商法施行規則(以下，「旧規則」という。)の一部として統合されることにより，その施行とともに廃止された旧「株式会社の貸借対照表，損益計算書，営業報告書及び附属明細書に関する規則」(平成9年改正前)について，私は，平成8年に，その逐条解説を主眼とする「商法決算書類規則詳解」(以下，「前著」という。)を発刊しております。したがって，本書は，一見，書名を改めた，言わば，前著の改訂版に相当することになるかもしれません。しかしながら，本規則自体に相当の改正があったため，本書第Ⅱ部の実質的な逐条解説部分は，前著に比し大幅に頁数が増えています。そのため前著のうちの"第Ⅲ部　会計科目詳解"(うち，一部は本書第Ⅱ部**用語の解説**に移記又は簡記)及び"参考資料"の'再述又は再録(改訂を含む。)'を差し控えることとしました。前著における「第Ⅰ部　本規則の理解のための予備知識」については，改題の上，再述していますが，内容的に相当の変更，削除，追加を行っております。

　新規則第5章(旧規則第4章に相応)は，平成14年における商法，商法特例法などの改正に伴って，旧規則に対し諸般の改正が行われていますが，その主な改正点を述べると，次の**A〜F**のとおりです。

A　平成14年改正の商法の委任規定による「繰延資産」と「引当金」に関する規定の新設[1]

　　[1]　平成14年改正の商法の委任規定による「財産の評価」については，新規則第4章において規定されており，本書での解説の対象外としております。

B　株式会社だけでなく有限会社についても適用するための改正

C　貸借対照表及び損益計算書の各注記の一部について，有報提出大会社における特例の新設*2

　　*2　有報提出大会社（特定の事業を行い第5章第5節の適用がある大株式会社等を除く。）の貸借対照表及び損益計算書などの用語及び様式についても，第11章中の第197条において，特例が設けられています。

　D　貸借対照表の資本の部に計上すべき科目の変更・追加
　E　営業報告書について，「特例会社の特例」及び「連結特例規定適用会社等の特例」の新設
　F　附属明細書について，「執行役」及び「監査委員」に関連する事項の追加並びに「連結計算書類作成会社」に関連する事項の補整

　新規則の特色の一つとして，その第2条などにおいて，用語の定義について規定し，複雑な言い回しを避けた点を挙げることができると思います。しかし，その反面，うっかりすると早合点してしまうおそれがある*3という点に留意する必要があります。例えば，商法特例法における「大会社」と新規則における「大株式会社」とは，どちらも，ある種の株式会社のことですが，その範囲が異なるという点です。同様のことは，「みなし大会社」と「みなし大株式会社」と，また「小会社」と「小株式会社」とについてもいうことができます。そのほか，第5章に関係のある用語として，（たいして重要なことではないかもしれませんが，）「記載の方法」と「記載方法」とが，使い分けされている，つまり，厳密にいえば，その意味が異なるということにも留意すべきであると思います。

　　*3　その最たるものとして，「連結子会社」という用語を挙げることができます。これは，（第5章には関係のない用語ですが，）簡単に算式化して示すと，次のとおりになります。
　　　　連結子会社＝子法人等－'子法人等に含まれる子会社'（商法特例法第1条の2第4項，新規則第142条並びに同第2条第1項第十八号及び第十九号参照のこと）

　本書を執筆するに当たっての私の基本的な考えは，前著の場合と変りありませんので，次に，前著における「まえがき」の相当部分を再録しておきます。

　　平成16年2月

　　　　　　　　　　　　　　　　　　　公認会計士　河　野　　　保

（前著）　ま　え　が　き　（抄）

　……(略)……

　本書には私見によって記述しているところが随所にあります。私見と異なる見解についてそれを正しくないとしているわけではありません。また，私見には多くの未熟な点を含んでいると思います。したがって，あくまでも参考にしていただくためのものです。

　規則の逐条解説においては，いかにも字句とか構文の枝葉末節とも思われる事柄にまで触れております。会計の実務の世界では，いろいろ予想外の事態に直面するものであり，ときには論客といわれている人たちと条文の意味について議論することもあります。その場合に条文解釈について正しい知識を持っていないと，とんでもない議論がまかりとおるおそれもあります。本来，法令は，その性格にもよるものの，法規制の目的に照らし，社会的に公正妥当と思われる解釈法をとればよいと考えます。しかし，世の中には，字句の議論にこだわる人もいます。したがって，まず正しい字句解釈を知っておくことがその出発点であると思います。（規則の字句・文章を正しく解釈し得たとしても，そのことは必ずしも会計的な理解を深めたということではありません。）

　会計科目に関する本書での記述内容についていえば，その大半は常日ごろ私が各所各面で話をしてきた事柄を集成したものであります。大体において私は講義などをするときそのはじめに専門用語の定義について解説します。学問上，ある事柄について定義づけをしたからといって，必ずしもそれを正しく説明したことにはならないということは心得ています。しかし，専門用語について定義をはっきりさせておかないと議論がかみあわなかったり，結論を誤ったりすることも事実としてあり得ることです。

　特に会計科目の意味・内容については，一般に形式的・例示的に説明されていることが多いのが実情です。これに対し，私は，会計科目について，つとめて属性的・機能的に説明してきました。属性的・機能的に理解している

と，例外的な事例とか新しい事例が生じたりしたときにも正しく判断することが可能となります。（もちろん，その属性的理解が，会計情報開示の目的，すなわち資本の循環的活動プロセスの写像を示すものとして財務的判断に役立つ会計情報を提供するという点に根差したものでなければ，形式論に戻ってしまう危険があります。）

　私は，もとより会計実務家であって会計学者ではなく，したがって，あまり読書はしていないのが実情です。特に字の小さい本とか部厚い本を読了することは，特別の場合のほか，ほとんどありません。まして，専門書を数多く読むこともしておりません。しかし幸いなことに，多くの人に接し，いろいろと教えていただく機会がありました。中でも現・専修大学教授川口順一氏には，多年にわたって特別の良機を得て，基礎的なことを強烈に教えていただくことができました。したがって，私の話とか書いたものの中に川口教授の主張・学説が自然に溶け込んでいるところがあると思います。他の学者の方々のお考えも同じように私の考えの中に取り入れることによって私の考えが成り立っているところがあると思います。したがって，もし本書の中に，既に他で発表されている独自の学説なり考え方と同じような点が記述されているとしても，お許しいただきたくお願いするほかはありません。

　ただいえることは，本書の執筆に当たって座右においたのは，法令集のほかは，『会計学大辞典・第三版』（編集代表　番場嘉一郎，発行所　㈱中央経済社），『コーラー会計学辞典』（訳者　染谷恭次郎，発行所　丸善㈱），『勘定科目全書』（監修者　沼田嘉穂，発行所　㈱中央経済社），『法務用語解説・全訂版』（経済法令研究会編・発行），『増補・金融法務辞典』（責任編集　堀内仁・鈴木正和・石井真司・吉原省三，発行所　㈱銀行研修社）などの辞典類であります。いずれも要所要所で現状や通説を知るための参考として利用させていただきました。しかし，本書の執筆の根拠は，その多くが私の過去の講義などの原稿やメモであり，それをまとめながら構想を練り，書き上げたものであります。

　そして，本書では，法令・通達などの記載事項を，自分の説明文のように記述することを避け，必要と思われる事項は，それらの原文を掲載しました。

本書では，単なる解説のほか，いろいろな点で，現行実務（ときには，規則とか通達）の問題点を指摘したり批判したりしています。これらが，今後において何らかの参考になれば幸いです。

　本書は，私が多年にわたって勤務してきました朝日監査法人＊を退職することを機として，朝日監査法人＊代表社員郷田紀明氏並びに株式会社清文社社長成松丞一氏及び同社編集部の方々のお世話によって，著述・発刊することができました。ここに深甚なる謝意を表する次第であります。

　なお，本書の執筆に当たっては，折に触れ，朝日監査法人＊や日本公認会計士協会の方々に資料をいただいたり教えていただいたりしました。ここに厚くお礼を申し上げます。

　　平成 8 年 5 月

河　野　　　保

　＊　同法人は，平成16年 1 月 1 日，あずさ監査法人と改称

　追記；本書（平成16年 4 月発刊予定）の執筆に当たっても，あずさ監査法人や日本公認会計士協会の方々に資料をいただいたり教えていただいたりしました。本当に有難く感謝しております。

　　平成16年 2 月

河　野　　　保

本書の特色

本書の主な特色を列記すると，次のような点である。
1 第Ⅰ部において，本書の主目的である商法施行規則第 5 章（株式会社及び有限会社の決算書類の記載方法等に関する規定）の理解のための予備知識として，次の事項について解説をしている。
 (1) 商法施行規則（特に第 5 章）の制定の背景
 (2) 本規則第 5 章と他の会計関連諸規定との関係
 (3) 会計に関する基礎知識；
  ① 一般にみられる会計用語の混乱を整理し，ときに私見による用語を示すことにより体系的な位置づけを明らかにして，その解明を行った。
  ② 通説では説明されない識別基準について，私見による解説を付け加えた。
  ③ 一般に混用されている会計用語，例えば，「実現主義」「実現主義の原則」「実現基準」「実現認識方法」という各用語の意味とそれらの関連について分かりやすく説明した。そして，販売基準は実現基準に属するものであり，出荷基準（出荷時認識法というべきである。）は，実現認識方法に属するものであることを明らかにした。また，原価基準と原価法との混用について指摘した。
  ④ 一般における「発生主義」に関する説明の非論理性について言及し，正しく分かりやすく解説を行った。
 (4) 法令解釈上で必要な基礎用語；
  ① 例えば，「することができない」と「してはならない」との意味上及び法的効果上の差について理解し得るよう説明した。
  ② 例えば，「以内」と「内」との意味上の差及び現実面での判断などについて説明した。
  ③ 「削除」と「削る」との取扱い上の差について説明した。
 (5) 本規則における特定の用語；

① 例えば,「大会社」と「大株式会社」との用語上の差及び両者の関連について説明した。

② 「連結子会社」とは,連結・非連結には関係がなく,商法特例法及び本規則上の「子会社」と「子法人等」との差を補正するための独特の用語であることを簡記した。

③ 例えば,「記載の方法」と「記載方法」との意味上の差について説明した。

2 第Ⅱ部において,本書の主目的たる商法施行規則第5章の逐条解説を行っているが,これに関連し;

(1) 第11章第197条及び'附則(必要部分)'について付け加えた。

(2) 各条について,原則として,その構文の分析を行って,文言に即して解説した。

(3) 他の条項の準用規定について,わかりやすく敷延して説明した。

(4) 関係する会計用語などについて,「用語の解説」という見出しのもとその定義を説明した。(下の3参照)

(5) 条文の中には,実務的見地からみて,表現の不明確な点や規定の不充分な点が散見される。それらについても,本規則の目的に照らし,できるだけ私見による結論を述べた。

(6) 条文の中には,規定上の文言の脱漏など(ときにはミスと思われるもの)もある。それらについては,文理的解釈によって本規則の目的に反するような解釈をすることのないよう,論理的解釈(場合により類推解釈)により私見を述べた。

(7) 参考説明又は補足説明という語とともに,テーマを掲げて特別に説明している事項があるが,それは,大まかにいって次のような事項である。

　参考説明……本規則上,格別,問題はないとしても,税法上の取扱いとの関連上,留意しておく方がよい事項とか,本規則上,実務面の取扱いが不明確であるが留意すべき事項など

　補足説明……本規則の規定では,会計基準などとの関連上,疑義があると思われる事項など

3　本書における会計用語の解説に当っては，次のような点に留意した。
　① 　形式的な定義説明で終ることのないよう，できる限り，属性的・機能的な説明を加えるようにした。
　② 　形式的に説明する場合でも，一般に見られるような例示的説明ではなく，できる限り，包括的用語を示し，網羅性の見地から正確に理解し得るよう努めた。
　　付．　前著における「用語の解説」につき，字引的に使えるとか使っているという評を得ている。
　③ 　法律上の用語と会計上の用語とが同じであっても，その法的概念と会計概念とに差があるもの（例えば，債権・債務）については，その差が分かるように解説を行った。
　④ 　B/S上の有価証券につき，商法上のものと証券取引法上のものとに差があるとの有力な見解に対し，会計上の見地からその正否につき解明を行った。

凡　　例

1　本書の構成

部 の 区 分

本書は，第Ⅰ部及び第Ⅱ部の2部からなり，第Ⅰ部においては商法施行規則（以下，「本規則」という。）第5章の理解に必要と思われる事柄を記述し，第Ⅱ部において本規則第5章について（これに関連のある第11章のうちの第197条と附則とをつけ加え），逐条解説を行っている。

第Ⅱ部においては，本規則第5章の各条について，まず，条文を枠内に示し，そして条文中に示されている引用法令とか準用法令など，必要と思われる諸規定を〔参考規定〕*1として掲げ，その次に，原則として条文を各項の本文とただし書に分けて解説（要点又は**参考説明**として別書きしたところもある。）し，次いで，**用語の解説**として，その条文中に出てくる専門用語*2などの解説を行っている。なお，**補足説明**を書き加えたところがあるが，そこでは，本規則における規定を中心とし関連する諸規定に関し疑義のある点について私見を述べている。

　　＊1　第Ⅱ部においては，枠内で示した条文のすぐ下に記した〔参考規定〕の場合，〔参考規定〕という標題の記載を省略している。
　　＊2　本規則第5章では，財務諸表等規則と異なり，貸借対照表及び損益計算書に記載する科目について，ほとんど示されていない。そこで，条文中に示されていない科目についても追加して簡単な解説を加えている。

文章の細別符号・列記項目符号

本書では，第Ⅰ部第1～第4及び第Ⅱ部各条の解説における文章の細別符号について，原則として次のように区別している。

　　　最大区分……1，2，3など
　　　大　区　分……(1)，(2)，(3)など
　　　中　区　分……①，②，③など＊
　　　小　区　分……ア，イ，ウなど
　　　最小区分……㋐，㋑，㋒など

「ア，イ，ウ」を使うのは「公用文作成の要領」（昭和27年）における書き方にならったものである。

＊　条番号の次の「①，②など」は後述のように条文中の項番号を，また，条項の次の「一，二など」は条文中の号番号を示している。

　なお，本書で他の記述箇所を参照・引用する場合，同一の部については「第Ⅰ部」／「第Ⅱ部」を省略し，他部であっても第Ⅱ部に関しては条から記載している。同様に，同一の大区分，中区分の中で，他の区分における記述を参照・引用する場合，同一の区分に属する第1・1・条・(1)・①などの符号の記載を省略している。

　本書では，列記項目の順番を示す符号としては，「A，B，Cなど」を使っている。その細別符号は「a，b，cなど」であり，更なる細別符号は「i，ii，iiiなど」である。

　また，「A，B，Cなど」は「AはBである。」とか「A＝B＋C」というように名詞／名詞句の代用符号としても使っている。

条文の見出し

　第Ⅱ部における各条について条番号の次に（　）を付して「見出し」をつけているが，これは，本規則の条文自体（原文では条番号の前行上部）に付されている「見出し」である。

　法令の形式上，2以上の条文に共通する「見出し」の場合，その最初の条文以外には「見出し」が付されていない。そのような場合，本書では，便宜上，筆者の考えによる「見出し」をつけることとし，それには〔　〕を付して区別している。

条項などの番号

　法令の条文を記載＊1するとき，原文にかかわらず，条番号については算用数字を用い，項番号＊2については算用数字を丸で囲むこととし，号番号についてのみ漢数字をもって示している。

　財表規則ＧＬや企業会計審議会報告などの項目番号については，原文に従い，漢数字・算用数字などをもって示している。

　括弧内や注記などでは，法令等の条項号の番号を略記している（例：○○法第17条第1項第一号は，○○法第17条①一として示す。）。なお，抄録であっても，原則として（抄）の文字を示していない。

　　＊1　〔参考規定〕などとして示した法令の原文中で括弧書きされている見出しとか制定年や法令番号などの転載を省略している。また，条文中の'本書の記述に関係のない語句'を省略しているが，その場合は，その箇所を……で示している。

　　＊2　法令の原文では，第1項について項番号を示していないが，本書では，①をつけ

ている。
    注　条文につけたアンダーライン・引用符・注記符号は，原文には付されていないが，説明の便宜上，筆者がつけたものである。

　〔参考規定〕として法令の条文を掲載する場合，条番号の次に①をつけないで1項目だけを掲載しているときは，その条文は1項だけであって第2項以下はないという意である。これに対し，条番号の次に①をつけて1項目だけを掲載したときは，第2項以下があるが，そこには第1項だけを掲載し，第2項以下は掲載を省略したという意である。

　法令の原文が漢数字で示されていても，号番号を除き，これを算用数字で示している。

　「企業会計原則」の場合は，「第三　貸借対照表原則の四の㈠のＡの第2番目の項（原文には項番号は示されていない。）」について，「第三・四㈠Ａ②」のように示している。「連続意見書」など，原文では項番号がつけられていないものについても，文章的にみて複数の項がある場合，その改行の順番に従って「第1項」（簡記するとき，①）などとして示している。

　同一の項の中に，改行されている複数の文章又は文章群がある場合，改行の順番に従って「第1パラグラフ」（簡記するとき，第1パラ）のように示している。

2　文章の簡記

　本書では，文章表記について，誤解を生じない程度において，次に示すように簡略記載を行っているところがある。
(1)　用語の省略を行う。次にその例を示す。
　　「商法（その委任命令を含む。）の規定に基づき」⇨「商法に基づき」
　　「有限会社法第○条の規定で準用される商法第○○条の規定による」⇨「有限会社法（準用規定）による」
　　「第○条の規定における」⇨「第○条における」
　　「○○の金額中の」⇨「○○の中の」
　　「△△という語に」⇨「△△に」
(2)　商法／本規則特有の語の代りに一般的な用語を使う。例えば；
　　「社債（国債，地方債その他の債券を含む。）」の代りに「債券」を，計算書類の代りに「決算書類」を，決算期の代りに「決算期末」を使う。
(3)　文章で説明する代りに算式をもって示す。これには，次の三とおりの使い方を

している。
A　左辺・右辺は同義であるという意
　　　　例えば……'B/S 上の資本'＝純資産＝出資者持分
B　左辺・右辺は，その用語は異義であるがその金額が同じという意
　　　　例えば……資産＝負債＋資本
C　左辺・右辺はその用語の意味もその金額も同じという意
　　　　例えば……総資本＝外部資本＋内部資本

3　記号の意味

丸かっこ（　）

本書の文中の（　）内の語句又は文は，その前の語などの同義語や'補足的な説明'とか例外である。場合により，（　）には省略可能な語句を示し，以後の説明では省略していることもある。文の末尾につけた（　）内の文は，参考として付記したものである。

角括弧〔　〕

〔　〕は，次のA～Cのような題目を示す語に付した。ただし，条文のすぐ下など，そのことが分かるような箇所では，〔参考規定〕，〔要点〕という表示は省略している。
A　筆者が任意に付した条文の「見出し」
B　〔参考規定〕
C　第Ⅰ部第4で〔参考規定〕の次に記載した〔要点〕（点線の枠で囲っている。）

かぎかっこ「　」

　一般の法令名（略称を含む。）には「　」をつけていないが，企業会計原則などのように発表文の名称で一般の説明語とまぎらわしいと思われるものについては，固有の名称であるという意で「　」をつけているところがある。
　また，法令文の用法にならい，（以下「○○」という。）という文中の○○（＝略語）に「　」をつけたが，以下における当該略語には「　」をつけていない。
　そのほか，条文とか他書から引用したり，本書の他の箇所で記述している特定の文言とか題名などを指し示したりするとき，その文言などに「　」をつけた。また，単に特定の語・句・文などを注意的に示すために「　」をつけたものもある。

二重かぎかっこ『　』

本書では，一般の用法によるほか，特定の文章について『　』をつけている。例えば，「……次のことを意味する。」という文章の次に，その意を受けた文を記述するときは，その文の前後に『　』をつけている。しかし，「次のA及びBを意味する。」というように特定した場合には，『　』をつけていない。

引用符' '，" "

引用符は，一般の用法とは異なる使い方をしている。

例えば，「A，B及びC以外のD」といった場合，「AとBと『C以外のD』との三つをいうのか，それとも「AとBとCとの三つを除くそれら以外のD」をいうのか，わかりにくいことがある。通常，文の内容から判断できるが，それでもうっかりすると読み違えることもある。そこで本書では，前者の意のときは「A，B及び'C以外のD'」，後者の意のときは「'A，B及びC'以外のD」というように引用符「' '」を用いることとした。

そのほか，修飾語が複合している場合とか，長文中の一つのまとまりの部分を示すのに「' '」を使っている。

なお，ときには「　」や（　）の中で，『　』や（　）を使う代りに' 'を用いているところもある。

「" "」は，上と同様であるが，「' '」を含む語句又は文に使っている。

そのほか，「　」の代わりに，単に特定の語／句／文などを注意的に示すために「" "」をつけたところもある。

中丸点・

本書では，読点「，」が重なったり，並列的接続が重なったりしたときに，単語などの並列について中丸点「・」を使っている。その場合，「及び」の語は省略している。例えば，「A・B・C」は「A，B及びC」の意であり，「A・B，C及びD」は「A及びB，C並びにD」の意である。

また，「第1の文中の1」などを示すときに「第1・1」というように示したところもある。

コロン・セミコロン：・；

本書では，一般の用法と異なり，コロン「：」は「対」の意，セミコロン「；」は「すなわち」とか「以下のとおり」の意で使っている。

斜線 ／

本書では，選択的接続について，ときに斜線「／」を記している。例えば，「Ａ／Ｂ」とは「Ａ又はＢ」の意であって「Ｂ分のＡ」の意ではない。したがって「及び／又は」というのは，英語の'and／or'と同じで，「'及び'又は'又は'」の意である。ただし，B/S・P/L・C/F という略語は別である。

注記符号 ＊・※・☆・注

＊※☆は注記を意味する符号であり，＊１は，本来，注１の意である。＊などは各区切りの後に，できるだけ近くに記載した。

＊は，文中の特定の用語に関連して記載した注記である（その場合，該当する用語の右肩にその＊を付した。）。

※は，法令の文中に示されている他の法令の条項又は同一法令中の他の条項を示すときに用いている。

☆は，法令の文中における特定の語について，その定義を行っている法令の条項を示すときに用いている。

「注」は，特定の用語には関係しない事項について補足的・留意的・参考的に別記する場合に使っている。

指示符号 →・⇨・⇾

→は，本書中に記載している他の箇所を指し示し，'それを参照すること'又は'それと比較対照すること'という意である。

⇨は，本書中には引用記載していないが，詳しくは又は正確には，そこに示す法令などを参照することという意である。

⇾は，前の語から後の語の変化'する／した'又は'させる／させた'という意である。

アンダーライン

用語中，他の語との関連上，見落とすといけない語とか，一般の語義と異なる特別の意味を有する用語とか注意すべき語についてアンダーラインをつけた。

4 法令名等の略記

　本書で引用・記載した法令などは，次のとおりである。なお，以下，この4において「　」を付したものは略記したものである（本書における解説中では，最初に記述する場合は，できるだけ詳しく記述しているが，その後は略記したものでも「　」をつけていない。）。

商　法……商法（明治32年3月9日法律第48号，最終改正：平成15年8月1日法律第138号）

「商法特例法」／「特例法」……株式会社の監査等に関する商法の特例に関する法律（昭和49年4月2日法律第22号，最終改正：平成15年8月1日法律第134号）

「平成14年改正法」……商法及び株式会社の監査等に関する商法の特例に関する法律の一部を改正する法律（平成14年5月29日法律第44号。最終の改正法のことではない。）

有限会社法……有限会社法（昭和13年4月5日法律第74号，最終改正：平成14年5月29日法律第44号）

商法施行規則／「商法規則」／「本規則」……（平成14年3月29日法務省令第22号，最終改正：平成15年9月22日法務省令第68号）

「財務諸表等規則」／「財表規則」……財務諸表等の用語，様式及び作成方法に関する規則（昭和38年11月27日大蔵省令第59号，最終改正：平成16年1月30日内閣府令第5号）

「財表規則ＧＬ」／「財規ＧＬ」……「財務諸表等の用語，様式及び作成方法に関する規則」の取扱いに関する留意事項について（財務諸表等規則ガイドライン）（平成11年4月大蔵省金融企画局，最終改正：平成16年1月30日金融庁総務企画局長）

企業会計原則……企業会計原則（昭和24年7月9日経済安定本部企業会計制度対策調査会，最終改正：昭和57年4月20日企業会計審議会）*

「会計原則注解」……企業会計原則注解（昭和49年8月30日企業会計審議会，最終改正：昭和57年4月20日）

原価計算基準……原価計算基準（昭和37年11月8日企業会計審議会）

「連続意見書」……企業会計原則と関係諸法令との調整に関する連続意見書（第一～第三；昭和35年6月22日，第四・第五；昭和37年8月7日企業会計審議会）

本規定……本規則第5章の規定。

　＊　上に示した企業会計原則などについては，企業会計審議会による「報告」とか「中

間報告」とかの区別は示していないので，厳密に知る必要があるときは，適当な法令集を参照する必要がある。

5　その他の用語・略語

会社／自社……株式会社及び／又は有限会社（＝本規則でいう計算書類作成会社）
決算期末／期末……商法／特例法／本規則でいう「決算期」
決算書類……いわゆる計算書類（＝本規則第2条②一～四の書類）
主　文……条文中に各号列記がある場合，その第一号の前にある文をいう（本書だけの用語であり，一般的な用語ではない。）。
本　則……法令の第1条～最終の条の部分（つまり，附則以外の規定）
本　文……ただし書が付されている場合，その前の文をいう。
B/S……貸借対照表
P/L……損益計算書
C/F……キャッシュ・フロー計算書

参 考 文 献

本書の執筆に際し、次の文献を参考にさせていただきました。

〔書籍〕
- 逐条解説　改正商法施行規則（計算規定）初版
　　田中久夫氏編著　税務経理協会発行
- Q&A　商法施行規則　第2刷
　　中村芳夫氏監修　新日本法規発行

〔雑誌・論文〕
- 企業会計　2003　Vol.55　No.6
　　改正商法規則（計算書類関係）の完全解説（上）
　　証券取引法会計と商法会計の調整
　　　弥永真生氏　中央経済社発行
- 経理情報　2003.1.10－20　No.1006
　　商法施行規則改正案2条の定義規定について
　　　秋坂朝則氏　中央経済社発行
- 商事法務　No.1641・No.1644
　　平成14年改正商法の解説〔Ⅴ〕・〔Ⅷ〕
　　　始関正光氏　商事法務研究会発行
- 商事法務　No.1657～No.1659
　　平成14年商法改正に伴う改正商法施行規則の解説〔Ⅰ〕～〔Ⅲ〕
　　　濱　克彦氏・郡谷大輔氏・和久友子氏　商事法務研究会発行
- JICPAジャーナル　2003・6
　　平成14年商法改正に伴う改正商法施行規則の解説
　　　濱　克彦氏・郡谷大輔氏・和久友子氏　第一法規発行
- JICPAジャーナル　2003・11
　　平成15年商法改正に伴う「商法施行規則」の改正についての解説
　　　郡谷大輔氏　第一法規発行

目　　次

発刊のことば …………………………………………………………………ⅰ
（前著）まえがき（抄） ……………………………………………………ⅲ
本書の特色 ……………………………………………………………………ⅶ
凡　　例 ………………………………………………………………………ⅺ
参考文献 ……………………………………………………………………ⅹⅸ

第Ⅰ部　商法施行規則第5章の理解のための予備知識

第1　本規則などに関する基礎知識

1　商法施行規則の制定根拠 ………………………………………………3
2　本規則第5章の制定根拠 ………………………………………………4
3　本規則第5章の適用範囲 ………………………………………………7
4　本規則第5章と他の会計関連諸規定との関係 ………………………9
　(1)「企業会計原則」　9　　(2) 財務諸表等規則　9　　(3) 法人税に関する規定　12　　(4) 企業会計審議会報告　13　　(5) ㈶財務会計基準機構・企業会計基準委員会の公表する会計基準など　13　　(6) 日本公認会計士協会報告　14
5　用語の解説 ……………………………………………………………15
　(1) 計算書類・会計書類・決算書類・決算報告書　15　　(2) 勘定式・報告式　17　　(3) 親会社　17　　(4) 子会社　20　　(5) 関連会社・関係会社　23　　(6) 注記・付記　24

第2　会計に関する基礎知識

1　会計の意義 …………………………………………………………25
(1) 会計（一般）　25　　(2) 企業会計　26　　(3) 財務会計　26
(4) 制度会計　27　　(5) 管理会計　28

2　会計原則・会計基準 ………………………………………………29
(1) 会計慣行・会計基準・会計原則　29　　(2) 会計処理基準・会計処理　31　　(3) 識別原則・識別基準・識別方法　35　　(4) 認識原則・認識基準・認識方法　37　　(5) 発生主義・発生主義の原則・発生基準・発生認識方法　38　　(6) 実現主義・実現主義の原則・実現基準・実現認識方法　40　　(7) 現金主義・現金基準・現金基準認識方法　41　　(8) 発生主義・実現主義・現金主義の比較　42　　(9) 評価原則（＝測定原則）・評価基準（＝測定基準）・評価方法（＝測定方法）　43　　(10) 原価主義・原価基準・原価法　46　　(11) 低価主義・低価基準・低価法　48　　(12) 時価主義・時価基準・時価法　50

3　会計方針 ……………………………………………………………52
(1) 会計方針の意義　52　　(2) 会計方針の変更　54

4　"収入と収益"・"支出と費用" ……………………………………58
(1) 収入・収益　58　　(2) 支出・費用　59

5　価値・価格・価額 …………………………………………………61
(1) 価　値　61　　(2) 価　格　61　　(3) 価　額　61

第3　法令解釈上で必要な基礎用語

1　可否・要否に関する用語 …………………………………………63
(1) ……することができる　63　　(2) ……することができない・……なることができない　63　　(3) ……しなければならない　64
(4) ……してはならない　65　　(5) ……することを妨げない　65
(6) ……この限りでない　65　　(7) ……するものとする　66

2　量・時期などを区分する用語 ……………………………………66
(1) 以上・超・以下・未満　66　　(2) 以前・前・以後・後　66

(3)　以内・内　67　(4)　以外・外・のほか・ほか　67

　3　語句の接続・例示を示す用語 …………………………………68

　　(1)　及び・並びに　68　(2)　又は・若しくは　69　(3)　その他・その
　　他の　70

　4　そ の 他 ……………………………………………………………70

　　(1)　適用する・準用する　70　(2)　削除・削る　71
　　(3)　場合・とき　71

第4　本規則における特定の用語など

　1　第2条（定義）における特定の用語及び関連用語 ……………72
　2　大株式会社 …………………………………………………………72
　3　特例会社 ……………………………………………………………74
　4　みなし大株式会社 …………………………………………………77
　5　大株式会社等 ………………………………………………………78
　6　小株式会社 …………………………………………………………79
　7　有報提出大会社 ……………………………………………………80
　8　親会社・支配株主・支配社員 ……………………………………81
　9　子法人等・子会社・有限子会社・連結子法人等・連結子会社 ……82
　10　連結特例規定適用会社 ……………………………………………85
　11　記載・電磁的記録・電磁的方法 …………………………………86
　12　評価差額・評価差額金 ……………………………………………88

第II部　商法施行規則第5章逐条解説
（附．第11章第197条及び附則）

第5章　貸借対照表等の記載方法等

第1節　総　　則

第34条（貸借対照表等の記載事項等） ……………………………91
　●用語の解説 ……………………………………………………92
　　　貸借対照表　92　　損益計算書　93　　営業報告書　94
　　　附属明細書　96

第2節　貸借対照表の記載事項

第35条（創立費） ……………………………………………………98
第36条（開業費） ……………………………………………………100
第37条（研究費及び開発費） ………………………………………101
第38条（新株発行費等） ……………………………………………104
第39条（社債発行費） ………………………………………………105
第40条（社債発行差金） ……………………………………………105
第41条（建設利息） …………………………………………………107
第42条（適用除外） …………………………………………………107
第43条（引当金） ……………………………………………………108

第3節　貸借対照表等の記載方法

第1款　総　　則

第44条（作成の基本原則） …………………………………………111
　●構文の解説 ……………………………………………………113
　●用語の解説 ……………………………………………………115

　　　　財　産　115　　損　益　115

第45条（会計方針の注記等）………………………………………………116
　●用語の解説 …………………………………………………………………129
　　　評価の方法　129　　B/S・P/L の記載の方法　130

第46条（注記の方法）…………………………………………………………131
　●用語の解説 …………………………………………………………………134
　　　科　目　134　　勘定科目　134　　会計科目　135

第47条（追加情報の注記）……………………………………………………135

第48条（注記等の特例）………………………………………………………139
　●参考説明──注記に関する税法上の取扱いとの関連 …………………141

第49条（金額の表示の単位）…………………………………………………142

第2款　貸借対照表

第50条（区　分）………………………………………………………………144
　●用語の解説 …………………………………………………………………145
　　　資　産　145　　負　債　145　　資　本　146

第51条（資産の部）……………………………………………………………146
　●用語の解説 …………………………………………………………………147
　　　流動資産（会計）　147　　固定資産　148
　　　投資その他の資産　149　　繰延資産　149

第52条〔資産の部──科目細分〕……………………………………………150
　●用語の解説 …………………………………………………………………152
　　　流動性配列法　152　　現金及び預金　152

第53条（売掛金等）……………………………………………………………153
　●用語の解説 …………………………………………………………………154
　　　営業取引　154　　債　権　154　　金銭債権　155
　　　営業債権　156　　売掛金（＝営業未収金）　157
　　　受取手形（＝営業手形債権＝証券性営業債権）　157
　　　前払金　157　　破産債権　157　　再生債権　158

　　　　更生債権　158　　破産債権などに準ずる債権　158
　●補足説明——破産債権などと１年基準 …………………………159
第54条（預金等）…………………………………………………………160
　●用語の解説 ……………………………………………………………162
　　営業外債権　162　　営業外金銭債権　162　　貸付金　163
　　預け金　163　　未収金（＝営業外未収金）　164　　立替金　164
　　未収収益　165　　仮払金　165　　確定期限付債権　166
　　不確定期限付債権　166　　期限未定債権　167
　　期限不定債権　167　　期限未確定債権　167
　　金額確定債権　167　　金額未定債権　168
　　金額不確定債権　168　　停止条件付債権　169
　　解除条件付債権　169
第55条（子会社等に対する金銭債権）………………………………170
第56条（取立不能の見込額）……………………………………………173
　●用語の解説 ……………………………………………………………175
　　取立不能見込額　175
　●補足説明——金銭債権以外の債権の回収不能見込額 …………176
第57条（短期保有の株式等）……………………………………………177
　●参考説明(1)——'株式及び債券'以外の有価証券 ………………178
　●参考説明(2)——本規則上の有価証券と財表規則上の有価証券 ……179
第58条（親会社株式）……………………………………………………182
　●用語の解説 ……………………………………………………………183
　　株　　式　183　　社債（資産）　184　　債　券　184
第59条（前払費用）………………………………………………………184
　●用語の解説 ……………………………………………………………186
　　前払費用　186　　費用の前払　187
　●補足説明——長期前払費用の１年以内費用化部分 ……………187
第60条（繰延税金資産）…………………………………………………188
第61条（時価が著しく低い場合の注記）………………………………189

- ●用語の解説 ……………………………………………………190
  - 本規則上の流動資産　190　　棚卸資産（形態）　191
  - 棚卸資産（属性）　193　　時　価　194　　取得原価　195
  - 本規則上の取得価額　196
- 第62条（有形固定資産の償却）……………………………………197
  - ●用語の解説 ……………………………………………………198
    - 有形固定資産（形態）　198　　建物　199　　構築物　199
    - 機械装置　199　　工具器具備品　200
    - 有形固定資産（属性）　202　　減価償却　204
- 第63条（建設中の有形固定資産等）………………………………205
- 第64条（無形固定資産の償却）……………………………………205
  - ●用語の解説 ……………………………………………………206
    - 無形固定資産　206　　地上権　207　　借地権　208
    - 鉱業権　208　　租鉱権　208　　採石権　208　　漁業権　208
    - ダム使用権　208　　水利権　208　　無体財産権　208
    - 特許権　209　　実用新案権　209　　意匠権　209
    - 商標権　209　　著作権　210　　著作隣接権　210
    - 出版権　210　　ソフトウェア　210　　営業権（＝暖簾）　210
    - 商号権　211　　償　却　211
- 第65条（償却年数等の変更の注記）………………………………212
  - ●参考説明──償却年数などの変更の注記の内容 ………………213
  - ●用語の解説 ……………………………………………………214
    - 償却年数・耐用年数　214　　残存価額　215
- 第66条（リースにより使用する固定資産）………………………215
  - ●用語の解説 ……………………………………………………216
    - リース契約　216
- 第67条（所有権が留保された固定資産）…………………………216
  - ●用語の解説 ……………………………………………………219
    - 所有権留保付売買契約　219　　売買特約／予約付賃貸借契約　219
    - 設備動産信託契約　220

第68条（長期前払費用）………………………………………………220
　●用語の解説 …………………………………………………………221
　　長期前払費用　221
第69条（長期繰延税金資産）……………………………………………223
第70条（長期金銭債権）…………………………………………………224
　●用語の解説 …………………………………………………………227
　　長期金銭債権　227
第71条（取締役等に対する金銭債権）…………………………………227
第72条（長期保有の株式等）……………………………………………230
　●用語の解説 …………………………………………………………231
　　持　分　231
　●補足説明──'有限会社法上の親会社'の持分 …………………232
　●参考説明──民法上の組合の持分 ………………………………233
第73条（子会社の株式等）………………………………………………235
第74条（繰延資産）………………………………………………………238
第75条（担保に供されている資産）……………………………………239
　●用語の解説 …………………………………………………………240
　　担　保　240　　担保権　241　　抵当権　241　　根抵当権　241
　　質　権　241
第76条（負債の部）………………………………………………………242
　●用語の解説 …………………………………………………………242
　　流動負債　242　　固定負債　243
第77条〔負債の部──科目細分〕………………………………………244
第78条（買掛金等）………………………………………………………246
　●用語の解説 …………………………………………………………247
　　営業取引　247　　債　務　247　　金銭債務　247
　　営業債務　248　　買掛金（＝営業未払金）　248
　　支払手形（＝営業手形債務）　249
第79条（借入金等）………………………………………………………249

●用語の解説 …………………………………………………………………250
　　営業外債務　250　　営業外金銭債務　251　　借入金　251
　　預り金　252　　未払金　252　　前受金　253　　前受収益　253
第80条（支配株主等に対する金銭債務）………………………………254
第81条（繰延税金負債）…………………………………………………256
第82条（長期金銭債務）…………………………………………………258
●用語の解説 …………………………………………………………………260
　　長期金銭債務　260　　社債（負債）　260　　負債性引当金・債務性
　　引当金　260
第83条（長期繰延税金負債）……………………………………………260
第84条（取締役等に対する金銭債務）…………………………………261
第85条（保証債務等）……………………………………………………262
●用語の解説 …………………………………………………………………265
　　偶発債務・偶発負債　265　　偶発費用・偶発損失　266　　未確定債
　　務・未確定負債　266　　条件付債務　268　　停止条件付債務　269
　　解除条件付債務　270　　保証債務　270　　手形遡求義務　271
第86条（引当金の部等）…………………………………………………271
●用語の解説 …………………………………………………………………273
　　引当金　273　　準備金　274
第87条（繰延税金資産及び繰延税金負債の記載の方法）……………275
第88条（資本の部）………………………………………………………276
●用語の解説 …………………………………………………………………276
　　資　本　276　　資本金　277　　資本の欠損　277　　剰余金　277
　　欠　損　278　　債務超過　279
第89条（資本剰余金の部）………………………………………………279
●参考説明──自己株式処分差損の処理・表示 …………………………280
第90条（利益剰余金の部）………………………………………………281
●用語の解説 …………………………………………………………………281
　　任意積立金　281　　当期未処分利益（金）　282　　当期未処理損失

　　　　　　（金）282
　　第91条（その他資本の部に計上すべきもの） ……………………283
　　第92条（資本の欠損の注記） ………………………………………288
　　第93条（繰延資産等に関する注記） ………………………………289
　　　●参考説明──第93条の純資産額と市場価格のある有価証券の評価
　　　　　　　　　差額との関係 ……………………………………292

第3款　損益計算書

　　第94条（区　分） ……………………………………………………294
　　　●用語の解説 …………………………………………………………294
　　　　経常損益 294　　営業（会計） 295　　営業損益 295
　　　　営業外損益 296　　特別損益 296
　　第95条（経常損益の部） ……………………………………………296
　　　●用語の解説 …………………………………………………………297
　　　　売上高 297　　売上原価 297　　販売費及び一般管理費 298
　　第96条（営業損益） …………………………………………………299
　　　●用語の解説 …………………………………………………………299
　　　　営業収益 299　　営業費用 299
　　第97条（子会社等との取引高） ……………………………………300
　　　●用語の解説 …………………………………………………………302
　　　　取　引 302　　営業取引 303　　営業外取引 303
　　第98条（経常損益） …………………………………………………303
　　　●用語の解説 …………………………………………………………305
　　　　営業外収益 305　　営業外費用 305
　　第99条（特別損益の部） ……………………………………………305
　　　●用語の解説 …………………………………………………………306
　　　　特別利益 306　　特別損失 307
　　第100条（当期純損益） ………………………………………………307
　　　●用語の解説 …………………………………………………………309

税引前当期純利益　309　　　税引前当期純損失　309
　　　当期純利益　309　　　当期純損失　310
　第101条（当期未処分利益又は当期未処理損失） ……………………310
　　●用語の解説 ……………………………………………………………313
　　　利益剰余金・留保利益　313　　　中間配当　313
　第102条（1株当たりの当期純利益等） ………………………………315
　　●参考説明──1株当たり当期純利益額の計算方法 ………………315

第4款　営業報告書

　第103条（営業報告書） ……………………………………………………317
　　●用語の解説 ……………………………………………………………327
　　　営　業　327　　　営業年度　328　　　営業所　328　　　企業結合　328
　第104条（特例会社の特例） ………………………………………………329
　第105条（連結特例規定適用会社等の特例） ……………………………331

第5款　附属明細書

　第106条（附属明細書） ……………………………………………………333
　第107条（附属明細書──株式会社の記載事項） ………………………336
　　●用語の解説 ……………………………………………………………339
　　　利益相反取引　339
　第108条（附属明細書──小株式会社以外の株式会社の追加記載事項）
　　　……………………………………………………………………………340
　　●用語の解説 ……………………………………………………………342
　　　支配人　342　　　無限責任社員　342

第4節　貸借対照表及び損益計算書の公告

　第109条（注記部分の省略） ………………………………………………344
　第110条（小株式会社の貸借対照表の要旨） ……………………………345
　第111条（小株式会社以外の株式会社の貸借対照表の要旨） …………347

第112条（大株式会社等の損益計算書の要旨）……………………348
第113条（要旨の金額の表示の単位）……………………………350

第5節　特定の事業を行う会社についての特例

第114条（2以上の事業を兼ねて営む場合の適用関係）…………353
　●参考説明──「特定の事業」以外の特殊な事業を営む会社の
　　　　　　　B/S・P/Lなど………………………………………355
第115条（建設会社に関する特例）………………………………357
第116条（ガス会社に関する特例）………………………………360
第117条（銀行等に関する特例）…………………………………363
第118条（保険会社に関する特例）………………………………364
第119条（電気会社に関する特例）………………………………365
第120条（電気通信会社に関する特例）…………………………367
第121条（鉄道会社に関する特例）………………………………369
第122条（軌道会社に関する特例）………………………………373
第123条（東京湾横断道路建設会社に関する特例）……………373

第11章　雑　則（抄）

第197条（計算書類の用語及び様式の特例）……………………375
　●参考説明──固定資産の減損に係る会計基準の適用について……377

附　則

附則（平成14年法務省令第22号）（抄）…………………………379
附則（平成15年法務省令第7号）（抄）……………………………379
附則（平成15年法務省令第68号）…………………………………380

項目索引…………………………………………………………………381

装幀◇東　雅之

第Ⅰ部
商法施行規則第5章の理解のための予備知識

第 1

本規則などに関する基礎知識

1 商法施行規則の制定根拠

〔参考規定〕
● 商法施行規則
　第1条　この規則は，商法並びにその関係法令である商法中改正法律施行法＊，有限会社法及び株式会社の監査等に関する商法の特例に関する法律（……）並びに商法及び有限会社法の関係規定に基づく電磁的方法による情報の提供等に関する承諾の手続等を定める政令（……）の委任に基づく事項を定めることを目的とする。
　＊　上の第1条では，商法中改正法律施行法を根拠法の一つとして示しているが，それまでの委任規定であった同法第49条は，'商法等の一部を改正する法律（平成14年5月29日法律第44号）'の附則第10条において「削除」とされ，同法は本規則の根拠法ではないことになっている。

　商法施行規則は，その第1条（→上の〔参考規定〕）において示されている内容から明らかなように，次のA～Dの法律及びEの政令の委任に基づいて制定された命令（具体的には法務省令）である。

A　商法
B　商法中改正法律施行法（現在では，関係がない。→上の〔参考規定〕＊）
C　商法特例法
D　有限会社法
E　商法及び有限会社法の関係規定に基づく電磁的方法による情報の提供に関する承諾の手続等を定める政令

　法律における特別の委任規定に基づいて制定された命令（政令・府令／省令・特別の規則）における規定は，その委任を行った法律と同格の法的効力を有する（委任範囲内に限る。）とされている。同様に，上位命令（＝政令）の特別の委任に基づいて制定された下位命令（府令／省令・特別の規則）に

おける規定（委任範囲内に限る。）は、その委任を行った上位命令と同格の法的効力を有する。したがって、本規則のうち委任に基づく規定は、それぞれ委任を行った上のA～Eの法律／政令と同格の法的効力をもっているということができる。

このような法律からの命令への委任は、立法機関たる国会が、憲法上で法律によって規定すべきこととされている事項、つまり立法・司法・行政（財政を含む。）に関する重要な事項に関する規定については、法律をもって規定するけれども、法律に規定されている基本的な事項を施行するために必要な細目的な事項については、内閣／'その法律の執行を所管する行政機関'にゆだねてもよい（又はゆだねる方がよい）と認めた場合に、法律上、明文の規定をもって行うものである。

政令から下位命令に対する委任も、これに準じ、内閣が所管行政機関に対して行うものである。

命令のうち、上述のように法律又は政令からの委任を受けて制定された命令のことを委任命令[1]という。これに対し、内閣／行政機関の固有の権限に基づき憲法又は法律の規定を施行／執行するために制定された命令のことを執行命令[2]という。

　　[1] 国語的には、受任命令というのが正しいと思う。また、ある命令の一部の条項が委任に基づく規定であるときは、当該条項を受任規定というのが正しいと思う。（しかし、一般には、いずれも委任命令といっているようである。）
　　[2] 執行命令として規定される具体的条項の規定は、これを執行規定といってよいと思う。

2　本規則第5章の制定根拠

〔参考規定〕
●商　法
第281条　①取締役ハ毎決算期ニ左ニ掲グルモノ及其ノ附属明細書ヲ作リ取締役会ノ承認ヲ受クルコトヲ要ス
　　一　貸借対照表
　　二　損益計算書

三　営業報告書
四　利益ノ処分又ハ損失ノ処理ニ関スル議案
⑤第1項第一号乃至第三号ニ掲グルモノ及同項ノ附属明細書ニ記載又は記録スベキ事項及其ノ記載又ハ記録ノ方法ハ法務省令ヲ以テ之ヲ定ム
第283条　①取締役ハ第281条第1項各号ニ掲グルモノヲ定時総会ニ提出シテ同項第三号ニ掲グルモノニ在リテハ其ノ内容ヲ報告シ，同項第一号，第二号及第四号ニ掲グルモノニ在リテハ其ノ承認ヲ求ムルコトヲ要ス
④取締役ハ第1項ノ承認ヲ得タル後遅滞ナク貸借対照表又ハ其ノ要旨ヲ公告スルコトヲ要ス但シ次項ノ決議ヲ為シタル会社ニ於テハ此ノ限ニ在ラズ
⑤会社ハ取締役会ノ決議ヲ以テ会社ガ第1項ノ承認ヲ得タル後遅滞ナク貸借対照表ニ記載又ハ記録セラレタル情報ヲ電磁的方法ニシテ法務省令ニ定ムルモノニ依リ同項ノ承認ヲ得タル日後5年ヲ経過スル日迄不特定多数ノ者ガ其ノ提供ヲ受クルコトヲ得ベキ状態ニ置ク措置ヲ執ルコトトスルコトヲ得
⑥第4項ノ要旨ノ記載方法ハ法務省令ヲ以テ之ヲ定ム

● **商法特例法**
第13条　④第1項の監査報告書の記載方法は，法務省令で定める。
第16条　①各会計監査人の監査報告書に第13条第2項の規定による商法第281条ノ3第2項第三号に掲げる事項の記載があり，かつ，監査役会の監査報告書にその事項についての会計監査人の監査の結果を相当でないと認めた旨の記載（各監査役の意見の付記を含む。）がないときは，同法第283条第1項の規定にかかわらず，取締役は，同法第281条第1項第一号及び第二号に掲げるものについて定時総会の承認を求めることを要しない。この場合においては，取締役は，定時総会にこれらのものを提出し，その内容について報告しなければならない。
②取締役は，商法第283条第1項の承認を得，又は前項後段の報告をしたときは，遅滞なく，同法第281条第1項第一号及び第二号に掲げるもの又はその要旨を公告しなければならない。ただし，次項の決議をした大会社においてはこの限りでない。
③……(略)＊……
＊　大会社について，商法第283条⑤（→上掲）とほぼ同旨の規定が設けられている。
④第13条第4項の規定は，第2項の要旨について準用する。
第19条　②大会社については，商法……第283条第4項及び第5項の規定は，適用しない。

● **有限会社法**　第43条　①・⑤……(略)

(1) 第5章に対する委任規定

本規則のうち第5章の規定（以下「本規定」という。）は，次のA〜Cに示す法律の委任規定に基づいて制定された規定である。すなわち，法律の特別の委任規定によって制定された省令（命令の一種）であるから，本規定は，

原則として，その委任を行った法律と同格の法的効力を有するものであるといえよう。

 A 商法
  a 第281条第5項
  b 第283条第6項
 B 商法特例法
  a 第16条第4項によって準用される同法第13条第4項
  b 第21条の26第5項によって準用される商法第281条第5項
  c 第21条の31第3項によって準用される同法第16条第4項によって重ねて準用される同法第13条第4項
 C 有限会社法第43条第5項によって準用される商法第281条第5項

(2) 第5章における受任規定

上の(1) A～C によって本規則（うち本規定部分）に委任されている内容は，具体的には，次の a～d に示す書類の<u>記載</u>の方法又は要旨の記載方法を定めることである。したがって本規定はこれらの受任規定であるということができる（一部*を除く。）。

  * 貸借対照表及び損益計算書の要旨ではなくそれ自体を公告する場合，それについての本規則第109条のような確定した決算書類と異なる記載方法を定めることについては，法律の条文面で法務省令に委任する旨の特別の文言は見当たらない。つまり，商法第283条⑥及び特例法第13条④は，それぞれ，要旨についてのみ法務省令に委任している。（本規則第109条は執行規定に当たると思う。）

 a 商法第281条第1項／商法特例法第21条の26第1項によって株式会社の取締役[*1]／執行役[*2]が毎決算期[*3]に作成すべき貸借対照表，損益計算書及び営業報告書並びにそれらの附属明細書について；
  i 記載又は記録すべき／することができる事項……第2節で規定
  ii 記載又は記録の方法……第3節・第5節で規定
 b 商法第283条第4項によって株式会社（大会社[*4][*5]・みなし大会社[*5][*6]を除く。）の取締役[*1]が公告すべき貸借対照表の要旨の記載方法……第4節で規定

c 商法特例法第16条第2項（同法第21条の31第3項によって準用される場合を含む。）によって大会社／みなし大会社の取締役*1*7が公告すべき貸借対照表及び損益計算書の各要旨の記載方法

d 有限会社法第43条第1項によって有限会社の取締役が毎決算期*3に作成すべき貸借対照表，損益計算書及び営業報告書並びにそれらの附属明細書について；

 i 記載又は記録すべき／することができる事項……第2節で規定

 ii 記載又は記録の方法……第3節・第5節で規定

*1 ここで「取締役」とは，'委員会等設置会社でない株式会社'の代表取締役／当該業務執行取締役（⇒商法第260条③二）を意味する。

*2 委員会等設置会社にあっては，指定された執行役（⇒特例法第21条の26①）

*3 ここで「決算期」とは，一般にいう決算期末（＝決算期間末＝営業年度末）を意味する。

*4 「大会社」とは，特例法第1条の2①の株式会社をいう（→第4・2〔参考規定〕☆）。

*5 大会社については，特例法第19条②により，商法第283条④は適用されない（みなし大会社は，特例法第2条②により同法第19条②が適用される。）。

*6 「みなし大会社」とは，特例法第1条の2③二の株式会社をいう（→第4・3〔参考規定〕）。

*7 委員会等設置会社にあっては，執行役（⇒特例法第21条の31③）

注 上の**c**の場合，「大会社」／「みなし大会社」と示されているところについて，経過措置の関係上，結局，現実的には本規則上の「大株式会社」／「みなし大株式会社」のことであると理解すべきである。同様に，上の*1・*2・*7における「委員会等設置会社」については，本規則上の「特例会社」のことであると理解すべきである。

3 本規則第5章の適用範囲

(1) 企業の形態による適用区分

本規定は，商法・商法特例法／有限会社法によって株式会社／有限会社が作成する決算書類（B/S，P/L，営業報告書及び附属明細書）並びに公告するB/S及びP/L又はそれらの各要旨について適用される。したがって，'株式会社／有限会社'以外の商人，すなわち合名会社，合資会社，組合企業，個人企業等に対しては，本規定は適用されない*1。

しかし，これらの営利企業が商法第4条の規定による商人である以上，商法第32条第1項によって商業帳簿（会計帳簿及び貸借対照表）を作成する義務があり（小商人を除く。⇒商法第8条），そして商業帳簿の作成に関する規定の解釈について公正な会計慣行を斟酌しなければならない（⇒商法第32条②）とされているから，本規定の適用を受けない企業であっても，本規定（'第2節第35条〜第37条及び本質的に適合しない規定'を除く。*2）の規定内容を決算書類の作成に関する公正な会計慣行の一部として尊重すべきことになると思う。その場合，その企業の営む事業の所管法令等において会計に関する規定があれば，それによることはもちろんであるが，そうでなければ，B/Sの資本の部について企業形態に合致した記載方法によるなどの調整を必要とするも，その他については，その規模・業態に応じ，本規定に準じて記載することとなろう。

*1 ちなみに，'株式会社・有限会社'以外の商人については，その財産の評価につき，商法第34条が適用される。株式会社及び有限会社については，商法第285条・有限会社法第46条①により，本規則第4章が適用される。

*2 本規定の適用を受けない企業であっても，本規則第35条〜第37条の繰延資産と異なり，第43条の引当金については，商法の基本的理念たる債権者保護の理念＝資本充実の原則にかなうから，公正な会計慣行（⇒商法第32条②）として，その計上が認められると考える。

(2) 事業の種別による適用区分

① 本規定の第1節〜第4節は，株式会社・有限会社の全般に適用されるのが原則であるが，特定の事業を営む会社については，特例規定として第5節が設けられており，この特例規定に該当する株式会社又は有限会社については，その規定が適用される。

この特例規定の適用がある会社を列記すると，次のとおりである（正確には，第5節を参照すること。）。

『建設会社，ガス会社，銀行等，保険会社，電気会社，電気通信会社，鉄道会社，軌道会社及び東京湾横断道路建設会社』

② 上の特例規定の適用がある会社は別として，それ以外の会社は，仮にそ

の営む事業の所管法令によって特別の財務諸表準則などが定められているとしても、その財務諸表準則などが商法に対する'特別法又はその受任命令'としての立場にあるものでない限り、商法の規定に基づいて作成するB/S・P/Lなどについては、当該財務諸表準則などではなく本規定によって記載しなければならない。もちろん、本規定に抵触しない範囲内で当該財務諸表準則の定めるところによることは差し支えない。（→第114条●参考説明）

4 本規則第5章と他の会計関連諸規定との関係

(1) 「企業会計原則」

「企業会計原則」は、企業会計審議会*1により商法の計算規定の解釈指針として、また、企業会計の実務指針及び公認会計士（監査法人を含む。以下同じ。）の財務諸表監査上の適正性判断の指針としての機能を果たす*2ことを期待して制定されている。この「企業会計原則」にはP/L・B/Sの表示方法も規定されていて、その記載（表示）方法は、本規定と「企業会計原則」との間で、基本的に調整が図られていたが、若干とはいえ、一部について異なる点があり、その上、商法の改正に伴い「企業会計原則」を改正すべき箇所がそのまま放置されているところがある。そのような点については、商法又は有限会社法に基づいて作成するB/S・P/Lに対しては、当然に本規則が優先的に適用されることとなるが、本規則に明文の規定がない事項とか、本規則の規定の解釈については、「企業会計原則」における規定を斟酌すべきこととなる。

*1 下の(4)
*2 ⇒「企業会計原則の一部修正について」（昭和49年8月30日）二及び「企業会計原則の一部修正について」（昭和57年4月20日）三

(2) 財務諸表等規則

証券取引法によって内閣総理大臣に提出するB/S・P/Lその他の財務計算に関する書類のうち所定のもの（以下「財務諸表」という。）については、「財

務諸表等の用語，様式及び作成方法に関する規則」（以下「財務諸表等規則／財表規則」という。）に従って作成しなければならない。

　法務省令及び財務諸表等規則における各B/S・P/Lの記載上の基本構造については両者間で調整が図られているものの，一部について異なる点があるだけでなく，前者に比し後者においては，より詳細に表示することとされている。そして後者については，「財務諸表等の用語，様式及び作成方法に関する規則」の取扱いに関する留意事項について（財務諸表等規則ガイドライン）」（以下「財表規則ＧＬ／財規ＧＬ」という。）において記載すべき諸科目の意味・内容その他について詳細な規定が示されている。

　そこで，証券取引法の規定の適用を受ける会社においては，商法の規定に基づいて作成し正式に確定したB/S・P/L及び利益処分等を基礎として，財務諸表等規則に適合するよう組替表示・追加記入等を行い，証券取引法によって提出する財務諸表を作成することとなる。その場合，必要な組替えは行うものの，商法上の決算書類と証券取引法上の財務諸表との間において，それらに用いられ示された同一名称の科目等の意味・内容が同一でないとすれば，無用の混乱を起こすもととなるおそれがある。そこで，商法に基づくB/S・P/Lの記載に当たっては，本規則に基づくとともに，財務諸表等規則及び財表規則ＧＬを参考とし，少なくとも同一科目（又はそのグループ）については同一の意味内容をもつように，はじめから調整しておく必要がある。

　なお，本規則（主として第５章）と財務諸表等規則との間で，一部に同一用語でありながら，その意味する内容・方法などの異なるものや同義異語のものがあることに留意する必要がある（→付表１・付表２）。

〔付表１〕本規則と財表規則との間で同一の用語／事項で異なる意味／方法をもつもの

用　語　等	本規則第５章	財務諸表等規則
会計方針	記載方法を含まない。	表示方法を含む。
注記事項	会計方針・会計方針の変更・記載方法の変更も注記事項であるとしている。	会計方針・会計方針の変更・表示方法の変更は注記以外の記載事項であるとしている。

自社（株式会社）の親会社	自社の総株主の議決権*1の過半数を所有する株式会社をいう。（間接親会社*2も同様）	自社の意思決定機関を支配している株式会社（指定法人を含む。）をいう。（間接親会社*2も同様）
自社（株式会社）の子会社	自社がその会社の総株主／総社員の議決権の過半数を所有する株式会社／有限会社をいう。（間接子会社*2も同様）	自社が意思決定機関を支配している会社等*3をいう。（間接子会社*2も同様）
前払費用・長期前払費用*5	「費用の前払」すべてに及ぶ。*4	経過勘定項目としての前払費用に限られる。

*1　議決権制限株式（⇒商法第211条ノ2④）に留意すること。
*2　間接親会社とは，'ある会社とその子会社と'／'ある会社の子会社'が，'自社の議決権の過半数を所有する／自社を支配する' ことにより親会社となる当該ある会社をいう。間接子会社とは，そのような関係により子会社となる会社をいう。
*3　会社等とは，会社，組合その他これらに準ずる事業体（外国におけるこれらに相当するものを含む。）をいう。
*4　前払費用は，本規則上も，経過勘定項目としての前払費用に限られるという見解もある。
*5　実務上，長期前払費用の中には，本来の前払費用のほか，税法上の繰延資産であって本規則上の繰延資産に該当しないもの，例えば受益者負担金支出額などが計上されていることが多い。

〔付表2〕本規則と財表規則との間で意味が'同じ／ほぼ同じ'で用語の異なるもの

摘　　要	本規則第5章など	財務諸表等規則
B/S・P/L など	計算書類	財務諸表
B/S・P/L などの作成方法	記載の方法	表示方法
B/S の表示内容	財産及び損益の状態*1	財政状態
P/L の表示内容	財産及び損益の状態*1	経営成績
資産の評価方針	評価の方法	評価基準及び評価方法
自社の支配下にある会社等	子法人等	子会社
1年基準を示す語（流動）	決算期後1年以内	1年内*2
不良債権金額などの表示	取立不能見込額	貸倒引当金
生産・販売用資産	流動資産（狭義）*3	棚卸資産
資産の取得金額	取得価額又は製作価額	取得原価
B/S 資本の部に計上する有価証券*4の評価差額金	株式等評価差額金	その他有価証券評価差額金

| 手形裏書人等の被求償義務 | 手形遡求義務 | 受取手形割引高,裏書譲渡高 |

* 1 →本規則第44条①・第47条
* 2 「1年内」とは、貸借対照表日の翌日から起算して1年以内の日をいうとされている（⇨財表規則第8条①）。
* 3 →本規則第28条①
* 4 有価証券の範囲について、本規則と財表規則との間で差があるから用語が異なるという意見がある（私見→**第57条●参考説明(2)**）。

(3) 法人税に関する規定

わが国においては、法人税法上、その課税所得計算の基礎として確定決算主義をとっているところから、法人税に関する諸法令の規定が会計実務に及ぼす影響はきわめて大きいのが実情である。商法（有限会社法を含む。以下この(3)において同じ。）における会計上の諸規定と法人税の課税所得計算上の諸規定との間においては、商法上で強制適用される事項などについて基本的に調整されているものの、一部になお異なる点がある。そこで、商法に基づいて作成するB/S・P/Lは、商法に従って作成し、法人税の課税所得計算上の諸規定との差異は、法人税の申告に際して調整計算をすることとなる。商法及び本規則に明文の規定がない事項については、商法の法目的に反しない限り、法人税に関する法令の規定するところに準じて処理して差し支えない。

法人税法の規定に基づく青色申告法人にあっては、法人税法施行規則第57条の規定に基づき、おおむね同規則別表21に示されているところに従ってB/S及びP/Lを作成し提出することとされているが、株式会社／有限会社にあっては商法及び本規則に基づいて作成したB/S及びP/Lを提出すればよく、したがって別表21で示されている事項のうち、本規則の規定に抵触する部分*は、別表21によらないで、本規則に従って記載する必要がある。

> ＊ 別表21ではB/S及びP/Lの形式を貸借的勘定式（→下の5(2)1A）によることを前提としている。例えば、欠損金を資産の部に、貸倒引当金を負債の部に記載することとしているが、これは、本規則の規定に反する。

(4) **企業会計審議会報告**（うち，会計に関するもの）

これまで，企業会計審議会（金融庁組織令《平成10年政令第392号》第24条の規定に基づき金融庁に置かれている審議会）[*1]が，会計に関し「企業会計原則」のほか各種の「報告」を発表してきた[*2]。これらの「報告」は，必ずしも法的には直接的に強制適用されるものではなく，その上，証券取引法上の財務諸表の作成に関係のある事項について定めているといわれたりした。しかし，近年における財務諸表等規則の改正に際しての同規則第1条第2項の新設によって，少なくとも，証券取引法に基づく財務諸表について一種の法源性（＝法的規範力）が与えられたといえよう。

もちろん，形式的には，それは，あくまでも財務諸表の用語・様式・作成方法についてであって，会計処理にまで及ぶものではないということができる。しかし，実際上，会計処理を抜きにしてこれらを取り扱うことはできない。しかも，そのうち一般の会計処理に関係する事項は，法令等において別異の規定がなされている場合は別として，商法第32条第2項でいう「公正ナル会計慣行」に当たると考えられるから，これに従い，これらを尊重する必要があるといえる。

今回の商法施行規則の改正により，第197条が新設され，有報提出大会社（第5章第5節適用の大株式会社等を除く。）のB/S・P/Lについて，その用語・様式の全部又は一部について，財務諸表等規則の定めるところによることもできることとされた。このことは，用語・様式に限るとはいえ，財務諸表等規則第1条第2項による企業会計審議会報告への法源性の付与について，商法施行規則においても間接的に支持したことになるといえよう。

[*1] 企業会計審議会は，当初，大蔵省組織令（昭和27年政令第386号）第87条の規定に基づき大蔵省に置かれていた。
[*2] 企業会計審議会が果たしてきた役割のうち，会計基準の設定・公表については，審議継続中のものを除き，㈶財務会計基準機構の企業会計基準委員会が，実質上，その役割を担うことになった。

(5) **㈶財務会計基準機構・企業会計基準委員会の公表する会計基準**など

平成13（2001）年7月26日，財団法人財務会計基準機構が設立され，そし

てその内部に，同財団の中心的機関ともいうべき企業会計基準委員会が置かれ，同委員会が企業会計基準を審議・開発することとなった。

　この企業会計基準委員会が設定・公表する会計基準は，その都度，所要の手続を経て，証券取引法*の規定の適用に当たっては，「一般に公正妥当と認められる企業会計の基準」として（金融庁総務企画局により）取り扱われることとされているようである。また，同委員会は，会計基準に加え，会計基準適用指針・実務対応報告を公表している。これらは，会計基準を補完するものであり，日本公認会計士協会の「報告」（→(6)）と同じように同協会の会員は，会計・監査の実務上，財務諸表の準拠性ひいては適正性判断の拠りどころとすべきものとされている。

　ここで留意すべきことは，同委員会の設定・公表する会計基準（うち会計処理基準）は，商法及びその受任命令たる商法施行規則など，実定法に定めるところに反するようなことを定めることはできないという点である。そして，実定法上，明文による個別的規定の存しない事項については，少なくとも，商法第32条第2項に定める「公正ナル会計慣行」の範囲内でなければならない。（事実上，むしろ逆に"同委員会の設定・公表する会計基準は，商法における「公正ナル会計慣行」に相当するもの"として取扱われると思われる。）

(6)　**日本公認会計士協会報告**（うち，会計・監査に関するもの）

　これまで日本公認会計士協会（公認会計士法《昭和23年法律第103号》に基づく特殊法人）が，会計・監査に関し各種の委員会報告[1]を発表してきた[2]。これらの報告（研究報告を除く。）は，主として公認会計士が財務諸表監査（証券取引法監査とか商法特例法監査だけでなく，任意監査も含む。）[3]を実施する場合に会計上及び/又は監査上で遵守すべき指針を示すものである。しかし，一般企業においてもこれらについて，会計実務上，企業会計審議会報告に準じ尊重する必要がある。

　特に公認会計士にとっては，財務諸表監査を行うに当たって，格別にして正当な理由なく，日本公認会計士協会報告に従っていないとすれば，その責

任を問われることともなる。

しかし，留意しておくべきことは，日本公認会計士協会報告は，会計処理基準とか会計報告基準を創設するものではなく，あくまでも現に有効とされている諸基準の枠内での解釈・運用に関し実務上で対応すべき細目的指針を示すものであるという点である。

* 1　その多くは，企業会計審議会報告において，実務対応措置をすべき旨，求められている。
* 2　会計基準に関しては，今後，㈶財務会計基準機構の企業会計基準委員会がその役割を担うこととされた。
* 3　その多くは，証券取引法に基づく財務諸表の作成及びその監査に関するものとして示されているが，明文の規定によるものなどは別として，実際上，証券取引法監査と商法特例法監査や任意監査とで，その取扱いを異にすることはできない。

5　用語の解説

(1)　計算書類・会計書類・決算書類・決算報告書

計算書類，会計書類及び決算書類という各語の由来を私見によって推察すると，次の①～⑤のとおりである。なお，参考までに⑥において商法上の決算報告書について私見を述べる。

① 「計算書類」とは，株式会社／有限会社が毎営業年度について作成する次の書類（広義においては A～E のすべて，狭義においては A～C・E）をいう。

　　A　貸借対照表
　　B　損益計算書
　　C　営業報告書
　　D　利益処分案／損失処理案
　　E　附属明細書

これは，商法第2編第4章第4節の標題として「会社ノ計算」という語句が掲げられており，その第4節の冒頭の第281条第1項*1に貸借対照表など上掲の書類の作成などに関する規定が示されているので，これらの書類を「計算書類」*2と称するようになったものと思われる。

*1　商法第281条①→2〔参考規定〕
*2　法令集などで商法の条文見出しに「計算書類」の語が示されている箇所があるが，これらは，商法の条文自体に示されたものではない（ただし，本規則では，これらの書類のことを「計算書類／計算書類等」と称している箇所もある。）。

②　「会計書類」の語の意味は，商法第293条ノ6第1項並びに商法特例法第7条第1項及び第22条第2項における「会計ノ帳簿及資料」／「会計の帳簿及び資料」という語のうちの「会計の資料であって書面で作られたもの」を意味し，これは，会計帳簿の記載の根拠となる書類及び会計帳簿を根拠として作成された書類を意味するものと解する（法文の構成面からみると決算書類以外の会計書類をいうようである。）。

　　*　平成13年改正前の'商法第293条ノ6①並びに特例法第7条①及び第22条②'には，「会計ノ帳簿及書類」／「会計の帳簿及び書類」の語が示されていた。

③　「決算書類」の語は，商法第281条第1項によって，「取締役が毎決算期に作り取締役会の承認を受けるべきもの即ち書類」を意味する。

④　以上に説明したところから分かるように，「計算書類」と「決算書類」の語はまったく同義である。

　しかし，一般用語として計算書類といえば，会計に関する計算だけでなく各種各様の計算を行った書類を指す。したがって，特定の書類に対してこのような不特定の一般用語を用いるのは，まったく好ましくないことと思う。これに対し，「決算書類」といえば，マンションの管理組合を始め，多くの諸団体で，この語を使っており，多くの人にとってなじみのある語である。そのような見地から，私は，商法第281条第1項の書類を，あえて「決算書類」と呼ぶこととしている。

　　注　ちなみに企業会計原則及び財表規則では，確定した決算書類に基づいて作成した書類（B/S・P/L・C/F・利益処分計算書／損失処理計算書・附属明細表）のことを財務諸表といっている。

⑤　商法上，「決算報告書」の語が使われている箇所がある。それは商法第427条第1項である。しかし，ここで「決算報告書」の語を用いるのは不適切であり，「清算報告書」とでもいうべきであると考える。

一般に決算報告書といえば，毎営業年度に係る決算の結果を関係者に報告するもののことであり，会社の解散による清算終了時点の報告書のことではない。これが会計上の常識であり，商法上も尊重すべきであると思う。

(2) 勘定式・報告式

貸借対照表及び損益計算書の作成形式として，勘定式と報告式の二つがある。

① 勘定式というのは，T型を用いる形式であるが，これに次の二つの形式がある。(私見による。)

A 貸借的勘定式……T型によるB/S・P/Lの左側に簿記上の借方科目を，その右側に簿記上の貸方科目を記載する（控除項目も借方残・貸方残のある方に記載する。）。

B 説明的勘定式*……T型によるB/Sの左側に資産・資産控除項目を，右側に負債・資本・資本控除項目を記載し，同じくT型のP/Lの左側に費用・特別損失・法人税等と差額としての当期純利益を，右側に収益・収益控除項目・特別利益を（当期純損失の場合はそれも）記載する。

　　* 説明的勘定式は報告式の1種であるという意見もあるようである。

② 報告式*というのは，一定の順序で，いろいろの区分をつけながら，上から下へと書き続ける形式である。

本規則ではどの方式によらねばならないという規定はない。しかし少なくともP/Lは報告式によらないと本規則どおりには簡易に書くことができない。

　　* 本規則では報告様式といっている。（→第115条①ただし書）

(3) 親会社

ア　商法・有限会社法における親会社

〔参考規定〕

● 商　法

　第211条ノ2　①他ノ株式会社ノ総株主ノ議決権*1ノ過半数又ハ他ノ有限会社ノ総社員ノ議決権*1ノ過半数ヲ有スル会社（以下親会社ト称ス）ノ株式ハ左ノ場合*2ヲ除クノ外其ノ株式会社又ハ有限会社（以下子会社ト称ス）之ヲ取得スルコトヲ得ズ

一　株式交換，株式移転，会社ノ分割，合併又ハ他ノ会社ノ営業全部ノ譲受ニ因ルトキ
　二　会社ノ権利ノ実行ニ当リ其ノ目的ヲ達スル為必要ナルトキ
＊1　議決権制限株式など⇨同条④・⑤
＊2　原文は縦書きであるから「左ノ場合」とされている。ここではこれを「次の場合」の意と解すべきである。
③他ノ株式会社ノ総株主ノ議決権ノ過半数ヲ親会社及子会社又ハ子会社ガ有スルトキハ本法ノ適用ニ付テハ其ノ株式会社モ亦其ノ親会社ノ子会社ト看做ス　他ノ有限会社ノ総社員ノ議決権ノ過半数ヲ親会社及子会社又ハ子会社ガ有スルトキ亦同ジ

● 有限会社法
　第24条　①商法……第211条ノ2……ノ規定ハ社員ノ持分ニ之ヲ準用ス

　商法による自社（株式会社／有限会社）の親会社とは，同法第211条ノ2第1項／第3項により親会社とされる株式会社である。
　有限会社法（準用規定）による自社（株式会社／有限会社）の親会社とは，同法第24条第1項により準用される商法第211条ノ2第1項／第3項により親会社とされる有限会社である。

　イ　本規則における親会社
　本規則による親会社とは，自社（株式会社／有限会社）の'商法第211条ノ2第1項による親会社'／'同条第3項によって親会社とみなされる会社'に相当する株式会社をいう。つまり，次のA，B又はC（いずれか）に該当する株式会社のことである。

　A　自社（株式会社／有限会社）の総株主／総社員の議決権＊1の過半数を単独で所有している株式会社
　B　自社（株式会社／有限会社）の総株主／総社員の議決権＊1の過半数を，単独ではなく，親会社とその子会社＊2からなる一つの企業集団に属する会社の全部又は一部（複数）がその合計で所有している場合の，その親会社，つまり次の**a**又は**b**の株式会社
　　a　自社の議決権の一部（半数以下）をその親会社が所有しているとき……その親会社
　　b　自社の議決権をその親会社がまったく所有していないとき……当社の議決権を所有している当該子会社（複数）の共通の親会社

C　自社の親会社の親会社（前者・後者いずれの親会社も上の**A**又は**B**による。）

  ＊1　議決権制限式など⇒同条④・⑤
  ＊2　ここでの子会社とは，商法上の子会社たる単数又は複数の株式会社又は有限会社である。また，いわゆる孫会社などの直系の会社もここにいう子会社に含まれる。
  注　本規則では，親会社たる株式会社は，支配株主の中にも含まれる。

　本規則で規定している「親会社」に該当する会社の種類は株式会社に限られ，有限会社法（準用規定）上の親会社（＝有限会社）については，本規則上の親会社ではない。（支配株主／支配社員には該当する。）
　'株式会社・有限会社' 以外の会社とか外国の会社の場合はどうなるかが問題である。私見では，ある社会事象について法令の条項を適用するに当たっては，その条項の規定の趣旨・目的に照らし実質的に解釈して適用すべき場合もある（特に，文理解釈をすることにより脱法的ないしそれに近いことをすべきではない。）。したがってこの場合，類推解釈により，本規則第55条第2項などの支配株主／支配社員については，'商法第211条ノ2第3項による「親会社」' 同然の '株式会社・有限会社' 以外の会社や外国の会社を，また，第103条第1項第3号の「親会社」については，株式会社以外の会社又は外国の会社であっても，'商法第211条ノ2第1項の親会社又は同条第3項により親会社' とされる株式会社と同然の会社を，それぞれ含めて取り扱うのがその趣旨にかなうものと考える。もし，どうしても文理にこだわり株式会社以外の会社又は外国親会社＊は本規則上の親会社に該当しないというのであれば，本規則第44条及び第47条並びに第103条第1項主文に照らし，株式会社たる親会社とは区別して，しかし親会社に準じて取り扱うべきであると考える。いずれにしても，これらを親会社でないとし，親会社同然の重要な情報の開示をしないのはよくないと考える。（支配株主／支配社員についても同様である。）

  ＊　外国親会社とは，株式会社／有限会社と同様の外国会社であって，商法／有限会社法（準用規定）上の親会社と同然の会社をいう。

注　本規則の適用に当たって支配株主とか親会社を判定する場合，自社の株式を実質上の株主が他人名義で所有していると，自社にとって誰が実質上の株主か分かりにくいことがある。しかし，親会社・子会社又はそれに近い関係にある以上，互いに連絡を密にしその実質上の所有株式数で判断すべきである。(自社が有限会社にあっても同様である。)

(4) 子会社

ア　本規則・商法における子会社

本規則で，自社（株式会社）の子会社とは'商法第211条ノ2第1項及び／又は第3項（→上の(3)ア〔参考規定〕）による子会社'をいう。つまり，それは，次のA，B，C，D又はE（いずれか）に該当する会社のことである。

A　自社（株式会社。以下このアにおいて同じ。）が単独で，ある株式会社の総株主の議決権[*1]の過半数を所有している[*2]場合の，その株式会社

B　自社が単独ではなく，自社と自社の子会社[*3]とが，その所有する株式数の合計で，ある会社の総株主の議決権[*1]の過半数を所有している場合の，その株式会社

C　自社はまったく所有していないが，自社の子会社[*3]の複数が，その合計で，ある株式会社の総株主の議決権[*1]の過半数を所有している場合の，その株式会社

D　自社の子会社[*3]の子会社に当たる株式会社

E　上のA，B，C又はD（いずれか）に準じ，自社及び／又は自社の子会社[*3]が，ある有限会社の総社員の議決権[*1]の過半数（すなわち資本金の過半の額）を所有している場合の，その有限会社

*1　議決権制限株式など⇒商法第211条ノ2③・④
*2　ここで「所有している」とは，本来，所有者に帰属すべき権利義務と計算（利害）とが自己に属していることを意味する。したがって，いわゆる名義株などは，その実質によって判定することとなる。
*3　ここで子会社とは，単数又は複数の株式会社又は有限会社たる子会社のことである。

なお，参考までに述べると，商法第55条に，「会社ハ他ノ会社ノ無限責任社員ト為ルコトヲ得ズ」と規定されているから，会社が出資している合名会社

は存在し得ない。

　合資会社の場合，会社はその有限責任社員となり出資することはできる。しかし，商法上，社員総会に関する規定はなく，その第151条第2項で「無限責任社員数人アルトキハ会社ノ業務執行ハ其ノ過半数ヲ以テ之ヲ決ス」と，また第156条で「有限責任社員ハ会社ノ業務ヲ執行シ又ハ会社ヲ代表スルコトヲ得ズ」と規定されているから，法的には会社が合資会社の議決権をもつことはあり得ない。したがって，事実上，合資会社が子会社（次のイの有限子会社を含む。以下このアにおいて同じ。）となるようなことはない。

　次に，いわゆる在外子会社[*4]は，ここにいう子会社であるかどうか，議論されることがある。というのは，商法第211条ノ2を文理的に解釈し，ここでいう株式会社又は有限会社とは日本の法律に基づいて設立された株式会社又は有限会社のことをいい，外国の会社はこの規定の対象外であるから，ここにいう子会社には該当しないという考えがあるからである。しかし，法令は，必ずしも微に入り細にわたり規定するとは限らないものである。したがって，法令の性格によって異なるものの，通常，このような場合は，法令の趣旨・目的に照らし，論理的に解釈すべきである。その一つの解釈方法として類推解釈という方法がある。それによって，実質的に同然の会社を含むものと解すれば，少なくとも，本規則における子会社には在外子会社も含まれると結論づけることができる。逆にいえば，在外子会社を子会社として取り扱わないことの方に，法令の趣旨に照らし，何の利点もなく，むしろ，弊害の生じる可能性があるから，このような解釈が成り立つといえる。

　あえて，このことを理屈めいていうとすれば，次のようになる。つまり，わが国の会社が外国に子会社を有する場合，通常は，国際協定（例えばGATT）とか当事国間の条約によって，内国民待遇が与えられている国にそれを設けている。この内国民待遇は，互恵を基本とするから，大体において，その権利義務関係は両国間で同じようなものである。したがって，通常，在外子会社も国内子会社と同様に支配可能な状態にあるはずである。そこで，次の**A**又は**B**（いずれか）に該当するような在外の会社を除き，一般の在外子会社は，本規則における子会社に当たると考えて差し支えないと思う。

A 所在国の法令とか合弁相手との契約により、いずれはその資本の全部又は一部を、所在国の公私の機関に移譲する必要があり、いつまでもその議決権／資本の過半を保有することができない等の理由によって、現実に支配権も責任も有していない会社

B 所在国の政治情勢、経済情勢、外貨規制等によって、増資、減資、利益配当の受取りなどが事実上不可能であるとか、休業状態にありながら解散しようにもそれができないとか、又は、当方の責任に属さない事情で現実に支配不可能であるとかの状況下にあり、かつ、将来とも親会社としての責任を負うことがないと認められる会社

もちろん、商法及び本規則を文理的に解釈すれば、本規則の子会社には在外子会社は含まれないと解される。その解釈にこだわるのであれば、在外子会社を、子会社以外の一般の会社と同列に扱うのではなく、子会社に関する事項とも一般の会社に関する事項とも区別し、在外子会社に関する事項として、本規則の第55条第1項、第70条第2項、第73条第1項、第80条第2項、第82条第2項、第97条第1項、第103条第1項第三号並びに第107条第1項第八号及び第九号の規定に準じて取り扱うこととすれば、本規則第44条（場合により第47条）、第103条第1項主文及び第106条第1項の趣旨に沿うものと考える。

＊4 在外子会社とは、外国で設立した会社で次のa〜dのすべてに該当するものをいうと考える。
 a 法人格を有する社団であること＊5
 b 出資者が有限責任のものであること＊6
 c 営利を目的とするものであること
 d 商法第211条ノ2①・③の子会社と同然のものであること

＊5 法人格を有しないパートナーシップはパートナーによる単なる共同事業体であり、上の＊4 **a** には含まれない。（→＊6なお書）

＊6 日本の会社は、外国においても会社の無限責任社員となることはできないと解するから、在外子会社は、すべて＊4 **b** に該当すると思われるが、念のため、この**b**を記載した。なお、法人格を有しないパートナーシップは会社には当たらないから、会社がその無限責任パートナーとなることは差し支えないが、その責任の範囲については、会社の目的と規模にふさわしいものとしておく必要があろう。

イ　本規則における有限子会社

本規則においては，有限会社法（準用規定）上の子会社（＝有限会社を親会社とする場合のその子会社たる株式会社／有限会社）のことを有限子会社といい，上のアの子会社とは区別している（→第2条①二十）。

(5)　関連会社・関係会社

本規則において関連会社・関係会社（→下の①・②〔参考法令〕）と財務諸表等規則における関連会社・関係会社とは，同義である（⇨第2条①二十八・二十四）。

①　関連会社

〔参考規定〕
●財務諸表等規則
　第8条　⑤この規則において「関連会社」とは，会社＊1（当該会社が子会社＊2を有する場合には，当該子会社を含む。）が出資，人事，資金，技術，取引等の関係を通じて子会社以外の他の会社等の財務及び営業又は事業の方針の決定に対して重要な影響を与えることができる場合における当該子会社以外の他の会社等をいう。
　＊1　証券取引法に定める有価証券の発行者たる会社（指定法人を含む。）をいうが，結局，財表規則上の「財務諸表提出会社」のことである。
　＊2　財表規則上の子会社をいう。
　注　⇨同条⑥

②　関係会社

〔参考規定〕
●財務諸表等規則
　第8条　⑧この規則において「関係会社」とは，法＊1の規定により財務諸表を提出すべき会社（以下「財務諸表提出会社」という。）の親会社＊2，子会社＊3及び関連会社＊4並びに財務諸表提出会社が他の会社の関連会社である場合における当該他の会社等をいう。
　＊1　証券取引法をいう。
　＊2　財表規則上の親会社をいう。
　＊3　財表規則上の子会社をいう。
　＊4　→上の①

(6) 注記・付記

① 注　記

「注」とは、もと本文中のある事柄に関する説明として本文の途中に細字によって2行で'割書きすること／割書きした事柄（＝割注）'をいった。それが広く、本文の注釈として書き記すことや書き記したものの意になった。

「注記」とは、結局、"注として書き記すこと"ないし"書き記された事柄"のことである。注記には、頭注・脚注の別がある。

頭注とは、本来、縦書きの各ページの上欄（本文の頭）につけた注であるが、横書きの場合は各ページの左端（本文の頭）につける注である。

脚注は、本来、縦書きの各ページの下欄（本文の下）につけた注であるが、横書きの場合は各ページの右端（本文の右端）につける注の意となる。しかし現在では、横書きの各ページの下に設けた区分欄に書く注とか、文の区切りの末尾又は表の次につける注を意味する。

集注という場合は、多くの注を集めたものをいい、特に多くの章・節とか全体の後にまとめた集注を後注という。

本規定では、注記事項は、B/S・P/L にそれぞれ脚注することとし、ただし書で他の適当な箇所に記載することを認めている。

　　注　財表規則では、脚注として記載することが適当なものは脚注により、その他は、会計方針と関係があるためそれと併せ記載することとしたものを除き、会計方針及び会計方針の変更に関する記載の次（ただし、継続企業の前提に関する注記はそれらの前）に記載することとしている。

本規定や企業会計原則では、会計方針及びその変更に関する開示も注記事項としているが、財表規則では、それを注記以外の記載事項としている。

いずれにしても、注記は、決算書類と不可分の関係にある<u>記載</u>事項として位置づけておく必要がある。また注記は、本来、その注記の対象との関連が明らかになるようにしておくべきものである。

② 付　記

付記とは、本文や項目（科目を含む。）に付け加えて書きしるすことをいい、付記すべき相手の語句とか文章の近くに<u>記載</u>する必要がある。

第 2

会計に関する基礎知識

1 会計の意義

(1) 会計（一般）

　会計とは，一口でいえば，ある種の計算のことである。しかし，計算といっても，いろいろのものがある。ここでいう計算とは，第1に，"有形・無形の財貨（つまり，動産・不動産・債権・無体財産権などの経済的有価物）"や"財貨・役務の提供義務"などの正・負の経済価値の増減変化及びその結果を対象とする経済性計算であり，第2に，それらについての情報化計算であり，第3に，それらに関する複式体系*又はそれに準ずる合理的な体系による簿記技術的計算のことである。

　　*　複式簿記法によるとは限らない。

　結局，会計とは何かについて整理・要約すると，次のようになる。

　『会計とは，経済主体における経済活動に基づく経済価値の増減変化及びその結果を対象とし，それらに関する判断とかそれらに基づく意思決定に役立つ情報を形成するために，貨幣額を中心として複式原理*に従ってこれを処理し，その結果を報告するところの体系的な知的技術的計数算定行為及びその附帯行為である。』

　　*　複式原理とは，一つの経済事象について二つの局面（例；'一つの事象＝給料支払'に関する'二つの局面＝費用の発生と資金の減少'）を判断する会計上の根本的な理法をいう。
　　注1　会計には，その適用分野からみてマクロ会計（＝社会会計）とミクロ会計（＝個別会計）があるといわれるが，以下，ミクロ会計を前提とする。
　　注2　会計は，その理論構成の局面から，理論会計（単に会計ともいう。）と技術会計（＝簿記）とにわけられる。
　　注3　企業などの経営活動には，技術的・物理的・管理的活動，経済的活動，法的活動の三つの局面がある。会計はこのうち，経済的活動（主として価値増殖目的活動）

の局面から企業活動をみるのである。
　そのようなことから，最広義において，会計には，財務会計・管理会計に限定せず，会計監査・経営統計・経営分析を含め，更には，環境会計や人的資源会計なども包括されることもある。

(2) 企業会計

　会計は，これを行う経済主体の種類によって大別すると，企業会計（＝生産会計）と非企業会計（＝消費会計）とに分けられる。

　企業会計とは，経済社会にあって価値増殖活動を行う生産経済体たる企業を会計主体とする会計である。

　企業会計は，企業の目的によって区分すると，営利企業会計と非営利企業会計とに分けられる。

　また，営利企業会計は，企業の形態によって分類すると，株式会社会計，有限会社会計，合名会社会計，合資会社会計，組合企業会計，個人企業会計などに分けられる。

　非営利企業会計は，公営企業会計，公益法人の収益事業会計＊などに分けられる。

　　＊　資本増殖・利益配当を主目的とするものを含まない。つまり，その成果を本来の公益事業に提供するものに限る。

(3) 財務会計

　企業会計は，その主たる情報形成目的によって区分すると，財務会計と管理会計とに分けられる。そのうち，財務会計について述べると次のとおりである。

　『財務会計とは，企業が価値増殖のために行う経営活動に基づく経済価値の増減変化及びその結果を対象とし，企業の生産原価組成状況並びに財政状態，経営成績及び資金収支状況に関する判断と，これに基づく意思決定に役立つ情報を形成するために，その対象を，貨幣額を中心として複式原理に従い，これを識別・認識・測定し，記録・調整し，その結果を要約・表示する

ところの体系的な知的技術的計数算定行為及びその附帯行為である。』*1

　財務会計は，その計算対象によって区分すると，期間財務会計（一般財務会計ともいい，単に財務会計（狭義）ともいう。）と給付財務会計（原価財務会計とも実際原価会計＊ともいう。）とに分けられる。

　　＊　実際原価会計は管理会計に属するという考えもあるらしいが，それは，管理会計＝内部報告会計と考えるものであり，管理＝計画＋統制という基本に反すると思う。

　財務会計（狭義）は，企業の経営者にとって外部の利害関係者である出資者（構成員），債権者，投資機関，投資大衆，政府などに対して報告することを主たる目的としてその情報を形成する会計であるから，これを外部報告会計ともいう。

　　注1　上述の財務会計に関する『　』内の説明中，「生産原価組成状況」の語を除くと期間財務会計に関する説明となる。これに対し，『　』内の説明中，「財政状態，経営成績及び資金収支状況」の語を除くと給付財務会計に関する説明となる。（もちろん「並びに」の語も除く。）
　　注2　非企業会計についても財務会計と管理会計に区分することができる。しかし，会計の中心的なものは企業会計であり，しかもその中の財務会計（狭義）である。この「企業の財務会計（狭義）」のことを，単に「企業会計」とか「財務会計」といい，さらには，単に，「会計」ということが多い。以下において「企業会計」とか「会計」とは，特別の場合を除き，企業の財務会計（狭義），特にその中の「株式会社の財務会計」を前提としている。

(4) 制度会計

　企業の財務会計（狭義）は外部報告を目的とするから，多くの外部利用者が共通的に理解し得るよう，広く一般に公正妥当なものとして認められる会計基準に準拠して処理し報告する必要がある。したがって，当然の成行きとして，共通的判断可能性とか明瞭性とか比較可能性の見地から，ある種の形式的画一性が求められ，何らかの社会制度なり法令によって規制される必要が生じてくる。このようなことから，社会制度ないし法的制度として確立された財務会計のことを，わが国では，制度会計といっている。

　そして，わが国の制度会計として，商事会計（＝商法会計），証券取引法会計及び税務会計があるとし，これをわが国における企業会計のトライアング

ル体制といったりする。この三者が分立しながらも緊密な関係にあることが, その長短は別として, わが国の会計実務の特色でもあるといえよう。

しかし, 実際には, この三者のうちその基軸となるものは商事会計であり, 実質上, 他は商事会計の応用的なものにすぎない。私見としては, この三者が同等の立場で三極点に位置しているわけではないから,「トライアングル体制」という呼び方には, 賛同し難い。

> 注 制度会計という語に対応して非制度会計(＝任意的・個別的な内部報告会計＊)のことを情報会計ということがあるが, 非情報会計はあり得ないから, 情報会計という語には賛同し難い。
> ＊ 内部報告会計＝管理会計＋実際原価会計＋'月次決算会計など'

(5) 管理会計

管理会計とは, 経済体の経済目的に応じた有効適切な内部管理を主目的として, 意思決定・計画・評価に関する情報形成を行い伝達する会計をいう。

これには, 各種各様のものがあるが, 一応, 私見により要約表示すると, 付表3のとおりである。

〔付表3〕　　　　　　　　管理会計の種別・内容

対象＼プロセス	期間管理会計	給付管理会計	プロジェクト管理会計	特殊計算
意思決定会計	―		価格設定計算 代替原価計算 内作／外注選択計算 適正在庫計算 その他の特殊原価調査	資金の適正配分計算 製品の適正構成計算 リストラ策選定計算 その他
計画会計	中・長期経営計画 (短期)予算	原単位計画 原価計画； 　標準原価計画 　直接原価計画	プロジェクト計画／予算	リストラ経営計画
業績評価会計(統制会計)	中・長期計画実績の差異分析 予算統制	原単位統制 原価統制； 　標準原価統制 　直接原価統制	プロジェクト予実差異分析	リストラ効果計算

> 注 上の(3)における給付財務会計(＝実際原価会計)と付表3における給付管理会計(＝標準原価会計など)と特殊原価調査(＝付表3の意思決定会計)とを合わせて原価会計(＝原価計算)という。

また，管理会計は，内部報告会計＊に属するけれども，両者の範囲に差がある点についても留意する必要がある。
　＊　→上の(3)＊・(4)＊

2　会計原則・会計基準

(1)　会計慣行・会計基準・会計原則
①　会計慣行
　商法第32条第2項において「商業帳簿ノ作成ニ関スル規定ノ解釈ニ付テハ公正ナル会計慣行ヲ斟酌スベシ」と規定している。
　「会計慣行とは，企業会計の実務の中で，一般に公正妥当なものと認められる慣習として発達してきた会計の処理及び報告に関する原則及び手続である。」と，一応，いうことができる。問題は，わざわざ「公正ナル会計慣行」というように示しているところから，単に「会計慣行」といえばその中には必ずしも公正とはいえないものもあると意味しているようにみられる。しかし，確立された会計慣行は，通常，公正なものであるとされ，不公正なものはないはずである。ここでわざわざ「公正な」という言葉をつけたことは，単なる同業者間の事例などではだめであって，会計の目的からみて一般に公正妥当なものとして権威ある機関によって認められた慣行でなくてはならないというような意を強調して示しているものと解する。
　なお，会計理論上で「基本的会計慣行」（単に，「会計慣行」ということが多い。）というときは，会計公準＊，つまり，会計理論上の制度的・構造的な仮定（前提）を意味し，ここでいう会計慣行とは異なる。
　　＊　会計公準とは，会計に関する理論体系の構造的基盤を形成するものとして，一般に論証不要であり自明の理であるとされる仮定的・前提的な概念／概念的枠組みをいう。

②　会計基準と会計原則
　会計基準と会計原則は，いずれも企業会計の実践規範のことであるが，それぞれがときに応じ広狭多義に使われるだけでなく，しばしば両者が同義と

して使われたり，異義で混用されたりする。これは，もともと，米国でaccounting standard(s)（会計基準）とaccounting principle(s)（会計原則）の語が混用され，その訳語がわが国で同様に混用されたことに由来するものと思う。そのほか，standard(s)を基準と訳するとともに，basis *1などをも基準と訳したりするから，なおさら混乱を生じる。そこで，ここでは，私見はともかく，一応，現行の企業会計原則における用法を尊重して付表4のように体系化しこれを前提として論述することとする。

*1 例えば，accrual basisを発生主義とか発生基準と訳し，cost basisを原価主義とか原価基準と訳したりする。

〔付表4〕　　会計基準の構成内容*2

		プロセス	
	会 計 基 準	会計処理基準	会計報告基準
階	会 計 の 原 則	会計処理の原則	会計報告の原則
層	会計の手続*3	会計処理の手続*3	会計の表示方法*4

*2 この「会計基準の構成内容」は，会計原則注解〔注1-2〕を前提としてまとめたものである。この〔注1-2〕では，その第2項に「会計処理の原則及び手続並びに表示の方法」という語があり，その第4項において，同一内容のことを，「会計基準」の語で示している。

*3 私見では，「手続」の語よりも「方法」という方が適切であると思う。

*4 財務諸表の表示方法ともいうが，私見では，用語の整合性の見地から「会計報告の方法」という方が好ましいと思う。

つまり，「企業会計原則」では，「会計処理の原則及び手続」という語を使っているので，この区分法にならい，会計基準を広義に，会計原則を狭義にとり，この狭義の会計原則を「会計の原則」として示すこととした。

その上で，一方でこの会計基準を垂直的・階層的に区分し，普遍的・基礎的な上位基準を「会計の原則」とし，その具体的・手続的・方法的な下位基準を「会計の手続」とした。そして，他方で，会計基準を水平的に，つまりその適用のプロセスによって区分すると会計処理基準と会計報告基準とに分かれる。それらを組み合わせて表で示したのが，付表4の「会計基準の構成内容」である。

以上を前提として会計基準について説明すると，次のようになる。

『会計基準とは，会計に関して権威を有する機関が，会計実務の中で慣習として形成された会計に関する思想・主張・原理・方法などを帰納要約し，さらに会計の目的に照らして検討を加え，その結果，一般に公正妥当なものと認めた会計の実践規範の総称である。』*5

会計基準は，会計に関して権威を有する機関によって設定又は支持されてこそ，その実体を形成しその機能を発揮することができるのであって，単なる慣行とか学説とかでは社会的に有効に機能しない。したがって，上述のようにいうことができる。*5

> *5 広義の「会計原則」については，ここでの「会計基準」の語におきかえ，その説明をそのまま当てはめることができる。

③ 会計慣行と会計基準

本来，会計基準は慣行的なものである。会計理論上からいえば，一般の会計慣行が，会計に関して権威のある機関によって公正妥当なものとして認められ，実践上の規範として公的に設定又は支持されることによって，その会計慣行は会計基準として取り扱われることになるといえる。したがって，そのような「会計慣行」と「会計基準」とは同じものであるといえる。

> 注 よく，「一般に公正妥当と認められる企業会計の基準」といわれるが，これは，一般社会に対し，説明的・留意的にいう場合の表現であり，このような場合には，「…会計の基準」として「の」をつけ，専門用語としての「会計基準」とは，厳に区別するよう注意すべきである。

ちなみに，異例とはいえ「不公正な会計処理はあり得る」としても，「不公正な会計方針はあってはならない」し，「不公正な会計基準はあり得ない」と知るべきである。

(2) **会計処理基準・会計処理**

① 会計処理基準

ア 会計処理基準の水平的区分

(1)②の付表4の中で示した会計処理基準を水平的・プロセス的に細分する

と，識別基準，認識基準，'測定基準（評価基準ともいう。）'の三つ[*1]となる。

識別とは，企業における諸般の経営事象（経営活動のこと）が，会計事象[*2]に該当するか，もしそれが会計事象に該当するとすれば，いかなる属性を有し，したがってどの会計科目に該当する会計事象であるか（つまり，他の会計科目に該当しないものであるか）を判断することである。

認識とは，会計事象が，いつ発生・消滅／増加・減少し，現に存在するかどうかを判断することである。

測定（＝評価）とは，発生・消滅・増加・減少・存在を認識された会計事象の金額はいくらであるかを判断し決定することをいう。

そして，ここでいう識別・認識・測定に関する基準は，識別・認識・測定のそれぞれの区分における"処理の原則"と"処理の手続"とに関する包括的概念である。

*1 通説では，認識基準と測定基準（＝評価基準）の二つをいい，識別基準という考えはない。（しかし，筆者の独創ではない。）
*2 会計事象[*3]（会計取引・会計活動・会計行為[*4]ともいう。）とは経済価値の増減変化をもたらす事象をいい，これには，価値増減事象と単なる価値交換事象とがある。
*3 （上の*2の文中）会計事象のうち，静的事象を会計事象（狭義）とか会計現象といい，動的事象を会計取引といって区別することもある。
*4 （上の*2の文中）会計事象を識別・認識・測定（ときに記録・計算）することを「会計行為」ということがある。しかし，私は，それらについては「会計処理」ということとしている。

イ　会計処理基準の垂直的区分

(1)②の付表4の中で示した会計処理基準を，今度は垂直的・階層的に細分すると，次のようになる。

　A　会計処理の原則
　　a　基礎的処理原則
　　b　具体的処理基準
　B　会計処理の手続（会計処理方法・実際的処理方法・具体的処理方法のことである。）

基礎的処理原則というのは，会計処理をする場合の基礎を形成する理念・思考・主張・要請・主義ともいうべき概念的なものを規範化した原則である。例えば，認識基準（広）についていえば実現主義がよいという理念を規範化した実現主義の原則などが，また測定基準についていえば原価主義がよいという理念を規範化した原価主義の原則などがこれに当たる。

　注　実現に関しては「実現主義の原則」というが，原価に関しては，通常，「原価主義」といい「原価主義の原則」とはいわない。それにはそれなりの理由があるが，ここでは，触れないでおく。

そして具体的処理基準とは，基礎的処理原則を会計事象に対し具体的に適用する基準のことである。例えば，実現主義の原則の具体的適用基準としての販売基準，また原価主義の原則の具体的適用基準としての原価基準がこれに当たる。

具体的処理基準を決定しても，その段階では，まだ実際的に会計事象を認識したり測定したりすることはできない。そこで実際的に処理したり計算したりするときに適用する基準が必要であり，それが"会計処理の手続"つまり会計処理方法である。例えば，販売基準の実際的処理方法として出荷時認識法，船積時認識法，引渡時認識法，検収時認識法などがあり，原価基準の実際的処理方法として先入先出原価法，総平均原価法，移動平均原価法などがある。これらのうち，どの方法を採用するかを決定してこそ，初めて，具体的な処理が可能となる。

　ウ　会計処理基準の水平的・垂直的区分の組合せ

会計処理基準を，アによる水平的区分とイによる垂直的区分とを組み合せ縦横に区分すると，付表5のようになる。

〔付表5〕　　　　　　　　　会計処理基準の区分

階層＼プロセス	識別基準(広)	認識基準(広)	測定基準(広)
A a 基礎的処理原則	基礎的識別原則	基礎的認識原則	基礎的測定原則
A b 具体的処理基準	具体的識別基準	具体的認識基準	具体的測定基準
B　実際的処理方法	実際的識別方法	実際的認識方法	実際的測定方法

付表5をみれば分かるように，基準という語がそれぞれ2か所に出てくる。

ここに用語の混乱が生じるもとがある。

ここで私見を述べるとすれば，'広義の「基準」'を「規準」として示す方が，同音語であるけれども，語源的に正しく*，かつ，混乱を生じず，分かりやすい。つまり，付表5を付表6のように示すことである。

> * 簡単にいえば，「規準」は「規矩準縄」を約した語であり，「基準」は，もと，基礎的規準の意である。（私見）

〔付表6〕　　　　　　　会計処理規準の区分

階層 ＼ プロセス	識別規準	認識規準	測定規準
Ａa 基礎的処理原則	基礎的識別原則	基礎的認識原則	基礎的測定原則
Ａb 具体的処理基準	具体的識別基準	具体的認識基準	具体的測定基準
Ｂ　実際的処理方法	実際的識別方法	実際的認識方法	実際的測定方法

次に，上の私見に基づき，会計処理規準のうち認識規準・測定規準の構成内容を具体的に例示すると，付表7のとおりである。

〔付表7〕　　　　　　会計処理規準の構成内容（例示）

階層 ＼ プロセス	認識規準		測定規準	
Ａa 基礎的処理原則	発生主義の原則	実現主義の原則	原価主義の原則	
Ａb 具体的処理基準	工事進行基準	販売基準	原価基準	償却原価基準
Ｂ　実際的処理方法	原価投入比率法 工程進捗比率法	出荷時認識法* 検収時認識法	総平均原価法 先入先出原価法	定額償却法 定率償却法

> * 一般に，出荷時認識法のことを出荷基準と，検収時認識法のことを検収基準といっている。これも，「基準」という用語の混乱を招く一因である。
>
> 注1　Ａbを具体的処理原則としてもよいが，その場合，工事進行基準など，その構成内容たる多くの一般用語との整合性に欠けることとなる。
>
> 注2　以下においては，通説にしたがうこととし，「規準」の語は使わないこととする。

問題は，このような概念的位置づけを明確にしないで測定原則（＝評価原則）とか測定基準（＝評価基準）といったりすることにある。物事を正しく理解するためには，ある用語はどのような体系の中のどのような位置づけにおいて使われているかを理解する必要がある。

② 会計処理

会計処理には，次の二つの意味がある。

A 理論的処理（知的処理ともいう。）……会計事象に対し会計処理基準を適用して，識別・認識・測定すること

B 技術的処理（物理的処理ともいう。）……会計事象について理論的処理を行った結果に基づいて仕訳・記帳し整理すること

会計処理（理論的処理をいう。以下，原則として同じ。）には，プロセス的に識別・認識・測定の3段階がある。

例えば，ある役務提供取引が行われた場合，それは会計事象（つまり経済価値の増減変化に係る事象）であるか，会計事象であるとすれば，それは価値の増殖的流入に当たるか（つまり収益に該当するか），そしてそれが収益に該当するとすればそれは営業役務収益に属するか営業外収益に属するかを判断することを識別という。そして，それが営業役務収益であると識別された場合，その営業役務収益は，いつ発生したかを判断するのが認識である。さらに，その認識された営業役務収益はいくらであるかを判断するのが測定である。

注 一般には，識別と認識とを区別しないで，例えば「収益についてはその取引事実に基づいてその収益を認識する。」などと説明したりする。全く不可解かつ非論理的であるというほかはない。

会計処理は，識別・認識・測定というプロセスをたどることが多いが，中には，まず測定し，その結果を認識し識別するという順序を踏むものがある。例えば，棚卸資産の評価損や売買目的有価証券の評価損益の場合がそうである。

なお，認識の語は，判断とか理解とかの意で用いられることがある。そのような意味での認識の語によって会計処理を説明すると次のようになる。

A 識別＝属性的認識
B 認識＝時間的認識
C 測定＝金額的認識

(3) **識別原則・識別基準・識別方法**

注 識別原則などについては，必ずしも，会計学上，広く一般化されているというまで

には至っていない。したがって，下記はすべて私見である。

① 識別原則

識別原則というのは，ある経営事象（経営活動）が会計事象に該当するかどうか，該当するとすればどのような会計科目ないし財務諸表科目に該当するかを判断するに当たって提起される理念・思考・要請・主張などを規範化した基礎的識別原則のことである。

識別原則に該当するものとしては，経済的実質優先の原則，資本循環明示の原則，'包括主義の原則（これに対応するものは当期業績主義の原則である。）'などがある。

② 識別基準

ア　広義における識別基準は，識別原則，識別基準（狭義）及び識別方法の包括概念である。

イ　識別基準（狭義）とは，識別原則に基づいて，それを会計事象に適用するための具体的識別基準をいう。

例えば，経済的実質優先の原則の具体的識別基準としてのベネフィット・リスク帰属の原則とか資本取引・損益取引区分の原則があり，包括主義の原則の具体的識別基準としての生涯利益・期間利益合致の原則があり，これらがここにいう識別基準に該当する。そのほか，流動・固定区分の原則や資本的支出・収益的支出区分の原則とか消耗性・耐久性区分の原則もここにいう識別基準である。

> 注　「○○の原則」といっても，基礎的識別原則（上位概念）に属するものと具体的識別基準（下位概念）に属するものとがあることに留意する必要がある。

③ 識別方法

識別基準（狭義）の中には，それだけでは実際的に会計処理し得ないので，さらにその実際的処理方法を定める必要のあるものがある。

例えば，流動・固定区分の原則の実際的識別方法として，次の二つがある。

A　営業循環識別法（一般に営業循環基準という。）
B　1年以前・後識別法（一般に1年基準という。）

また，資本的支出・収益的支出区分の原則の実際的識別方法として，次の

ものがある。
　A　質的価値増加識別法
　B　量的価値増加識別法
　C　耐用年数延長識別法
　消耗性・耐久性区分の原則の実際的識別方法としては，次のものがある。
　A　一般での１年前・以後識別法（私見は，１年以前・後識別法）
　B　金額的大小識別法
　C　量的大小識別法
　識別の問題の特色として次の**ア**〜**ウ**の３点があげられる。この特色の故に，識別基準は会計処理基準としては一般化されていないと思われる。しかし，私見では会計処理基準の一つとして重要なものであると考える。
ア　識別は，会計事象発生時の識別，期末時点での識別，そしてさらには財務諸表上の識別につながる。前二者は会計処理基準に属し，後者は会計報告基準に属するも，密接不離である。
イ　識別は，認識と同時に判断する。
ウ　識別は，会計事象ないし会計科目の定義を前提として判断する。

(4)　**認識原則・認識基準・認識方法**
　①　認 識 原 則
　認識原則とは，広く資産・負債・資本及び収益・費用・特別損益などの'取得・増加・減少・残高'／'発生・消滅'という事象について，どの期間／時点での事象であるか，どの期間のP/L又はどの時点のB/Sに計上すべきであるか又はすべきでないかを決定するために提起される一般的・前提的な理念・思考・要請・主張を規範化した基礎的認識原則のことをいう。しかし，通常，収益・費用についていうことが多い*。
　　＊　→下の(5)①注２
　認識原則の例としては，発生主義の原則や実現主義の原則がある。発生主義に対応するものとして現金主義があるが，例外的に現金基準が認められるほかは，認識原則としての「現金主義の原則」なるものは認められていない。

② 認識基準

ア　広義における認識基準は，認識原則，認識基準（狭義）及び認識方法の包括概念である。

イ　認識基準（狭義）とは，認識原則の下位概念であり，認識原則に基づいて具体的に会計事象に適用する基準である。例えば，実現主義の原則による具体的認識基準の一つとしての販売基準がこれに当たる。

③ 認識方法

認識方法とは，認識基準に基づいて会計事象に対し実際的に適用する処理方法をいう。例えば，販売基準による具体的処理方法としての出荷時認識法とか検収時認識法とかがこれに当たる。

(5)　発生主義・発生主義の原則・発生基準・発生認識方法

① 発生主義

ア　発生主義とは，通常，資本増殖に関連して，価値の増加したときに収益を認識し，価値の減少したときに費用を認識すべきであるとする理念・思考・要請・主張のことである。しかし，この段階では，まだ，会計規範というまでに至っていない。

イ　「発生主義の原則」といえば，発生主義の理念を採用し適用すべきであるとしてそれを規範化した基礎的認識原則のことである。

> 注1　発生主義会計というのは，必ずしもすべての収益・費用をその発生の時点で認識しようとする会計のことではなく，基本的に営業収益については実現主義の原則によって認識し，それに対応する原価については収益・費用対応の原則によって認識し，期間性の収益・費用については発生主義の原則（数期間にまたがる収益・費用については期間配分の原則）によって認識しようとする包括的な会計を強調していうにすぎない。したがって，これは，その実質からみれば，実現主義会計というべきである。
> 　費用の中には，製造費のように，発生した費用が'収益・費用対応の原則によってP/L上の費用と化す'までは棚卸資産の取得原価に移転するものがある。
>
> 注2　通常，発生主義の原則は，'収益・費用'／損益の認識に関連して説明される。しかし，評価損益＊などに対応する資産／負債の価値増減について認識する原則でもある。
>
> ＊（注2の文中）　評価差額を損益として認識しないで，その税効果計算後の額を資本

の増減として認識することもある。

② 発生基準

ここで発生基準とは，発生主義の原則によって，会計事象に対し具体的に適用しようとする具体的認識基準の総称名である。

生産基準はここでいう発生基準に属する。しかし，通常，商品・製品の販売収益は，実現基準によって認識することとされ，生産基準は認められない。

例外的に発生基準の適用が認められるのは，長期受注工事収益と役務収益であるといわれ，具体的には，工事進行基準や役務提供進行基準が発生基準に該当するとされる。* また，農産品や鉱産品等で取得後に短期間に販売されかつ価額が安定しているものについては，生産基準が認められることとされている（「連続意見書」第四）。

> * 私見では，これらの進行基準のうち，受注契約があり，しかもその計上後，極めて短期間（3か月以内）に代金の回収を伴うものについては1種の変形実現基準に当たると思うが，ここでは一般の解釈に従っておくこととする。

期間性費用に関する期間配分の原則の適用は，発生主義の原則の具体的適用基準であるから，ここでいう発生基準に属するものである。しかし，原価性費用のうちの製品・商品に関する期間配分の原則の適用は実現主義の原則の具体的適用に当たると考える。

③ 発生認識方法

発生基準の規範だけでは，まだ実際的に会計処理することができない。発生基準によって実際的に処理するには，その方法を定める必要がある。

例えば，工事進行基準による認識方法として，原価投入（工程内未使用材料費を含む。）比率法*や工程進捗（工程内未使用材料費を除く。）比率法などがこれに当たる。

> * 原価投入比率法は，本来，材料が平均的に現場投入されるような工事の場合において適用し得るものであると思う。

(6) 実現主義・実現主義の原則・実現基準・実現認識方法
① 実現主義

ア 実現主義とは，通常，資本増殖に関連して，価値の増殖的流入があったときに収益を認識し，価値の欠減的流出があったときに費用を認識しようとする理念・思考・要請・主張のことである。ここで価値の増殖的流入／欠減的流出というのは，資本増殖に関連のない単なる資産・負債・資本の交換的流入／交換的流出を含まないということである。

実現主義は，権利義務確定主義（広義）とも通じる点がある。しかし，ここで権利義務の「確定」というのはその要件の成立・充足をいい，具体的金額は合理的に見積り測定できればよいとする。これに対し，税法上の権利義務確定主義（狭義）の場合は，ときに収益については要件の成立をいいながら，費用については，その金額の確定とか法的手続上の確定をその条件に加えたりして，論理の統一性に欠ける面がある。

イ 実現主義の原則とは，実現主義の理念を採用し適用することを規範化した基礎的認識原則のことである。

実現主義の原則は，通常，営業収益及び対応原価の認識に関する一般的な原則である。

資本増殖に関連する価値の流入／流出は，現に提供／受領した物／役務／権利の対価たる資金の流入／流出をもって確認することができるが，現実に資金の流入／流出が行われなくても，対価たる資金を'流入する権利／流出すべき義務'の確定によってもこれを確認することができる。また過去に前もって資金の流入／流出があった場合は，その対価たる物／役務／権利の提供／受領に伴う価値の帰属の移転によって確認することとなる。

実現主義の原則のもとにあっては「未実現損益は計上しない。」ということが基本であるが，これを過度に強調することは適切でない。この場合，正しくは，「未実現の収益及び費用（この場合，損失を除く。）は計上してはならないが，帳簿上の資産価値に含まれている将来において回収不可能と認められる損失（＝価値の不良部分，すなわち価値の下落であって回復する見込みのないもの）はこれを計上しなければならない。」というように補正する必要

がある。

> 注　通常，実現主義の原則は，収益／費用又は損益の認識に関連して説明される。しかし，評価損益などに対応する資産／負債の価値増減について認識する原則でもある。

② 実現基準

ここで実現基準とは，実現主義の原則を会計事象に対し具体的に適用する認識基準の総称名である。

実現基準の具体例としては，営業収益の認識に関する販売基準がこれに当たる。

また，収益・費用対応の原則も，実現主義の原則を営業費用（売上原価）に適用する基準であり，ここにいう実現基準に属する。

③ 実現認識方法

実現認識方法というのは，実現基準を具体的に適用して認識するための処理方法をいう。

実現基準として，例えば販売基準を適用するとした場合，それだけでは実際的に会計処理をすることはできないから実際的に処理する方法を選択し決定する必要がある。

例えば，販売基準を適用する実際的方法としては，次の A～D などがある。

- A　出荷時認識法（一般に出荷基準という。）
- B　船積時認識法（一般に船積基準という。）
- C　引渡時認識法（一般に引渡基準という。）
- D　検収時認識法（一般に検収基準という。）

(7) 現金主義・現金基準・現金基準認識方法

① 現金主義

現金主義とは，資本増殖に関連して，資金の増殖的流入があったときに収益を認識し，資金の欠減的流出があったときに費用を認識してよいとする思考をいう。

ここで資金の増殖的流入というのは資金流入のうち増資とか'過去支出債権・将来支出債務との交換的流入'を含まないということであり，また資金の欠減的流出というのも同じく減資払戻し・現金配当や'将来収入債権・過去収入債務との交換的流出'を含まないということである。

　現金主義会計は，現在では，一般的には認められず，例外的に"重要な棚卸資産や固定資産"を有しない小規模事業について認められる程度である。したがって，「現金主義の原則」なるものは存在しない。

② 現金基準

　ここで現金基準というのは，現金主義（あくまでも例外的に認められる。）に基づいて会計事象を具体的に認識する基準のことであり，これには収益に関する収入時基準と費用に関する支出時基準とがある。

　なお，割賦販売利益の認識に当たって適用される割賦回収基準は，例外的に認められる現金基準であるといわれる。

　　注　私見では，割賦回収基準は販売収益について回収基準を適用し売上原価について収益・費用対応の原則を適用するものであり，1種の変形実現基準に当たると考えるが，ここでは，一般の解釈に従っておくこととする。

③ 現金基準認識方法

　現金基準（例外的に認められる。）による実際的な認識方法としては，次のようなものがある。

　A　収入時認識方法（収益認識方法に当たる。）
　　a　実際収入時認識法
　　b　収入期日到来時認識法
　B　支出時認識方法（費用認識方法に当たる。）
　　a　実際支出時認識法
　　b　支出期日到来時認識法

(8) 発生主義・実現主義・現金主義の比較

　認識に関する発生主義・実現主義・現金主義は，いずれも資本増殖に関連するものであるが，これらの相違点を対比すると，次のようにいうことがで

きる。ただし，説明の便宜上，収益についてのみ述べ，費用については触れないこととする。

- 発生主義……価値自体が増加したときに収益が発生したと認識すべきであるとする思考・主張
- 実現主義……価値の増殖的流入（現に提供した生産物の対価たる有価物の流入）があったときに収益が発生したと認識すべきであるとする思考・主張
- 現金主義……資金の増殖的流入（提供した／すべき生産物の対価たる資金の流入）があったときに収益が発生したと認識すべきであるとする思考・主張（ただし，一般には認められていない。）

  注1 上述によって分かるように，発生主義とは価値増減主義のことである。それを発生主義という名称をつけるから，理解がしにくくなる。そもそも，収益の認識とは，収益がいつ発生したかを判断することである。その認識に関する一つの主張について発生という名称を冠することに問題がひそんでいる。つまり，「発生主義の原則とは収益が発生したときに収益が発生したと認識する原則である。」というとすれば，これは定義文として成り立たない。そこで今度は，「発生主義の原則とは，収益をその発生時点で認識する原則である。」というように説明する。そうすると，もともと認識原則が収益の発生時点を認識する原則のことであるから，結局，これは認識原則の説明文と区別がつかなくなってしまい，認識原則の一つである発生主義の原則の説明としては論理が成り立たない。このように，一般における発生主義とか発生基準に関する説明ほど非論理的で不可思議なものはない。

  注2 発生主義というときの発生は accrue の訳であり，「発生を認識する」というときの発生は occur の訳である。ニュアンスの異なる英語を同じ語に訳したところに混乱の眞因がある。

(9) 評価原則（＝測定原則）・評価基準（＝測定基準）・評価方法（＝測定方法）
① 評価原則

評価原則（＝測定原則）とは，資産・負債・資本及び収益・費用・特別損益などの増減・存在／発生・消滅を認識した時点におけるそれらの貨幣価値量（金額）ないしこれらの項目の B/S・P/L における計上金額を決定するために提起される一般的・前提的な理念・思考・要請・主張を規範化した基礎的評価原則をいう。しかし通常，資産についていうことが多い。

評価原則の例としては，原価主義の原則＊がある。

> ＊ 我が国では，棚卸資産につき原価主義を一般原則（＝原則的規範）とし，低価主義を例外的原則（＝許容的規範）としている。したがって，「原価主義の原則」とはいい得ても，「低価主義の原則」とはいい得ない。（→下の注2）
>
> 注1　評価原則の語を，次の②で述べる評価基準の意味で用いられることもあるので，どのような意味で用いているか留意する必要がある。
>
> 注2　評価原則と評価基準とを区分する考え方は，「連続意見書」第四において次のように示されている。つまり，評価原則として原価主義・低価主義があり，評価基準として取得原価基準・低価基準があるという構造が示されている。
>
> 第一・一①「…原価主義を資産評価の一般原則とし，…」
>
> 第一・一②「原価主義を具体的に適用するための評価基準，すなわち，取得原価基準…」
>
> 第一・三1①「…一般原則たる原価主義に対する例外的な評価原則として低価主義が存在し，…低価主義を具体的に適用するための評価基準を低価基準となづける。」

② 評 価 基 準

ア　広義における'評価基準（＝測定基準）'は，評価原則，評価基準（狭義）及び評価方法の包括概念である。

イ　狭義の'評価基準（＝測定基準）'とは，評価原則を現実化するために採用される具体的処理基準のことである。

評価基準の例としては，資産に関する原価主義の原則を現実化するものとしての原価基準，その例外的・許容的なものとしての低価基準がある。

測定基準というとき，これには原始測定基準（＝取引時測定基準）と再測定基準（＝期末測定基準）とがある。

評価基準は，「会計処理の原則及び手続」＊という語での「会計処理の原則」のうちの測定に関する原則に属する。

> ＊ 財表規則第8条の2の主文において，「会計処理の原則及び手続」という語を使いながら，その第一号・第二号においては，「評価基準及び評価方法」という語を使っている。このような用語の混用が，多くの人に会計用語に関する誤解を生じさせている。
>
> 同条の場合，主文の用語に合わせて，第一号・第二号の方を「評価の原則及び手続」とするか，又は，後者に合わせて主文の方を「会計処理の基準及び方法」とするか，どちらかにすべきである。私見では，後者の方が，一般に分かりやすいと思う。そも

そも,「会計処理の原則及び手続」というときの「手続」の語は procedure(s) を訳したものであるが,これが,会計用語に関する限り,必ずしも適訳であるとはいえない。

③ 評 価 方 法

評価方法(＝測定方法)とは,評価基準を具体的に適用するための各種の金額算定方法のことである。評価方法は,単に資産の評価方法として機能するだけでなく,資産原価の期間配分方法(＝期間費用化方法)としても機能するものである。

評価方法の例としては,次のようなものがある。

A　有価証券……原価基準による場合の移動平均原価法・総平均原価法など,時価基準による場合の市場価格法など

B　棚卸資産……原価基準による場合の個別原価法・先入先出原価法,移動平均原価法,総平均原価法など,低価基準による場合の原始取得原価時価比較低価法(＝洗い替え法)・簿価時価比較低価法(＝切り放し法)*1

C　減価償却資産……耐用期間償却法(定額償却法・定率償却法など)・生産高比例償却法など

測定方法というとき,これには原始測定方法(＝取引時測定方法)と再測定方法(＝月末／四半期末／半期末／期末測定方法)とがある。

評価方法は,「会計処理の原則及び手続」*2 という語での「会計処理の手続」のうちの測定に関する手続に属する。

*1　原価法のうちの平均法及び低価法については,さらに細分する必要がある。(→下の(10)③・(11)③)

2　→上の②

注　商法施行規則第45条第1項本文においては「評価の方法」という語を使っている。この語は,会計上の「評価基準」及び「評価方法」を併せていうものと解する。

④　金銭債権その他の項目の評価基準・評価方法

一般に評価基準や評価方法は,有価証券,棚卸資産,減価償却資産についていわれる。しかし,金銭債権,金銭債務,収益,費用など,すべての財務諸表科目に評価基準及び評価方法がある。それにもかかわらず,これらについては,引当金を除き,自明のことであるかのように解され,議論されることが少ない(中には,為替換算は,単なる換算の問題であって評価の問題で

はないという主張もある。しかし，私はこれは為替換算という評価の問題であると考える。）。

金銭債権債務や収益・費用の評価方法としては，次のA〜Eなどがある。ただし，評価益をP/Lに計上することは認められない（売買目的有価証券の評価益を除く。）。

- A　収支契約額測定法
- B　現在価値測定法
- C　回収可能価額測定法
- D　市場価格測定法
- E　（金利性価値部分の）償却原価法*

　　*　上のEの場合，毎期の計算差額については，評価損益ではなく，利息の受払として計上することとされている。

⑽　原価主義・原価基準・原価法

①　原 価 主 義

原価主義という語は，理念としての原価主義を意味する場合と，規範化されたもの（つまり原価主義の原則というべき基礎的処理原則）を意味する場合とがある。

原価主義（＝取得原価主義＝歴史的原価主義）とは，本来"棚卸資産・'市場価格のない有価証券など'・有形固定資産・無形固定資産及び費用について，その評価に当たっては，それを取得又は費消するために支出した（又は支出すべき）金額をもって測定する（すなわち，基本的に原価基準を適用する）ことが適切であるとし，これを採用すべきである"という理念・思考・主張・要請のことをいう。

原価主義の原則とは原価主義を採用し適用すべきであると規範化した基礎的評価原則のこととなる。

原価主義を基本概念として形成される包括的・体系的な会計のことを取得原価主義会計という（歴史的原価主義会計ともいう。）が，この場合には，必ずしも，すべての資産について厳密な意味での原価基準（実際原価基準）の

適用を求めるものではなく，場合により，予定原価又は標準原価も含まれるし，また，'低価基準の選択的適用や強制的評価減'による修正原価とか無償取得資産に対する時価評価なども認められている。

② 原 価 基 準

原価基準（＝取得原価基準）とは，原価主義（の原則）に基づいて棚卸資産・市場価格のない有価証券・有形固定資産などの物的資産の評価を行うために採用される具体的評価基準のことである。すなわち，原価基準は，これらの資産の評価に当たっては，その資産を取得するために支出した（又は支出すべき）金銭の額をもって測定するという評価基準のことである。

なお，原価基準を採用していても，期末時価が原価（簿価）よりも著しく下落し回復の見込みがないときは，その時価によって評価しなければならないとされる。

 注　原価主義の語と原価基準の語と同義に使われることもある。しかし，「連続意見書」第四においては，両者を区別している。（→上の(9)①注2）

③ 原 価 法

原価法とは，原価基準による評価方法，つまり原価基準を採用している棚卸資産又は有価証券の同一の品目・銘柄・等級であって取得原価の異なるものの各品目等ごとの取得原価を具体的に算定するための各種の方法のことである。しかし原価法は，厳密には，単なる資産の評価方法ではなく，資産取得原価を原価基準に基づいて残存資産原価と払出原価とに配分する方法として機能する。

原価法としては，基本的に次のものがある。

 個別（原価）法，先入先出（原価）法，移動平均（原価）法，総平均（原価）法，後入先出（原価）法，売価還元（原価）法など

また，さらに，移動平均法では都度法・月次法，総平均原価法では月次法・四半期毎法・半期毎法・年間法などの区別を要する。

 注1　棚卸資産の評価基準及び評価方法に関するB/S注記の文章として「総平均法に基づく原価法」というような表現がみられる。これは税法の条文にならったものらしいが，原価基準と原価法との意味の差及び原価法が各種の原価測定方法の総括

名称であることを理解していないことを示すものであり，会計理論上は正しい表現であるとはいえない。正しい表現としては，次のようにすべきである。
『棚卸資産の評価基準は原価基準であり，その評価方法は年間総平均法である。』
注2　取得原価には，次の**A・B**がある。
　A　原始（取得）原価；次の**a／b**
　　a　購入／製造に係る資産……'購入代価／製造原価'＋附随費用＊
　　b　'無償／一部有償'に係る受贈資産……時価（取得のための公正な評価額）
　　＊　→第61条●用語の解説「取得原価」
　B　修正（取得）原価；通常，次の**a／b**
　　a　簿価時価比較低価法（＝切り放し低価法）により低価として付した時価
　　b　原価基準評価資産の時価が著しく低落しそれが原価（簿価）まで回復すると認められないために付した時価
　なお，破損・劣化などによる修正後の価格は，良質部分に係る原始原価であって，ここでいう修正原価ではない（私見）。

⑾　低価主義・低価基準・低価法
①　低　価　主　義

低価主義という語は，理念としての低価主義を意味する場合と，許容的に規範化された基礎的処理原則としての低価主義を意味する場合とがある。

低価主義とは，本来，'棚卸資産の貸借対照表価額については，その資産の取得原価＊と時価とのいずれか低い方の価格をもって測定する（すなわち，低価基準を適用する）ことが適切であるとし，これを採用すべきである'という理念・思考・主張・要請のことであって，規範化されたもののことではない。

　　＊　→上の⑽③注2

わが国では，原価主義を原則的規範とし，低価主義を許容的規範として採用している。したがって，許容的に規範化されたものについて「低価主義の原則」とはいい難いから，これについても「低価主義」といっている。

②　低　価　基　準

低価基準とは，低価主義に基づいて棚卸資産の評価を行うために採用される具体的評価基準のことである。すなわち，この基準は，これらの資産の貸借対照表価額を，貸借対照表日などの評価時点における原価と時価とのうちいずれか低い方の価格をもって測定するという評価基準のことである。

低価基準は，再測定基準に属するものである。

　注　低価主義と低価基準と同義に使われることがある。しかし，「連続意見書」第四においては，両者を区別している。(→上の(9)①注２)

③　低　価　法

低価法とは，原価・時価比較低価算定方法，つまり，棚卸資産の同一品目・銘柄・等級ごと（場合により，グループごと）に，決算期末などの評価時点における原価と時価とを比較してそのうちの低い方の価格をもって評価するための各種の方法のことである（すなわち，低価基準に基づく評価方法のことである。）。

低価法としては，次の各種がある。

　A　原価の種類による区分
　　a　簿価・時価比較低価法（＝切り放し法）
　　b　原始取得原価・時価比較低価法（＝洗い替え法）
　B　時価の種類による区分（a〜dは二者比較法，eは三者比較法）
　　a　原価・売却時価比較低価法[1]
　　b　原価・正味実現時価比較低価法[2]
　　c　原価・利益繰延時価比較低価法[3]
　　d　原価・取得時価比較低価法[4]
　　e　原価・正味実現時価・取得時価比較低価法
　　f　その他……略

　[1]　売却時価(＝実現可能価格)とは，通常の営業状態において売却可能な価格をいう。
　[2]　ここで正味実現時価とは，一般にいう正味実現可能価格のことであり，売却時価からその資産を販売するまでに追加して必要とする原価及び販売費用を控除した価格である。
　[3]　ここで利益繰延時価とは，一般にいう'正味実現可能価格から正常な販売利益を控除した価格'のことである。
　[4]　取得時価(＝再調達原価)とは，同等の品物を評価時点で取得するとすれば必要とされる原価(＝購入原価／製造原価)のことである。

　C　原価の算定方法による区分
　　a　先入先出原価・時価比較低価法

b　年間総平均原価・時価比較低価法
　　　c　その他……略
　　D　以上のA，B及びCの各方法の組合せによる分類
　　　a　先入先出簿価・売却時価比較低価法
　　　b　年間総平均原始原価・取得時価比較低価法
　　　c　その他……略
　　E　比較する単位による区分
　　　a　品目毎低価法
　　　b　種類別低価法
　　　c　用途別低価法
　　　d　その他……略
　　注　棚卸資産の評価基準及び評価方法に関する注記の文章として「総平均法に基づく原価法に基づく低価法」というような表現がみられる。これは税法の条文にならったものらしいが、会計理論上からは不可解な表現である。最も正しい表現としては、次の例のように低価基準と低価法とを区別した上で、低価法の具体的内容を述べるべきである。
　　　『製品の評価基準は低価基準であり、その評価方法は品目ごとの年間総平均簿価・正味実現可能価額比較低価法である。』

⑿　**時価主義・時価基準・時価法**

①　時価主義とは、本来、資産・負債（場合により、収益・費用も）について、時価をもって評価するのが最適であるという理念・思考・主張・要請のことである。その発展的なものは、貨幣価値変動会計（＝物価変動会計＝インフレ修正会計）である。

　　現在では、制度会計として、一般的な時価主義会計は認められていない。したがって、規範化されたものとしていい得る「時価主義の原則」なるものは存在しない。

②　時価基準とは、本来、規範化された時価主義による評価原則（＝基礎的処理原則）を具体的に適用するための処理基準のことをいうことになる。

注　制度会計上，一般的な時価主義を認めず，部分的に，時価評価を認めていることから，「時価主義」という語を，極力，使わないこととし，「時価会計」とか「時価基準」の語を使っているのが，現在の状況である。

　時価基準は，現在，有価証券のうち，次の**A**・**B**について適用することとされている。

A　売買目的有価証券……時価基準（具体的には市場価格法）によって評価し，その評価損益は，発生基準によって認識し，P/L に計上する。

B　いわゆる「その他有価証券」であって市場価格のあるもの……時価基準によって評価し，その評価差額については，発生基準によって認識するも，次の**a**／**b**によって処理する。

　　a　資産の価値増減に対応する評価差額（税効果計算後）を，B/S 資本の部に計上する。

　　b　資産の評価減差額は P/L に計上し，'評価増差額（税効果計算後）'を，B/S 資本の部に計上する。

　時価基準は，上の有価証券のほか，デリバティブ取引対価（差損益），外貨建金銭債権債務などの円換算*について採用されている。

＊　外貨建資産負債の円換算は，単なる計算の問題であり，評価の問題ではないといわれることがある。しかし，私見では，これも測定（＝評価）の問題であると思う。

③　時価法とは，時価基準に基づく具体的評価方法のことであり，これに用いる時価には，次の**A〜G**などがある。

　　A　市場価格（＝中値）*1*2
　　B　売却時価
　　C　取得時価（＝再調達原価）
　　D　割引現在価値
　　E　正味実現時価（＝市場価格－'売却費用などの追加費用'）
　　F　利益繰延時価*3
　　G　実質価額（＝実価）

＊1　「市場」とは，公設の取引所・これに準ずる市場・随時に売買などを行い得る取

引システムなどをいう（⇨金融商品に係る会計基準（**注2**））。
* 2 「市場価格」とは，取引価格・気配／指標その他の相場をいう（⇨金融商品に係る会計基準第一・二）。
* 3 →上の(11)③ B＊3
注 よく，「時価のない有価証券」といわれることがあるが，一般用語として，時価（＝公正価値）のない有価証券というのはないのであって，時価が計算されていない有価証券とか，時価の計算が困難な有価証券があるに過ぎない。正しくは，「市場価格のない有価証券」というべきである（⇨金融商品に係る会計基準第三・二5）。適切な用語があるにもかかわらずそれを使わず，一般常識に反して限定的に定義した用語の意味をもって専門用語とする考えには，全く賛同し難い。

3 会 計 方 針

(1) 会計方針の意義

会計方針の語に広狭二義がある。商法・本規則では狭義に用いられている。

① 会計理論上の会計方針

会計理論上，会計方針とは，ある企業が会計実践に当たり採用した（適用しようとしている又は適用した）個々の会計基準のことをいう。

会計基準には，会計のプロセス面から分類すると，会計処理基準と会計報告基準とがある。したがって，個別企業の会計方針にも，会計処理方針と会計報告方針とがあることになる。

注 一般には，会計報告基準のことを財務諸表の表示基準という。また，これを財務諸表の表示方法ということもあるが，厳密には，表示方法は表示原則とともに表示基準（広）を構成する部分であって表示基準の全部ではない。しかし，通常，表示方法の語を表示基準の意で使っている。

会計基準には，その適用上の観点から，強制的単一基準と選択的基準とがある。また，選択的基準の中には，複数の同等的基準からなるものと，原則的基準と許容的基準との組合せからなるものとがある。したがって，個別企業の会計方針を形成する会計基準としては，唯一の強制的基準をそのまま適用するものと複数の選択的基準の中から選択採用して適用するものとがある。

注 会計方針について，よく「会計方針とは一般に認められた複数の会計処理の原則及

び手続並びに表示方法の中から，企業が選択して採用すると決定したものをいう。」と説明されることがある。しかし，この説明では，会計方針として適用される会計基準の中に任意選択の不能な唯一の強制的基準が含まれないこととなり，会計理論上，正しい説明とはいえない。

② 企業会計原則における会計方針

会計原則注解〔注1-2〕（→**第45条**〔参考規定〕）第2項において，「会計方針とは，企業が……採用した会計処理の原則及び手続並びに表示の方法をいう。」と記述している。これは，説明の方法・用語は異なるけれども，上の①における説明と大体において同じである。

また，同〔注1-2〕の最後の項において，「代替的な会計基準が認められていない場合には，会計方針の注記を省略することができる。」と記述しているが，この文章から，"代替的な会計基準が認められていない場合"の基準とは，上の①でいう強制的基準のことであるから，強制的基準も会計方針の一種であることが分かる。

注 この〔注1-2〕の最後の項で，注記の記載の省略を認めているのは，強制的基準だけであって，本規則第45条第1項ただし書のように選択的基準の中の原則的基準までその注記の省略を認めているのではない。

③ 財務諸表等規則における会計方針

財務諸表等規則第8条の2では，「財務諸表作成のために採用している会計処理の原則及び手続並びに表示方法その他財務諸表作成のための基本となる事項（次条において「会計方針」という。）……」と規定している。つまり，これは，若干，補足しているものの，基本的には，企業会計原則における会計方針と同じ意味で使っているといえよう。

注 財表規則第8条の2において注記の記載の省略を認めているのは，会計原則注解〔注1-2〕とは異なり，重要性の乏しいものだけであって，必ずしも，強制的基準に相当する会計方針だからといってその省略を認めているわけではない。

④ 商法・本規則における会計方針

商法第281条ノ3第2項第五号の中に「貸借対照表又ハ損益計算書ノ作成ニ関スル会計方針」のという語句が示されている。これは，"B/S又はP/Lの

作成のために会社が採用した会計処理の原則及び手続"を意味し，"B/S又はP/Lの記載方法"に関する方針を含まないものと解する。なぜならば，この規定における「会計方針」の語の意味と同じ意味で本規則第45条第1項・第2項において「会計方針」の語が使われているはずであること，そして，同条第3項において，それらの記載方法を会計方針と区別していることから，同第1項・第2項の語には"B/S又はP/Lの記載方法"は含まれていないこと，したがって，商法第281条ノ3第2項第五号の「会計方針」にもその記載方法は含まれていないと解し得るからである。

注1　「記載方法」と「表示方法」とは同義である。
注2　日本公認会計士協会監査第一委員会報告第40号「商法監査に係る監査上の取扱い」一2(1)の冒頭に，「第五号意見を記載する場合，当面，『会計方針ノ変更ガ相当ナルヤ否ヤ』は『会計処理の原則及び手続の変更が正当な理由に基づくものか否か』と同一内容のものとして監査上取り扱う。」と記述しており，商法第281条ノ3第2項第五号での「会計方針」には記載方法に関する方針を含めていないものとしている。

(2)　会計方針の変更

①　会計方針に広狭二義があるから，会計方針の変更にも二つの種類があることになる。広義において，会計方針の変更とは，次のA及びBの両者をいい，狭義においては，そのうちのAだけを意味する。

　A　会計処理の原則及び手続に関する方針の変更（すなわち会計処理方針の変更）

　B　表示方法（＝記載方法）に関する方針の変更（すなわち会計報告方針の変更）

上のAであってもBであっても，その変更には正当な理由がなくてはならないが，Aの方は，会計上，その及ぼす影響が重要な場合が多く，AとBとでは，会計上，監査上，その取扱いが大いに異なる。したがって，通常，会計方針の変更といえば，狭義の意，すなわち上のAの会計処理方針の変更を意味する。(本規則第45条第2項における「会計方針の変更」も狭義のものである。)

また，会計方針の変更（狭義のものをいう。以下，この(2)において同じ。）とは，それまで採用していた会計処理基準（広義の基準をいう。以下，この(2)において同じ。）の代わりに別の会計処理基準を採用すること，つまり「採用する会計処理基準の変更」の意であるが，これを「会計処理基準の変更」又は単に「会計基準の変更」ともいう。

会計方針の変更に次の **A～C** がある。

- **A** 法令とか「企業会計原則」などの会計基準の改正に伴う強制的変更その他の不可避的変更
- **B** 法令・「企業会計原則」などの改正による選択的基準に関する選択範囲とか選択可能基準の変更に伴う'より好ましい新基準'への変更
- **C** 正当な理由に基づく選択的基準間での任意的変更

会計方針の変更とは上の **A～C** を意味する（従前においては，「会計方針の変更とは，上の **B・C** の意であるという主張があり，そのように取扱われていたことがあった。）。

② 会計方針の変更とは，その会社において過去に存在した会計事象と同じ会計事象に対し，過去に適用した（適用しようとしていた）会計基準と異なる会計基準を適用する（適用しようとする）ことをいう。したがって，次のような事柄は，通常，会計方針の変更とはいわない。

- **A** 新たに発生した会計事象に対して新たな会計基準を会計方針として採用すること
- **B** 会計事象の性格上，見積計算を必要とする事項について，より合理的な見積りを行うため，見積りの方法をより厳密にしたり，見積金額を修正したりすること（この場合，過年度における見積りの方法とかそれによる見積金額の適否が問題になることがある。）
- **C** 過去と同一種類の会計事象ではあるが，その発生原因が異なるときとか，その計上金額が著しく増減したときに，営業外損益と特別損益との間で，区分の移し替えをすること
- **D** 正当な理由により，資産の保有目的を変更したため，流動資産の部と投資その他の資産の部との間で，区分の移し替えをすること

③ 上の② A に関連して，会計方針の変更に当たるのか，新規の会計事象に対する新規の会計方針の採用であるのか，その判別の難しいことがある。つまり，同一の項目として分類される会計事象の中で，その内容からみて全く異質な／重要性の増大した会計事象が生じたために，それに適合する会計基準を新たに会計方針として採用する場合，例えば，次のような場合である。

 A 従前は小口・短期の受注工事だけを取り扱っていたので，その収益計上基準として工事完成（＝引渡）基準を採用していたが，新規に大口・長期の受注工事をも取り扱うこととなったので，その大口・長期の工事についてのみ工事進行基準を適用する場合

 B 同一業種の事業で同一の用途に供する有形固定資産について，過去から所有する設備には従前どおり定率法を適用し，新たに取得した大規模な新技術による設備には定額法を適用する場合

このような場合，ケース・バイ・ケースで判断すべきであろうが，基本的には，同一のB/S科目又はP/L科目に属する会計事象については，同一の会計処理基準を適用するのが，会計処理の首尾一貫性とか均質性の立場から，本来の方法である。したがって，私見では，同一の科目について単一の会計処理基準から複数の会計処理基準に変えることは，会計方針の変更に該当すると考える。新規の大口・長期工事の開始とか，新規の大規模な新技術の設備の取得とかは，会計方針の変更の理由の正当性を主張する根拠であって，これらの存在の故に，会計方針の変更に該当しないと主張することはきわめて危険であると考える。

④ 上の② B に関連して，会計方針の変更に当たるのか，単なる見積りの変更か，その判別が難しいことがある。

例えば，生産設備の耐用年数について，当初，合理的な方法を採用して決定してあったが，設備の陳腐化が予想外に進んだため現時点で合理的な耐用年数に修正することは，見積りの変更であって会計方針の変更ではないといえよう。しかし，税法上の耐用年数を適用していたが，会社独自の合理的な耐用年数に変更（つまり税法基準から独自基準へ変更）する場合は，会計方針の変更に当たると解する。

⑤　次に，会計方針の変更に該当するか，それとも記載方法の変更に該当するかの判別についても，難しい問題がある。相当以前においては，格別異例なものは別として，当期純利益の額に影響を及ぼさないような変更，例えば営業外収益項目であったものを営業収益項目とするような変更は，会計方針の変更ではなく，表示方法の変更に相当する，というような主張がなされたことがあった。しかし，この主張は，正しいものとはいえない。

　通常の状態において当期純利益に影響を及ぼさない変更としては，次のA・B・Cがある。

　A　科目の名称・記載形式・分類の変更
　B　会計事象の識別基準の変更
　C　会計事象の変化による表示科目の変更

　上のAは記載方法の変更に相当し，Bは会計方針の変更に相当する。Cについては，記載方法の変更でもなく会計方針の変更でもないと，一応いえるが，しかし，会計事象の変化を機として分類基準の変更や識別基準の変更を行うことが多いので，慎重に検討する必要がある。

　上のAの場合は科目の方が変わるのに対し，Bの場合は科目の内容（すなわち科目が示す会計項目の定義）の方が変わる（単なる分割とか統合を除く。）点で異なる。

　通常，同一会計事象についての次のような区分を超えるような変更は，会計方針の変更に当たると考える。

　a　流動・固定の区分
　b　製造費と販売費及び一般管理費との間の区分
　c　営業・営業外の区分

⑥　原価計算方法の変更は会計方針の変更に当たらないという見解がある。しかし，この見解は単純すぎて問題がある。私見では，間接費配賦方法の変更など，変更前の方法によるときと変更後の方法によるときとで，資産の評価額・売上原価の計上額に差が生じる場合は，会計方針の変更に当たると解する。

　　注　→第45条解説3

4 "収入と収益"・"支出と費用"

(1) 収入・収益

　収入と'収益（この(1)において，特別利益・法人税等調整額（利益増）を含むものとする。）'について，それぞれ一言でいうとすれば，収入とは資金の流入のことであり，収益とは資本増殖に関連する（場合により資本の欠減を生じる）ところの価値の増加的流入（つまり資本増殖成果たる有価物の対価交換による流入）のことである。資金は有価物であるから，資金の流入は価値の流入を意味する。しかし，資金の流入であっても増資による流入とか貸付金回収／借入とかなどの資金と他の財産との間における単なる価値交換的流入は収益ではない。

　収入の場合は，収入科目ごとに流入総額をもって示される。これに対し，収益の場合は，収益科目ごとに流入総額をもって示されるもの（例えば売上高）と流入増差額（つまり回収余剰部分。例えば土地売却益）をもって示されるものとがある。

　資金についていえば，資金は価値と不可分の関係にある。つまり，価値のない資金はない。他方，価値についていえば，資金に限らず，債権や物的資産にも価値があり，負債は，マイナスの価値であるといえる。

　結局，資金の流入のうち現実の価値の増殖的流入となるものが収益に当たる。資金の流入がそのときには行われなくても，将来において資金の流入を約束された権利を取得した場合であっても価値の増殖的流入であれば，それは収益に当たる。そのほか，過去における流入資金の対価物を提供すべき義務を履行することも収益に当たる。

　収益と収入とは，両者の流入の時点は異なるとしても，必ずといってよいほどほとんどの収益はいつかは収入となり（なっており），両者は対応する。収入につながらない収益といえば，土地など永久資産の受贈益であろう。永久に収入につながらない収益は，永久に企業に留保すべきである。したがって，土地受贈益は資本剰余金とすべきであるという理論が成り立つことになる。

収益は収入とつながるが，その逆の収入の方は，すべてが収益につながるわけではなく，収益性の収入のほか，債権回収性の収入，負債性の収入や自己資本性の収入もある。このように収入と収益とは，区別して理解しておく必要がある。

(2) **支出・費用**

支出と'費用(この(2)において，製造費とか特別損失や法人税等／同調整額(利益減)を含むものとする。)'について，それぞれ一言でいうとすれば，支出とは資金の流出のことであり，費用とは資本増殖に関連する（場合により資本の欠減を生じる）ところの価値の欠減的流出（つまり，資本増殖に必要な又はその失敗による有価物の費消・欠減的な流出）又は移転的流出のことである。資金の流出であっても資本の払戻しや利益配当とか貸付／借入金返済とかなど資金と他の財産との間における単なる価値交換的流出は費用ではない。

移転的流出とは，例えば材料価値の流出があっても，その同額が仕掛品価値への流入となるような場合をいう。価値の移転的流出は原価計算上の製造費用であってP/L上の費用ではない。そして，その移転的流出に対応する価値の移転的流入は収益ではなく取得原価（メーカーでは最終的に製品の製造原価）を構成する。

支出の場合は，支出科目ごとに流出総額をもって示される。これに対し，費用の場合は，費用科目ごとに流出総額をもって示されるもの（例えば売上原価）と，流出増差額（つまり回収欠減部分。例えば土地売却損）をもって示されるものとがある。流出総額をもって示されるものは，価値の流入総額に物的対応するものか又は移転的流出をするものである。

企業は，資金の流出を行う場合，大体において，いつかは，また，どのように遠回りをしてでも，その流出させた資金を回収する可能性があり，その上その回収時には回収量に余剰がついていることを期待し得るときに若しくは流出資金は直接には回収しなくてもその流出と交換に取得したものを使用することによる効益を期待して流出を行うか又はそれらを得た結果として流

出を行うものである。

　もちろん，回収とか使用効益とかを目的としない資金の流出もある。例えば，利益配当金，寄附金，援助金，リストラ支出金，賠償金などである。

　回収目的の資金流出のうち，その流出に対応して直接的に資金回収するものとしては，'売買目的又は金銭債権性の有価証券'とか貸付金などがある。これらは，通常，付帯収益を伴うものであり費用に関係がない。

　迂回的な回収を目的とする資金流出のうちの主なものは，営業活動（つまり営業収益）によって回収しようとするものであって，これによる資金流出はいつかは費用となるものであるということができる。

　使用効益を目的としての又はその結果としての資金の流出としては，設備代金とか支払利子・税金などがある。

　費用の方から支出との関係をみると，ほとんどの費用は，それらの流出の時点は異なるとしても，またどのような回り道をとるとしても，過去／現在／将来の支出と対応する。支出とつながらない費用としては，売掛金の貸倒償却のうちの売却差益部分などがある。

　費用は，資金との関係において次の**A**〜**F**のように区分することができる。

A　狭義の支払性費用……資金の支出と同時に費用となるもの

B　未払性費用……受領した役務の対価として"将来において資金を支出すべき債務／見越負債"の負担と同時に費用となるもの

C　前払性費用（狭義）……過去において資金が支出されたがその対価たる役務の受領に応じて費用となるもの

D　流動資産性費用……資金の支出と交換に棚卸資産を受領しその価値を保蔵するが，その資産の１単位の使用／提供に応じて費用となるもの

E　償却資産性費用……資金の支出と交換に耐久性資産を受領しそれを所有するが，その資産を長期に反復使用することによって，その資産の１単位の価値が部分的に費用となるもの

F　切捨性費用……過去の支出額のうち，回収不能つまり無価値となった部分が切り捨てられ，費用となるもの

　　注　広義における前払性費用には，上の**C**のほか**D**・**E**も含まれる。

5 価値・価格・価額

(1) 価　　値

経済上，価値には，使用価値と交換価値とがある。

会計上，価値とは，本来，経済財（物／役務／権利）の交換価値のことであるが，これは次の二通りの意味で使われる。

A 経済財の個別的・主観的な経済的有用性
B 経済財の一般的・平均的な経済的有用性

また，価値には，時系列的には，次の四つがある。

A 購入その他の取引時点における価値……当初取得原価＝購入原価
B 製品完成時点における価値……継承取得原価＝製造原価
C 時価の低落（＝低価法／強制評価減）により修正した価値……修正取得原価
D 評価時点における公正価値……時価

　　注　会計上で使用価値という語を使ったりするが，それは，'実現可能／転嫁可能'な交換価値のことを意味し，本来の使用価値のことではない（私見）。

(2) 価　　格

価格(カカク)とは，1単位の物の価値を貨幣量をもって示したものであるが，これは次の二通りの意味で使われる。

A 取引上の単価（市価）
B 所定の単価（定価）

　　注　複合語の中の「価格」は単価の意である。

(3) 価　　額

価額(カガク)とは，1単位又は一定量の物の価値を貨幣量をもって示したものであるが，これは次の四通りの意味で使われる。

A 金　額
　　a 価格に一定の数量を乗じて求めた一定量の金額

  b 一定量の物の総括的な評価金額
B 単　価
  a 実際上の取引価格……価格（定価）に対応して用いる語
  b 内部計算上の単価……価格（取引上の単価）に対応して用いる語

注1　金額とは，'金銭の量'又は'金銭の量をもって示した物／役務／権利の価値の量'を意味する。

注2　価額の語は，本来は広く価格（単位価額）と金額（総価額）とを含む貨幣価値量の意であるが，価格に対応して用いられるとその意味が限定されかつその対応関係に応じ異なる意をもつことになる。そこに用語の混乱を生じるもとがある。

注3　価値を貨幣量で示す語としては，物の場合は価格・価額・金額を用いるのに対し，役務の場合は，金額のほかその役務の種類に応じ料金・賃料・報酬（各'月額／年額など'）などの語を用いる。

注4　英語のValueには価値を意味する場合と価額（金額）を意味する場合とがある。にもかかわらず，後者についても価値と訳したりするから用語の混乱が加わる。

第 3

法令解釈上で必要な基礎用語

1 可否・要否に関する用語

(1) ……することができる

本規則において「……することができる」という場合，その意味は，大体において，「その行為・方法などを任意に選択することが認められる」つまり「……してもよい，……しなくてもよい」ということである。

しかし，「〔本文〕……しなければならない。ただし，……することができる。」という場合，本文の規定は原則的な規定であり，ただし書の規定は許容的規定又は一定の状況下における例外的規定であるといえる。

参考までにいうと，税法で「……することができる」という場合も，この任意選択権の付与を意味する。

ところが，民法，商法などで「……することができる」といった場合，行為能力，権能，権利，権限などを付与する意で用いられることが多い。そのうち，権限には，裁量権もあれば，有責権限（＝職責権限）もある。特に，有責権限の場合，それを適切に行使する責任を伴うものであり，むしろ義務に近い意味をもつことさえもあり得る。

また，行政上「……することができる」とされた場合，「できる以上すべきである」と半強制的に実施を要請されることもある。

したがって，「……することができる」という言葉は，場合によって，いろいろな意味があるので，このことを知っておく必要がある。

(2) ……することができない・……なることができない

法令において「……することができない」とか「……なることができない」という規定は，'その行為をしたり，特定の要資格者とか役職者になったりす

ることができない'という意であって，行為能力・資格・権限などのないことを意味する。

　もし，その規定に違反して，その行為をしたりその役職についたりしたとしても，それは無効であり，通常は，はじめからその行為はなかったものとされたり，その役職に就任していなかったものとされたりする。たとい，その人に技術的能力があったとしても，その規定に反する限り，それは無効である。

　このような規定に対する違反は，「……してはならない」というような禁止規定に対する違反と異なり，無効にはなるが，それによって必ずしも罰則とか制裁を受けるとは限らない。しかし，偽りその他不正な方法によってその行為をしたり資格を得たり役職についたりしたというように社会的に問題とされる場合には，罰則が設けられている。

(3) ……しなければならない

　「……しなければならない」というのは，「……すべきである」とか「……する必要がある」とかと同じく，当然，義務，強制，要件，附帯条件等の意で用いられる。

　これには，次の三つの場合がある。

A 「義務として……しなければならない」という意（強制）……この場合，もし規定に違反して義務を履行しなかったときは，大体において罰則の適用その他の不利益を受ける。

B 「ある恩典・便益を受けるためには／選択権を行使するためには……しなければならない」という意……この場合，もしそれをしなくても恩典・便益を受けることができないだけであって，罰則に関係はない。また，恩典とか選択権を失う以外に不利益を受けることもない。

C 「ある許認可の附帯条件として……しなければならない」という意……この場合，もしそれをしなければ許認可は取り消されるし，場合により他に影響するとか，以後の一定期間，同種の許認可を受けられないとか，何らかの不利益を受けることがある。

(4) ……してはならない

　法令において「……してはならない」というのは，そこに示される行為を禁止している意である。仮にその行為をする技術的能力があり，通常，その行為をしても実害を生じないと思われる場合であっても，ともかく理由のいかんにかかわらず社会的にその行為をしてはならない。

　もし，この禁止規定に違反してその行為をしたならば，通常，罰則とか制裁規定の適用を受ける。しかし，「……することができない」という規定に違反した場合と異なり，必ずしもその行為又はその効果が無効になるとは限らない。ただし，公序良俗に反する場合は無効になる。

(5) ……することを妨げない

　法令において「……することを妨げない」というのは，「……しても差し支えない」ということであって，ただし書において使われるか又はその次の項以下において使われ，本文とか前の項における原則的方法に対する別の許容的方法として，その選択を認めるという意である。

(6) ……この限りでない

　「この限りでない」という語は，通常，ただし書において使われ，本文の規定に対する除外規定である。これには，次の二つのケースがある。

　① 「……しなければならない。ただし，……この限りでない。」

　この場合，「この限りでない」というのは，「……しなければならない」という本文の規定を，ただし書に該当するときは必ずしも強制適用しない，という意であって，積極的に何らかの規定を設けているわけではない。つまり，このただし書に該当するときは，「そうしてもよい，しなくてもよい」という意である。

　② 「……することができる。ただし，……この限りでない。」

　この場合，本文で認めた事項を，ただし書に該当するときは，それを認めない，つまり「……することはできない」という意味である。

(7) ……するものとする

「……するものとする」というのは，大体において，強弱・軽重の差はあるにしても，精神的・訓示的にその遵守を求めるものであり，強制力を有しない。したがって，それに違反しても，直ちに罰則とか制裁規定の適用を受けることはない。しかし，違反の程度が重いとか悪質と認められる場合は，それを遵守することによって行使し得たり受取ることのできる権利や権益などについて制約されることがある。もちろん，やむを得ない事情がある場合は，通常，所定の手続をとることにより，宥恕される。

2　量・時期などを区分する用語

(1) 以上・超・以下・未満

以上とか以下というように「以」の字がついていると，そこに基準として示されている数字を含む意をもっている。これに対し，超・超える・未満などではそこに基準として示される数字を含まない。

例えば，整数の場合，"100以上"といえば100を含みそれから上の意であり，"100超"といえば100を含まないで101から上をいう。同様に"100以下"といえば100を含みそれから下の意であり，"100未満"といえば100を含まないで99から下ということである。（小数を含む場合，さらに細かくなる。）

(2) 以前・前・以後・後

「以」の字がついている場合はそのちょうどの時点を含むが，「以」の字がついていない場合はそのちょうどの時点を含まない。

例えば，"3月31日以前"といえば3月31日を含みその日から前の意であり，"3月31日前"といえば3月31日を含まないで3月30日以前ということである。また，"3月31日以後"といえば3月31日を含みその日から後という意であり，"3月31日後"といえば3月31日が経過した後，つまり4月1日以後という意である。

(3) 以内・内

「以」の字がつく場合とつかない場合との違いは，前述と同様である。しかし，以内と内については，次の①～④のケースがある。

① 人　　員

例えば，"100名以内"といえば100名までをいう（"100名内"といえば99名までを意味するが，通常，誤解を与えやすいのでこのような表現をしない。）。

② 長さ・面積・容積・重量など

例えば，"100m以内"といえば100mを含むそれ以下という意である。これに対し"100m内"といえば100m未満と同じである。

③ 時　　間

問題は時間の場合である。例えば，商法第281条ノ2第2項には「3週間内」という語が示され，商法特例法第12条第2項には「3週間以内」という語が用いられている。一方には「以」の字がつかず，他方には「以」の字がついている。しかし，この両者には，瞬時の差があるだけであって，事実上，どちらも同じようなものである。違う点は，「3週間以内」というときは，きっちり3週間（つまり21日）までを意味するが，「3週間内」というときは，厳密にいえば20日と23時間59分59秒を過ぎてちょうど21日になる直前までをいうことになる。しかし，事実上，そのような差は区別できない。だから，結局，同じことになる。

④ 親　　等

親族関係を示す親等については，「内」の語は「以内」の意（例えば「三親等内」といえば，その基準となる「三親等」を含み，それ以内の近親者の意）で使われている。

(4) 以外・外・のほか・ほか

「以外」と「外（ガイ）」とは使う場面が違っており，「以前」「前」のように「以」の字がつくかつかないかで意味が異なるというたぐいのものではない。「○○以外」といえば「○○に該当する'もの／こと'のほか」という意である。例えば，「担当者以外」「昼食時間以外」とかである。これに対し，「○○

外（ガイ）」といえば「○○のそと」という意である。例えば，「時間外」「所管外」「国外」とかである。

「○○のほか」は「○○以外」と同じ意味である。

ところが「ほか」という場合，問題がある。例えば，「Ａほか５人」というとき，次の**a**と**b**の二通りの解釈があり得る。

a Ａとその他の者５人とで全員で６人

b Ａとその他の者と併せて全員で５人（つまり「Ａを含む５人」と同じ。）

本来，これは**a**の意で使うものであると思うし，一般には，その意で使われているようである。しかし，私には，昭和20年頃，公文書で**b**の意で使われていたという記憶がある。そこで私自身は，今でも「Ａほか５人」という書き方を避け，上の**a**の意のときは「Ａを含む６人」又はせめて「Ａ<u>の</u>ほか５人」と書くようにしている。

3 語句の接続・例示を示す用語

(1) 及び・並びに

一般用語としては「及び」も「並びに」も同じ意味で使われることが多い（これらはどちらも並列・累加を意味する接続詞である。）。ニュアンスの差といえば，「並びに」というと，若干，重々しい感じがする程度である。

しかし，法令用語としては，「及び」と「並びに」とは明確に使い分けされている。

例えば，ＡとＢとＣとＤが同等の語であれば，それらを並列的に接続するときは「Ａ，Ｂ，Ｃ及びＤ」と書く。もし，ＡはＢと同等であり，ＣはＤと同等であるが，「ＡとＢ」と「ＣとＤ」とでは異なる関係にある（つまり段階がある）とすれば，これらをＡとＢのグループとＣとＤのグループに分け，そして両グループを接続するようにし「Ａ及びＢ並びにＣ及びＤ」と書く。

次に，接続する語句間に三つ以上の段階があるときは，最も小さい段階の接続だけに「及び」を使い，それよりも上の段階の接続には，すべて「並びに」を使う（段階が小さいとか大きいとかいうのは，文法上の語句の位置づ

けをいうのであって，語句の意味内容の大小や軽重をいうのではない。）。

　注　本書では，原則として，「A，B，C及びD」を，「A・B・C・D」とし，「A及びB並びにC及びD」を，「A・B及びC・D」として簡記している。

(2) 又は・若しくは

一般用語としては，「又は」も「若しくは」も「あるいは」も同じ意味で使われることが多い（これらは選択を意味する接続詞である。）。

しかし，法令用語としては，「又は」と「若しくは」について，その使い方が明確に決められている。

例えば，AとBとCとDが同等の語であれば，それらを選択的に接続するときは，「A，B，C又はD」と書く。もし，AはBと同等であり，CはDと同等であるが，「AとB」と「CとD」とでは異なる関係にある（つまり段階がある）とすれば，これらを選択的に接続するときは，まず一方でAとBを一つのグループとして接続し，他方でCとDを一つのグループとして接続し，それから両グループを接続するようにし，「A若しくはB又はC若しくはD」と書く。

次に，接続する語句に三つ以上の段階があるときは，最も大きい段階の接続だけに「又は」を使い，それよりも下の段階の接続には，すべて「若しくは」を使う。

　注1　「又は」の語は，通常，「いずれか一つ」という意で使われるが，ときに'and／or'（＝及び／又は）つまり「片方又は両方」とか「一つ又は二つ以上」の意をもつ場合があるので注意する必要がある。例えば，本規則第65条における「償却年数又は残存価額を変更した」というのは，「『償却年数だけを変更』・『残存価額だけを変更』・『償却年数と残存価額の両方を変更』のうちのどれかをした」という意味である。

　注2　本書では，原則として，「A，B，C又はD」を「A／B／C／D」とし，「A若しくはB又はC若しくはD」を「A／B又はC／D」として簡記し，また，「又は」が'and／or'の意のときは，できる限り「及び／又は」と書いている。

(3) その他・その他の

① A，B，Cその他〇〇

法令用語では，「A，B，Cその他〇〇」と書いてあるときは，AもBもCも「その他〇〇」と同列・対等の関係にある。したがって，これは，「A，B，C及びそれら以外の〇〇」と同じ意味になる。その例としては，本規則第53条における「売掛金，受取手形その他営業取引によって生じた金銭債権」がある。

② A，B，Cその他の〇〇

法令用語では，「A，B，Cその他の〇〇」と書いてあるときは，AもBもCも「〇〇」の一部として例示されているという関係にある。したがって，これは，「A，B，Cなどのような〇〇」と同じ意味である。その例としては，本規則第57条における「国債，地方債その他の債券」がある。

注1　「その他」と「その他の」とは，文の口調によって，必ずしも，上に述べたように，厳密に区別されない場合もあるようである。

注2　「その他」とか「その他の」における「他」は「タ」と読み「ホカ」とは読まない（「ホカ」という場合の漢字は「外」である。）。また，これらの各語の前後に読点をつけたりしない。

4　その他

(1) 適用する・準用する

① 適用する

「適用する」とは，特定の法令の規定を，該当する事項・事態・人／物・機関などに対し，そのまま当てはめて効力をもたせるということである。

② 準用する

「準用する」とは，他に特定の法令の規定がある場合に，その規定を，その規定の本来の適用対象とは異なる事項・事態・人／物・機関などに対して，適用対象が異なることによって必要とされる修正を加えた上で，規定内容をそっくり当てはめて効力をもたせるということである。

(2) **削除・削る**

　一般用語では，「削除する」も「削る」も同義である。しかし，法令用語としては，その取扱い方が異なる。

　「削除」という場合は，法令の条項などの内容である文章・語句は削りとり消してしまうが，条項などの番号はそのまま残しておき，そして条項などの番号の下に「削除」という文字を記載する。つまり，条項の全体を「削除する」のではなく，条文内容を「削除」という語におきかえるのである。

　これに対し，「削る」という場合は，条項の番号も条文もすべて削りとり消してしまう。したがって，途中の条項などを削った場合は，削りとった条項などの後続する条項などの番号の繰上げを行う必要がある。

　特に条文数の多い法令では，削った条項の後続番号を変えることは大変であり，また後続する条文について準用したり引用したりしている法令の規定があると，関連する法令の改正が大変なことになる。したがって，そのような場合は，「削る」ではなく「削除」とすると便利である。

(3) **場合・とき**

　「場合」も「とき」も，条件・仮定・前提・局面を示す語である。通常はどちらを用いてもよいが，条件などが一つの説明文中に重なる場合には，大きい条件などの方に「場合」を用い，その「場合」を前提とする小さい条件などについて「とき」を用いる。

　　注　法令用語として「時」の漢字を使うのは，事実上，時期とか時刻・時点を意味するときに限られる。

第 4

本規則における特定の用語など

1　第2条（定義）における特定の用語及び関連用語

　本規則第2条において，本規則で用いる特定の用語について，その定義を示している。その中に，その用語の語義により憶測したりすると誤解することになりかねないようなものもある。したがって，第2条で示されている用語については，正確に理解しておく必要がある。特に，他の法令で使われている用語との間で，同語異義・同義異語のものがあるから，充分，留意する必要がある。

　そこで，次のA・Bの用語につき，下の2〜11において具体的に解説することとする。

　A　第2条に示されている用語のうち，次の**a・b**

　　a　第5章の文中で使われている用語であって，特に留意すべき用語（本書での記載順序は，第2条第1項各号の順序とは限らない。）

　　b　上の**a**の用語の理解のために必要とされる関連用語

　B　第2条には示されていないが，上の**A**の用語に関連する用語

2　大株式会社

> 第2条　①　この規則において，次の各号に掲げる用語の意義は，当該各号に定めるところによる。
> 　一　大株式会社　　商法特例法第20条第1項*に規定する大会社特例規定の全部の適用がある株式会社*をいう。

第4　本規則における特定の用語など　　73

＊　有価証券報告書提出会社に該当しない大会社については，当分の間，大会社特例規定のうちの大会社連結特例規定相当条項は適用されない（⇒平成14年改正法第44号附則第9条）が，ここでは，理の当然として特例法本則での適用をいうものと解するほかはない（私見）。つまり，**大**株式会社であるかどうかは，平成14年改正法附則第9条は関係がないものと思う。

※　特例法　第20条　①大会社☆である株式会社であって，第2条第1項及び第3条から前条＊までの規定（以下「大会社特例規定」という。）の全部の適用があるもの……。

　　＊　第19条の3

☆（上の※の文中の大会社）　特例法　第1条の2　①この法律において「大会社」とは，次の各号のいずれかに該当する株式会社をいう。
　一　資本の額が5億円以上であること。
　二　最終の貸借対照表の負債の部に計上した金額の合計額が200億円以上であること。

〔要点〕＊

　　＊　以下においては，〔要点〕という表示は，省略している。

● **大**株式会社＝大会社特例規定※の全部の適用がある株式会社＊

　　＊　上の〔参考規定〕＊

※　大会社特例規定＝特例法の'第2条①＋第3条～第19条の3'
　　　　　　　　　＝みなし大会社特例規定＊1＋大会社連結特例規定＊2

　＊1＊2　→特例法第20条②（→下の4〔参考規定〕）

● **大**株式会社＝大会社－A－B＋C－D
　　A＝清算中の大会社
　　B＝委員会等設置会社特例規定＊3の全部の適用がある大会社
　　C＝'委員会等設置会社でない大会社'からそれ以外の株式会社に変化したが，経過措置＊4により大会社特例規定の全部の適用がある株式会社
　　D＝それ以外の会社から'委員会等設置会社でない大会社'に変

> 化したが，経過措置*4により大会社特例規定の全部／一部の適用がない株式会社
>
> ＊3　→特例法第21条①（→下の３〔参考規定〕）
> ＊4　'資本金の増減により大会社の該否が変化した場合は，当該変化後に最初に到来する'／'B/Sの負債金額の増減により大会社の該否が変化した場合は，当該B/Sに係る'決算期末に関する定時株主総会終結時までの措置
> 注　大会社とは，現に特例法第１条の２①に該当する株式会社をいうが，大株式会社とは，前期末に関する定時株主総会終結直後から当期末に関する定時株主総会終結時まで大会社特例規定の全部の適用がある株式会社をいう。

大株式会社と大会社とは，どちらも株式会社である点では同じであるが，その範囲に差があることに留意する必要がある。結局，簡単にいうと，大株式会社とは，次のA～Cのいずれかに該当する会社のことである。

A　前期に引続き特例規定の適用関係に変化なく'委員会等設置会社でない大会社'に該当する株式会社

B　（新設第１期の場合）期首から引続き'委員会等設置会社でない大会社'に該当する株式会社

C　期中に'委員会等設置会社でない大会社'からそれ以外の会社に変化したが，経過措置により大会社特例規定の全部の適用がある株式会社

3　特例会社

> 第２条　①　二　特例会社　商法特例法第21条第１項*に規定する委員会等設置会社特例規定の適用がある株式会社をいう。

※　特例法　第21条　①……第21条の５から第21条の36までの規定（以下「委員会等設置会社特例規定」という。）……。
●　特例法　第１条の２　③この法律において「委員会等設置会社」とは，

第4　本規則における特定の用語など

次の各号のいずれかに該当する株式会社であって，'次章第4節*に規定する特例'の適用を受ける旨の定款の定めがあるものをいう。
一　大会社
二　第2条第2項の定款の定めがある株式会社（……「みなし大会社」という。）

＊　次章（＝第2章）第4節＝第21条の5～第21条の39（みなし大会社である委員会等設置会社については，そのうち第21条の32①～⑤は，適用されない⇒第21条の32⑥。また，うち第21条の37～第21条の39は経過措置に関する規定であるから，該当しない会社には適用されない。）

- 特例会社＝委員会等設置会社特例規定[*1]の全部又は一部の適用がある株式会社
    - ＊1　委員会等設置会社特例規定[*2]＝特例法の'第21条の5～第21条の36'
    - ＊2　以下，この要点において，「同規定」という。

- 特例会社＝同規定の全部適用会社[*3]＋同規定のうち委員会等設置会社連結特例規定[*4]以外の部分の適用がある会社[*5][*6]
    - ＊3　同規定の全部適用会社＝大会社である委員会等設置会社＋A－B
        A＝'委員会等設置会社である大会社'からそれ以外の株式会社に変化したが，経過措置[*7]により同規定の全部適用会社とされる株式会社
        B＝それ以外の株式会社から'委員会等設置会社である大会社'に変化したが，経過措置[*7]により同規定の全部適用会社とされない株式会社
    - ＊4　以下，この要点において，「同連結規定」という。
    - ＊5　以下，この要点において「同連結規定以外適用会社」という。
    - ＊6　同連結規定以外適用会社＝みなし大会社である委員会等設置会社＋C－D
        C＝'委員会等設置会社であるみなし大会社'からそれ以外の株式会社に変化したが，経過措置[*7]により'同連結規定以外適用会社'とされる株式会社
        D＝それ以外の株式会社から'委員会等設置会社であるみなし大会社'に変化したが，経過措置[*7]により'同連結規定以外適用会社'とされない株式会社
    - ＊7　'資本金又は負債合計金額の増減による場合は，当期末（→上の2要点＊4）に関する定時株主総会終結時まで'／'定款規定の廃止の場合は，当

該定款変更後に最初に招集される定時株主総会終結時まで'／'定款規定の新設の場合は，当該定款変更を行った定時株主総会終結時まで' の措置（正確には特例法参照のこと）

　特例会社とは，委員会等設置会社特例規定の全部又は一部の適用がある株式会社のことであり，委員会等設置会社との間には，その範囲に差があることに留意する必要がある。
　委員会等設置会社には，大会社である会社と'みなし大会社'である会社と，2種類があり，特例規定の適用関係が異なる。そして，これらの会社には，通常（経過措置の適用がある場合はそれによる。），委員会等設置会社特例規定の全部／一部だけが適用されるというわけではなく，大会社特例規定の一部（中には，字句の読み替えを必要とするものもある。）の適用がある。
　特例会社には，委員会等設置会社特例規定の全部が適用されるものと，当該特例規定のうちの委員会等設置会社連結特例規定が適用されないものとがある。
　結局，簡単にいうと，特例会社とは，次の**A〜E**のいずれかに該当する株式会社のことである。

A　前期に引続き特例規定の適用関係に変化なく委員会等設置会社に該当する大会社／みなし大会社

B　（新設第1期の場合）期首から引続き委員会等設置会社に該当する大会社／みなし大会社

C　前期末に関する定時株主総会において定款の定めを新設したことにより，委員会等設置会社に該当することとなった大会社／みなし大会社

D　大会社とみなし大会社との間で異動があったが，その異動前後とも，委員会等設置会社であることに変りがない株式会社

E　委員会等設置会社からそれ以外の株式会社に変化したが経過措置により委員会等設置会社特例規定の全部／一部の適用があるもの

　注　特例会社の場合，経過措置に関する特例法の規定は複雑であるから，慎重に検討する必要がある。

4　みなし大株式会社

> **第2条**　①　三　みなし大株式会社　商法特例法第20条第2項※に規定するみなし大会社特例規定の適用がある株式会社であって、大株式会社及び特例会社でないものをいう。

※　特例法　第20条　②みなし大会社[*1][*2]である株式会社であって、第4条第2項第二号並びに第7条第3項及び第5項中連結子会社に関する部分、第18条第4項、第19条の2並びに第19条の3の規定（以下「大会社連結特例規定」という。）以外の'大会社特例規定[*3]'（以下「みなし大会社特例規定」という。）……。

*1　→上の3〔参考規定〕特例法第1条の2③二
*2　清算中の会社は、みなし大会社になれない。
*3　特例法'第2条①＋第3条〜第19の3'

- みなし大株式会社＝みなし大会社特例規定[*1]の適用がある株式会社−（大会社特例規定の全部適用会社＋委員会等設置会社特例規定の全部／一部適用会社）

  *1　みなし大会社特例規定＝大会社特例規定−大会社連結特例規定

- みなし大株式会社＝みなし大会社−A−B−C＋D−E
  A＝前期から変化なく委員会等設置会社である'みなし大会社'
  B＝経過措置により'大会社特例規定の全部適用会社'とされる'みなし大会社'
  C＝経過措置により'委員会等設置会社特例規定の全部／一部の適用会社'とされる'みなし大会社'
  D＝'委員会等設置会社でないみなし大会社'からそれ以外の会社に変化したが、経過措置により[*2]みなし大会社特例規定だけ

> が適用される株式会社（⇨特例法第20条②）
> **E** ＝ それ以外の株式会社から'委員会等設置会社でないみなし大会社'に変化したが，経過措置*2により'みなし大会社特例規定だけの適用会社'とされない会社
>
> ＊2　上の3要点＊7

　みなし大株式会社とみなし大会社とは，どちらも株式会社である点では同じであるが，その範囲に差があることに留意する必要がある。

　結局，簡単にいうと，'みなし大株式会社'とは，次の**A～C**のいずれかに該当する会社のことである。

　A　前期に引続き特例規定の適用関係に変化なく「委員会等設置会社でない'みなし大会社'」に該当する株式会社

　B　（新設第1期の場合）期首から引続き「委員会等設置会社でない'みなし大会社'」に該当する株式会社

　C　「委員会等設置会社でない'みなし大会社'」からそれ以外の株式会社に変化したが，経過措置によりみなし大会社特例規定だけについて適用がある株式会社

　大株式会社の場合，「これは大会社特例規定の全部適用会社である」ということができる。これに対し，みなし大株式会社の場合，「これはみなし大会社特例規定の全部適用会社である」といっても正解にはならない。それは，この特例規定は'みなし大会社特例規定'といわれているけれども，'みなし大会社'だけに適用されるものではないからであり，その点に留意する必要がある。

5　大株式会社等

> 第2条　①　四　大株式会社等　前3号の株式会社をいう。

第4　本規則における特定の用語など

- 大株式会社等＝大株式会社＋みなし大株式会社＋特例会社

6　小株式会社

第2条　①　五　小株式会社　　商法特例法第26条第1項[※1]に規定する小会社特例規定の適用がある株式会社をいう。

※1　特例法　第26条　①小会社☆である株式会社であって第22条から前条＊までの規定（以下「小会社特例規定」という。）……。
　＊　第25条
☆（上の※の文中の小会社）　特例法　第1条の2②　この法律において「小会社」とは，資本の額が1億円以下の株式会社（前項第二号[※2]に該当するものを除く。）をいう。
※2　特例法　第1条の2①二　最終の貸借対照表の負債の部に計上した金額の合計額が200億円以上であること。

- 小株式会社＝小会社特例規定の適用がある株式会社
　　　　　　＝小会社＋A－B
  A＝小会社からそれ以外の株式会社に変化したが，経過措置＊により小会社特例規定の適用がある会社
  B＝それ以外の株式会社から小会社に変化したが，経過措置＊により小会社特例規定の適用がない株式会社
  ＊　当該変化のあった後，最初に到来する決算期末に関する定時株主総会終結時までの措置（厳密には，特例法第26条・第27条を参照すること。）

小会社と小株式会社とは，どちらも株式会社である点では同じであるが，

その範囲に差があることに留意する必要がある。

結局，簡単にいうと，小株式会社とは，次のA～Cの会社のことである。

A　前期に引続き特例規定の適用関係に変化なく小会社に該当する株式会社

B　（新設第1期の場合）期首から引続き小会社に該当する株式会社

C　期中に小会社からそれ以外の株式会社に変化したが，経過措置により小会社特例規定の適用があるもの（⇒特例法第26条①・②）

7　有報提出大会社

> 第2条　①　十五　有報提出大会社　　証券取引法（昭和23年法律第25号）第24条第1項の規定による有価証券報告書を同項本文に定める期間内に内閣総理大臣に提出すべきものとされる会社に該当する大株式会社等をいう。

● 有報提出大会社＝次のA～Cのうち有価証券報告書を提出すべき株式会社

　A＝大株式会社
　B＝みなし大株式会社
　C＝特例会社

　　注　有報提出大会社というけれども，'有報を提出する大会社'のことではなく，'有報を提出する大株式会社等'をいうから，留意する必要がある。

8　親会社・支配株主・支配社員

> **第2条**　①　二十一　親会社　商法第211条ノ2第1項[*1]及び第3項[*2]の規定により計算書類作成会社[*1]の親会社とされる株式会社をいう。
>   二十二　支配株主　計算書類作成会社[*2]の総株主の議決権の過半数を有する者及び商法第211条ノ2第3項[*2]（有限会社法第24条第1項[*3]において準用する場合を含む。）の規定により計算書類作成会社[*2]の親会社とされる株式会社又は有限会社をいう。
>   二十三　支配社員　計算書類作成会社[*3]の総社員の議決権の過半数を有する者及び商法第211条ノ2第3項[*2]（有限会社法第24条第1項[*3]において準用する場合を含む。）の規定により計算書類作成会社[*3]の親会社とされる株式会社又は有限会社をいう。

*1　この場合，株式会社／有限会社を指す。
*2　この場合，株式会社を指す。
*3　この場合，有限会社を指す。

※1　商法第211条ノ2　①他ノ株式会社ノ総株主ノ議決権ノ過半数又ハ他ノ有限会社ノ総社員ノ議決権ノ過半数ヲ有スル会社（以下「親会社」ト称ス）……其ノ株式会社又ハ有限会社（以下子会社ト称ス）……。
※2　商法第211条ノ2　③他ノ株式会社ノ議決権ノ過半数ヲ親会社及子会社又ハ子会社ガ有スルトキハ本法ノ適用＝付テハ其ノ株式会社モ亦其ノ親会社ノ子会社ト看做ス　他ノ有限会社ノ総社員ノ議決権ノ過半数ヲ親会社及子会社又ハ子会社が有スルトキ亦同ジ
※3　有限会社法　第24条　①商法……第211条の2……ノ規定ハ社員ノ持分ニ之ヲ準用ス

> 1　親会社＝「商法第211条①による親会社＋同条③により親会社とさ

れる会社」に当たる株式会社（有限会社は該当しない。）*1
2　支配株主（自社が株式会社の場合）＝ A ／ B
　　A ＝単独（共有の場合，その持分）で自社の総議決権数の過半数を有する者*1*2
　　B ＝次の a ／ b *1
　　　a ＝商法第211条ノ2③により親会社とされる株式会社
　　　b ＝有限会社法第24条①で準用される商法第211条ノ2③により親会社とされる有限会社
3　支配社員（自社が有限会社の場合）＝ C ／ D
　　C ＝単独（共有の場合，その持分）で自社の総議決権数の過半数を有する者*1*2
　　D ＝次の c ／ d *1
　　　c ＝商法第211条ノ2③により親会社とされる株式会社
　　　d ＝有限会社法第24条①で準用される商法第211条ノ2③により親会社とされる有限会社

*1　自社の議決権の過半数の所有者は単数である。しかし，親会社は単数であるとは限らない。というのは，自社の親会社が他の会社の子会社である場合，当該他の会社(つまり，いわゆる祖父母会社，更には曽祖父母会社など)も自社の親会社とされるからである。また，支配会社／支配社員も単数とは限らない。

*2　次の E は上の 2 A に，F は上の 3 C に含まれる。
　　E ＝商法第211条ノ2①における親会社（＝株式会社／有限会社）
　　F ＝有限会社法第24条①で準用される商法第211条ノ2①における親会社（＝株式会社／有限会社）

9　子法人等・子会社・有限子会社・連結子法人等・連結子会社

第2条　①
　十八　子法人等　　財務諸表等の用語，様式及び作成方法に関する

第4 本規則における特定の用語など

> 規則（昭和38年大蔵省令第59号。以下「財務諸表等規則」という。）第8条第3項，第4項及び第7項の規定により計算書類作成会社[*1]の子会社とされる者をいう。
>
> 十九　子会社　商法第211条ノ2第1項[*1]及び第3項[*2]の規定により計算書類作成会社[*2]の子会社とされる株式会社又は有限会社をいう。
>
> 二十　有限子会社　有限会社法第24条第1項[*3]において準用する商法第211条ノ2第1項[*1]及び第3項[*2]の規定により計算書類作成会社[*3]の子会社とされる株式会社又は有限会社をいう。
>
> 二十五　連結子法人等　連結の範囲に含められる子法人等をいう。
>
> **第142条**（連結子会社）　商法特例法第1条の2第4項[*4]に規定する法務省令で定める会社その他の団体は，同項の株式会社の子法人等のうち子会社以外のものとする。

*1　この場合，有報提出<u>大</u>会社を指す。
*2　この場合，株式会社を指す。
*3　この場合，有限会社を指す。

※1　→上の8※1
※2　→上の8※2
※3　→上の8※3
※4　特例法　第1条の2　④この法律において「連結子会社」とは，他の株式会社により経営を支配されているものとして法務省令で定める会社その他の団体をいう。

> 1　子法人等＝自社の'財務諸表等規則上の子会社'
> 2　子会社＝（自社が株式会社である場合）商法上，自社の子会社に当たる株式会社／有限会社
> 3　有限子会社＝（自社が有限会社である場合）有限会社法（準用規定）上，自社の子会社に当たる株式会社／有限会社

>   4 　連結子法人等＝連結範囲に含められる子法人等
>   5 　連結子会社＝子法人等－'子法人等のうちの子会社'

次の点に留意する必要がある。
(1) 本規則上の親会社とは，自社が株式会社／有限会社である場合，自社の親会社たる株式会社のことをいう。
(2) 本規則上，子会社といえば自社が株式会社である場合の商法上の自社の子会社をいう。これに対し，自社が有限会社である場合には，有限会社法（準用規定）による自社の子会社のことを有限子会社という。
(3) 商法上の親会社・子会社という定義は，次の**A**に示すように2世代間の関係において規定されている。これに対し，本規則第2条第1項における定義では，次の**B**に示すように3世代間の関係において規定している。
　　A　親会社：その子会社……2世代
　　B　自社の親会社：自社：自社の子会社……3世代
(4) ここでいう連結子会社（特例法・本規則）とは，その語義からは連想し難いような特殊な意味をもつ独特の用語である。つまり，連結目的のために，子会社以外で子法人等に追加された会社・組合その他これらに準ずる団体のことである。これを簡単に示すと次のとおりである。
　　『連結子会社＝（連結子法人等＋非連結子法人等）－子法人等に該当する子会社』
(5) 上の(4)から分かるように，連結子会社とは，子法人等と子会社との差を補正するものであり，その関係を，簡単に示すと，次のとおりである。
　　『子法人等＝（子会社－子法人等に該当しない子会社＊）＋連結子会社』
　　　＊　商法上の子会社（株式会社／有限会社）であるけれども，更生会社などであって有効な支配従属関係が存在しない会社その他実質的にその意思決定機関を支配していないことが明らかであると認められる会社

第4　本規則における特定の用語など　　　　　85

10　連結特例規定適用会社

> **第2条**　①　十六　連結特例規定適用会社　商法特例法第20条第2項^{※1}に規定する大会社連結特例規定又は商法特例法第21条の37第2項^{※2}に規定する委員会等設置会社連結特例規定の適用がある株式会社をいう。

※1　特例法　第20条　②……第4条第2項第二号並びに第7条第3項及び第5項中連結子会社に関する部分，第18条第4項，第19条の2^{※3}並びに第19条の3の規定（以下「大会社連結特例規定」という。）……

※3　（※1の文中）　特例法　第19条の2　①大会社の取締役は，当該大会社の決算期における当該大会社並びにその'子会社^{*1}及び連結子会社^{*2}'^{*3}から成る企業集団の財産及び損益の状況を示すために必要かつ適当なものとして法務省令で定めるもの（以下「連結計算書類」という。）を作成しなければならない。

　*1　事実上，子法人等に該当しない子会社は除かれる。
　*2　→上の9(4)
　*3　'子会社及び連結子会社'＝本規則上の子法人等＝財表規則上の子会社＝財表規則上の'連結子会社＋非連結子会社'

※2　特例法　第21条の37　②……第21条の8条第7項（連結子会社に関する部分に限る。），第21条の10第2項（連結子会社に関する部分に限る。）及び第21条の32^{※4}（以下「委員会等設置会社連結特例規定」という。）……

※4　（※2の文中）　特例法　第21条の32　①第21条の26第1項の執行役は，連結計算書類を作成しなければならない。

　ここで連結特例規定適用会社とは，現実に第2条第1項第十六号に示されている2種の連結特例規定のいずれかの適用がある株式会社のことである（つまり平成14年改正法附則第8条・第9条により，これらの規定相当部分

が適用されない株式会社は，これに該当しない)。(私見)

11 記載・電磁的記録・電磁的方法

> **第2条** ③ この規則において「記載」には，その性質に反しない限り，電磁的記録（商法第33条ノ2第1項[※1]の電磁的記録をいう。第3章及び第7章において同じ。）に記録することを含むものとする。
> **第6条** ① 商法第130条第3項[※2]に規定する法務省令で定める電磁的方法……は，次に掲げる方法とする。
> 一 送信者の使用に係る電子計算機と受信者の使用に係る電子計算機とを電気通信回線で接続した電子情報処理組織を使用する方法であって，当該電気通信回線を通じて情報が送信され，受信者の使用に係る電子計算機に備えられたファイルに当該情報が記録されるもの。
> 二 第3条に規定するファイルに情報を記録したものを交付する方法
> ② 前項各号に掲げる方法は，受信者がファイルへの記録を出力することにより書面を作成することができるものでなければならない。

※1 商法第33条ノ2 ①商人ハ会計帳簿又ハ貸借対照表[*1]ヲ電磁的記録（電子的方式，磁気的方式其ノ他人ノ知覚ヲ以テ認識スルコト能ハザル方式ニ依リ作ラルル記録ニシテ電子計算機ニ依ル情報処理ノ用ニ供セラルルモノトシテ法務省令☆ニ定ムルモノヲ謂フ　以下同ジ）ヲ以テ作ルコトヲ得
　　＊1　株式会社のB/S・P/Lなど→商法281条②・③[*3]
☆（※1の文中の法務省令）　本規則第3条　商法第33条ノ2第1項[※1]（同法……第281条第2項……並びに有限会社法……第43条第4項並び

に商法特例法第21条の26第2項において準用する場合を含む。)に規定する法務省令で定める電磁的記録は，磁気ディスクその他これに準ずる方法により一定の情報を確実に記録しておくことができる物をもって調製するファイルに情報を記録したものとする。

※2　商法第130条　③……第33条ノ2第1項ノ電磁的記録ニ記録セラレタル情報ヲ電磁的方法（電子情報処理組織ヲ使用スル方法其ノ他ノ情報通信ノ技術ヲ利用スル方法ニシテ法務省令ニ定ムルモノヲ謂フ以下同ジ）ニ依リ提供スルコトヲ得……

※3（*1の中）　商法第281条　②第33条ノ2第1項ノ規定ハ前項第一号*2又ハ第四号*5ニ掲グルモノニ之ヲ準用ス

③取締役ハ第1項第二号*3若ハ第三号*4ニ掲グル書類又ハ同項ノ附属明細書ニ記載スベキ情報ヲ記録シタル電磁的記録ノ作成ヲ以テ此等ノ書類ノ作成ニ代フルコトヲ得　此ノ場合ニ於テハ其ノ電磁的記録ハ之ヲ此等ノ書類ト，其ノ電磁的記録ノ記録ハ之ヲ此等ノ書類ノ記載ト看做ス

*2　同条①一　貸借対照表
*3　同条①二　損益計算書
*4　同条①三　営業報告書
*5　同条①四　利益ノ処分又ハ損失ノ処理ニ関スル議案

1　本規則における「記載」＝書面記載＋'電磁的記録*1への記録*2'
　　*1　「電磁的記録」における記録とは，記録する（した）ものの意
　　*2　この「記録」とは，記録する行為の意
2　電磁的記録＝磁気ディスクなどをもって調製するファイルに情報を記録したもの→本規則第3条
3　電磁的方法＝電子情報処理組織を使用する方法→本規則第6条

本規則での「記載」の語には，電磁的記録への記録を含むことに留意する必要がある。

例えば，第34条において，「記載の方法」という語と「記載方法」という語が示されている。この両者は語義的には同じであるが，前者の「記載」には電磁的記録への記録を含むから，「記載の方法」とし，後者の「記載」には電磁的記録への記録を含まないから，「記載方法」としているものと思う。(第5章第5節の各条の中でも，このような使い分けがされている。)

次に，「記載」/「記載する」という語の場合，第5章のうち，第3節では，電磁的記録'への記録／に記録する'を含む意で使われ，第4節では，それを含まない意で使われている。というのは，第4節は，B/S・P/L／それらの要旨の公告に関する規定を定めており，現時点では，公告に電磁的記録による公告はあり得ないからである。(公告の代りとして電磁的方法による情報提供措置が定められている。⇒商法第283条⑤・特例法第16条③・本規則第10条)

12 評価差額・評価差額金

本規則だけではないが，資産について時価評価した場合，原価（＝評価時点の簿価）と時価との差額のことを「…評価差額」といい，（P/L に計上されるものは評価損益などとして表示され，）評価差額に対して税効果計算を行った後，B/S に計上する額を「…評価差額金」といって使いわけている。

 注1 私見として，「…未処分利益」とか「…繰越利益」という語は正しくなく，「…未処分利益金」とか「…繰越利益金」というのが正しいと解説をしてきたが，上のような評価差額（期間概念）と評価差額金（B/S 計上額＝時点概念）との用語の使い分けは，全く当を得たものであり，喜ばしく思っている。

 注2 ちなみに，本来，「…引当金」は B/S 科目名，「…引当額」は P/L 科目名として使い分けされてきたのであり，現行のように後者について「…引当金繰入額」とわざわざいうのは，全く冗長である。

 注3 本書では，念のため，評価差額金についても，できるかぎり，'税効果計算後'である旨の説明をつけている。

第II部

商法施行規則第5章逐条解説
(附．第11章第197条及び附則)

第5章　貸借対照表等の記載方法等
――商法施行規則――

第1節

総　　則

第34条（貸借対照表等の記載事項等）
　貸借対照表，損益計算書，営業報告書及び附属明細書に記載すべき事項及びその記載の方法並びに商法第283条第4項又は商法特例法第16条第2項（商法特例法第21条の31第3項において準用する場合を含む。）の規定により公告すべき貸借対照表及び損益計算書並びにこれらの要旨の記載方法は，この省令の定めるところによる。

〔参考規定〕＊
　＊　以下，第Ⅱ部においては，枠内に示した各条のすぐ次に参考として記載した法令等の規定について，〔参考規定〕という表示を省略している。
●商　法
第281条　①取締役ハ毎決算期ニ左ニ掲グルモノ及其ノ附属明細書ヲ作リ取締役会ノ承認ヲ受クルコトヲ要ス
　一　貸借対照表
　二　損益計算書
　三　営業報告書
　四　利益ノ処分又ハ損失ノ処理ニ関スル議案
　③　→第Ⅰ部第4・12※3
　⑤　→第Ⅰ部第1・2〔参考規定〕
第283条　④・⑥　→第Ⅰ部第1・2〔参考規定〕
●商法特例法
第16条　②　→第Ⅰ部第1・2〔参考規定〕
第21条の26　①・⑤　……（略）
第21条の31　③　……（略）

● **有限会社法　第43条　①・⑤ ……（略）**

解　説＊

　　＊　以下，各条の解説について，**解説**という表示は，省略する。

　第34条は，第5章の規定の趣旨を総括して記述したものであり，その意味する内容は，次の **A～D** の四つから構成されている。

A　商法第281条第1項など[1]によって株式会社又は有限会社の代表取締役などが毎決算期に作成すべき B/S，P/L，営業報告書及び附属明細書に<u>記載</u>[2]すべき事項及びその<u>記載</u>の方法は，この省令（＝本規則）の定めるところによる。

　　＊1　商法特例法・有限会社法の関係規定を含む。
　　＊2　本規則において，「記載」という語には，その性質に反しない限り，電磁的記録により記録することを含むものとされている。（→第Ⅰ部第4・11）

B　'いわゆる中会社（みなし大会社に該当する会社を除く。）' 又は小会社の取締役が商法第283条第4項の規定によって公告すべき B/S 又はその要旨の記載方法は，この省令の定めるところによる[3]。

C　委員会等設置会社でない '大会社又はみなし大会社' の代表取締役などが商法特例法第16条第2項によって公告すべき B/S・P/L 又はそれらの各要旨の記載方法は，この省令の定めるところによる[3]。

D　委員会等設置会社たる '大会社又はみなし大会社' の担当執行役が商法特例法第21条の31第3項において準用する同法第16条第2項によって公告すべき B/S・P/L 又はそれらの各要旨の記載方法は，この省令の定めるところによる[3]。

　　＊3　大会社，みなし大会社，小会社などの該否に変化があった場合には，商法特例法の適用上の経過措置に留意すること。

● **用語の解説**

貸借対照表

① 　会計理論上の貸借対照表

会計理論上，B/S は，一定時点（通常，事業年度末）における企業の財政

状態を表示する計算書（広義においては関連注記を含む。）であって，資産とこれに対応する"負債及び資本"とについて一定の区分に従って各科目とその金額を記載し，「資産＝負債＋資本」（場合により「資産－負債＝資本」）という計算構造をもって表示するものである。これによって，資産側は，資本（広義）の運用状況を，負債・資本側は，資本（広義）の調達状況を示すものと解されている。そして，資本の部の中で，資本（狭義）の当期増殖額を当期純利益として示し，それがP/Lの当期純利益の額と合致するという構造になっている。

② 本規則における貸借対照表

本規則においては，B/Sはその作成すべき時点における会社の財産及び損益の状態を示すものとされている（→第44条）。

その計算構造は，会計上のB/Sと同じであるが，ただ，資本の部において，当期純利益の額を表示せずに未処分利益金*の額をもって締めくくり，その未処分利益金の額をもってP/Lの未処分利益金の額と合致させる構造をとっている点で，会計理論上のB/Sと異なる。

* 未処分利益金のことを本規則では当期未処分利益といっている。しかし，未処分利益金とは，未処分利益剰余金のことであり，時点金額を示すものであるから，「金」の語をつけるのが正しい。また，「当期」という語は，期間金額を示す語であるから，この場合，この語をつけないのが本来である。もし，つけるとすれば，「当期」ではなく，「期末」又は「当期末」の語をつけるべきである。

注　ここでは，説明を簡単にするため，損失についてはあえて触れないこととしている（以下，原則として同じ。）。

損益計算書

① 会計理論上の損益計算書

会計理論上，P/Lは，一定期間（通常，事業年度）における企業の経営成績を示す計算書（広義においては関連注記を含む。）であって，期間収益及びこれに物的対応する費用その他の期間費用と特別利益及び特別損失などとを記載し，基本的に「収益－費用＝利益」という計算構造をもち，経常的な期間利益に特別利益・特別損失・'法人税等（税効果調整額を含む。）'を加減す

ることによって当期純利益を示し，これによって営業成績及びその他の経営成果の状況を表示するものである。そして，最終的な差額として示される当期純利益の額がB/Sに示されている当期純利益の額と合致する構造をもっている。

② 本規則における損益計算書

本規則においては，P/Lはその作成すべき営業年度における財産及び損益の状態を示すものとされている（→第44条）。

本規則におけるP/Lは，会計理論上のP/Lに前決算期に係る定時株主総会における利益金処分後の未処分利益金増減計算書を結合した形式のもの（＝実質上の「損益及び未処分利益結合計算書」）とされている。そして，最終的に計算される期末の未処分利益金[*1]の額がB/Sの同科目の額と合致するとともに，未処分利益金処分[*2]案において処分対象とされる未処分利益金の額として示すことができるようになっている。

＊1　本規則では当期未処分利益といっている。
＊2　商法では，単に利益の処分といっている。

営業報告書

「営業報告書」という語における「営業」とは，営利事業経営という意である。したがって，「営業報告書」とは，「事業経営報告書」という意を有している。

営業報告書には次の①・②の2種がある。
① 株主に対する任意の年次報告書としての営業報告書

第1の種類の営業報告書（事業報告書，年次報告書ともいわれる。）は，株主に対する定例的なコミュニケーションの有力な媒体の一つとするものであり，毎事業年度に係る定時株主総会終了後に作成・発行される。その主たる報告先は株主であるが，そのほか，会社の一般的・基本的なＰＲ媒体としての役割も果たす。

この種の営業報告書に記載される内容は，一般に次のような事項である。
　A　社長（最高経営責任者）の報告（経営状況に関する概況説明と所信表

明)
- B　経営組織・事業所・取扱商品（製品）の状況，企業結合の状況
- C　役員・従業員の状況
- D　当年度の営業の概況及びその成果（要約）
- E　最近年度における財政状態及び経営成績の推移
- F　研究開発・環境対策・社会貢献活動の状況
- G　決算報告（B/S・P/L・未処分利益処分報告書など）
- H　監査報告書
- I　その他

なお，この種の営業報告書においては，統計表・棒グラフ・円グラフ・写真などを用い，色彩豊かに表示するものが多い。

　注1　近頃，「営業報告書」といえば，次の②に述べる「営業報告書」を意味する場合が多い。したがって，その名称も別異のものとしていることが多い。
　注2　会社によっては，英文の annual report の方については立派なものを作成し，より多くの情報を提供しているところがある。しかし私見では，株主に対しては，国内・国外にかかわらず，質的・量的に平等の情報を提供すべきであると考える。
　注3　最近では，連結ベースの情報を追加して記載することが多い。
　注4　上のEにおいて，重要な会計処理基準の変更を行ったにもかかわらず，それに触れないで数年度の損益などの推移を表示している例があるが，そのようなことでは読者をミスリードするおそれがある。

② 商法の規定による営業報告書

　第2の種類の営業報告書は，株式会社が商法第281条第1項又は商法特例法第21条の26第1項（有限会社にあっては，有限会社法第43条第1項）によって作成する営業報告書である。

　この営業報告書についてその概要を述べると次のA～Fのとおりである。
- A　代表取締役又は業務執行取締役（委員会等設置会社[*1]にあっては，指定を受けた執行役）が毎決算期に作成[*2]し，取締役会の承認を受けなければならない。（有限会社の場合は，法定の取締役会は存在しない。）
    - ＊1　経過措置により，現実には，特例会社
    - ＊2　電磁的記録による作成を含む。
- B　監査役を置いている株式会社又は有限会社は，その監査役（委員会等

設置会社*1にあっては監査委員会）の監査を受けなければならない。ただし株式会社のうち，'大会社又はみなし大会社'*3にあってはそのうちの会計に関する部分を除く。

C　株式会社のうち，'大会社又はみなし大会社'*3にあっては，そのうちの会計に関する部分について会計監査人の監査を受けなければならない。

　　*3　経過措置により，現実には，'大株式会社／みなし大株式会社／特例会社'

D　定時株主総会（有限会社にあっては，定時社員総会）に提出してその内容を報告しなければならない。そのため定時総会招集通知に際しその謄本を提供*4しなければならない。

　　*4　電磁的方法による提供を含む。

E　他の決算書類（附属明細書を含む。）及びそれらの監査報告書とともに定時株主総会の会日の2週間前から，5年間本店に，その謄本*5を3年間各支店に（ただし株式会社のうちの小会社及び有限会社にあっては会日の1週間前から5年間本店に）備え置き，株主・債権者の閲覧など*6の適法な請求に応じなければならない。（詳しくは，関係法令を参照すること。）

　　*5　電磁的記録によるものを含む。
　　*6　電磁的方法による場合を含む。

F　記載すべき事項については，本規則第5章第3節第4款によらなければならない。（ただし小株式会社及び有限会社については，会社の状況に関する重要な事項を記載すれば足りるとされている（→第103条③）。）

附属明細書

一般に附属明細書とは，株式会社が商法第281条第1項又は商法特例法第21条の26第1項（有限会社にあっては，有限会社法第43条第1項）によって作成する次のA～Dの書類の附属明細書のことである。

A　貸借対照表
B　損益計算書
C　営業報告書

D 利益の処分又は損失の処理に関する議案

附属明細書についてその概要を述べると次のE・Fのとおりである。

E 上の「営業報告書」② A～C・Eに同じ。

F 記載すべき事項については，本規則第5章第3節第5款によらなければならない。ただし，有限会社については，第106条の規定が適用されるほか，特別に適用すべき細目に関する規定は設けられていない。

注1 有限会社にあっては，有限会社法第44条ノ2第2項に該当するときは，附属明細書の作成を要しない。→**第106条解説**3・注

注2 証券取引法の規定に基づいて作成する財務諸表の場合は，附属明細書といわないで附属明細表といい，使い分けされており，その記載事項・様式が異なる。

注3 「附属明細書」という言葉からは，これには必ずその前提として被附属書類があるということを意味するはずである。したがって，単に附属明細書といったのでは，一般の人にとっては何に対する附属書類か，分からない。

　私見では，商法第281条第1項において定められている書類（附属明細書を含む。）のことを決算書類と呼び，そのうち貸借対照表等の同項各号の書類を決算本表と呼び，附属明細書のことを決算附属明細書と呼ぶこととすれば，分かりやすいと思う。もちろん，被附属書類のことを決算書類と呼び，附属書類のことを決算書類附属明細書と呼ぶ方が論理的である。しかし，その場合，被附属書類と附属書類とを総合した両者について「決算書類及び同附属明細書」とでも呼ぶ必要があることになり簡明性に欠ける。

（私見では，計算書類とか計算書類等という名称には賛同し難い。→第Ⅰ部第1・5(1)④）

第2節
貸借対照表の記載事項

> 第35条（創立費）
>   次の各号に掲げる会社を設立した場合における当該各号に定める額は，貸借対照表の資産の部に計上することができる。この場合においては，会社の成立の後（当該会社が商法第291条第1項の規定により開業前に利息を配当することを定めたときは，その配当をやめた後）5年以内に，毎決算期において均等額以上の償却をしなければならない。
>   一　株式会社　'商法第168条第1項第七号及び第八号'※1の規定により支出した金額，同号ただし書の手数料及び報酬として支出した金額並びに設立登記のために支出した税額
>   二　有限会社　有限会社法第7条第四号※2の規定により支出した金額，同号但し書の手数料及び報酬として支出した金額並びに設立登記のために支出した税額

※1　商法　第168条　左ノ事項ハ之ヲ定款ニ'記載又ハ記録'＊スルニ非ザレバ其ノ効力ヲ有セズ
　　七　発起人ガ受クベキ報酬ノ額
　　八　会社ノ負担ニ帰スベキ設立費用　但シ定款ノ認証ノ手数料及株式ノ払込ノ取扱ニ付銀行又ハ信託会社ニ支払フベキ報酬ハ此ノ限ニ在ラズ

※2　有限会社法　第7条　左ノ事項ハ之ヲ定款ニ'記載又ハ記録'＊スルニ非ザレバ其ノ効力ヲ有セズ
　　四　会社ノ負担ニ帰スベキ設立費用　但シ定款ノ認証ノ手数料及出資ノ払込ノ取扱ニ付銀行又ハ信託会社ニ支払フベキ報酬ハ此ノ限ニ在ラズ

＊　記載とは書面への記載を，記録とは電磁的記録への記録を意味する。

● 企業会計原則
　第三・一D　将来の期間に影響する特定の費用は，次期以後の期間に配分して処理するため，経過的に貸借対照表の資産の部に計上することができる。

四㈠C　創立費，開業費，新株発行費，社債発行費，社債発行差金，開発費……及び建設利息は，繰延資産に属するものとする。これらの資産については，償却額を控除した未償却残高を記載する。

● **会計原則注解**〔注15〕将来の期間に影響する特定の費用について
① 「将来の期間に影響する特定の費用」とは，すでに代価の支出が完了し又は支払義務が確定し，これに対応する役務の提供を受けたにもかかわらず，その効果が将来にわたって発現するものと期待される費用をいう。
② これらの費用は，その効果が及ぶ数期間に合理的に配分するため，経過的に貸借対照表上繰延資産として計上することができる。
③ （略）

● **財表規則ＧＬ**　三六　1　創立費とは，会社の負担に帰すべき設立費用，例えば，定款及び諸規則作成のための費用，株式募集その他のための広告費，株式申込証・目論見書・株券等の印刷費，創立事務所の賃借料，設立事務に使用する使用人の手当給料等，金融機関の取扱手数料，証券会社の取扱手数料，創立総会に関する費用その他会社設立事務に関する必要な費用，発起人が受ける報酬で定款に記載して創立総会の承認を受けた金額並びに設立登記の登録税等をいう。

第35条の意味する内容は，次の **A～C** によって構成されている。

A　創立費は，繰延資産として，B/S に計上することができる。創立費に該当する費用の範囲については，第35条第一号（有限会社にあっては第二号）に示されているが，その細目については，上の〔参考規定〕に示した財表規則ＧＬ三六1が，大いに参考となる。もちろん，B/S に計上しないで，その成立当初の年度において，その全額を費用として処理することもできる。

B　創立費は，次の **a／b** の期間以内に償却しなければならない。

　a　次の **b** の場合を除き，会社の成立日（＝設立登記日）から5年以内に到来する毎決算期末のうちの最終の決算期末までの期間[*1][*2]

　b　建設利息の配当を行う旨を定めている会社の場合，建設利息の配当をやめた日から5年以内に到来する最終の決算期末までの期間[*1][*2]

　＊1　設立第1期においても，償却を要する。また，成立後，満5年に達する日が決算期間の途中であるとすれば，その日までに到来する直前の決算期末までに償却を終らなければならない。

　＊2　会社が，営業状況の予測に即して，当初から，5年よりも短い年数以内としておくことは差し支えない。

C 繰延資産に計上した創立費の償却方法(＝期間配分方法)は，次のa／bの方法による必要がある。
  a 上のBの全償却期間の均分額以上の額で毎期同額とする方法*3*4
  b 上のBの全償却期間の均分額を最低額として，会社の営業状況の予測に即して，各期の償却額について規則的に逓増又は逓減させて，上のBの期間内に償却する方法*3*4

 *3 上のa, bいずれの場合でも，上のBの期間以内の最終の決算期末における償却額が，Bの期間以内均分額未満になることには，当然，何の問題もない。
 *4 また，設立当初の年度とか営業年度を変更した最初の年度などの期間が1年に満たない場合であっても，最初の年度から最終の償却年度までの期間以内における均等額以上の償却を行わなければならない。
 注 第35条の規定における「均等額以上」というのは，次の例のような場合，イ・ロのどちらを意味するのか，明らかではない。
  (例) 設立第1期から毎営業年度の期間が1年である場合，経営予測に即し，会社が4年間で逓増又は逓減させて償却すると定めたとき；
   イ 毎期，5年均分額を最低限とするという意
   ロ 毎期，4年均分額を最低限とするという意
   私見では，上のイの意と解しても，この規定の趣旨に照らし，何らの問題もないと思うが，ロによる方が無難であると思うのであれば，それによるに越したことはない。

第36条（開業費）

　開業準備のために支出した金額は，貸借対照表の資産の部に計上することができる。この場合においては，開業の後5年以内に，毎決算期において均等額以上の償却をしなければならない。

- 企業会計原則　第三の一D・四㈠C　→第35条〔参考規定〕
- 会計原則注解　〔注15〕　→第35条〔参考規定〕
- 財表規則ＧＬ　三六　2　開業費とは，土地，建物等の賃借料，広告宣伝費，通信交通費，事務用消耗品費，支払利子，使用人の給料，保険料，電気・ガス・水道料等で，会社成立後営業開始までに支出した開業準備のための費用をいう。

第36条の意味する内容は，次のA～Cによって構成されている。

A　開業費は，繰延資産として，B/Sに計上することができる（開業費に該当する費用の範囲については，上の〔参考規定〕の財表規則ＧＬ三六２が，大いに参考となる。しかし，税務上の取扱いは，これよりも範囲が狭いようである。）。もちろん，B/Sに計上しないで，その支出した年度（未支出のときは，物品／役務を受領し支出すべき債務を負担した年度）において，その全額を費用として処理することもできる。

B　繰延資産に計上した開業費は，開業した日から５年以内に到来する毎決算期末のうちの最終の決算期末までの期間以内に償却しなければならない。*1*2

*1・*2　→第35条解説Ｂ＊１・＊２

C　→第35条解説Ｃ（必要に応じ，読替えをすること。）

注　→第35条解説Ｃ・注（必要に応じ，読替えをすること。）

第37条（研究費及び開発費）

　次に掲げる目的のために特別に支出した金額は，貸借対照表の資産の部に計上することができる。この場合においては，その支出の後５年以内に，毎決算期において均等額以上の償却をしなければならない。

　一　新製品又は新技術の研究
　二　新技術又は新経営組織の採用
　三　資源の開発
　四　市場の開拓

●企業会計原則　第三の一Ｄ・四㈠Ｃ　→第35条〔参考規定〕
●会計原則注解　〔注15〕　→第35条〔参考規定〕
●研究開発費等に係る会計基準
　一　定義
　　1　研究及び開発
　　　研究とは，新しい知識の発見を目的とした計画的な調査及び探求をいう。開発と

は，新しい製品・サービス・生産方法（以下「製品等」という。）についての計画若しくは設計又は既存の製品等を著しく改良するための計画若しくは設計として，研究の成果その他の知識を具体化することをいう。
　　2　ソフトウェア
　　　ソフトウェアとは，コンピュータを機能させるように指令を組み合わせて表現したプログラム等をいう。
　二　研究開発費を構成する原価要素
　　　研究開発費には，人件費・原材料費・固定資産の減価償却費及び間接費の配賦額等，研究開発のために費消されたすべての原価が含まれる。（注1）
　三　研究開発費に係る会計処理
　　　研究開発費は，すべて発生時に費用として処理しなければならない。
　　　なお，ソフトウェア制作費のうち，研究開発に該当する部分も研究開発費として費用処理する。（注2）（注3）
　六　適用範囲
　　1　委託・受託契約
　　　本基準は，一定の契約のもとに，他の企業に行わせる研究開発については適用するが，他の企業のために行う研究開発については適用しない。
　　2　資源の開発
　　　本基準は，探査，掘削等の鉱業における資源の開発に特有の活動については，適用しない。

●研究開発費等に係る会計基準注解
　（注1）　研究開発費を構成する原価要素について
　　　特定の研究開発目的にのみ使用され，他の目的に使用できない機械装置や特許権等を取得した場合の原価は，取得時の研究開発費とする。
　（注2）　研究開発費に係る会計処理について
　　　費用として処理する方法には，一般管理費として処理する方法と当期製造費用として処理する方法がある。
　（注3）　ソフトウェア制作における研究開発費について
　　　市場販売目的のソフトウェアについては，最初に製品化された製品マスターの完成までの費用及び製品マスター又は購入したソフトウェアに対する著しい改良に要した費用が研究開発費に該当する。
●財表規則ＧＬ　三六　6　開発費とは，新技術又は新経営組織の採用，資源の開発，市場の開拓等のため支出した費用，生産能率の向上又は生産計画の変更等により，設備の大規模な配置替を行った場合等の費用をいう。ただし，経常費の性格をもつものは含まれないものとする。
●研究開発費及びソフトウェアの会計処理に関する実務指針（協会・会計制度委員会報告第12号）…（略）
●研究開発費及びソフトウェアの会計処理に関するＱ＆Ａ（協会・会計制度委員会委員長

(1) 第37条の意味する内容は，次のA〜Cによって構成されている。

　A　研究費及び開発費は，繰延資産として，B/Sに計上することができる。研究費及び開発費に該当する費用の範囲は，第37条第一号〜第四号に示されているものに限定されるが，その細目については，上の各種の〔参考規定〕を参照する必要がある。もちろん，B/Sに計上しないで，その支出した年度（未支出のときは，物品／役務の受領により支出すべき債務を負担した年度）に，その全額を費用として処理することもできる。

　B　繰延資産に計上した研究費及び開発費は，その支出（物品／役務の受領により支出すべき債務の負担を含む。）の後，5年以内に到来する毎決算期末のうちの最終の決算期末までの期間以内に償却しなければならない。*1*2

　　　*1・*2　→第35条解説B*1・*2
　C　→第35条解説C（必要に応じ，読替えをすること。）
　　　注　→第35条解説C・注（必要に応じ，読替えをすること。）

(2) 第37条については，上の1のとおりであるが，上の〔参考規定〕中の●研究開発費等に係る会計基準・三に示されているとおり，研究開発費（その範囲については，同基準・一を参照すること。）は，すべて発生時に費用処理しなければならない。結局，研究費については，繰延資産に計上する余地はなく，開発費についてのみ，財表規則GL・三六・6に示された範囲内で，繰延資産に計上することができる。

　　私見では，"株式会社のうちの中会社*1・小株式会社及び有限会社（'商法特例法及び／又は証取法' 監査を受ける会社又はそのような会社の連結対象子会社*2及び持分法対象会社を除く。）"にあっては，第37条各号の研究費・開発費（少なくとも，その計上時において，その効果が将来において発現すると期待し得るものに限るべきであろう。）を繰延資産に計上して差し支えないと考える。

　　*1　ここで中会社とは，'大株式会社・みなし大株式会社・特例会社・小株式会社' 以

外の株式会社をいう。
* 2 本規則では「連結子会社」という語を特殊な意味で使っている（→第Ⅰ部第4・9(4)）から，一般にいう連結子会社（='本規則でいう連結法人'のうちの株式会社・有限会社）のことを，本書では「連結対象子会社」ということとしている。

第38条（新株発行費等）

① 新株を発行したときは，その発行のために必要な費用の額は，貸借対照表の資産の部に計上することができる。この場合においては，その発行の後3年以内に，毎決算期において均等額以上の償却をしなければならない。

② 前項の規定は，新株予約権を発行した場合について準用する。

- **企業会計原則**　第三の一D・四(一)C　→第35条〔参考規定〕
- **会計原則注解**　〔注15〕　→第35条〔参考規定〕

1　本条第1項（有限会社には適用されない。）

〔参考規定〕
- **財表規則GL**　三六　3　新株発行費とは，株式募集のための広告費，金融機関の取扱手数料，証券会社の取扱手数料，株式申込証・目論見書・株券等の印刷費，変更登記の登録税，その他新株発行のため直接支出した費用をいう。

第38条第1項は新株発行費に関するものであり，その意味する内容については，償却年数が3年以内とされている点を除き，上の〔参考規定〕及び第35条～第37条の解説を参考にすればよく，格別，説明を要する点はない。

2　本条第2項（有限会社には適用されない。）

〔参考規定〕
- **商法**
第280条ノ19　① 新株予約権トハ之ヲ有スル者（以下新株予約権者ト称ス）ガ会社ニ対シ之ヲ行使シタルトキニ会社ガ新株予約権者ニ対シ新株ヲ発行シ又ハ之ニ代ヘテ会社ノ有スル自己ノ株式ヲ移転スル義務ヲ負フモノヲ謂フ
第280条ノ20　① 会社ハ新株予約権ヲ発行スルコトヲ得

第38条第2項は，新株予約権発行費に関する規定であり，その意味する内容については，本条第1項と同じく，償却年数が3年以内とされている点を除き，上の〔参考規定〕及び第35条～第37条の解説を参考にすればよい。

> **第39条（社債発行費）**
> 　社債を発行したときは，その発行のために必要な費用の額は，貸借対照表の資産の部に計上することができる。この場合においては，その発行の後3年以内（3年以内に社債償還の期限が到来するときは，その期限内）に，毎決算期において均等額以上の償却をしなければならない。

- 企業会計原則　第三の一D・四(一)C　→第35条〔参考規定〕
- 会計原則注解　〔注15〕　→第35条〔参考規定〕
- 財表規則GL　三六　4　社債発行費とは,社債募集のための広告費,金融機関の取扱手数料，証券会社の取扱手数料，社債申込証・目論見書・社債券等の印刷費，社債の登記の登録税その他社債発行のため直接支出した費用をいう。

第39条（有限会社には適用されない。）は，社債発行費に関する規定であるが，その意味する内容については，第38条第1項の新株発行費と同様に考えればよく，格別，説明を付け加える点はない。ただし，3年以内に社債償還の期限が到来するときは，その到来する日の属する年度の決算期末までではなく，その日以前（その日を含む。）に到来する決算期末日までに償却する必要があると解する。その理由は，商法や本規則での決算期とは，決算期間ではなく，決算期末（対外取引については当該期末日）を意味すると解されているからである。

> **第40条（社債発行差金）**
> 　社債権者に償還すべき金額の総額が社債の募集によって得た実額を超えるときは，その差額は，貸借対照表の資産の部に計上するこ

> とができる。この場合においては，社債償還の期限内に，毎決算期において均等額以上の償却をしなければならない。

- ●企業会計原則　第三の一D・四㈠C　→第35条〔参考規定〕
- ●会計原則注解　〔注15〕　→第35条〔参考規定〕
- ●財表規則ＧＬ　三六　5　社債発行差金とは，社債権者に償還すべき金額の総額が社債の募集によって得た実額を超える場合における当該差額をいう。

　第40条（有限会社には適用されない。）は，社債発行差金に関する規定であるが，その意味する内容については，第39条の社債発行費と同様に考えればよく，格別，説明を付け加える点はない。ただし，償却期間は，社債償還期限までに到来する毎決算期末日のうちの最終の決算期末日までと解する。

　私見ではあるが，社債発行差金は，主として，社債発行時における当該社債の利息と市場金利との関係によってきめられるものであるから，その償却は，社債発行日から社債償還期限までの期間にわたり，利息の一部を前払したものと考える。したがって，途中での一部償還が予定されている場合，社債の未償還残高と未経過期間に対応してその償却を行うのが合理的である。しかし，現状では，毎期の最低要償却額が均等額以上と決められているから，第40条の認める範囲内で，できる限り，合理的に償却を行う必要がある。つまり，社債発行額のうち，その一部について途中償還が行われる場合，その途中償還後においては，社債発行差金の額を償還ずみ部分対応額と未償還部分対応額（どちらもその期間配分を考慮する。）とに区分し，前者についてはその全額の償却を済ませ，その未償還部分の未経過期間対応額についてそのときから償還期限までの第40条所定年数における均分額をもってその後の毎決算期末における最低限として償却すればよいのではないかと考える。要するに，これは，償還済みの社債に対応する差金部分は，それまでに償却すべきであり，その償還済み部分対応額をその後における均等額の計算にいれる合理性はなく，未償還社債の未経過期間に対応する差金についてのみ，その後の均等額の計算にいれるべきであるという考えである。

第5章第2節　貸借対照表の記載事項

> **第41条（建設利息）**
>   商法第291条第1項*の規定により配当した金額は，貸借対照表の資産の部に計上することができる。この場合においては，1年につき資本の総額の100分の6を超える利益を配当するごとに，その超過額と同額以上の金額を償却しなければならない。

※**商法　第291条**　①　会社ノ目的タル事業ノ性質ニ依リ会社ノ成立後2年以上其ノ営業全部ノ開業ヲ為スコト能ハザルモノト認ムルトキハ会社ハ定款ヲ以テ一定ノ株式ニ付其ノ開業前一定ノ期間内一定ノ利息ヲ株主ニ配当スベキ旨ヲ定ムルコトヲ得
　　②　前項ノ定款ノ規定又ハ其ノ変更ハ裁判所ノ認可ヲ得ルコトヲ要ス
　　③　…（略）
● **企業会計原則**　　第三の一D・四㈠C　　→第35条〔参考規定〕
● **会計原則注解**　〔注15〕　→第35条〔参考規定〕

第41条（有限会社には適用されない。）の意味する内容は，次のA・Bによって構成されている。
　A　建設利息（商法第291条第1項の規定によるもの）は，繰延資産としてB/Sに計上することができる。（もちろん，その支出年度（未支出のときは支出すべき債務を負担した年度）に，その全額を費用として処理することができるが，通常，そのようなことは考えられない。）
　B　繰延資産に計上した建設利息は，その後，1年につき資本金の額の100分の6を超える額の利益を配当するに至ったときは，そのときごとにその超過額と同額以上の金額を償却しなければならない。

> **第42条（適用除外）**
>   第38条から前条までの規定は，有限会社には，適用しない。

本条は，次のA～Dについて，有限会社には適用しない旨，示している。

A 第38条（新株発行費・新株予約権発行費）
B 第39条（社債発行費）
C 第40条（社債発行差金）
D 第41条（建設利息）

第38条は，株式会社における株式に関することであるから，有限会社には関係がなく，また，有限会社には，社債の発行や建設利息の配当も認められていないから，第39条・第40条・第41条のいずれも有限会社には関係のない事項であり，当然の適用除外である。

有限会社が増資を行ったときの，それに係る直接の費用であっても，有限会社法及び本規則に特別の規定がないため，それを繰延資産としてB/Sに計上することはできないことになる。

第43条（引当金）

　　特定の支出又は損失に備えるための引当金は，その営業年度の費用又は損失とすることを相当とする額に限り，貸借対照表の負債の部に計上することができる。

● **企業会計原則**
　第三・四㈡A③　引当金のうち，賞与引当金，工事補償引当金，修繕引当金のように，通常1年以内に使用される見込のものは流動負債に属するものとする。
　第三・四㈡B②　引当金のうち，退職給与引当金*1，特別修繕引当金のように，通常1年をこえて使用される見込のものは，固定負債に属するものとする。
● **会計原則注解**　〔注18〕引当金について
　① 　将来の特定の費用又は損失であって，その発生が当期以前の事象に起因し，発生の可能性が高く，かつ，その金額を合理的に見積ることができる場合には，当期の負担に属する金額を当期の費用又は損失として引当金に繰入れ，当該引当金の残高を貸借対照表の負債の部又は資産の部に記載する*2ものとする。
　② 　製品保証引当金，売上割戻引当金，返品調整引当金，賞与引当金，工事補償引当金，退職給与引当金*1，修繕引当金，特別修繕引当金，債務保証損失引当金，損害補償損失引当金，貸倒引当金等がこれに該当する。
　③ 　発生の可能性の低い偶発事象に係る費用又は損失については，引当金を計上する

ことはできない。
* 1 　現在では，退職給付引当金という。
* 2 　「資産の部に記載する」とは，「資産の部に，対象資産科目から控除する形式で記載する」ということである（例外的な記載方法もある。⇒同注解〔注17〕）

(1) 　第43条に規定されている引当金（＝本規則上の引当金）は，会計上，一般にいわれる引当金とは，その意味が異なり，したがって，その該当項目の範囲が異なる。端的にいえば，本条の引当金は，会計上の引当金のうちの負債性引当金であって法的債務性を有しない引当金を指している。
(2) 　会計上の引当金を分類すると，次の**A**・**B**のようになる。このうち，**B**b に相当するものが第43条の引当金である。
A 　評価性引当金…形式的・具体的には将来において現実化するが，実質的／概数的にはその原因が既に発生している'現有資産の価値の減少／減失'に対する引当金（例；貸倒引当金，'投資損失引当金《協会・監査委員会報告第71号によるものをいう。》'）
B 　負債性引当金…既に負担原因の発生した事象に係る将来の収益減少／支出に対する引当金
　a 　法令／契約／商慣習により法的債務性を有するが未確定債務たる引当金
　　i 　形式的・具体的には将来において現実化するが，実質的／概数的にはその原因が既計上の収益に潜在している収益減少／費用発生に対する引当金（例；返品差益引当金など）
　　ii 　受領済みの役務の対価に係る金額未確定債務たる引当金（例；従業員賞与引当金など）
　　iii 　停止条件付債務に係る引当金（例；債務保証損失引当金など）
　　iv 　上のi～iiiの二つ以上が複合した引当金（例；売上割戻引当金，製品保証引当金など）
　b 　法的債務性を有しないが過去の事実に起因する将来の支出に対する引当金
　　i 　現に使用中の資産の劣化の修復に必要な支出に対する引当金

(例；修繕引当金，建物撤去損失引当金*¹など)

　　ⅱ　過去の事実に起因して負担すべき公算は高いが，法的債務性が未確定の負担に対する引当金（例；損害補償損失引当金，役員退職給付引当金，買付契約損失引当金*²など）

*1　修繕引当金や建物撤去損失引当金は評価性引当金であるという見解もあるようであるが，対象資産の価値の減少に備えるというよりも，将来における資金の支出，物の費消に備えるものであるから負債性引当金である。

*2　ここで買付契約損失引当金とは，「連続意見書」第四，注解（注8）における「買付契約評価引当金」のことである。

注　上の**A・B**とも，その計上金額は，合理的な根拠に基づき確実と認められる推定額によるべきであり，過大／過小な金額の計上はすべきでない。

第3節

貸借対照表等の記載方法

第1款　総　　則

> **第44条（作成の基本原則）**
> ① 貸借対照表及び損益計算書への記載は，計算書類作成会社の財産及び損益の状態を正確に判断することができるよう明瞭にしなければならない。
> ② 営業報告書への記載は，計算書類作成会社の状況を正確に判断することができるよう明瞭にしなければならない。
> ③ 前2項の規定は，附属明細書について準用する。

〔参考規定〕
- 商　法　第281条ノ3　① 監査役ハ……監査報告書ヲ取締役ニ提出スルコトヲ要ス
  ② 前項ノ監査報告書ニハ左ノ事項ヲ記載スルコトヲ要ス＊1
  　三　貸借対照表及損益計算書ガ法令及定款ニ従ヒ会社ノ財産及損益ノ状況ヲ正シク示シタルモノナルトキハ其ノ旨
  　六　営業報告書ガ法令及定款ニ従ヒ会社ノ状況ヲ正シク示シタルモノナルヤ否ヤ
  　九　……略
  ＊1　監査報告書に記載すべき情報を記録している電磁的記録の作成をもって監査報告書の作成に代えることができる。その場合，その電磁的記録は監査報告書と，また電磁的記録の記録は監査報告書の記載とみなされる。（⇒同条③で準用される第281条③）

　第44条は，B/S，P/L，営業報告書及び附属明細書の作成・記載＊2に関する基本的原則を述べたものである。

　＊2　本規則において，「記載」という語には，その性質に反しない限り，電磁的記録に記録することを含むものとされている。（→第Ⅰ部第4・11）

1　本条第1項

第44条第1項の意味するところは，次のとおりである。

『B/Sについては会社の財産及び損益の状態を，またP/Lについても会社の財産及び損益の状態を，その読者が正確に判断することができるよう，明瞭に記載しなければならない。』

商法の立場からは，「B/S及びP/Lには，法令及び定款に従い，会社の財産及び損益の状況を正しく示す」（→上の〔参考規定〕商法第281条ノ3②三）ということ，すなわち，適法性・正確性が求められている。第44条第1項の規定は，この適法性・正確性を前提として判断可能性と明瞭性を求めたものである。

つまり，商法第281条ノ3の規定によって監査役がその第2項第三号に示されているようなことを監査し，それを報告するということは，その前提として，当然に代表取締役などの関係者は，そのようなB/S及びP/Lを作成しておかなければならないということである。

この第44条第1項の条文に関する上述の解説は，次の甲説によったものである。しかし，異説としてその次の乙説もあり得ると思われる。

〔甲説〕第44条第1項の条文は，次のAとBとの二つの文章を合成したものである。
　A　B/Sは，会社の<u>財産及び損益</u>の状態を正確に判断することができるよう明瞭に記載しなければならない。
　B　P/Lは，会社の<u>財産及び損益</u>の状態を（以下，Aと同文）

〔乙説〕第44条第1項の条文は，次のCとDとの二つの文章を合成したものである。
　C　B/Sは，会社の<u>財産</u>の状態を（以下，Aと同文）
　D　P/Lは，会社の<u>損益</u>の状態を（以下，Aと同文）

簿記会計の基本的な考え方によれば，乙説に従って，第44条第1項は「B/Sについては会社の<u>財産</u>の状態を，P/Lについては会社の<u>損益</u>の状態を，それぞれ正確に判断することができるよう明瞭に記載しなければならない。」という意であると解するのが普通であると考える。*

＊ 乙説の解釈は，例えば，次のような文章と同様に，二つの「及び」の語の各被接続語について，対置的に考えたものであり，これは英語の文章からきたものと思われる。
　「平成14年度及び15年度の売上高は，それぞれ100億円及び120億円である。」
したがって，文法的には，乙説も成り立ち得ることである。

しかし，本規則の場合は，第47条があるから，これとの解釈の統一上，甲説によるほかはない。

あえて甲説の根拠を推測するとすれば，「B/S には当期未処分利益が記載されてこの中には当期純利益の額も含まれているから，損益の状態も示している。また，P/L には未処分利益（＝前期繰越利益）の増減が記載されているから，財産（正味財産の意）の状態を示している。」という考えによると思う。あるいはまた，飛躍的に「財産の増減には損益に影響するものがあり，損益の発生・消滅は財産に影響する。したがって，B/S・P/L のいずれも，財産及び損益の状態を示すものである。」という考えによるのかもしれない。

2　本条第2項

第44条第2項の意味するところは，次のとおりである。

『営業報告書については，その読者が会社の状況を正確に判断することができるよう，これを明瞭に記載しなければならない。』

これは商法第281条ノ3②六（→上の〔参考規定〕）の趣旨に応じたものである。

3　本条第3項

第44条第3項の意味するところは，次のとおりである。

『附属明細書については，その読者が会社の財産及び損益の状況並びに会社の状況を正確に判断することができるよう，これを明瞭に記載しなければならない。』

● 構文の解説

第44条第2項を例にとって，構文の解説をしておく。

この第 2 項では「営業報告書は，……記載しなければならない。」と表現されている。この条文での述語に相当する「記載しなければならない」という義務を負い「記載する」という動作をする主体は「代表取締役などの法定の作成義務者」であり，その動作の対象は「営業報告書」である。日本語の文では，動作の主体が明白な場合，これを省略することが多い。その場合，本来の客語（＝目的語）を文の題目として取り上げ，これに題目を示す助詞「は」をつける（つまり主語化する）だけであって，その動詞をわざわざ受身形に変えたりはしない。

　仮に，この条文を，英語の文法にならって「営業報告書は，……記載されなければならない。」*1と書くと，これは全く翻訳調の文章となり，日本文としては異様な語感をもった文章になってしまう。

　もし，どうしても「記載する」という語が他動詞であることにこだわり，文体が気になるとすれば，主語化された客語の元の位置にその代名詞を代置する*2こととなり，「営業報告書は，……<u>これを</u>記載しなければならない。」という文章にすることとなる。しかし，このような文章は漢文調のものとなり，現代文としては堅苦しい文体となってしまう。

　結局，第44条第 2 項のような文章が，現代における正しい日本語の表現であるといえる（厳密にいうと「客語の主語化による代置代名詞の省略形」である。）。

* 1　近時，英語の文法が念頭にあるのか，とかく，意味を考えずに受身形の文章を書く人が多い。日本語で「この本は読んだ。」といっても，自分が読んだのであって"本が読んだ"のではない。この場合，「この本は（私によって）読まれた。」などとはいわない。
　　ちなみに「しなければならない」という語は，大体において義務を示す。日本語では，義務は動作の主体に課せられるものであり，その客体に課せられるものではない。したがって動作の客体について「義務」の意での「されなければならない」という表現は誤りであるといえる（「されなければならない」という語が，「当然」の意で使われるときは，この限りではない。）。英語の"should be＋過去分詞"は，大体において「しなければならない」と訳すべきであると思う。

* 2　商法第33条②や第283条⑥などの古風な条文が，客語の主語化に基づく代名詞代置法の好例である。また，同旨のことを示す旧商法第285条ノ 5 ③と本規則第31条③と比較すれば，文語体と口語（文章）体との差が理解できると思う。

第5章第3節第1款　総　　則　　　　115

旧商法第285条ノ5　③　前２項ノ規定ハ国債,地方債其ノ他ノ債券ニ之ヲ準用ス
本規則第31条　③　前２項の規定は，国債，地方債その他の債券について準用する。

● 用語の解説

財　産

　ここでいう財産とは，資産とこれに対応する"負債及び資本"とを総合的に示す語である。

　一般用語としては財産と資産とは，通常，同義であるが，会計用語としては異なる意味をもっている。すなわち，会計上は，資産のことを積極財産，負債のことを消極財産，資本のことを正味財産（又は純財産）といい，資産は財産の一局面にすぎない。

　会計上，財産とは，一定量の経済価値[*1]をもって，会計主体に対し，何らかの積極的又は消極的な作用／効果を及ぼすものをいう。

　私法上，財産[*2]とは，財産権の対象となるもの，すなわち，金銭的価値をもって評価し得る有形・無形の所有物を意味する。したがって，繰延資産は，会計上では財産として取り扱われるが，厳密な意味での私法上の財産ではない。

　　*1　経済価値とは，公正な立場にあり取引の意思を有する当事者間での交換価値のことであり，交換の対象となる金銭の量をもって測定し得る価値をいう。
　　*2　商法上であっても会計に関する規定において「財産」というときは，会計概念における「財産」の意を有すると考えるべきである（私見）。同様に，商法上，会計に関する規定において「債権」「債務」というとき，これらは原則として私法上の「債権」「債務」ではなく会計上の「債権」「債務」の意で使われていることに留意すべきである。

損　益

　損益とは，利益及び／又は損失ということである。利益は経済価値の増殖による量的剰余を意味し，損失はその逆の量的欠減を意味し，いずれも収入とそれに対応する費用との差額として計算される。両者は，プラス・マイナ

スの相反する関係にあるから，ここでは，利益について述べ，損失の方の説明は省略する。

利益の語は多義的に使われる。広義における利益は，期間利益と留保利益とに分けることができる。

留保利益（厳密には留保利益金という。）は，会計上，利益剰余金といい，資本（すなわち正味財産）の一部であって時点概念，在高概念のものである。これに対し，期間利益の方は，期間概念，差額概念のものであって両者はまったく異質である。そして，通常，単に利益といえば期間利益を意味する。

利益は，通常，「収益－費用＝利益」という計算構造によって求められるが，収益及びそれに対応する費用の種類によって，個別売上利益，売上総利益，営業利益，経常利益，特別利益，税引前当期純利益，当期純利益などが計算される。

この期間利益のとらえ方について二つの考え方がある。一つは当期業績主義であり，他は包括主義である。当期業績主義にあっては，企業の経常的な経営活動に基づく正常な収益及び費用とこれによる当期純利益を損益計算書に表示し，過年度損益修正的な期間外損益や臨時・異常・巨額な損益は利益剰余金計算書を作成し，それによって表示しようという考え方である。これに対し，包括主義は，特定の期間に判明・実現・確定したものは，当期の収益・費用に限らず，期間外損益つまり臨時・異常・巨額な損益はもちろん過年度損益修正項目であっても，すべてP/Lに表示しようという考え方である。わが国では，企業会計原則の制定当初，当期業績主義を採用していたが，現在では包括主義を採用している。

第45条（会計方針の注記等）

① 資産の評価の方法，固定資産の減価償却の方法，重要な引当金の計上の方法その他の重要な貸借対照表又は損益計算書の作成に関する会計方針は，貸借対照表又は損益計算書に注記しなければならない。ただし，第28条第1項に規定する評価の方法その他その採用が

> 原則とされている会計方針については，この限りでない。
> ② 貸借対照表又は損益計算書の作成に関する会計方針を変更したときは，その旨及びその変更による増減額を貸借対照表又は損益計算書に注記しなければならない。ただし，その変更又は変更による影響が軽微であるときは，その旨又は変更による増減額の記載を要しない。
> ③ 前項の規定は，貸借対照表又は損益計算書の記載の方法を変更したときについて準用する。

●本規則
第28条 ① 流動資産については，その取得価額又は製作価額を付さなければならない。ただし，時価が取得価額又は製作価額より著しく低いときは，その価格が取得価額又は製作価額まで回復すると認められる場合を除き，時価を付さなければならない。
② 前項の規定は，時価が取得価額又は製作価額より低いときは時価を付するものとすることを妨げない。
第29条 固定資産については，その取得価額又は製作価額を付し，毎決算期において相当の償却をしなければならない。ただし，予測することができない減損が生じたときは，相当の減額をしなければならない。
第30条 ① 金銭債権については，その債権金額を付さなければならない。ただし，債権金額より高い代金で買い入れたときは相当の増額を，債権金額より低い代金で買い入れたときその他相当の理由があるときは相当の減額をすることができる。
② 前項の場合において，金銭債権につき取立不能のおそれがあるときは，取り立てることができない見込額を控除しなければならない。
③ 市場価格のある金銭債権については，第1項の規定にかかわらず，時価を付するものとすることができる。
第31条 ① 社債については，その取得価額を付さなければならない。ただし，その取得価額が社債の金額と異なるときは，相当の増額又は減額をすることができる。
② 第28条第1項ただし書及び第2項並びに前条第3項の規定は市場価格のある社債について，同条第2項の規定は市場価格のない社債について，それぞれ準用する。
③ 前2項の規定は，国債，地方債その他の債券について準用する。
第32条 ① 株式については，その取得価額を付さなければならない。
② 第28条第1項ただし書の規定は市場価格のある株式について，同条第2項及び第30条第3項の規定は市場価格のある株式であって子会社の株式以外のものについて，それぞれ準用する。

③ 市場価格のない株式については，その発行会社の資産状態が著しく悪化したときは，相当の減額をしなければならない。

④ 第1項及び前項の規定は，有限会社の社員の持分その他出資による持分について準用する。

第33条 のれんは，有償で譲り受け又は吸収分割若しくは合併により取得した場合に限り，貸借対照表の資産の部に計上することができる。この場合においては，その取得価額を付し，その取得の後5年以内に，毎決算期において均等額以上の償却をしなければならない。

● 会計原則注解

〔注1-2〕重要な会計方針の開示について

① 財務諸表には，重要な会計方針を注記しなければならない。

② 会計方針とは，企業が損益計算書及び貸借対照表の作成に当たって，その財政状態及び経営成績を正しく示すために採用した会計処理の原則及び手続並びに表示の方法をいう。

③ 会計方針の例としては，次のようなものがある。
　イ　有価証券の評価基準及び評価方法
　ロ　たな卸資産の評価基準及び評価方法
　ハ　固定資産の減価償却方法
　ニ　繰延資産の処理方法
　ホ　外貨建資産・負債の本邦通貨への換算基準
　ヘ　引当金の計上基準
　ト　費用・収益の計上基準

④ 代替的な会計基準が認められていない場合には，会計方針の注記を省略することができる。

1　本条第1項本文

第45条第1項本文は会計方針*の注記に関する基本的事項を規定したものであり，その意味する内容は，次のA，B及びCの三つによって構成されている（これを甲説とする。）。

　　＊　→第Ⅰ部第2・3(1)

〔甲説〕

A　B/Sの作成に関する重要な会計方針は，B/Sに注記しなければならない。

B　P/Lの作成に関する重要な会計方針は，P/Lに注記しなければならない。

C　B/S 及び P/L の双方の作成に関連する重要な会計方針は，その双方に注記しなければならない（一方にとって重要であるが他方にとって重要でない会計方針の場合は，上の A 又は B によって注記する。）。

　第1項本文の規定の文章解釈上，異説として以下のような乙説及び丙説もあり得ると考える。

〔乙説〕第45条第1項本文は，甲説の A 及び B と次の D との三つの文章を合成したものである（つまり，上の C は間違っている。）。

　D　B/S 及び P/L の双方の作成に関連する重要な会計方針は，B/S 又は P/L のいずれか一方に注記しなければならない（つまり，いずれに注記してもかまわない。）。

〔丙説〕この条文は，甲説の A 及び B はよいとしても，C でも D でもなく，次の E によるべきである。

　E　B/S の作成に関する重要な会計方針としていったん B/S に注記した事項は，それが P/L の作成にも関連しその重要な会計方針に当たるとしても，それを重ねて P/L に注記する必要はない。

　これらの異なる解釈が出てくる最大の原因は，「又は」の解釈の相違である。英語の場合，'or（又は）' のほかに，「双方又はいずれか一方」とか「全部又は一部」とかの意を示す表現として 'and／or' が使われることがある。日本語では，「又は」という語が 'or' を意味する場合と 'and／or' を意味する場合とがある。そこで「又は」についての解釈の相違が生じる。

　第45条第1項本文の文中には，前後二つの「又は」がある。この「又は」について，C は，前後とも 'and／or' と解した上で，前の 'and' と後の 'and' における各被接続語を対置させて解釈したものである。これに対し，D は，前を 'and／or'，後を 'or' と解したものである。そして E は，前後とも 'or' と解した上で，一事不再述という考えをとったものである。結局のところ，条文解釈の統一性・慎重性の見地からは，私は C が正しいと考える。

　会計方針として，B/S 又は P/L のいずれか一方だけに関係するものとしては，資産／負債の流動・固定区分基準，収益／費用の営業・営業外区分基準などがある。しかし，これらには，基本的に会計方針として注記すべき事

項に該当するものは少ない。

　これに対し，通常，会計方針として注記すべき会計基準は，元来，B/S及びP/Lの双方に関連する会計基準である。

　例えば，商品の評価の方法は，商品の取得原価を期末商品在高と当期売上原価とに配分するための計算方法であり，B/SとP/Lの双方に関連する。次に，それでは商品の評価の方法は，B/S及びP/Lのいずれにとって重要な会計方針であるかが問題となるが，これは，損益法の見地に立てばP/Lにとっての重要な会計方針であり，財産法の見地に立てばB/Sにとっての重要な会計方針となる。結局，商法では財産法の見地に立ち資産評価の側面からみているから，B/Sに関する注記事項となる。

　このようにみていくと，"上のCで述べたようにB/SとP/Lの双方に注記すべきこと"になる事項は，現実問題として少ないものと思われる。しかし，重要なものの例としては，割賦販売に関する会計方針として割賦基準を採用したとか長期工事収益に関する会計方針として工事進行基準を採用しその金額が重要な場合がある。この場合には，その会計方針は，B/S及びP/Lの両方に注記すべき事項であると考える。

　このように，B/SとP/Lと両方に注記すべき事項がある場合，現実にはまず，B/Sに注記し，P/Lにおいては，B/Sにおける当該注記の参照を求める注記を記載することとなろう。しかし，このような場合，本規則第46条第1項ただし書の規定によって，適当な箇所にB/Sの注記とP/Lの注記とをまとめて記載し，同条第2項の規定に従い，B/S科目とP/L科目と，二つの科目についてその関連を明らかにする方がよいと考えられる。

2　本条第1項ただし書

　第45条第1項ただし書の意味するところは，次のとおりである。

　『B/S及び/又はP/Lの作成に関する重要な会計方針であっても，本規則第28条第1項などの規定及び公正な会計慣行の中に，同一の会計事象に対する会計処理基準として原則的基準と許容的基準とがある場合において，原則的基準をもって会計方針としているときは，その会計方針については注記し

なくても差し支えない。』（規定の趣旨からみて，強制的（単一）基準については，当然，注記する必要はない。）

　会計基準をその選択の可否の面から区分すると，同一の会計事象を処理する基準として，強制的基準（単一基準）と選択的基準（複数基準）とがある。その選択的基準の中に同等の複数基準と差等のある複数基準とがある。そして，その差等のある複数基準の中に，原則的基準と許容的基準とがある（代替的基準という場合は，これを同等的代替基準と差等的代替基準とにわけ，後者に原則的基準と許容的代替基準とがあるということになる。）。

① 　強制的（単一）基準を例示すると次のとおりである。
　A　原価基準評価の棚卸資産に関する回復の見込のない時価低落による強制評価減（第28条①ただし書）
　B　有形・無形固定資産及び投資不動産に関する原価基準評価，相当の償却，減損に係る強制評価減（第29条）
　C　金銭債権に関する取立不能見込額の控除（第30条②）
　D　市場価格のある債券で原価基準によっているものに関する強制評価減（第31条②・③において準用する第28条①ただし書）
　E　市場価格のない債券に関する取立不能見込額の控除（第31条②・③において準用する第30条①ただし書）
　F　市場価格のある株式で原価基準によっているものに関する強制評価減（第32条②において準用する第28条①ただし書）
　G　市場価格のない株式に関する原価基準評価，強制評価減（第32条①・③）
　H　子会社株式に関する原価基準評価，強制評価減（第32条①・③）
　I　出資持分に関する原価基準評価，強制評価減（第32条④において準用する同条①・②）
　J　特別の法令の規定により負債の部に計上することが強制される引当金・準備金の処理（関係法令）
　K　外国通貨・外貨建金銭債権債務（自社発行の外貨建転換社債で一定のものを除く。）の決算時レートによる円換算など（⇒「外貨建取引等会計

処理基準」「外貨建取引等会計処理基準注解」)

② 選択的基準のうちの原則的基準を例示すると次のとおりである。

 L 棚卸資産に関する原価基準評価（第28条①本文）

 M 金銭債権に関する債権金額による評価（第30条①本文）

 N 債券に関する原価基準評価（第31条①本文・③）

 O 市場価格のある株式（子会社株式を除く。→H）に関する原価基準評価（第32条①）。公認会計士又は監査法人による法定監査を受ける会社及びそのような会社の連結対象子会社及び持分法対象会社にあっては，時価基準によらなければならないが，本規制では時価基準の採用を「許容」としている。

 P 暖簾・繰延資産に関する支出時費用処理（'第33条・株式会社：第35条～第41条・有限会社：第35条～第37条'は許容規定）

 Q 割賦販売に関する販売（引渡）基準計上（会計原則注解〔注6〕(4)）

 R ファイナンス・リース取引について売買取引に準じた処理を行う場合におけるリース物件取得価額につきリース料総額からこれに含まれている利息見積額を控除する方法（⇒リース取引に係る会計基準注解・注2）

 注 上記の原則的基準であっても，多くの場合，明瞭性の見地からは注記する方が好ましい。また，業種特有の会計基準についても注記する方がよいと思われる。

3　本条第2項本文

① 第45条第2項本文は，「会計方針の変更*」の注記について規定しており，その意味する内容は，次のA，B及びCによって構成されている。

 * →第Ⅰ部第2・3(2)

 A B/Sの作成に関する会計方針を変更したときは，その旨及びその変更による増減額をB/Sに注記しなければならない。

 B P/Lの作成に関する会計方針を変更したときは，その旨及びその変更による増減額をP/Lに注記しなければならない。

 C B/S及びP/Lの双方の作成に関連する会計方針を変更したときは，その双方に注記しなければならない。

第45条第2項本文についても，上のCに関して，第1項本文におけるD及びEと同様の論点からする異説があり得ると思われる。しかし，結論は，第1項本文におけるCの論点と同じく，第2項本文についても上のCをとるべきであると考える（もちろん，第46条第1項ただし書によることができる。）。

② 会計方針の変更がB/SとP/Lの双方に関連する場合は，双方に注記することとなるが，その場合，決算書類の読者が同一事項に係るB/S項目における増減額とP/L項目における増減額とを別個のものと誤解し，当期純利益などに及ぼす影響額の合計額を求めるに際して両者を累加算定することのないよう，明瞭に<u>記載</u>する必要がある。

③ 次に，この会計方針の変更に関する注記をする際の必要事項・留意点などについて述べる。

 i 会計方針の変更

会計方針の変更に当たるものとしては，次のA〜Cがある。このうちB・Cについては正当な理由による必要がある。

 A 適用すべき会計基準の変更に基づく会計方針の強制的変更*
  * →「監査基準の改訂に関する意見書・監査基準の改訂について」三9(3)②また書
 B 選択可能な会計基準の選択範囲の変更を機とする会計方針の任意的変更
 C 選択可能な会計基準間における会計方針の任意的変更

 ii 変更の旨の注記

会計方針の変更の旨を注記する場合，変更前の会計方針と変更後の会計方針とを明らかにしておく必要がある。

 iii 変更による増減額

会計方針の変更による増減額とは，変更前の会計方針に基づいて処理するとした場合の当期分の算出額と変更後の会計方針に基づいて処理した当期分の算出額との差額であって，後者の方が前者に比し大きい場合，その差額は増加額であり，その逆は減少額である。

 iv 増減額の注記対象

会計方針の変更による増減額を注記する対象項目の範囲について，次のA，B，C，D及びEの五通りの考え方がある。

 A 会計方針を変更した場合，その会計方針に基づく処理項目の増減額だけを注記する。例えば，原材料の評価の方法を変更した場合，原材料の期末残高の増減額だけを注記する。

 B 会計方針を変更した場合，その会計方針の適用対象科目の増減額とその変更によって波及的に影響を受けたP/L上の科目（又は税引前当期純利益）の増減額を注記する。例えば，原材料の評価の方法を変更した場合，原材料（科目）の増減額とその変更によって波及的に影響を受けた損益計算書上の科目，すなわち売上原価（又は税引前当期純利益）の増減額を注記する。

 C 会計方針を変更した場合，その変更によって波及的に影響を受けたB/S・P/Lの科目のすべてについてその増減額を注記する。例えば，原材料の評価の方法を変更した場合，原材料（科目）だけではなく，その変更によって直接的な影響を受けた仕掛品，製品及び売上原価（又は税引前当期純利益）の各科目の増減額を注記する。

 D 会計方針を変更した場合，その変更によって直接的又は間接的に影響を受けたB/S及びP/Lの科目のすべてについて，その増減額を記載する。例えば，原材料の評価の方法を変更した場合，上のCの科目に加え，間接的に影響を受けた法人税等の増減額，法人税等調整額及び当期純利益の増減額も注記する。

 E 会計方針を変更した場合，その変更によって影響を受けたB/S及びP/Lのあらゆる記載事項の増減額を注記する。例えば，原材料の評価の方法を変更した場合，上のDに記載した科目に加え，B/Sの流動資産合計，資産の部合計，当期未処分利益，資本の部合計，負債及び資本合計，P/Lの営業利益，経常利益，税引前当期純利益，当期未処分利益，1株当たり当期純利益，など，ありとあらゆる事項について，その増減額を注記する。

以上の五通りの方法のいずれによるかは，ケース・バイ・ケースである。

きわめてまれとはいえ，Eによらざるを得ない場合もあることを知っておく必要がある（このような場合，通常，差異比較表を作る。）。しかし，通常は，C又はDによるのが明瞭性の立場からみて好ましいと考えられるが，少なくとも，Bの程度の注記はすべきであると思う。

　本規則では「増減額」としているところを，会計では，通常，「影響額」と称している。そこで，この「増減額」は「影響額」とその意味するところが異なる，つまり「増減額」には波及効果を含まず「影響額」には波及効果を含む，という見解がある。しかし，私見では，第45条第2項ただし書に「影響」という語があることからみて，この「変更による増減額」とは「変更によって影響を受けた項目の増減額」の意であり，「変更による影響額」と同じ意味のものであると解する。

　v　増減額の算定時点

　会計方針の変更を行った場合，その変更による増減額を算定する時点によって，次のA，B，C及びDの四通りの方法がある（もちろん，変更の対象や内容によって採用する方法は限定され，すべてについて四通りあるわけではない。）。

　A　期首変更方式

　この方式は，例えば，商品の評価基準を原価基準から低価基準に変更した場合，その変更を期首に行ったものとし，商品の"期首における全品目簿価合計"と"期首における全品目低価合計（これは品目ごとに前期末原価と前期末時価とを比較した低価による全品目合計である。）"との差額（これは，低価を生じた品目の"簿価と低価との差額"の総合計によっても算出できる。以下，同じ。）を，その変更による増減額とする方法である（この場合，数量も，原価も時価もすべて期首（通常，前期末）のものである。）。

　B　期末変更方式

　この方式は，上のAと同様の例でいえば，当該変更を期末に行ったものとし，商品の"期末における全品目簿価合計"と"期末における全品目低価合計（品目ごとに期末原価と期末時価とを比較した低価による全品目合計）"との差額を，その変更による増減額とする方法である（この場合，数量も，原

価も時価もすべて当期末のものである。）。
　C　原始変更方式（総洗替え方式）
　この方式は，変更後の会計方針を対象資産の取得時から適用していたものとして過年度分を一挙に修正する方式であって，変更後の会計方針を適用する"対象資産の全品目の期首簿価合計"と"当該各品目についてその原始取得時点から変更後の会計方針を適用してきたと仮定した場合の期首算出額の全品目合計"との差額を，その変更による増減額とする方法である。通常，この方式による計算は困難であり，主に数量の多くない有形固定資産などについて適用可能な方式である。
　D　なし崩し変更方式
　この方式は，過年度分については修正しないでそのままとし，期首から変更後の会計方針を適用する方法である。例えば，有形固定資産の減価償却方法の変更の場合，"期首保有品目については期首簿価（当期取得品については取得価額）を前提として変更前の会計方針を適用して算出した当期償却計算額"と"同様の期首簿価（当期取得品については取得価額）を前提として変更後の会計方針を適用（期首保有品については変更後の償却期間を合理的に調整）して算出した当期償却額"との差額を，その変更による増減額とする方法である（この方式によるとCの方式によった場合の"変更による増減額"が，変更後の期間に，なし崩し的に配分される。）。
　会計理論上，会計方針の変更とは，当年度の会計事象に対して変更後の会計方針を適用することであり，当年度の期間費用を変更後の会計方針によって算出される額に純化する必要がある。したがって，Cの方式が最も理論的であり*，その適用が困難な場合にのみ他の方式を適用するのが正当な方法であると考える（Bの方式は会計理論上，好ましくない。）。しかし，わが国では，税法が会計実務に及ぼす影響がきわめて大であり，税法規定に従って，棚卸資産の原価・低価基準間の変更についてはBの方式，先入先出法とか総平均法などの評価方法間の変更とか有形固定資産の償却方法の変更についてはDの方式（厳密には，税法規定参照のこと。）が採用されることが多く，これらも公正な会計慣行の一つとして認められている。しかし，いずれにして

も，変更による増減額の注記に当たっては，どのような方式でその増減額を算出したかを明らかにしておく必要がある。

　　＊財表規則ＧＬ九五の二・1に「…前期までの減価償却累計額の修正」が例示されているから分かるように，これが本来の方法である。

vi　変更の理由

本項には，「変更の理由」を記載すべき旨の規定はない（附属明細書の記載事項とされている。→第106条②）。しかし，明瞭性の見地からは，その変更が正当な理由によるものであることが分かるように，記載すべきであろう（私見）。

　　注　会計監査人／'会計監査人の監査を必要としない会社の監査役' が商法第281条の３第２項第五号により記載する「理由」は「相当と認める理由」であり，「会社が変更を行った理由」ではない。したがって同一のことを対象としても文章表現のニュアンスに差があるはずである。

4　本条第２項ただし書

第45条第２項ただし書の意味する内容は，構文上からは次の **A, B, C** 及び **D** の四つから構成されている。（しかし，**A** 及び **B** は，**C** 又は **D** に集約される。）

A　会計方針の変更が質的に軽微であるときは，その旨の注記を要しない。

B　会計方針の変更による影響が量的に軽微であるときは，その変更による増減額の注記を要しない。

C　会計方針の変更が質的に軽微*1であり，かつ変更による影響*2も軽微*3であるときは，変更の旨も変更による増減額もいずれも注記を要しない。

D　会計方針の変更が質的に重要*4であるが，その変更による影響が軽微であるときは，変更の旨の記載は必要であるが，その変更による増減額の注記を要しない。*5*6

なお，（このようなケースがあるかないかは別として）会計方針の変更が質的には軽微であるにもかかわらず，その変更による影響が重要であるときは，

（その旨を示さないで増減額だけを示すことは不合理であるから）このただし書の適用はなく，本文に従って注記しなければならない。

- ＊1　"会計方針の変更が質的に軽微"であるとは，次の a, b 及び c のすべてに該当する場合であろう。
  - a　重要な会計方針の変更でないこと
  - b　利益操作目的の変更でないことはもちろん，利益操作目的と疑われるような変更でもなく，結果的に期間損失を期間利益に変換することになるような変更でもないこと
  - c　社会一般からみて，通常，変更すれば重要な影響を及ぼすとみられるような項目・方法等の変更でないこと
- ＊2　ここで「影響」とは，B/S 記載事項及び／又は P/L 記載事項に及ぼす量的影響を意味する。
- ＊3　変更による"影響が（量的に）軽微"であるケースとして，次の d, e 及び f の三通りがある。
  - d　B/S 記載事項及び P/L 記載事項のいずれに与える影響も（金額的に）軽微であるケース
  - e　B/S 記載事項に与える影響は重要＊4であるが，P/L 記載事項に与える影響は軽微であるケース……このケースでは，B/S 記載事項について変更の旨と変更による増減額の記載を要するが，P/L 記載事項については変更による増減額の記載を要しない。しかし，その場合，例えば，「……の理由により，この変更によって当期純利益に及ぼす影響は軽微である。」というようなことを記載しないと，誤解を与えるおそれがある。
  - f　B/S 記載事項に与える影響は軽微であるが，P/L 記載事項に与える影響は重要であるケース……このケースでは，P/L 記載事項について変更の旨と変更による増減額とを記載する。
- ＊4　ここで"重要"とは"軽微でない"という意で使っているにすぎない。
- ＊5　上の D に該当するケースとしては，重要な会計方針の変更を行った場合で，翌期以降に及ぼす影響は重要であるが，当期に及ぼす影響が軽微なときなどがある。
- ＊6　私見では，D のような場合，その事情（少なくとも当期における影響が軽微である旨）についても注記すべきであると思う。

5　本条第3項

第45条第3項の意味する内容は，次の A 及び B によって構成されている。

A　B/S の記載の方法を変更したときは，その旨及びその変更による増減額を B/S に注記しなければならない。ただし，その変更が軽微であるときは，その注記を必要としない。また，その変更は質的に重要であって

も，結果的に変更による影響が量的に軽微であるときは，変更の旨だけ注記すればよく，変更による増減額の注記を要しない。*
B　P/Lの記載の方法を変更したときは，その旨及びその変更による影響額をP/Lに注記しなければならない。ただし，……(以下，上のAと同文)

　*　上の4＊6参照

● 用語の解説

評価の方法

　第45条第1項本文の中に「評価の方法」という語が示されている。この語は，会計原則注解〔注1-2〕の第3項イ及びロの中で示されている「評価基準及び評価方法」という語と同じ意味のものであるかどうかという問題がある。

　もし本条第1項に「ただし書」が規定されていなければ，その文意・内容からみて，この「評価の方法」とは「評価基準及び評価方法」を指すものと解することができる。しかし，その「ただし書」において「第28条第1項に規定する評価の方法」として例示していることから，通常であれば，その条項において規定しているようなことを「評価の方法」として示していると解することになる。ところが，同条項に規定されている内容は「評価基準」だけ（つまり，原価基準・低価基準）であって「評価方法」に関する規定はない。そこで，「評価の方法」は「評価基準」だけを意味するという解釈も成り立ち得る。

　本規則では，他の条項でも「評価基準」に関する規定はあるけれども「評価方法」に関する規定はまったくない。大体において，評価基準には原則的基準と許容的基準の区分はあり得るが，評価方法は会計事象に応じて適用すべきものであるから，これには原則的方法と許容的方法との区分はあり得ない（同等的代替基準はあり得る。）。したがって，「ただし書」でいう「評価の方法」の中に「評価方法」に該当するものがないだけであって，そのことをもって直ちに同項本文での「評価の方法」には「評価方法」を含まないと解

するのは早計であるということができる。

　結局，第45条第1項本文でいう「評価の方法」について，商法第32条第2項の規定に基づき公正な会計慣行に照らして解釈することとし，会計原則注解〔注1-2〕の中で示されている「評価基準及び評価方法」と同じ意味であると解するほかはない。

　　注　同一の意味内容を示す語として，一方は「評価の方法」といい，他方は「評価基準及び評価方法」というように異なる表現をするだけでなく，「評価の方法」と「評価方法」と語義の同じ語を異なる意味に使うなどはナンセンスな話であり，一般国民にとっては，至極迷惑な話であると思う。更に加えて，会計用語上，「原則と基準」・「手続と方法」をそれぞれ同義で使っているにもかかわらず混用しており，理解の混乱を招いている。
　　　これを解決する方法は，次のいずれかであると私は考える。
　　　1　本規則第45条①
　　　①　「評価基準及び評価方法」の意味を理解し，本規則第45条①の「評価の方法」を「評価基準及び評価方法」に訂正すること（仮にもし，「評価の方法」が「評価基準」だけを意味するのであれば，そのように変更すること）
　　　②　「基準」とは何か，「方法」とは何かをあげつらうことなく，会計上の専門用語として受け入れ，本規則第45条①の「評価の方法」を「評価基準及び評価方法」に訂正すること
　　　2　財表規則及び企業会計原則
　　　①　いたずらに専門用語らしくすることをやめ，「評価基準及び評価方法」を一般に理解しやすい語「評価基準及び（具体的）計算方法」に訂正すること
　　　②　企業会計原則において示されている「会計処理の原則及び手続」の語に沿って，「評価の原則及び手続」とか「評価原則及び評価手続」とかの表現に変えること（あるいは「会計処理の原則及び手続」の方を「会計処理の基準及び（具体的）計算方法」に変えること）

B/S・P/L の記載の方法

　本規則第45条第3項でB/S・P/Lの「記載の方法」というのは，会計原則注解〔注1-2〕②でいう「表示の方法」及び財務諸表等規則第5条第2項でいう「表示方法」と本質的に同じ意味のものである（本規則での「記載」には，その性質に反しない限り，電磁的記録に記録する意を含むとされている。）。

　　＊　企業会計原則や財務諸表等規則では表示方法は会計方針に含められているが，本

規則では記載の方法は会計方針に含められていない，という点で異なる。

第46条（注記の方法）
① 貸借対照表又は損益計算書に記載すべき注記は，貸借対照表又は損益計算書の末尾に記載しなければならない。ただし，他の適当な箇所に記載することを妨げない。
② 特定の科目に関連する注記については，その関連が明らかになるように記載しなければならない。

● **会計原則注解** 〔注1-4〕注記事項の記載方法について（一般原則四）
　重要な会計方針に係る注記事項は，損益計算書及び貸借対照表の次にまとめて記載する。
　なお，その他の注記事項についても，重要な会計方針の注記の次に記載することができる。

1　本条第1項本文

　第46条第1項本文の意味する内容は，次の**A**，**B**及び**C**によって構成されている（これを甲説とする。）。

〔甲説〕
　A　B/Sに記載すべき注記は，B/Sの末尾に記載しなければならない。
　B　P/Lに記載すべき注記は，P/Lの末尾に記載しなければならない。
　C　B/S及びP/Lの双方に関連するため双方に記載すべき注記は，B/S及びP/Lの双方の各末尾に記載しなければならない。（もちろん，双方に同文を重複記載する必要はなく，一方には他方を参照すべき旨，記載すれば足りる。）

　これに対し，異説として以下の乙説及び丙説の2説があるかもしれない。
〔乙説〕甲説の**A**及び**B**はよいが，**C**ではなく次の**D**によるべきである。
　D　B/S及びP/Lの双方に関連するためそのいずれかに記載すべき注記は，B/S又はP/Lのいずれかの末尾に記載しなければならない。
〔丙説〕甲説の**A**～**C**ではなく，次の**E**及び**F**と乙説の**D**とによるべきであ

 E B/S に記載すべき注記は，B/S 又は P/L のいずれかの末尾に記載しなければならない。

 F P/L に記載すべき注記は，B/S 又は P/L のいずれかの末尾に記載しなければならない。

　これらは，いずれも，「又は」をどのように解釈するかによって違った意見となっている。「**A・B・C**」の組合せは，「又は」を 'and／or' と解し，前の「又は」と後の「又は」の被接続語が対置されているという解釈である。

　乙説における「**A・B・D**」の組合せは，前の「又は」を 'and／or' と解し，後の「又は」を 'or' と解したものである。

　丙説における「**E・F・D**」の組合せは，前後の両方の「又は」を 'or' と解し，しかも被接続語の対置をみていないものである。

　結局，論理的・統一的に解釈することとして，甲説による「**A・B・C**」の組合せを是とすることになると解する。

2　本条第1項ただし書

　第46条第1項ただし書は，次のことを意味する。

　『第1項本文の規定にかかわらず，B/S 及び／又は P/L に記載すべき注記を，B/S 又は P/L の末尾に記載しないで，他に適当と認められる箇所があれば，そこへ記載しても差し支えない。』

　この規定は，「会社が適当と思う箇所ならどこへ記載してもよい。」という意味ともとれる。しかし，商法第32条第2項に照らし，公正な会計慣行があれば，それを斟酌すべきであるから，結局，企業会計原則（具体的には同注解〔注1-4〕）を参考にする必要がある。この〔注1-4〕の意味するところを解釈すると，次の **A**，**B**，**C** などの記載方法があると思う。

 A 重要な会計方針に係る注記事項は，B/S 及び P/L の次に一括記載し，その他の注記事項は，その内容に応じ，B/S 又は P/L の各末尾に記載する。

 B 重要な会計方針に係る注記事項を B/S 及び P/L の次に一括記載する

だけでなく，その他の注記事項も，そのすべてを，重要な会計方針の注記の次に，適当な区分ごとにまとめて，順序よく記載する。

なお，私見であるが，この **B** の場合の記載の順序として，次のようにするのがよいと考える。

a 重要な会計方針に関する事項
b 会計方針の変更に関する事項（この注記事項は，基本的に B/S 及び P/L の双方に関連するから，その点が明確になるように留意する必要がある。→第45条解説(3)②）
c 記載の方法の変更に関する事項
d B/S 及び P/L の双方に関連する事項
e B/S に関連する事項
f P/L に関連する事項
g 当期の B/S 及び P/L のいずれにも関係のない注記事項（例えば，追加情報のうち，B/S・P/L に関係のない事項など）

C 注記事項を，次の **a**，**b** 及び **c** に区分して記載する。
a B/S にだけ関係する注記事項をその脚注として記載する。
b P/L にだけ関係する注記事項をその脚注として記載する。
c 上の **b** を記載した次に，別の区分を設け，"上の **a** 及び **b**"以外の注記事項を次のように順序よく記載する。
 ・重要な会計方針に関する事項
 ・会計方針の変更に関する事項
 ・記載の方法の変更に関する事項
 ・B/S 及び P/L の双方に関係する事項（この場合には，上の **a**・**b** の各脚注において，その記載箇所を明らかにしておく必要がある。）
 ・追加情報*のうち，B/S・P/L に関係のない事項など

* →第47条

3 本条第 2 項

第46条第 2 項は，次のようなことを意味する。

『特定の科目に関連のある注記については，その科目と注記との関連が明らかになるように（注記につけた番号とか記号と同じものを関連する科目にもつけるなどして）<u>記載</u>しなければならない。』

●用語の解説

科　　目

科目とは，通常，分類された項目のことであり，その区分の大小により，大科目・中科目・小科目がある。本規則での科目とは，決算科目とか財務諸表科目といわれるもののことであり，B/S 又は P/L の本表内において金額表示される最小の単位項目のことである。

科目は，B/S 科目と P/L 科目とに大別され，それぞれの構成単位となる。

また，科目の分類方法によって区分すると，形式的分類による科目と機能的分類による科目とがある。

勘定科目

勘定科目とは，簿記上の計算単位となる項目のことである。勘定科目のことを単に勘定（a／c）ともいい，これは最終的な所属系統によって貸借対照表勘定と損益計算書勘定と（工企業では，製造原価計算勘定が加わる。）に大別される。

注　最近では，財務諸表科目名をもって勘定科目名とする会社もあるが，本来，両者には若干の差がある。それらを対応表示すると次のとおりである。

勘定科目名	財務諸表科目名
売　上	売上高
仕　入	（当期商品）仕入高*1
繰越商品	B/S　商　品 P/L　商品期末棚卸高*1
製造a／c*2	仕掛品
各種の製造費a／c*3	――
各種の備忘a／c*4	――

* 1　P/L 上，売上原価の内訳科目であるが，内訳表示をしない P/L 様式もある。
* 2　仕掛品 a／c を設けてこれに振り替え，製造 a／c を消去する方法もある。
* 3　製造費 a／c には製造費用（原価要素）a／c と部門費 a／c などに分類される。いずれも通過 a／c であり，P/L には表示されない。製造原価明細書を作成する場合は，各製造費用がそこに表示される（場合により要約表示される。）。
* 4　備忘 a／c には，備忘金額記録 a／c と備忘性対照科目 a／c とがある。いずれも期末には消去し，翌期首に振戻し計上する。

会 計 科 目

会計科目とは，本来，勘定科目のことである。ときに，財務諸表科目*のことをいう場合もある。

> *　財務諸表科目とは，決算書類／財務諸表に表示される分類項目のうちの最小単位として金額とともに示される項目のことである。合計額や差額について示される項目は，財務諸表科目とはいわない。

第47条（追加情報の注記）

　　この節に定めるもののほか，貸借対照表又は損益計算書により計算書類作成会社の財産及び損益の状態を正確に判断するために必要な事項は，貸借対照表又は損益計算書に注記しなければならない。

---

(1)　**本条の意味**

第47条の意味する内容は，結論として次の **A, B, C, D 及び E** によって構成されていると解する（これを甲説とする。）。

〔甲説〕

A　この規則第3節で定めるもののほか（以下，**F** まで同じ。），B/S により会社の<u>財産</u>（だけ）の状態を正確に判断するために必要な事項は，B/S に注記しなければならない（第46条第1項ただし書によって，他の適当な箇所に記載することもできる。以下 **F** まで同じ。）。

B　……B/S により会社の<u>財産及び損益</u>（両方）の状態を正確に判断するために必要な事項は，B/S に注記しなければならない。

C　……P/L により会社の損益（だけ）の状態を正確に判断するために必要な事項は，P/L に注記しなければならない。

　　D　……P/L により会社の財産及び損益（両方）の状態を正確に判断するために必要な事項は，P/L に注記しなければならない。

　　E　……B/S 及び P/L の双方により会社の財産及び損益（両方）の状態を正確に判断するために必要な事項は，B/S 及び P/L の双方に注記しなければならない。

　これに対し，異説として以下の乙説，丙説，丁説及び戊説があると考えられる。

〔乙説〕本条は，甲説の B，D 及び E から構成されており，A 及び C は関係がない。

〔丙説〕本条は，甲説の A，C 及び E から構成されており，B 及び D は関係がない。

〔丁説〕本条は，甲説の B 及び D と次の F から構成されており，A，C は関係がなく，E は間違っている。

　　F　（冒頭略：甲説の E と同じ。）正確に判断するために必要な事項は，B/S 又は P/L のいずれか一方に注記しなければならない。

〔戊説〕本条は，甲説の B 及び D とから構成されており，他は関係がない。

　会計の通念に従えば，本条文の中央部に「財産及び損益」とあるところを「財産又は損益」と記載すべきであり，そうなっていればこの文中に三つの「又は」の語がそろうこととなり，その「又は」の語をいずれも 'and／or' と解し，"前後二つの「貸借対照表」"と「財産」の各語を対置させ，"二つの「損益計算書」"と「損益」の各語を対置させた文であると解すれば，丙説が正しいことになる。しかし，現実の本条は「財産及び損益」と記載されているのに，丙説ではこの「及び」を「又は」と同様に 'and／or' として解釈しているから，丙説は適切でないということになる。

　乙説は，丙説と異なり，「財産及び損益」の語を字句どおり，常に「財産と損益との双方」と解したものである。しかし，会計上，貸借対照表は財産の状態を判断するものであり，損益の状態は損益計算書によって判断するとい

うのが通念であり，現にそういう事項＊も多い。したがって，これに対する説明に欠けるという欠点がある。

　＊　例えば，決算期末日が金融期間の休日に当たるため，B/S上の決済関係科目の金額が通常の場合と異なるとき

　丁説は，乙説と同じように「財産及び損益」の解釈に難点があるとともに，前後二つの「又は」のうち，前の「又は」を'and／or'と解し，後の「又は」を単なる'or'と解したものであり，解釈の統一性に欠ける。

　戊説は，「又は」の語について'and／or'を認めず，いずれも単なる'or'と解し，その上で，B/Sによって判断した事項をB/Sに注記すれば，たといそれがP/Lに関連しても再注記を必要としないという考えであるが，これは硬直化した考えである。

　第47条の規定の意味として，冒頭に，甲説，すなわちA，B，C，D及びEの組合せをもって正しい解釈であると結論したが，以下，ア及びイにおいてその理由を説明する。

ア　条文中に前後二つの「又は」の語があるが，この「又は」は'and／or'＊の意と解する。そして，甲説は文中の前のB/Sの語と後のB/Sと対置させ，前のP/Lの語と後のP/Lと対置させ，さらに前のB/SとP/Lの両者を後のB/S・P/L両者と併せて対置させて解釈したものである。

イ　条文中に「財産及び損益」の語句がある。この場合の「財産及び損益」を，ここでは，"<u>財産</u>若しくは<u>財産及び損益</u>"，"<u>損益</u>若しくは<u>財産及び損益</u>"又は"財産及び損益"という意と解し，B/Sに財産を対置させるとともに"財産＋損益"を対置させ，P/Lに損益を対置させるとともに"財産＋損益"も対置させ，そして"B/S＋P/L"に"財産＋損益"を対置させて解釈したのが上述の結論である。「及び」の語をこのように解することはまれであると思うが，ここでは，そうしないと各説の欠点を補うことができない。

　いずれにしても，本条は，B/SもP/Lも，いずれもが財産及び損益（両方）の状態を示す書類であるという考え方（これが商法の考え方である。）を明確に記述しているといえる。

　＊　例えば，"A and／or B"というのは，"AとBとのうちの一方か又はその両方"

という意である。

(2) 追加すべき注記事項の例

第47条によって追加的に記載すべき注記事項としてどのようなものがあるか，一応，私見であるが，次に列記しておく（もちろん，重要でない場合は記載する必要はない。）。

a　新規の会計事象の発生に伴う新規の会計方針の採用
b　会計事象の重要性の増大による会計方針の明確化
c　会計上の見積りの変更
d　稼動したが，目下のところ休止中の設備など
e　長期未稼動の設備・長期遊休中の不動産
f　重要な資産の用途変更
g　外貨建の資産・負債で為替変動の激しいもの
h　法人税等の額と法人税等調整額との関係が常識的にみてきわめてアンバランスな場合，その理由
i　前期と当期との間できわめて異常な増減のあった科目がある場合，その理由（ただし，営業報告書における記載によって判断できる場合は，この限りでない。）
j　業界特有の会計処理，税法上の特殊な処理など，説明を加えないと一般には不明瞭な事項
k　翌期以降における経営状態や財産及び／又は損益に重要な影響を及ぼすと見込まれる状況下にあったり原因事実が生じている場合，その事情（重要な未実現又は未確定の損失が見込まれる場合，規則に明文の個別規定がないからといって，その記載を怠ると，かえって経営者の責任を加重して問われることがある点に留意する必要がある。）
l　後発事象

後発事象については，本規則上，営業報告書記載事項(→第103条①第十一号)とされている。私見では，増資とか社債発行などはともかく，少なくとも B/S 計上資産に関連する損害，売上減／コスト増の原因となる市場

変化など，次期以後の経営成績に著しい悪影響を及ぼすような後発事象は，追加情報としても注記すべきであると思う（営業報告書記載箇所を示し，それを参照すべき旨，記載するだけでもよい。）。

なお，本書には登載していないが，日本公認会計士協会の発表している「追加情報の注記について」（監査委員会報告第77号）は，本来，商法上の決算書類をその適用対象としていないものの，同報告の4に示されるように参考にすべきものと思われる。

第48条（注記等の特例）
① 有報提出大会社は，第55条第3項（第70条第2項において準用する場合を含む。），第73条第2項，第80条第3項（第82条第2項において準用する場合を含む。）又は第97条第3項（以下この項において「関係会社特例規定」という。）のいずれかの規定による記載又は注記をする場合には，当該規定以外の関係会社特例規定により記載又は注記をすることができるものがあるときは，そのものについても，当該関係会社特例規定に従い，記載又は注記をしなければならない。
② 小株式会社及び有限会社の貸借対照表及び損益計算書については，この節の規定により記載すべき注記を省略することができる。ただし，第92条の差額並びに第93条の超過額及び純資産額の注記は，この限りでない。

1　本条第1項

第48条第1項は，有報提出大会社の注記の特例に関する規定であり，その意味するところは，次のとおりである。

『有報提出大会社[*1]』は，次のA～F（以下，この1で「関係会社特例規定」という。）のうちのいずれか一つによる記載又は注記をする場合には，それ以外の関係会社特例規定によって記載又は注記をすることができるものがあるときは，それらについても，関係会社特例規定によって記載又は注記をしな

ければならない。(つまり，関係会社特例規定の適用可能なものについては，全部について適用するか全部について適用しないかのどちらかであって，部分的な適用・不適用をしてはならない。)

 A 第55条第3項 関係会社[*2]に対する金銭債権(流動資産)に関する<u>記載又は注記</u>

 B 第70条第2項において準用する第55条第3項 関係会社[*2]に対する金銭債権(投資その他の資産)に関する<u>記載又は注記</u>

 C 第73条第2項 関係会社株式／関係会社持分(投資その他の資産)に関する<u>記載又は注記</u>

 D 第80条第3項 関係会社[*2]に対する金銭債務(流動負債)に関する<u>記載又は注記</u>

 E 第82条第2項において準用する第80条第3項 関係会社[*2]に対する金銭債務(固定負債)に関する<u>記載又は注記</u>

 F 第97条第3項 関係会社[*2]との取引高(P/L)に関する<u>記載又は注記</u>』

 *1 証券取引法に基づき有価証券報告書を提出する'<u>大</u>株式会社・みなし<u>大</u>株式会社・特例会社'をいう。(→本規則第2条①十五)
  なお，有報提出<u>大</u>会社のB/S・P/Lの用語・様式については，第11章第197条に特例が定められている。

 *2 財表規則第8条⑧における関係会社をいう(→本規則第2条①二十四)。支配株主が財表規則第8条③でいう親会社でない(即ち関係会社でもない。)場合には，注意を要する。(→**第55条解説4**②イ)

2 本条第2項本文

第48条本文の意味するところは，次のとおりである。

『<u>小</u>株式会社*及び有限会社におけるB/S及びP/Lについては，そのいずれについても，本規則第3節の規定によって記載すべき注記を記載してもよいし，記載しなくてもかまわない(ただし書で規定している注記事項は記載を要する。)。』

＊ 小株式会社とは，商法特例法における小会社のことではなく，小会社特例規定の適用を受ける株式会社のことである。(→第2条①五)

3 本条第2項ただし書

第48条ただし書の意味するところは，次のとおりである。

次の **A**〜**C** の注記は，小株式会社であっても有限会社であっても省略せず B/S に記載しなければならない。

A 第92条の差額…資本の欠損の注記

B 第93条の超過額（つまり，次の **b** に対し **a** が大きいときのその差額）の注記

   a 繰延資産として B/S に計上している開業費と'研究費及び開発費'との合計額

   b 資本準備金と利益準備金との合計額にその決算期における'利益準備金の要積立額'を加算した額

C 第93条の純資産額（厳密には純資産増加額。つまり，次の **a**・**b** の通算後，純資産の増加となる場合の額）の注記

   a B/S 資本の部に計上している土地再評価差額金及び株式等評価差額金の通算額

   b B/S 上の資産に係る時価評価差額で当年度／過年度の P/L 上の損益に計上した額（'低価法評価損・強制評価減損失'の額を除く。）からそれに対応する法人税等の額・同調整額を減加算した額

  注 →第93条解説(1) **Ab**・**Bb** 及び参考説明

●参考説明──注記に関する税法上の取扱いとの関連

本規則上からは記載を省略することができる注記事項であっても，実務面では，税法上の取扱いとの関連上，注記を記載しておかないと不利になるものがあるから，その面から検討しなければならない。その例として，次のようなものがある。

  a 貸倒引当金の設定の対象となる貸金の範囲に含めるための割引手形・

裏書譲渡手形の額の注記（法人税基本通達11-2-4（注））

b 取立不能見込額について注記方式を採用した場合，それを法人税法上の貸倒引当金への繰入れの代わりであるとするための注記（法人税基本通達11-2-1）

c 税法上の貸倒引当金に相当する取立不能見込額について注記方式を採用した場合，受取配当等の益金不算入額の計算上，受取配当等の額から控除する負債利子の按分に必要な総資産に含めるための注記（法人税基本通達3-2-5(3)）

　　注　上例以外にも，税法独自の立場から注記を要するとされているものもある。

> ・第49条（金額の表示の単位）
>
> 　　貸借対照表，損益計算書及び附属明細書に記載すべき金額は，千円単位をもって表示することができる。ただし，大株式会社等にあつては，百万円単位をもって表示することを妨げない。

1　本条本文

第49条本文の意味するところは，次のとおりである。

『第44条の規定の趣旨に反しない限り，B/S，P/L及び附属明細書については，いずれの書類（注記を含む。）においても，それに記載すべき金額について，円まで表示してもよいが，千円単位をもって表示することもできる。』

本条の規定によると，貸借対照表などをまず円までつけた金額で作成し，その後でそれに記載されている各科目及び合計の金額のすべてについてその千円単位（通常，四捨五入）をもって記載した貸借対照表などを作成することとなる。

　　注1　利益処分案又は損失処理案の記載金額は，通常，千円単位にはしない。
　　注2　注記すべき1株当たりの当期純利益など，千円単位にするとかえって分かりにくくなるものまでそのようにする必要はない
　　注3　B/S，P/L及び附属明細書の間では，注記を含め，特別の事情のない限り統一しておく必要がある。

注4　営業報告書については，本条は何ら規定していない。
注5　国際的な常識では，四捨五入することとし，そして内訳科目の四捨五入後の額の合計額と合計欄の四捨五入後の額と一致するように調整することとしている。

2　本条ただし書

第49条ただし書の意味するところは，次のとおりである。

『第49条の規定の趣旨に反しない限り，大株式会社等*1のB/S，P/L及び附属明細書については，いずれの書類（注記を含む。）においても，それに記載すべき金額について，百万円単位*2をもって表示しても差し支えない。』

- *1　大株式会社等とは，大株式会社，みなし大株式会社及び'特例会社（つまり委員会等設置会社特例規定の適用がある株式会社）'をいう。（→第2条①四）
- *2　百万円単位にした結果，四捨五入後の額が0となり，そのため，次のような文章で注記している例がある。

　　『△△の金額は0百万円である。』

　　私は，このような記述をみると，どうも異様な文章表現であるという感じがしてしかたがない。このような場合，形式的統一性をはずし，この△△だけ千円単位又は円単位で記載するとか小数点をつけた数字によって記載して差し支えないと思う。そうでなければ，重要性原則にてらし，はじめから（つまり原本から）次のように記載すればよいのではないかと思う。

　　『△△の金額は百万円未満の額である。』

第2款　貸借対照表

> 第50条（区　分）
> 　貸借対照表には，資産の部，負債の部及び資本の部を設け，各部にはその部の合計額を記載しなければならない。

第50条の意味する内容は，次のA及びBによって構成されている。
A　B/Sには，資産の部，負債の部及び資本の部という三つの部を設けなければならない。
B　B/Sに設けた資産の部，負債の部及び資本の部の各部にはそれぞれその部の合計額を記載しなければならない。

わが国では，B/Sには，勘定式であっても報告式であっても，通常，まず資産の部と'負債及び資本の部'との2区分を設け（負債及び資本の部は負債の部と資本の部に再び二分する。），そして資産の部の合計額と'負債及び資本の部'の合計額とを対照的に記載する（両者の合計額は合致する），というのが簿記・会計上の常識となっている。

第50条では，'負債及び資本の部'を設けるとも設けないとも，また，負債の部の合計額と資本の部の合計額とを合算した再合計額の記載を要するとも要しないとも，何も規定していない。ということは，この条文は，B/Sの記載様式として，勘定式でも一般の報告式でも特殊な報告式（運転資本を算出記載する方式など）でもよいこととするために，そのことを規定しなかったのかもしれない。

いずれにしても，通常の様式の場合，'負債及び資本'の合計額を記載するのは当然の常識である。

　注1　「企業会計原則」においてもB/Sの記載様式について規定していない。
　注2　財務諸表等規則においては，B/Sは報告様式によるものとし，その様式として一般的な報告式のものを掲げて「資産の部」「負債の部」及び「資本の部」の三つの

部を設け,「負債及び資本の部」という語は示していない。しかし,金額については,「資産合計」と「負債合計」及び「資本合計」の再合計である「負債資本合計」とを記載し,両者を対照できるようにしている。(→同規則様式第二号)

●用語の解説

資　産

　会計上,資産とは,会計主体が過去における行為ないし作用,事象その他の経済的原因に基づいて取得[*1]し,現に実質的に自らの所有(所有同然の支配を含む。)に属する有形／無形の,また,直接的／間接的な価値増殖貢献可能手段であって,その現存の価値量を測定することが可能[*2]なものをいう。

　資産は,簡単にいえば経済的資源のことであり,結局,資本(他人資本を含む。)の投下形態である(資金及び"資金の転換・運用形態"でもある。)。

　　＊1　自然発生的な事象に基づく無償取得を除く。
　　＊2　最近,会計上の資産(又は負債)の定義に際し,価値量の測定可能性という要件を除外する傾向がある。つまり,資産(又は負債)であるかどうかをいうときには,測定可能性については考慮せず,測定可能でなければそれを認識しないだけであり,測定可能であれば認識するという考え方である。しかし,私見では,会計上の資産(又は負債)とはB/S上の資産(又は負債)のことであり,B/S上の資産(又は負債)は,B/S能力を有するもの,つまり,測定可能な正(又は負の)価値を有するものに限られるから,このような考え方には賛同できない。

負　債

　会計上,負債とは,会計主体が過去における行為ないし作用,事象その他の経済的原因に基づいて負担し,現に実質的に自らの責務に属するところの外部に対する強制的な必須の又はそれに近い価値流出要因であって,その現在の負の価値量を測定することが可能＊なものをいう。

　負債は,簡単にいえば経済的責務のことであり,結局,過去における資本(具体的には資源又は役務)の外部調達形態であるとともに将来における資源又は役務の必須の又はそれに近い外部提供要因である。

　　＊　→上の**資産**の＊2

資　本（B/S）

会計上，資本[*1]とは，会計主体が保有している価値増殖元本，つまり，現に所有する資産のうち実質的に自社に帰属する正味の経済価値部分のことであって，原則として今後の価値増殖に利用し得る自社帰属部分（＝自社持分[*2]）のことである（私見）。

資本は，簡単にいえば会計主体持分[*3]のことであり，これには，基本的に受入元本持分と価値修正持分と剰余持分との区別があるが，そのほか仮勘定性持分もある（私見）。[*4]

* 1　会計上，資本の語には，広狭多義がある（→第88条・用語の解説）。ここでは，B/S 上の資本をいう。
* 2　ここでいう「自社持分」とは，語義上，自己持分と同じであるが，他人持分（＝負債）に対応する語であり，出資者持分に対応する語としての自己持分ではない。
* 3　一般に，資本は所有者持分とか出資者持分（株式会社にあっては株主持分）であるといわれる。しかし，私は，企業の所有と経営の分離した近代的会社制度にあっては，企業実体の公準に照らし，会計主体の自社持分であるというべきであると考える。混乱を避けるため，以下においては，自社持分という私見は，特別の場合を除き，述べない。
* 4　私見では，資本金のほか'資本剰余金のうちの株主や資本助成者からの受入金'は受入元本持分であり，保険差益や'インフレ修正のための再評価積立金'などは価値修正持分であると考える。剰余持分というのは，利益剰余金に限るべきであると考える。そして，仮勘定性持分とは，現行制度下での土地再評価差額金や株式等評価差額金など，損益の実現時には，その損益が P/L に計上され，それまで一時的に資本の部に計上されることとなるものをいう。（私見）

第51条（資産の部）

　資産の部は，流動資産，固定資産及び繰延資産の各部に区分し，固定資産の部は，更に有形固定資産，無形固定資産及び投資その他の資産の各部に区分しなければならない。

第51条は，資産の部の中の区分について定めたものであり，この条文について，格別，説明を要する点はない。

本規則では，流動資産，固定資産などをどのような順序で記載すべきか，またこれらの各部の中で，各部に属する科目をどのような配列で記載すべきかについて，何らの規定を設けていない。

ちなみに「企業会計原則」では，「原則として，流動性配列法による」旨，規定し，財表規則（⇒同規則第13条）においては，「流動性配列法によるものとする」旨，明記している（特定事業を営む会社についての例外規定もある。）。

本規則には，第5章第5節に特定の事業を行う会社についての特例が規定されているので，その特例規定の適用を受ける会社は，当然，それによる必要がある。これに対し，本規則で科目の配列について規定していないということは，第5章第5節の特例規定の適用を受けない会社にあっては，"公正な会計慣行に反しない限り，その配列は任意である"ことを意味するものと思う。しかし，わが国での一般の会計慣行に従い，流動性配列法によることが適切であろう。

> 注　私見では，本条によって区分すべき流動資産の部などの細区分の部については，単に「流動資産」などと記載することによりその部であることを明らかにしておけばよく，必ずしも「流動資産の部」などというように「部」の文字を記載しなければならないと，硬直的に解する必要はなく，一般の会計慣行に従って表示すればよいと思う。（⇒企業会計原則第三・二）

●用語の解説

流動資産（会計）

会計上，流動資産とは，資金性の資産及び'通常それに投下した資金を短期に回収し得る資産'をいう。つまり，これは，資金性の資産とその被投下資産との間で資本が通常では短期間にその形を変転させ流動している資産という意である。これには，次のようなものがある。

A　資金性の資産（現金，短期預金，資金性の有価証券）[*1]

B　正常営業循環周期内にある資産（営業金銭債権，棚卸資産，棚卸資産購入前渡金など，回収までの期間の長短を問わない。ただし，破産債権など長期化したものを除く。）

C 上のB以外の資産のうち，通常；
　a 1年以内に資金化する資産（短期貸付金，一時預け金，未収金，未収収益など）
　b 1年以内に物的流動資産を受領する債権（流動性の貸付有価証券など）*2
　c 1年以内に財産的価値のある権利を受領する債権
　d 1年以内に役務*3を受領し費用化する資産（前払費用など）
＊1 キャッシュ・フロー計算書における「資金」よりも，その範囲は広い。
＊2 異例なものとしては，'有形固定資産／投資不動産の除却残材で販売可能なものや代物弁済／先取特権の行使による受領物件'で早期換金目的のものなどがある。
＊3 役務（＝有償サービス）とは，本来，人的役務（人の知識・体力などの利用）を意味していたが，現在では，人的役務に限定せず，物的用役（物・場所・時間などの利用）・財務用役（資金の利用）をも含む意で使われている。
注1 会計上の債権は，法律上の債権のうち，相手方から片務的に経済価値を受領する権利に限る。
注2 長期償却性資産の償却費については，1年以内費用化部分であっても流動資産とはしないで固定資産に含めたままとする。
注3 資金提供の対価として1年以内に資産を受領する権利であっても，設備資産，投資性資産などの固定資産を受領するものは流動資産ではない。

固定資産

固定資産の語には，次のような広狭多義がある。
A 有形・無形の固定資産
B 有形・無形の固定資産及び投資不動産
C 長期資産……有形・無形の固定資産及び'投資その他の資産（＝長期投資及び長期前払費用など）'
D 非流動資産……長期資産及び繰延資産

本規則第29条・第65条でいう固定資産は，上のBの意味のものである（私見）。これに対し，第51条でいう固定資産とは上のCの意味のものである。
　第66条・第67条の固定資産に該当するものはBであると思われるが，Cであると解しておく方が無難であろう。

（第51条における）固定資産とは，原則としてそれに投下した資金が1年を超える長期にわたり（場合によっては，企業の存続期間中）固定化し，通常，1年以内の短期間には資金化したり費用*化したりしない資産という意である（→上の**流動資産**の注1～注3）。

　　*　役務性の費用をいい，償却性の費用を含まない。

　有形固定資産　→第62条●用語の解説「有形固定資産（形態）」・「有形固定資産（属性）」

　無形固定資産　→第64条●用語の解説「無形固定資産」

　投資その他の資産

　ここで「投資その他の資産」というのは，「長期投資及びその他の長期性資産」という意味である。

　「長期投資」とは，家賃・利子・配当金・売却益その他何らかの利得ないし便益を受けるとか他社を支配したり他社と取引上・資本上その他何らかの関係を維持するとかなどの目的で，1年を超える長期にわたり（場合によっては会社の存続する限り）資金投下している投資不動産，投資有価証券や長期の '資金性資産（＝換金予定資産）*' のことである。中には，破産債権などのように，意に反し投下資金が固定化されるに至ったものも含まれる。

　「その他の長期性資産」とは，"有形／無形固定資産"以外の費用化資産（＝非換金性資産）のことであり，主として長期前払費用がこれに当たる。

　　*　うち，債権については，相手方から経済価値を片務的に受領するものに限る。

　繰 延 資 産

　繰延資産とは，会計上，外部との取引が終わったがその支出（支払義務の確定を含む。）の効果が1年を超える長期にわたって経営上で発現すると認められるため，その効果の及ぶと認められる期間の費用として配分するため経過的に資産として計上するものをいう。

商法上では，繰延資産には私法上の財産的価値がないため，法律上で認められたものに限りその規定による方法に従ってのみ計上することができるとされている。

　本規則第35条〜第41条の繰延資産は商法の法務省令に対する委任規定（→第Ⅰ部第1・2〔参考規定〕商法第281条⑤）により設けられたものである。

第52条〔資産の部――科目細分〕
　　前条の各部は，現金及び預金，受取手形，建物その他の資産の性質を示す適当な名称を付した科目に細分しなければならない。

---

① 第52条の意味する内容は，次の A〜E によって構成されている。
　A　流動資産の部は，現金及び預金，受取手形その他の流動資産の性質を示す適当な名称を付した科目に細分しなければならない。
　B　有形固定資産の部は，建物その他の有形固定資産の性質を示す適当な名称を付した科目に細分しなければならない。
　C　無形固定資産の部は，その性質を示す適当な名称を付した科目に細分しなければならない。
　D　投資その他の資産の部は，その性質を示す適当な名称を付した科目に細分しなければならない。
　E　繰延資産の部は，その性質を示す適当な名称を付した科目に細分しなければならない。
② 第52条の規定では，「資産の性質を示す適当な名称」と記述されているが，これは，「その属する部に応じた当該資産の性質を示す適当な名称」を意味すると解する。したがって，次の a, b 及び c に示すように配慮する必要がある。
　a　営業循環基準によって流動資産の部に属するとされる資産の科目名は，一般の会計慣行に従い，通常，用いられる慣用名を使っても差し支えない。しかし，それ以外の資産については，営業取引以外の取引に基づく

資産であるとか，営業目的以外の目的に使用する資産であることを示すような名称をつけなければならない。

例えば，営業取引に基づく手形債権は，本来，「営業手形債権」又は「営業受取手形」という科目名によるべきであるが，通常，単に「受取手形」という慣用名を用いても差し支えない。これに対し，設備売却取引に基づく手形債権については，「設備売却代受取手形」のように，そのことが明らかになるような科目名をつける必要がある（重要性が小さいときは，独立科目とする必要はない。以下，この②において同じ。）。

b 1年基準によって流動資産の部と投資その他の資産の部とに区分する資産については，原則として，それが属する部の資産であることを示すような科目名をつけなければならない。

例えば，金銭消費貸借取引に係る債権について，流動資産の部に属する債権には「短期貸付金」，投資その他の資産の部に属する債権には「長期貸付金」という科目名を用いる必要がある。

c 通常の商取引慣行上，1年以内に決済される債権については，流動資産の部において，その性質を示す慣用名を用いても差し支えないが，例外的に投資等の部に属するような債権については，長期性の債権であることを示すような科目名をつけなければならない。

例えば，営業外の取引に基づく未収代金については，本来，「短期営業外未収金」とか，少なくとも「短期未収金」又は「営業外未収金」という科目名によるべきであるが，通常，単に「未収金」とか「未収入金」という慣用名を用いることが多い。これに対し，設備売却取引に基づく長期の未収代金については「設備売却長期未収金」とか，少なくとも「長期未収金」というように，そのことが明らかになるような科目名をつける必要がある。

③ 本規則では，流動資産，固定資産及び繰延資産の各部の中における諸科目の記載順序，すなわち配列について，何ら規定していない。しかし，一般の会計慣行に従い，流動性配列法によるべきであると考える（ただし，特例規定の適用を受ける会社については，それぞれに適用される規則の定めるところ

によることとなる。）。

> 注1　流動性配列法によれば，基本的に，現金及び預金を一番目とし，二番目以下についてはその性格上，通常，資金回収が早い（重要性も高い）と思われる項目から先に配列すべきであろう（私見）。
> 注2　一般に，財表規則に示されている科目配列にならって記載している例が多い。財表規則においては，科目の記載の配列は流動性配列法によるものとする旨，明示している。しかし，細部については，厳密な意味での流動性配列法に則しているとはいえないところがある。

● 用語の解説

流動性配列法

B/Sにおける資産・負債の中の各科目の配列についての二つの方法のうちの一つである。この方法では，資産の部には，まず流動資産を，その次に有形固定資産・無形固定資産・投資その他の資産・繰延資産を，順次に記載する。そして，それらの区分の中では，資金を第1とし，次に資金化するのが早いと思われる資産から順に記載する。他方，負債の部では，まず流動負債を，次に固定負債を記載する。そして，それらの区分の中では，資金を支出するのが早いと思われる負債から順に記載する。

しかし，これらは，あくまでも原則であって，多くの場合，一般に法令で規定されたり，慣行化された順序で記載しているのが現実である。

流動性配列法に相対するもう一つの方法として，固定性配列法がある。これは，原則として資金化の遅い資産及び資金支出の遅い負債から配列する方法である。

現金及び預金

「現金及び預金」のうち；

① 現金とは，一定の価値を表章する通貨（＝貨幣及び銀行券）及び即時換金性証券（＝手形交換適格証券のうち，銀行などに（営業時間内に）換金取立のため持込むと，即日，預金として入金記帳される証券・証書）をいう。

② 預金とは、金融機関に対する定形的な約款による金銭消費寄託債権及び類似の金銭債権（金融機関が通常の営業状態にある限り、元本保障があるものに限る。なお、有価証券化した債権を除く。）であって短期性のものをいう。

受 取 手 形 →第53条 ●用語の解説「受け取り手形」

建　　　物→第62条 ●用語の解説「建物」

第53条（売掛金等）
　売掛金，受取手形その他営業取引によつて生じた金銭債権は，流動資産の部に<u>記載</u>しなければならない。ただし，これらの金銭債権のうち破産債権，再生債権，更生債権その他これらに準ずる債権で決算期後1年以内に弁済を受けることができないことが明らかなものは，投資その他の資産の部に<u>記載</u>しなければならない。

1　本条本文
第53条本文の意味するところは，次のとおりである。
『売掛金，受取手形その他 '営業取引に基づいて取得し現に保有している金銭債権' は，その弁済を受けるまでの期間の長短にかかわらず，これを流動資産の部に<u>記載</u>しなければならない。』（ただし書に留意すること。）

2　本条ただし書
第53条ただし書の意味することろは，次のとおりである。
『営業取引によって生じた金銭債権のうち，破産債権・再生債権・更生債権及びこれらに準じるその他の債権に該当し，決算期末後1年以内に弁済を受けられないことが明らかなものは，投資その他の資産の部に<u>記載</u>しなければならない。』

注　→この第53条末尾の補足説明

● 用語の解説

営業取引

　営業とは，営利を主たる目的として継続的・計画的・秩序的に行う事業のことであり，したがって営業取引とは，営業として行う有形・無形の有価物の売買取引，工事の受渡取引・役務の受渡取引などのことである。しかし第53条でいう営業取引は，第78条における営業取引とは対照的に，売手側の営業取引，つまり商品・製品などの販売，（営業上の）工事・役務などの提供の取引のことである。

債　　権

　会計上の債権は，法律上の債権のうち，会計上の資産（資本の投下形態であって経済的効用を有するもの）に該当するものである。
　法律上では，「債権とは，特定の人[*1]が他の特定の人に対し特定又は不特定の給付（経済的又は非経済的な作為又は不作為）を請求することのできる権利である。」といわれる。
　　＊1　人とは，自然人及び法人をいう。以下，同じ。
　これに対し，会計上，「債権とは，会計主体が，過去の取引・作用・事象・法的根拠などに基づいて取得し現に保有している権利であって，特定の人に対し，将来，反対給付を与えないで，その価値量が測定可能な特定又は不特定の経済的給付の提供を請求しそれを受領することのできる権利である。」というべきであろう。
　会計上，債権は，受領する給付（目的）の種類によって，金銭債権，物的債権及び役務債権に分けられる[*2][*3]。
　　＊2　法的には，これらのほか，債権受領権がある。このうち，例えば，金銭債権受領権は，金銭債権として取扱うが，科目としては取引種別に応じ，前払金／営業外前払金に含める。
　　＊3　会計上，一般にこのような種類の区分は，あまり重要視されない。

会計上，債権は，その取得原因によって，営業債権と営業外債権とに分けられる。

金銭債権

会計上，金銭債権とは，通常，会計上の債権（→上述）のうち，金銭の提供を請求しそれを受領することのできる権利をいう（会計上の有価証券に相当するものを除く。）。

金銭債権は，流動資産に属する金銭債権と投資その他の資産に属する金銭債権とに分類される。

① 流動資産に属する金銭債権は，次のとおりである。

　A　資金性金銭債権（本来は，キャッシュ・フロー計算書における資金に属する預金をいうべきであると思うが，一般には，要求払預金及び'決算期末後1年以内に期日の到来する預金《ただし，固定負債の担保に提供しているものを除く。》'をいっている。）

　B　営業金銭債権（破産債権などで1年基準によって投資その他の資産に属するとされるものを除く。）

　C　短期営業外金銭債権(狭)（契約などにより決算期末後1年以内に回収することが確実なもの及び通常の取引慣行からみて決算期末後1年以内に回収すると見込まれるもの）

　　注1　会計上では，資産を区分する場合，原則として，その法形式よりもその経済的属性を重視する。したがって，上のAは資金に属するものとし，金銭債権として扱わないのが本来の方法である。しかし，本規則では，預金についてもこれを金銭債権としているから，ここでは，これに従うこととした(長期預金は金銭債権として扱う。)。

　　注2　「短期営業外金銭債権（広）」というときは，A及びCを意味するものとする。

　　注3　社債などの金銭債権性有価証券については，会計上では，有価証券(つまり物的資産）として取扱い，金銭債権とはみない。

② 投資その他の資産に属する金銭債権（＝長期金銭債権）は，"流動資産に属する金銭債権"以外の金銭債権である。

　注　→第78条・用語の解説「金銭債務」注1

営業債権

営業債権とは，会計上の債権（→上述の**債権**）のうち，営業取引に基づき営業収益／金銭の事前提供に対応して取得し現に保有している債権をいう。

営業債権は，受領する給付の種類により，通常，営業金銭債権と営業物的債権（前払金に含める。）と営業役務債権（＝営業前払費用。ただし，科目としては前払金に含める。）との３種*に分けることができる（営業金銭債権のことを単に営業債権ということが多い。）。

> ＊　このほか，他から金銭債権を購入して回収／転売する事業を営む場合の営業金銭債権受領権やゴルフ会員権売買事業を営む場合の権利受領権などがあるが，科目としては前払金に含める。

営業金銭債権は，債権の形式により営業手形債権（＝受取手形）と一般営業金銭債権とに分かれる。

一般営業金銭債権には，取引の内容に応じ，次の **A**，**B** 及び **C** の三つの種別がある。

A　営業未収金（＝売掛金）……商品・製品などの販売取引代金の未回収金

B　工事未収金（＝未収工事収益）……請負工事代金の未回収金

C　営業未収収益（＝未収家賃，未収運賃など）……営業役務収益の未回収金

> 注　上の **A**，**B** 及び **C** のすべてを'売掛金／営業未収金(広義)'ということもある（第53条における売掛金とは，狭義のものであると思う。）。また，**A** と **B** と併せて営業未収金ということもある。

営業金銭債権には，直接の販売先に対する第一次債権のほか，次の **D**〜**F** のような第二次営業債権（営業収益に基因する債権に限る。）も含まれる。

D　顧客に提供した商品代などを代理店が前受ずみの場合の当該代理店からの未回収金

E　販売代金として収受した共通商品券などの発行元／決済機関からの未回収金

F　営業金銭債権を他へ譲渡した場合の譲渡先からの未回収金

売 掛 金（＝営業未収金）

「売掛金」とは，通常，上の「営業債権」のAの「営業未収金」つまり商品・製品などの動産，不動産，知的制作物，エネルギーなど，有形／無形の物的価値を有するものの販売取引に基づき営業収益に対応して取得し保有している金銭債権＊のことである。なお，手形債権化したものを含まない。また，破産債権などで固定資産化したものを除く。

> ＊ 販売取引に基づく'金銭債権の受領債権'及びそれによる受領後の金銭債権を含む（私見）。

受 取 手 形（＝営業手形債権＝証券性営業債権）

「受取手形」とは，営業手形債権つまり営業取引に基づき営業収益に対応して取得し保有している手形債権及び類似の債権（＝証券又は証書との引換によってのみ回収し得る金銭債権）のことである。ただし，破産債権などで，固定資産化したものを除く。

前 払 金

会計上，単に前払金（＝前渡金）＊1というときは，営業上の前払金（＝商品仕入代／原材料購入代／'営業取引による外注加工／外注工事／外注役務の受領対価'に係る前払金）のことをいう。

> ＊1 会計原則注解〔注16〕では前払金，財表規則第15条十一では前渡金としている。

前払金は，金銭提供対価たる'物的債権／役務債権／債権受領債権＊2（営業上のものに限る。）'に相当する。前払金は営業循環基準によりすべて流動資産に属するものとされる。

> ＊2 このような債権受領債権のほか，当該受領債権による受領後の債権を含む（いずれも私見）。

破 産 債 権

破産債権とは，債務者（個人又は法人）又は相続財産について裁判所によって破産宣告がなされたとき，破産者又は相続財産の破産財団に対して破産

宣告前の原因に基づいて有する財産上の請求権である。

再 生 債 権
再生債権とは，債務者（個人又は法人）について裁判所によって再生手続開始の決定がなされたとき，債務者に対して再生手続開始前の原因に基づいて有する財産上の請求権である。

更 生 債 権
更生債権とは，債務者（株式会社に限る。）について裁判所によって更生手続開始の決定がなされたとき，その会社に対して更生手続開始前の原因に基づいて有する財産上の請求権である。

破産債権などに準ずる債権
破産債権などに準ずる債権とは，債務者について，次に列記するような事実があった場合の，その債務者に対する債権を意味する。

- A　破産の申立てがなされたこと（破産宣告の前の状態）
- B　再生手続の開始の申立てがなされたこと（再生手続開始決定の前の状態）
- C　更生手続開始の申立てがなされたこと（更生手続開始決定の前の状態）
- D　会社の整理開始の申立て若しくは特別清算の開始の申立てがなされたこと又はそれが開始されたこと
- E　手形交換所において取引の停止処分がなされたこと
- F　債務超過の状態にあるため，債権者集会などの協議に付されたこと
- G　債務者の発行した小切手，債務者の振り出した約束手形又は引き受けた為替手形について不渡りがあったこと
- H　債務（元本及び／又は利息）の支払が困難となり，支払期限の延長の申出がなされたこと
- I　債務の支払が停滞しており，取引契約若しくは通常の商取引慣習による決済期間内又は当社の通常の営業債権回収期間内に支払を受けること

が困難であると認められるに至ったこと

● 補足説明──破産債権などと1年基準

① 破産債権（この①～③の説明は，再生債権など，これに準ずるものについても同様である。）は，破産の事実が発生して"破産債権に該当したときに"営業循環基準の適用外となり1年基準の適用対象となるのか，それとも"破産債権に該当し，かつ当該事実の発生直後の決算期末に至りその後の1年以内に弁済を受けられないことが明らかになったときに"1年基準の適用対象となるのかという問題がある。

本来，営業循環基準というのは，継続的・反復的に資本の投下・回収を行う正常な価値増殖の循環プロセス内にあるものに流動性を認めるという基準である。したがって，私見では，破産債権は，その事実に該当し，かつ，その一部について1年以内回収はあり得るかどうかに関係なく，1年以内満額回収が困難化したと認められたときに営業循環周期外の債権となり，そのときから1年基準の適用対象のものになると考える。

② 流動・固定区分を行うに当たっては，会計上，運転資本の安全性を重要視する観点から，資産については流動資産の方を純化し，負債については固定負債の方を純化するというのが本来の方法である。

そこで，1年基準を適用するに当たっては，「決算期末後1年以内に回収されることが明らかなもの」は流動資産とし，「決算期末後1年以内に回収されることが明らかでないもの」は投資とするのが正当な方法であると考える。

③ 破産債権については，決算期末に至り1年以内回収困難を理由として営業循環基準適用対象から1年基準適用対象にするのであればともかく，そうではなく，破産の事実に該当し，かつ，その全部の額を（一部も残さず）1年以内に回収することが困難化したときに既に通常の1年基準適用債権となっているのであるから，通常の営業外金銭債権と同様に決算期末に至り，改めて決算期末を基準とする1年基準を適用することとなる。

したがって，第53条ただし書の規定は，「……決算期後1年以内に弁済を受けることができないことが明らかなもの……」ではなく，「……1年以内に弁

済を受けることが明らかでないものは，投資その他の資産の部に記載しなければならない。」というように改正すべきであると思う。

　　注　上述のようなことは，どちらでも同じように思われるが，実務の世界では，このようなつまらぬ議論が，案外，異なった結論に導いたりするものであり，やはり，用語は会計上の見地から正しく表現すべきであると思う。

第54条（預金等）

　預金，貸付金その他前条に掲げる金銭債権以外の金銭債権で，その履行期が決算期後1年以内に到来するもの又は到来すると認められるものは，流動資産の部に記載しなければならない。ただし，当初の履行期が1年を超えるもの又は超えると認められたものは，投資その他の資産の部に記載することができる。

1　本条本文

① 第54条本文の意味するところは，次のとおりである。

『預金，貸付金その他'営業取引によって生じた金銭債権'以外の金銭債権*であって，次のA，B又はC（いずれか）に該当するものは，流動資産の部に記載しなければならない。

　＊　営業外金銭債権を意味する。

A　確定期限付債権であって，その回収期日が決算期末後1年以内に到来するもの

B　期限不定債権又は期限未定債権であって，契約内容・取引慣習・過去の実績・相手先の支払能力などからみて決算期末後1年以内に回収可能であると認められるもの

C　不確定期限付債権であって，情勢の推移からみて決算期末後1年以内に回収期日が到来すると認められるもの』

② 第54条の規定に該当する金銭債権（＝短期営業外金銭債権）としては，預金や貸付金のほかに，預け金，未収金，立替金，未収収益，仮払金など

2 本条ただし書

第54条ただし書の規定の意味するところは，次のとおりであると解する（これを甲説とする。）。

〔甲説〕『金銭債権（営業取引によって生じた金銭債権を除く。）であって次のＤ又はＥ（いずれか）に該当するものは，時の経過によってその回収期日が決算期末後1年以内に到来することとなり又は到来すると認められるに至ったとき，流動資産の部に<u>記載</u>するのが原則であるが，そうしないで投資その他の資産の部に<u>記載</u>することも許容される。

　Ｄ　確定期限付債権であって当初の回収期日が債権の取得日から1年を超えることになっていたもの
　Ｅ　期限不定債権，期限未定債権又は不確定期限付債権であって当初の回収期日が債権の取得日から1年を超えると認められていたもの』

上述の甲説に対し，異説として次の乙説が唱えられると思う。

〔乙説〕上のＤ及びＥの文中に「当初の回収期日が債権の取得日から1年を超える」とあるが，これは誤りであり，正しくは，「当初の回収期日がその取得日直後の決算期末から1年を超える」とすべきである。

このただし書の条文について，「当初の履行期」に力点をおき，したがってこの「履行期」を「履行までの期間」と解したのが，甲説である。これに対し，「履行期が1年」というのは第54条本文中の「履行期が決算期後1年」の簡略形であると解したのが乙説である。

会計の実務では，例えば，数年にわたって分割返済される営業外金銭債権について，当初，その全額を投資その他の資産の部に計上しておき，決算期末がくるごとに，その決算期末から1年以内に回収可能なものを流動資産に振替記帳（翌期首に振戻記帳）するという方法をとることが多い（そうしないと，場合によって同一契約に基づく債権金額を流動・投資に区分計上し，補助元帳における記帳箇所が二つとなり，債権管理上，好ましくない。）。本条ただし書の規定が上述の振替記帳の省略を認めるという趣旨であれば，甲

説が正当であるということになる。私見では，甲説をとる。
　しかし，いずれにしても，重要性が小さい場合のほか，本条ただし書の規定によらない方が好ましいと思われる。

●用語の解説

預　金　→第52条●用語の解説「現金及び預金」②

営業外債権

　会計上，営業外債権とは，営業債権以外の会計上の債権をいう。

　営業外債権は，受領する給付の種類により，通常，営業外金銭債権（未収金など）と営業外物的債権（営業外前払金[*1]）と営業外役務債権（前払費用）とに分けられる。

　　*1　営業外前払金には，金銭提供対価たる営業外物的債権のほか，営業外取引に基づく金銭提供対価たる'権利を受領する債権'及びそれによって受領した権利（債権に限る。）も含まれる（私見）。

　営業外債権は，回収までの期間に応じ１年基準[*2]により短期営業外債権と長期債権（営業債権に属する長期債権はないから長期営業外債権という必要はない。）とに分けられる。

　　*2　この場合の１年基準は，目的とする物的資産の受領までの期間ではなく，投下資金の回収までの期間が１年であるかどうかによって区分する基準である。したがって設備取得前払金は建設仮勘定に含める。

営業外金銭債権

　'営業取引によって生じた金銭債権'以外の金銭債権を営業外金銭債権（広）という。

　広義の営業外金銭債権のうち，資金に属する預金を除いたものが狭義の営業外金銭債権である。

　営業外金銭債権（狭）には，次の**A**及び**B**の二つの種類がある。

　A　金融取引金銭債権……金融取引によって生じた金銭債権（預け金，貸

付金など）

　B　その他の営業外金銭債権……営業外金銭債権（狭）のうち金融取引金銭債権以外の金銭債権（未収金，立替金など）

　営業外金銭債権（狭）は，回収までの期間に応じ（１年基準により）短期営業外金銭債権（狭）と'長期金銭債権（営業金銭債権で固定資産に属するものはない。）'とに分けられる。

貸　付　金

　会計上，「貸付金」とは，金銭消費貸借契約に基づく債権及びこれに準ずる金融取引債権をいう。

　　注　貸付金に対応する科目は，借入金である。一般の事業会社では，貸付金よりも借入金の方が，B/S 科目としての重要性が高い。したがって，貸付金について解説することを差控えるので，借入金の解説を（その相手側として）参考にすること（→**第79条●用語の解説「借入金」**）。

預　け　金

　会計上，「預け金」とは，金銭消費寄託契約に基づく債権（金融機関に対する預金を除く。）及びこれに準ずる金銭債権のことである。

　貸付金が，大体において借主（債務者）の資金需要を充足することを主目的として資金提供したものであるのに対し，預け金は，大体において預け主（債権者）が手元の余裕資金を一時運用するとか取引上の利便を受けるためとか，何らかの都合により資金提供したものである。

　預け金に該当するものとしては，次の **A～D** などがある。

　A　入札保証金，'営業差入保証金・ビル入居保証金（明らかに一時的なものに限られ，長期性のものは投資その他の資産に該当する。）'
　B　商品取引・証券取引・先物取引などに附帯して差し入れる一時的な預け金
　C　法律又は契約による金銭の供託金（明らかに一時的なものに限られ，長期性を有すると認められるものは投資その他の資産に該当する。）

D　余裕資金の親会社などに対する一時預け金

未収金（＝営業外未収金）

ここで未収金とは，狭義＊のものであり，本来，営業外の商取引によって資産（有価証券・動産・不動産・知的財産権など）を売却したことによる代金の未回収金をいう（営業外未収金を売却したことによる第二次債権を含む。）。

一般には，本来の未収金の意味を抜きにして，未収配当金などを含め，すべての営業外の未収入金のことをいうと解しているようである。

　　＊　広義において未収金とは，営業未収金（＝売掛金など）及び営業外未収金をいう。

立 替 金

立替金とは，第三者に対して金銭の支出をしたことに基因して，その支出金の本来の負担者に対して有する求償債権のことである。これには，次のA～Cのようなものがある。

　A　営業立替金＊（販売先負担の運賃の実費立替分など）
　B　不本意な立替金
　　a　不渡手形などの求償債権（遡求義務を履行したことによるもの）
　　b　保証債務代位弁済求償債権
　C　一般の立替金
　　a　親会社・子会社などのための立替金
　　b　役員・従業員のための立替金
　　c　共催行事に係る他社負担分の立替金
　　d　その他の雑多な立替金
　　＊　営業立替金は，営業収益に対応するものではないから，営業債権ではない。
　　　また，仕入先に支払った消費税は，仮払性のものではなく，本来，営業立替金に属するものである。

未収収益

ここで未収収益とは，狭義*のものであり，経過勘定項目に相当するものをいう。つまり"未収収益とは，一定の契約に従い，継続して役務の提供を行う場合，すでに提供した役務に対していまだその対価の支払を受けていないものをいう。"（会計原則注解（注5）(4)）とされている。

未収収益とは，次の **A～C** の条件に該当するものであるといわれたりする。

A 営業外の取引に基づく役務提供対価の未回収分であること（会計原則注解（注5）(4)では，この点に触れていない。）

B 継続的な役務提供に係る対価の未回収分であること

C 更に次の **a～c** のような意見が加えられることがある。

 a 契約による計算期間の満了日までは未収収益に当るが，その日が過ぎると未収金に当る。

 b 請求書の発行日までは未収収益であるが，その後は未収金に当たる。

 c 契約による回収期日の到来するまでは未収収益であるが，万一，その日までに未回収であれば，それは未収金である。

私見では，上の **A** に該当するものは，すべて未収収益に相当し，**B**・**C** については，考慮する必要はないと考える。

 * 広義の未収収益とは，営業未収収益（→**第53条**●用語の解説「営業債権」**C**）及び営業外未収収益（狭義の未収収益）をいう。

 注．企業会計原則（⇒同注解（注16）⑤）でも財務諸表等規則（⇒同第16条）でも，未収収益について1年基準を適用せず，そのすべてを流動資産に属するものとしている。その理由は明らかでないが，もともと未収収益は，経過勘定項目であって一過性のものであり，もし，その回収期間が長期のものであるとすれば，それは未収収益ではなく，未収金に属するというような考えによっているのかもしれない。

 しかし，実務上，長期未収収益もあり得るから，1年基準を適用すべきであると考える。

 なお，負債側の未払費用についても，同様のことがいえる。

仮 払 金

仮払金とは，未決算勘定の1種であり，支出した金銭の処理が未確定のものをいう。これには，次の **A**・**B** のようなものがある。

A　実際にはいくらの金額の支出を要するか分からないが，ある程度の支出を要するため，社内の者などに対して交付する概算前渡金

　B　ある金額の支出が行われたが，それを処理するための勘定科目などが未確定のため，その支出の相手科目として一時的に処理する必要のある仮支出金

　仮払金は，支出金に係る未決算勘定である。したがって物的損失の未決算分などを仮払金としてはならない。また，立替金のように明らかに金銭債権に相当するものや明らかに費用として使用済みのものはもちろん，未使用の消耗性物品や出張所などへの小払用資金などを仮払金としてはならない。

　いずれにしても，仮払金は，できる限り，決算期末までに適切に清算しておく必要がある。

　　注　購入先に支払う消費税を仮払消費税といっているが，正しくは仮払金でなく立替金である。つまり，そもそも消費税は，いろいろな段階を経て，結局は最終消費者が負担するものであり，それを企業が途中の流通段階で立替え払いをしているものである。

確定期限付債権

　契約等に基づき，弁済の受領期限（すなわち相手方にとって債務の履行期限）が，一定の日／一定日までの間とか"一定の日から一定期間内"とか，当事者にとって，その期限を確認することのできる債権を確定期限付債権という。

不確定期限付債権

　期限について，"将来，発生することは確実であるが，いつ発生するか分からない一定の事実が発生したとき，又はその事実の発生後の一定期間内"というように，'不確定な時点をもって定められた期限（＝不確定期限）'を有する債権を不確定期限付債権という。

期限未定債権

契約などにおいて,「債務の履行期限は,後日,協議の上,定める。」などと約定している場合で,いまだそれに関する協議が行われず,期限が未定の状態にある債権を,私は,期限未定債権ということとしている。

期限不定債権

契約などにおいて,債務の履行期限について何の定めもしていない場合の債権を期限不定債権という。しかし,契約上,期限が不定であっても,期限のない債権はないから,結局,これは期限未定債権の一つの種類であるということができる。

期限未確定債権

期限未確定債権とは,不確定期限付債権・期限未定債権・期限不定債権をいう（私見）。

〔参考規定〕
●民　法
第412条　①債務ノ履行ニ付キ確定期限アルトキハ債務者ハ其期限ノ到来シタル時ヨリ遅滞ノ責ニ任ス
②債務ノ履行ニ付キ不確定期限アルトキハ債務者ハ其期限ノ到来シタルコトヲ知リタル時ヨリ遅滞ノ責ニ任ス
③債務ノ履行ニ付キ期限ヲ定メサリシトキハ債務者ハ履行ノ請求ヲ受ケタル時ヨリ遅滞ノ責ニ任ス
第591条＊　①当事者カ返還ノ時期ヲ定メサリシトキハ貸主ハ相当ノ期間ヲ定メテ返還ノ催告ヲ為スコトヲ得
②借主ハ何時ニテモ返還ヲ為スコトヲ得
　＊　民法第591条は,消費貸借に関する規定である。

金額確定債権

金額確定債権とは,法律により,又は取引の相手方である債務者との契約において債権の量が金額をもって明示されている債権又は数量と単価が定められている場合など契約内容により金額を明確に算定し得て両者間に金額に

関し差異を生じない債権のことである。

金額未定債権

金額未定債権とは，取引として物・役務などの提供を行ったが，いまだ対価の金額がどのようにして決められるか定まっていない債権である。全体金額未定債権と増減金額未定債権とがある。後者は，例えば，発注側の設計・仕様変更があったために値上げ交渉中であって先方の主張と値上げ幅に差があり，結着をみるに至っていないが，決定すれば既納入分に遡って値上げが認められる場合などである。このような場合には，最低確実と予測される金額をもって債権を計上すべきである。

　　注　上述のような場合，納品書記載金額をどのようにするかは，別途検討すべきであるが，普通は，仮金額である旨を明示して値上げ前の金額を記載することとなろう。

金額不確定債権

金額不確定債権とは，取引として物・役務などの提供を行ったが，その対価の金額は，ある一定の方法で算定することは決まっているけれどもその算定の要件の一部が確定していないため，現時点ではその金額がいくらになるか決定することができない債権のことである。例えば，販売促進期間（数か月）を設け，その期間合計で一定量以上の受注納入をした販売先に対しては一定の値引後の単価をその期間の納入量に対して適用することとした場合に，当初その所定量に達していない段階での納入品の価格は未確定であり，所定納入量に達したときにはじめて確定するようなケースである。

このような場合には，最低確実と予測される金額をもって債権を計上すべきである。一つの方法として，債権金額は値引適用前の価格を基礎として算定した金額をもって計上し，値引見込額を「売価修正引当金*」などとして計上する方法がある。

　　*　上述の「売価修正引当金」などは負債項目ではなく，債権控除項目である。
　　注　上述の例における金額不確定債権については，契約のしかたにより，値引適用前の価格による金額を金額確定債権とし見積値引額を停止条件付債務とすることができ

るし，値引適用後の見積価格による金額を最低金額確定債権とし見積値引額を解除条件付債権とすることもできる。

停止条件付債権

停止条件付債権とは，法的には条件付で成立しているが，会計上の債権として有効に成立するかどうかが，将来において発生するかどうか分からない一定の事実の成否にかかっている債権をいう。例えば，先方の違約とか履行遅延を根拠とする請求権でいまだその違約とか履行遅延が発生するかどうか未確定の段階のものがこれに当たる。

法的な債権金額の全部又は一部が停止条件付である場合は，その条件未成の間，会計上，当該'全部又は一部'の金額を債権として計上すべきではない。ただし，その条件の成否が将来の法的手続の如何とか時の推移などに係っているが，その債権の発生が過去の経済的事実に基因するものであり，その成立が確実であると認められるものについては，この限りでない。

　注　債権と債務とは正反対の関係にあるから，第85条の用語の解説中の「停止条件付債務」を参照すること。

解除条件付債権

解除条件付債権とは，現に有する債権が失効するかどうかが，将来において発生するかどうか分からない一定の事実の成否にかかっている債権をいう。例えば，購入契約とか賃貸借契約の締結によって交付した手付金に係る債権であって，もし将来において当方が契約解除すればその債権が失効するようなものがこれに当たる。

解除条件付債権は，その解除条件未成の間，会計上，原則として債権として計上しておくべきである。しかし，もしその解除条件の成就する可能性があるときは，それによって失効する可能性のある債権の金額を見積り，「契約解除損失引当金＊」などとして計上すべきである。

　＊　上述の「契約解除損失引当金」は，貸倒引当金と同様に，負債項目ではなく債権控除項目である。

注 →第85条●用語の解説「解除条件付債務」〔参考規定〕
● 民　法
　第127条①・②→第85条●用語の解説「条件付債務」〔参考規定〕

第55条（子会社等に対する金銭債権）

① 子会社（有限会社にあっては，有限子会社）に対する金銭債権で前2条の規定により流動資産の部に記載すべきものは，その金銭債権が属する科目ごとに，他の金銭債権と区別して記載しなければならない。ただし，その金銭債権が属する科目ごとに，又は2以上の科目について一括して，注記することを妨げない。

② 前項の規定は，支配株主（有限会社にあっては，支配社員）に対する金銭債権で前2条の規定により流動資産の部に記載すべきものに準用する。

③ 有報提出大会社は，第1項（前項において準用する場合を含む。）の規定による記載又は注記に代えて，関係会社に対する金銭債権を，その金銭債権が属する科目ごとに他の金銭債権と区別して記載し，又はその金銭債権が属する科目ごとに若しくは2以上の科目について一括して注記することを妨げない。

● **商　法　第211条ノ2**　①他ノ株式会社ノ総株主ノ議決権ノ過半数又ハ他ノ有限会社ノ総社員ノ議決権ノ過半数ヲ有スル会社（以下親会社ト称ス）ノ株式ハ左ノ場合ヲ除クノ外其ノ株式会社又ハ有限会社（以下子会社ト称ス）之ヲ取得スルコトヲ得ズ
　一　株式交換，株式移転，会社ノ分割，合併又ハ他ノ会社ノ営業全部ノ譲受ニ因ルトキ
　二　会社ノ権利ノ実行ニ当リ其ノ目的ヲ達スル為必要ナルトキ
③他ノ株式会社ノ総株主，議決権ノ過半数ヲ親会社及子会社又ハ子会社ガ有スルトキハ本法ノ適用ニ付テハ其ノ株式会社モ亦其ノ親会社ノ子会社ト看做ス　他ノ有限会社ノ総社員ノ議決権ノ過半数ヲ親会社及子会社又ハ子会社ガ有スルトキ亦同ジ
● **有限会社法　第24条**　①商法……第211条ノ2……ノ規定ハ社員ノ持分ニ之ヲ準用ス

◎　自社が有限会社である場合，本条の解説１～３中，「子会社」は「有限子会社」と，「支配株主」は「支配社員」と，読み替えること。

１　本条第１項本文

第55条第１項本文の意味するところは，次のとおりである。

『流動資産の部に記載すべき金銭債権に係る各科目の中に子会社に対する金銭債権が含まれている場合は，その科目ごとに，子会社に対する金銭債権を子会社以外に対する金銭債権と区別して記載しなければならない。』

２　本条第１項ただし書

第55条第１項ただし書の意味するところは，次のとおりである。

『流動資産の部に記載すべき金銭債権に係る各科目について，その科目に属する子会社に対する金銭債権をその他のものと区別しないで合算して記載し，次のＡ又はＢ（いずれか）に従って注記する方法によっても差し支えない。

　Ａ　子会社に対する金銭債権の属する科目ごとに，その科目名と子会社に係るものである旨とその金額とを注記する。

　Ｂ　子会社に対する金銭債権の属する科目の２以上の科目について一括し，流動資産に属する'子会社に係る金銭債権'である旨とその合計金額を注記する。*』

* 私見ではあるが，上のＢの一括注記方式による場合，第47条の規定に従い，また，明瞭性の見地からも，本来，次のａ及び／又はｂのようにすべきであると考える。

　ａ　全科目（流動資産に属する金銭債権に限る。）を一括するのではなく，少なくとも，営業金銭債権と短期営業外金銭債権とに区分し，その区分の中で一括する。

　ｂ　上のａに加えて又はａによらないで少なくとも一括して記載したものが，どの科目に属するものかを明らかにしておく。

　　例えば，次の例のように注記するのが好ましい。

　　「流動資産のうち，子会社に対する金銭債権は，受取手形及び売掛金が××千円，貸付金及び未収金が××千円であり，その合計金額は××千円である。」

3　本条第2項

第55条第2項の意味する内容は，これを敷延して述べると，次のA及びBによって構成されている。

A　流動資産の部に<u>記載</u>すべき金銭債権に係る各科目の中に支配株主に対する金銭債権が含まれている場合は，その科目ごとに，支配株主に対する金銭債権を支配株主以外に対する金銭債権と区別して<u>記載</u>しなければならない。

B　上のAの場合，各科目についてその科目に属する支配株主に対する金銭債権を他と区別しないで合算して<u>記載</u>し，次のa又はb（いずれか）に従って注記する方法によっても差し支えない。

　　a　支配株主に対する金銭債権の属する科目ごとに，その科目名と支配株主に係るものである旨とその金額とを注記する。

　　b　支配株主に対する金銭債権の属する科目の2以上の科目について一括し，流動資産に属する'支配株主に係る金銭債権'である旨とその合計金額を注記する。*

＊　→上の2＊。その場合，「子会社」の語は「支配株主」と読み替えること。

注　本条第2項に該当しなくても，次のa又はbの例のように，重要な株主，その親族等に対する金銭債権で重要なものがある場合，第47条の規定によって注記すべきこととなる場合もあると思われる。

　　　a　当社の株式のうち，A氏が4割，A氏の長男B氏が3割を所有している場合，A氏及び／又はB氏に対する重要な金銭債権
　　　b　C氏が当社の親会社の支配株主である場合，C氏に対する重要な金銭債権
　　　c　D氏が当社の支配株主である場合，D氏の長男に対する重要な金銭債権
　　　d　E氏が当社の支配株主であるとともにF会社の支配株主でもある場合，F会社に対する重要な金銭債権

4　本条第3項

① 第55条第3項の意味するところを敷延して述べると，次のとおりである。

『有報提出<u>大</u>会社は，第1項による子会社及び前項による支配株主に対する金銭債権に関する<u>記載</u>又は注記に代えて，流動資産に属する'関係会社に対する金銭債権'を，次のA・B・C（いずれか）に従って<u>記載</u>又は注

記する方法によることとしても差し支えない。
 A 関係会社に対する金銭債権の属する科目ごとに，関係会社に対するものとそれ以外の者に対するものとを区別して記載する方法
 B 各科目について上のAのように二つに区別しないで両者を合算して記載し，次のa又はb（いずれか）に従って注記する方法
  a 関係会社に対する金銭債権の属する科目ごとに，その旨と関係会社に係る金額とを注記する方法
  b 関係会社に対する金銭債権の属する科目の2以上の科目について一括し，流動資産に属する'関係会社に対する金銭債権'である旨とその合計金額を注記する方法』
② 上の①の方法によると，第1項及び第2項に従い記載する場合に比し，記載対象となる相手先の範囲が次のア及びイのように変化する。
 ア 次の㋐～㋒の会社が追加される。
  ㋐ 子法人等のうち子会社以外のもの
  ㋑ 関連会社
  ㋒ 自社を関連会社とする相手会社
 イ 支配株主が'財表規則上の親会社'以外である場合，当該支配株主が除外される。*
  * 上のイの支配株主に対する金銭債権が質的又は量的に重要である場合，第47条の規定に照らし，追加して注記する必要がある場合もあると考えられる。

第56条（取立不能の見込額）

① 第53条及び第54条の規定により流動資産の部に記載した金銭債権について取立不能のおそれがある場合には，その金銭債権が属する科目ごとに，取立不能の見込額を控除する形式で記載しなければならない。ただし，取立不能の見込額を控除した残額のみを記載することを妨げない。
② 前項ただし書の場合においては，取立不能の見込額を注記しなけ

③　取立不能の見込額は，2以上の科目について一括して記載することを妨げない。

1　本条第1項本文

第56条第1項本文の意味するところは，次のとおりである。

『流動資産の部に記載した金銭債権の中に取立不能のおそれのある債権がある場合には，そのおそれのある債権が属する科目ごとに，次のA又はB（いずれか）の方法によって取立不能見込額を控除する形式で記載しなければならない。

- **A**　「対象科目名及び控除前の金額」，控除項目としての「取立不能見込額を示す語又は科目名＊及びその金額」並びに「その控除後の残額」の三つを記載する方法
- **B**　「対象科目名及び控除前の金額」並びに控除項目としての「取立不能見込額を示す語又は科目名及びその金額」の二つを記載する方法』

　　＊　会計実務上，「取立不能見込額」の語を記載する代わりに「貸倒引当金」（内容的に取立不能見込額に相当するものに限る。）という科目名を用いることが多い。私見では「取立不能見込額」は，貸倒れに起因するものだけに限らないと思う。（→下の●用語の解説・取立不能見込額B～D）

　　注　科目ごとに控除する形式としては，本来，上のAの方法によるべきであるが，本条文の文言上，上のBの方法も可としているものと解する。

2　本条第1項ただし書

第56条第1項ただし書の意味するところは，次のとおりである。

『流動資産の部に記載された金銭債権について，その取立不能見込額を控除する形式によらないで，それを控除した残額だけを記載する方法によっても差し支えない。』（本条第2項に留意すること。）

3　本条第2項

第56条第2項の意味するところは，次のとおりである。

『流動資産の部に記載した金銭債権について，上述2により取立不能見込額を控除した残額だけを記載した場合には，その科目ごとに取立不能見込額を注記しなければならない。』

4 本条第3項
第56条第3項の意味するところは，次のとおりである。

『'流動資産の部に記載した金銭債権'の取立不能見込額を，上述の1，2又は3のどの方法にもよらないで次のA又はB（いずれか）の方法によって記載しても差し支えない。
- A 2以上の科目について，各科目については取立不能見込額を控除しない額を記載し，それら複数の科目の取立不能見込額を一括して流動資産の部において控除する形式で記載する方法
- B 2以上の科目について，各科目については取立不能見込額を控除した残額だけを記載し，それら複数の科目の取立不能見込額を一括して注記する方法』

注 上の4のA又はBによって一括控除記載又は一括注記する場合，会計上からは，流動資産の金銭債権の全科目を一括するのではなく，営業金銭債権と短期営業外金銭債権との二つに区分し，その区分ごとに一括するのが好ましい。

●用語の解説

取立不能見込額

取立不能見込額とは，法的・形式的にみて債権金額が存在するが，現実に，その全部又は一部の回収が不能と見込まれる金額のことであり，債権の個別事情及び合理的な根拠に基づいて個別的ないし概数的に見積った金額を意味する。

債権取立不能（広義）の原因として次の四つがある。
- A 一般の債権について相手方たる債務者の倒産その他財政事情の悪化によって，現実に回収不能となるおそれのある貸倒見積額
- B 解除条件付債権*について解除条件の成就することが予想される場合

の回収不能見込額

 ＊ →第54条●用語の解説「解除条件付債権」

 C 停止条件付値引契約，例えば，所定期間に一定量以上の受注／納品／代金受領をした販売先に対し一定金額の値引を行うことを条件としている場合などの，将来，その条件を成就する可能性のあるときの値引による債権の減少見込額

 D 当方の提供した物又は役務について先方が検収したが，その後に欠陥が発見された場合などの，値引・返品による債権の減少見込額（もちろん重要性はないと思うが，それは別とする。）

　一般に，取立不能見込額というのは，上の**A**における貸倒見積額のことをいうと考えられている。しかし，**B**の債権について解除条件の成就による損失が見込まれるときは，貸倒見積額と同じように処理すべきである。また，上の**C**及び**D**は債権の貸倒れではなくて債権計上額の修正である。しかし，第30条②及び第56条において「貸倒見込額」などの語を用いないでわざわざ「取立不能見込額」を意味する語を使っているということは，「貸倒見込額」だけに限らず修正による減少見込額についてもここにいう取立不能見込額に含む意であると考える。

〔参考規定〕
●本規則　第30条②　……（略）……金銭債権につき取立不能のおそれがあるときは，取り立てることができない見込額を控除しなければならない。

●補足説明──金銭債権以外の債権の回収不能見込額

　本規則第30条第2項では，金銭債権についてのみ取立不能見込額を控除すべき旨，定めている。しかし，会計上，物的債権及び役務債権であっても，その債権に係る給付を受領することができないおそれがあるときは，それを適切に見積り，金銭債権と同様に処理すべきであると考える。

第57条（短期保有の株式等）

① 市場価格のある株式及び社債（国債，地方債その他の債券を含む。以下同じ。）で時価の変動により利益を得る目的で保有するものは，流動資産の部に<u>記載</u>しなければならない。

② 決算期後１年以内に償還期限の到来する社債（前項に規定する社債を除く。）は，流動資産の部に<u>記載</u>しなければならない。ただし，当初の償還期限が１年を超えるものは，投資その他の資産の部に<u>記載</u>することができる。

③ 前条の規定は，前項の社債のうち市場価格のないものについて準用する。

1　本条第１項

第57条第１項の意味するところは，次のとおりである。

『<u>市場価格</u>*1のある株式及び'債券（社債はもちろん，国債，地方債その他法律の規定に基づき発行された金銭消費貸借契約としての性格を有する有価証券*2をいう。以下，同じ。）'であって売買目的（＝時価の変動により利益を得る目的）で保有するものは，流動資産の部に<u>記載</u>しなければならない。』

- ＊１　市場価格とは，市場*3において形成されている取引価格，気配又は指標その他の相場のことをいう（⇒金融商品に係る会計基準第一・二）。
- ＊２　金銭消費寄託契約や信託契約としての性格を有する有価証券とは異なる。一部では，金銭消費貸借契約としての要件を有していないともいわれるようである。
- ＊３（＊１の文中）　市場には，公設の取引所及びこれに類する市場のほか，随時，売買・換金等の取引を行うことができる取引システム等も含まれる（⇒金融商品に係る会計基準注解（注２））
- 注　株式及び債券について記載する科目の名称については，第52条の規定に照らし，一般の慣行に従い，'株式・債券'以外の有価証券であって売買目的のものや決算期末後１年以内に期日の到来するものと併せ，有価証券という科目名を用いて差し支えない。

2　本条第2項本文

第57条第2項本文の規定の意味するところは，次のとおりである。

『次の A／B（いずれか）に該当する債券で決算期末後1年以内に償還期限の到来するものは，流動資産の部に<u>記載</u>しなければならない。

A　市場価格のある債券で売買目的のものではなく，満期保有目的のもの
B　市場価格のない債券

3　本条第2項ただし書

第57条第2項ただし書の規定の意味するところは，次のとおりである。

『第2項本文で規定する債券であっても，当初*の償還期限が1年を超えていたものは，投資その他の資産の部に<u>記載</u>することができる。』

> *　この「当初」が，「債券発行時」か「取得時」か，それとも取得直後の決算期末か，文面からは不明であるが，規定の趣旨からみて取得時と解する（私見）。

4　本条第3項

第57条第3項の規定の意味するところは，次のとおりである。

『流動資産の部に記載する債券のうち，市場価格のないものについては，その全部又は一部の金額の取立不能見込額*について，前条（＝第56条）による金銭債権の取立不能見込額の<u>記載</u>又は注記の方法に準じ，それを<u>記載</u>又は注記しなければならない。』

> *　→'第30条②（第56条●用語の解説「取立不能見込額」に〔参考規定〕として掲載している。）'，⇨第31条②

● 参考説明(1)──'株式及び債券'以外の有価証券

本規則では，第57条及び第72条において一般の株式及び"社債その他の債券"について，また，第58条及び第73条において親会社株式及び子会社株式・関係会社株式について規定を設けているが，それ以外の有価証券については何らの規定を設けていない。したがって，これらについては，公正な会計慣行に従い，流動・固定区分をすべきこととなる。

第5章第3節第2款　貸借対照表　　　179

　私見では，結局のところ，'株式及び債券' 以外の有価証券については，次のA・B・Cの順序に従って区分し，そしてその次のD／Eに従い，記載又は注記をすることになると思う。
　A　市場価格のあるものと，市場価格のないものとに区分する。
　B　次に，市場価格のあるものにつき，売買目的のものと，そうでないものとに区分する。
　C　市場価格はあるが売買目的でないもの及び市場価格のないものにつき，償還期限のないものと償還期限のあるものとに区分する。
　D　市場価格があって売買目的のものは，第57条第1項の株式及び社債に準じ，流動資産の部に記載する。
　E　市場価格があって売買目的でないもの及び市場価格のないもののうち：
　　a　償還期限のないものは，第72条第1項の株式に準じ，投資その他の資産の部に記載する。
　　b　償還期限のあるもののうち：
　　　i　決算期末後1年以内に償還期限の到来するものは，第57条第2項の社債に準じ流動資産の部に記載する（同項ただし書によることもできる。）。
　　　ii　上のiにより流動資産の部に記載したもの以外のものは，投資その他の資産の部に記載する。
　なお，市場価格のないもので償還期限のあるものには，第57条第3項又は第72条第3項の規定により第56条（取立不能の見込額）の規定が適用される社債に準じて，取立不能見込額について記載又は注記すべきであると考える。

●参考説明(2)──本規則上の有価証券と財表規則上の有価証券

　有価証券について，商法（したがって本規則）と証取法（したがって財表規則）との間で，その範囲に差があるという趣旨の見解がある。これに関し，以下に私見を述べる。
(1)　決算書類・財務諸表の記載項目に関する限り，本規則と財表規則との間

に，有価証券の属性について差があってはならない。その結論の背景・理由は；

① 私法と証取法との間で，有価証券の範囲に差がある点については，何らの問題はない。それは法の規制目的が異なるから，その規制対象が異なることになるのは，当然あり得る。しかし，このことは，いわゆる'商法会計と証取法会計'との間で有価証券の範囲に差があってもよいということを意味するものではない。

② 本規則上と商法上とには，商事会計に関する基本理念が同じであるから，有価証券の範囲に差はあり得ない。

③ 証取法上の有価証券は，すべて財表規則上の有価証券であるべきとする必然性はない。後者は前者の受任命令であるが，後者の目的の範囲内の限定された局面を規制するものであるからである（しかし，現実面で後者から排除すべきものは見当らない。）。

④ 財表規則上の有価証券は，証取法上の有価証券に限るべきとするという必然性もない（現にＧＬ８の２－１では，払込金領収証など，証取法上の有価証券以外のものを有価証券に含めている。）。

⑤ 財表規則上，その有価証券の範囲につき，商法上（＝商事会計上）の有価証券の範囲から，その規制目的に応じるという理由があっても，逸脱することはできない。それは，財表規則上の財務諸表は，商法上の確定決算に基づき作成すべきであり，その範囲の逸脱は，証取法第193条による委任の限界を越えることになるからである。

⑥ 商法上の有価証券を，財表規則上の有価証券とした上で，その科目名の変更，表示科目の分割／統合など，その規制目的に応じ，形式面で加工することについては，何ら問題はない。

(2) 本規則上の有価証券と財表規則上の有価証券と，その範囲に差がある具体例としていわれる'譲渡性預金証書は，財表規則上の有価証券に該当するが，本規則上の有価証券には該当しない'という見解には，次の点で問題がある。

① 財表規則上，有価証券に該当する譲渡性預金証書は，次の証書に限ら

れている。

　『払戻し期限の定めがある預金（＝通常，定期預金）で，指名債権（＝記名式債権）でないもの（＝指図債権／記名式所持人払債権／無記名債権である）譲渡性預金に係る証書のうち，外国法人が発行するもの』（⇨証券取引法施行令第1条）

② 無記名式の譲渡性預金証書は，外国法人の発行するものに限らず，すべて，会計上も本規則上も財表規則上も，有価証券に該当する。それは，民法第86条第3項により動産とみなされる（つまり，債権が証券／証書に化体されているからである。）からである。

③ 記名式の譲渡性預金証書は，（仮に，市場で取引されるものであっても，）会計上も本規則上も財表規則上も，有価証券には該当しない。というのは，民法上，その証書の受渡だけによって譲渡の効力を生じるとは限らない（つまり，債権の証書への化体が現実化していない）からである。（私見）

　上の①で説明したように，外国法人の発行したものでも，無記名式のものは有価証券とはされないのに，内国法人の発行するものは有価証券に該当するとする根拠はない。)

④ 結局，会計上，本規則上，財表規則上とも，有価証券に該当する譲渡性預金証書は，その発行が内国法人であれ外国法人であれ，次に該当するものである。

　A　無記名式のもの
　B　指図式のもの
　C　記名式所持人払のもの

　注　Aは民法による実質上の有価証券，B・Cは法律上の有価証券に準ずる会計上の有価証券に当たる。

(3) 上述のように，本規則も財表規則も，会計上の有価証券をもって当該規則上の有価証券[*1]とすべきであり，その範囲に何ら差はないといえる。

```
                ┌─ A  証券取引法上の有価証券
                │
有価証券 ───────┼─ B  上のA以外の'民法による実質上の有価証券(=無記名
(会計)          │      債権証書)であって'投融資性のもの*2
                │
                ├─ C  上の'A・B'以外の私法上の有価証券であって投融資性
                │      のもの*3
                │
                └─ D*4  上のA／Bに準ずるもの(=指図式／記名式所持人
                        払の債権証書)であって投融資性のもの*2(ただし,市場
                        性のないものを除く。)
```

* 1　本来は,証券／証書に化体し表章されている財産権('証券／証書'不発行の場合の同等の財産権を含む。)が会計上の有価証券であるが,ここでは便宜上,証券／証書として示した。
* 2　金銭債権証書・金銭債権を受領する権利証書・他の有価証券を受領する権利証書の中にこれに該当するものがある。
* 3　抵当証券がこれに該当する。
* 4　会計上,法的実態を無視してはならないが,その権利義務関係については,法的形式よりも経済的実質を重視する観点から,上のDを考えるべきであろう。

注　法律上の有価証券である上のA～Cについては,市場性の有無を問う必要はない(私見)。

第58条 (親会社株式)

　親会社の株式は,流動資産の部に他の株式と区別して記載しなければならない。ただし,その額が重要でないときは,注記によることを妨げない。

1　本条本文

第58条本文の意味する内容は,次のA及びBによって構成されている。

A　親会社の株式は,流動資産の部に記載しなければならない。
B　親会社の株式は,他の株式と区別し,その旨を示して記載しなければならない。

2 本条ただし書

第58条ただし書の意味するところは，次のとおりである。

『親会社株式は，その金額が重要でないときに限り，流動資産の部において他の株式とともに<u>記載</u>し，その旨と金額を注記する方法によっても差し支えない。』

3 まとめ

この第58条の規定の意味するところは，その文脈からみる限り，上の1及び2に述べたとおりである。しかしながら，本来，流動資産の部に<u>記載</u>する株式は，市場価格のあるものであって，かつ売買目的で保有するものに限られる。したがって，市場価格のある親会社株式については，上の1と2のいずれの方法で<u>記載</u>又は注記しても，何ら問題はない。これに対し，市場価格のない親会社株式の場合，貸借対照表の読者がこれを市場価格のあるものであると誤解するおそれがある。したがって，明瞭性の見地から，また，第47条の趣旨にてらし，注記に際し，市場価格のない株式であることを明らかにすることが好ましいと思う。

注　流動資産の部の有価証券に含められる株式は，元来，市場価格のあるものに限られることから，市場価格を有しない親会社株式について，注記方式により表示する場合は，「有価証券」ではなく，「その他の流動資産」に含めた上で注記をすべきであるという主張がなされるかもしれない（最近，科目区分について，規定の文言にこだわる意見を聞くことがある。）。私見では，重要性の小さいものを他の科目に含める場合は，類縁の科目に含めるのが会計上での本来の方法であると思う。

● 用語の解説

株　　式

株式とは，株式会社の資本金を原則として均等細分した単位をいう。そして株式は，株式会社の出資構成員たる株主の持分を示し，その地位に基づく株主権を意味する。

株式は，通常，株券によって表章される。私法上は株券が有価証券に当たるとされるが，会計上は所有する株式（株主権）をもって有価証券とみる。

注　株式の語が株券の意味で使われることもある。

社　　債（資産）

社債とは，株式会社が商法の規定に基づいて，まとまった1個の債務を多数の部分に分割し，広く一般から募集し，通常，債券を発行して行う資金調達手段である。

社債権を表章する社債券が私法上の有価証券に当たるが，会計上は，社債券／登録社債に表章されている社債権を有価証券とみる。

注　本規則においては，「社債」というとき，国債・地方債その他の債券を含むこととしているから，その点に留意する必要がある。

債　　券

一般に，債券とは，広く資金を調達するため，法律の規定に基づいて発行された"金銭消費貸借に係る権利義務を表章する証券＊"をいう（証券を発行しない登録債もある。）。これには，発行主体によって国債証券，地方債証券，特殊法人債券，社債券などの区分がある。債券には，利子の支払方法によって利付債券と割引債券との区別がある。

＊　会計上は，発行された証券に表章されている又は証券を発行するとすればそれに表章されるべき金銭債権を有価証券とするが，他の金銭債権とは区別される。

第59条（前払費用）

　　費用の前払で決算期後1年以内に費用となるものは，流動資産の部に記載しなければならない。ただし，当初1年を超えた後に費用となるものとして支出されたものは，投資その他の資産の部に記載することができる。

1　本条本文

第59条本文の意味するところは，次のとおりである。

『将来において費用となるものの対価を前もって支払った場合，その全部又は一部で決算期末後1年以内に費用となるものは，それを流動資産の部に<u>記載</u>しなければならない。』

2　本条ただし書

第59条ただし書の意味するところは，次のとおりである（この見解を甲説とする。）。

〔甲説〕『費用の前払として支出した金額のうち，当初，その支出後1年を超えた後に費用となるものとして支出された部分のうち，その1年経過後の毎決算期末において，その全部又は一部でその決算期末後1年以内に費用となることとなったものは，これを流動資産の部に<u>記載</u>するのが原則であるが，そうしないで投資その他の資産の部に<u>記載</u>することもできる。』

この見解に対し，異説として次の乙説又は丙説のような見解があると思われる。

〔乙説〕甲説における説明文中，「当初，その支出後1年」とあるが，これは誤りであり，この箇所は，「当初，その支出直後の決算期末後1年」とする（その他の箇所は甲説の説明文と同じ。）のが正しい。

〔丙説〕このただし書は次のように解すべきである。

『費用の前払として支出した金額の全部又は一部が，当初，その支出後1年を超えた後に費用となるものとして支出されたものは，その支出後の毎決算期末において，……（以下，甲説と同じ。）』

会計理論上，「1年基準」という場合，通常は，債権／債務の回収／弁済までの期間＊について貸借対照表日を基準としてその後に続く期間の1年以内／1年後によって流動／固定区分を行う基準であるとされる。乙説は，そのような1年基準を前提とし，この第59条ただし書における「1年」というのは，そのような1年基準を意味するという見解である。

しかし，「1年基準」は，そのような決算期末後1年基準だけでなく，取引後1年基準も存在する。その例として，固定資産たる工具器具備品と，流動資産たる消耗工具器具備品との区分基準が，まさに使用開始後1年基準に該

*　正確には，'投下資本の回収／受領資本の流出'までの期間についていうべきである（私見）。

　したがって，この第59条ただし書の条文はその文言どおり解釈し，乙説よりも甲説の見解が正しいと考える。
　次に丙説であるが，これは，このただし書が重要性原則の一つの適用例であると考え，支出時において長期前払費用であったものについては，固定資産の減価償却と同様に，毎決算期末後1年以内の費用化部分を流動資産に振り替える必要はないとする趣旨であろうと解するものであり，一種の論理解釈であるといえる。
　しかし私見では，この「ただし書」の規定は，一種の例外規定であるから，あまり論理解釈（類推解釈ないし拡大解釈）をすべきでなく，合理性とか実施可能性によほどの問題がない限り，文理解釈をすべきであるという見地から，丙説よりも甲説が妥当するとするわけである。

　注　以上は，あくまでも条文解釈上の私の見解を述べているのであって，この「ただし書」のような規定が，会計上，適切であるかどうかは別の問題である。
　　　とはいうものの，現実的には，甲説よりも丙説に従って処理する方が期間的に整合性がとれ，好ましい。結局，問題は，このただし書の文章表現にある。そもそも，前払費用は，支出時から一定期間にわたり継続的な役務の提供を受けて費用化するのであるから，第59条ただし書の文中「当初，1年を超えた後に費用となるもの」というところを「当初，1年を超える期間にわたって費用となるもの」として示す方が実態に即し，かつ，甲説のような文理にこだわった解釈をせずに，丙説と同じ見地から処理することができると思う。

●用語の解説

前払費用

　会計上，経過勘定項目とされる前払費用とは，いわゆる未経過費用，つまり，継続的な一定期間の役務受領契約又は継続的な一定量の役務受領契約に係る未受領役務に係る対価の前払部分である（⇒会計原則注解〔注5〕(1)）。
　前払費用は，権利の面からみると役務（受領）債権である。役務債権のうち，受領する役務に係る費用を受領に応じて期間配分すべき場合の債権が前

払費用に相当する。

　　注　役務債権であっても営業役務債権（例えば営業役務収益に物的対応する外注役務の受領対価に係る前払金）は，営業循環基準により（営業上の）前払金とすべきであると考える。

費用の前払

　第59条における「費用の前払」（すなわち本規則上の前払費用）が，会計上の前払費用（すなわち未経過費用）と同じであるかどうかについて検討する必要がある。本規則上の「前払費用」について，次のA，B及びCの三通りの見解がある。

　A　経過勘定項目たる未経過費用と同じである。
　B　未経過費用だけでなく，非継続的な取引ごとの役務の受領契約に係る前払を含む。したがって，単発的な前払修繕料，'収入印紙・郵便切手・新幹線回数券など一定の証票と交換に受領する役務'などに係る前払性の支出も含まれる。
　C　継続的又は非継続的な役務の受領契約における未受領対価の前払だけでなく，事務用消耗品などの短期費用化資産も含まれる＊。

　　＊　Cの見解は，米国において，実務上，行われているらしく，わが国でもこの見解を主張する公認会計士がいる。

　私見では，本規則の他の条項では受取手形などの会計用語（科目名）を使っているのに，第59条においては「前払費用」という科目名を本条の見出しには使っているにもかかわらず，条文中では使わないでわざわざ「費用の前払」と規定しているところから，上のBの見解を支持する。
　Cの見解をとれば，前払費用の特性が不明確となるだけでなく，他の短期に費用化する物的資産との区分を不明確にすることになり，適切ではない。

●補足説明──長期前払費用の1年以内費用化部分

　私見では，本規則第59条ただし書の規定は，会計上，不適切な規定であると思う。というのは，前払費用については，重要性の軽微な場合は別として，

次の①又は②のように1年基準の適用方法が決まっており，その例外はあり得ないからである。

① 未経過費用は，契約上，役務受領期間それ自体が確定しているか又は役務受領総量が確定しているため，通常，役務受領期間を予測することが容易であり，したがって，これには例外を設けずに1年基準を適用すべきである。また，期日管理の観点からも安易に投資その他の資産の部に残しておくべき性質のものではない。

② 会計理論上は長期前払費用には該当しないが，会計実務上，多くの会社で長期前払費用に計上している項目（商法上の繰延資産に該当しない「税法上の独自の繰延資産」）がある。この項目は，経過勘定項目ではなく，償却性資産であるから，有形・無形固定資産や繰延資産と同じようにすべきである。つまり，当初，取得時にその耐用期間が1年以内（消耗性資産につき財表規則GL及税法では1年未満としている。）のものは資産に計上しないで費用（未使用の間は棚卸資産）に計上し，1年を超えるものは固定資産又は繰延資産に計上するが，その資産計上後は，その後の毎決算期末においてその後の1年以内に費用化する部分が生じてもそれは流動資産とはしない。

第60条（繰延税金資産）

　流動資産に属する資産又は流動負債に属する負債に関連する繰延税金資産は，流動資産の部に<u>記載</u>しなければならない。特定の資産又は負債に関連しない繰延税金資産で決算期後1年内に取り崩されると認められるものについても，同様とする。

〔参考規定〕
●税効果会計に係る会計基準の設定について
　一　経緯
　　　税効果会計は，企業会計上の収益又は費用と課税所得計算上の益金又は損金の認識時点の相違等により，企業会計上の資産又は負債の額と課税所得計算上の資産又は負債の額に相違がある場合において，法人税その他利益に関連する金額を課税標

準とする税金（以下「法人税等」という。）の額を適切に期間配分することにより，法人税等を控除する前の当期純利益と法人税等を合理的に対応させることを目的とする手続である。(以下略)
　二　税効果会計の適用の必要性
　2　税効果会計を適用すると，繰延税金資産及び繰延税金負債が貸借対照表に計上されるとともに，当期の法人税等として納付すべき額及び税効果会計の適用による法人税等の調整額が損益計算書に計上されることとなる。
　　このうち，繰延税金資産は，将来の法人税等の支払額を減額する効果を有し，一般的には法人税等の前払額に相当するため，資産としての性格を有するものと考えられる。また，繰延税金負債は，将来の法人税等の支払額を増額する効果を有し，法人税等の未払額に相当するため，負債としての性格を有するものと考えられる。

第60条の規定の意味するところは，次のとおりである。

『繰延税金資産であって次の A〜C のいずれかに相当するものは，流動資産の部に記載しなければならない。

A　会計上の流動資産に関連して，税務上で資産に加算するとともに益金加算／損金減算をしたことにより生じた繰延税金資産

B　会計上の流動負債*に関連して，税務上で負債を減算するとともに益金加算／損金減算をしたことにより生じた繰延税金資産

C　会計上の特定の資産／負債に関連しない繰延税金資産で，決算期末後1年以内に取崩し，税務上で益金減算／損金加算をすることになると認められるもの』

　*　上の B の流動負債には，第86条①及び／又は同条④の規定により引当金の部を設けた場合，その部に属する引当金のうち，実質的に流動負債に属すると認められる引当金を含む（私見）。

　注　→第87条前半

第61条（時価が著しく低い場合の注記）

① 重要な流動資産につきその時価が取得価額又は製作価額より著しく低い場合において，取得価額又は製作価額を付したときは，その旨を注記しなければならない。

> ②　前項の規定は，市場価格のある株式及び社債について準用する。

⇨本規則　第28条，第31条②，第32条②

1　本条第1項

第61条第1項の意味するところは，次のとおりである。

『重要な流動資産*1で原価基準で評価しているものについて，その原価（修正原価*2を含む。）に比し時価が著しく低い場合において，将来，その価格が原価まで回復すると認められるために原価によって評価しているときは，その旨を注記しなければならない。』

* 1　ここでいう「流動資産」とは，第51条における「流動資産」と異なり，第28条における「流動資産」のことである。
* 2　本規則第28条第1項ただし書の規定によって時価まで評価減したものは，その後，その時価が修正原価となる。

2　本条第2項

第61条第2項の意味するところは，これを敷延して述べると次のとおりである。

『市場価格のある'株式及び債券'で原価基準によって評価しているものについて，その原価（修正原価*を含む。）に比し時価が著しく低い場合において，将来，その価格が原価まで回復すると認められるために原価によって評価しているときは，その旨を注記しなければならない。』

* 　→上の1＊2

● 用語の解説

会計上の流動資産　→第51条●用語の解説「流動資産（会計）」

本規則上の流動資産

本規則第28条・第61条①における「流動資産」とは，その規定の論理・他

の規定との関連からみると，会計上の流動資産のうち，"現金・営業金銭債権，短期営業外金銭債権（広），短期保有の有価証券，短期の前払費用"を除いたそれ以外のものをいっている。商法第34条第一号＊における「流動資産」もこれと同様と解せられるから，結局，商法・本規則における「流動資産」とは「物的流動資産」を意味することになる。（私見）

> ＊ 商法第34条の規定は，株式会社及び有限会社には適用されない。（→商法第285条，同条は有限会社法第46条①にて準用）

物的流動資産には，次のものがある。

A 棚卸資産（未成工事，仕掛役務などを含む。）
B 棚卸資産以外の物的資産（例えば，有形固定資産や投資不動産の撤去・廃却による残材）
C 棚卸資産の受領債権（例えば，前払金《販売用の動産・不動産などの受領債権》，貸付製品《消費貸借契約による提供製品の返還請求債権》，預け原材料《消費寄託条項付委託加工契約による提供原材料の加工済部分の返還請求債権》など）

> 注1 一般には，上のAが商法上の流動資産に当たると解されているようであるが，私見では，B及びCを含むものと解する。
> 注2 物的債権であっても，短期保有（＝売買目的の又は短期に期限到来）の有価証券に係る受領債権は，有価証券に準じて扱うべきであってここにいう物的流動資産ではないと考える。
> 注3 本規則においても「流動資産の部」というときの「流動資産」は，会計上の流動資産と同義であって物的流動資産に限っているわけではない。

棚卸資産（形態）

会計上，棚卸資産とは，一般に，販売用の物的資産及び／又はそれを生産するため必要な若しくはその生産工程中にある物的資産のことであるといわれる。商工業の場合を例にして，その形態の見地からこれに属するものを区分して示すと，次のA～Gのとおりである。

●商業を営む場合の棚卸資産（＝次のA・B）
　A　商品……営利目的をもって販売するために社外から仕入れた物品

B　貯蔵品……下の G に同じ。ただし，製造用を含まない。
● 工業を営む場合の棚卸資産（＝次の C〜G）
　　C　製品……営利目的をもって販売するために社内で原材料を加工し製造を完了した物品
　　　　a　主製品（＝主産物）…主たる生産目的物（これを単に製品ということが多い。）
　　　　b　副製品（＝副産物）…製造工程において，同一原材料から主製品とともに，必然的・派生的に産出する別種の物品
　　D　半製品……製品の数段階の製造工程（同一会社の複数の工場に及ぶものを含む。）のうち，途中の工程での加工を終わり，製造工程外で貯蔵中の物品であって，次工程へ送り更に加工することも他に販売することもでき，現実に次工程加工用と販売用とに供しているもの
　　　　　半製品には，化学品工業などにおける中間製品及び自製原材料，機械器具工業などにおける中間組立品及び自製部分品で，次工程加工と販売との両方に供用されるものが相当する。
　　E　仕掛品……製品の製造工程中にある物品
　　F　原材料（＝原料*1及び材料*2）……製品の製造のために社外から購入した物品。これには主要原材料，補助原材料，部分品がある（自製原材料や自製部分品を含まない。）
　　＊1　原料とは，製品とするために，大体において化学的・質的変化を生じさせる被加工物をいう。これは，大体において，完成品を見たとき，その原形も物理的変形もとどめていないものである。
　　＊2　材料とは，製品とするために，大体において物理的・形状的変化を生じさせる被加工物をいう。これは，大体において，完成品を見たとき，多少にかかわらず内外のどこかにその原形又は物理的変形を見いだし得るものである。
　　G　貯蔵品……各種の用途（製造用・物品保管用・運送用・事務用・販売促進用・一般管理用など）に使用するために，社外から購入し貯蔵中の短期消耗性の物品。これには，消耗品と消耗工具備品とがある。
　上述は，典型的な物品の使用目的・経過に着目して説明したものであるが，現実には，各種各様のものがある。そこで，その属性（＝本質的な性格）の

第5章第3節第2款　貸借対照表　　　193

見地から説明することが重要となる。私見によって，それを簡記すると，次のH～Nのとおりである。

- H　商品……商的価値増殖活動[*1]の直接的・主体的な手段であって価値実現のために待機中のもの
- I　製品……工的価値増殖活動[*2]の受動的手段[*3]の1種であるが，価値増殖作業が完了し，価値実現のための待機段階にあるもの
- J　半製品……工的価値増殖活動[*2]の受動的手段[*3]の1種であって，価値増殖作用の中間過程において，後次の価値増殖作業用と価値実現のための待機用との両用に供する目的をもって製造工程外で貯蔵中のもの
- K　仕掛品……工的価値増殖活動[*2]の受動的手段[*3]の1種であって，価値増殖作業の過程にあるもの
- L　原材料……工的価値増殖活動[*2]の受動的手段[*3]の1種であるが，価値増殖作業には未着手であり，その用に供するため待機中のもの
- M　貯蔵品……商的若しくは工的な価値増殖活動[*1*2]又は'販売及び一般管理'活動に際して必要なその側面的支援手段であって供用待機中のもの

　*1　商的価値増殖活動とは，社会における経済資源の供給と需要との間に，空間的・時間的・量的な開差が存在する場合に，その開差を調節／解消することにより，その資源に経済価値を付加する活動をいう。
　*2　工的価値増殖活動とは，社会における経済資源に対し，人的／機械的に物理的／化学的な作用を加え又は反応を生じさせて，その資源に形状的・質的・機能的・量的な変化を生じさせ，それによってその資源に経済価値を付加する活動をいう。
　*3　受動的手段というのは，能動的手段（＝機械装置など）に対応していう語であり，人的作業及び機械装置などによる加工によって価値の提供を受け，その結果として自らについて価値が付加される予定／過程にあるとか付加されたもののことである。

　上述のような性質を有する類縁の資産を1グループとし，それを総称する棚卸資産とは何かについてその属性の見地から簡記すると次のようになる。

　棚卸資産（属性）……単位移転性[*1]（＝物的1単位の移転に応じて，その

物の'価値の1単位（＝単価）'が移転するという性質）の直接的／間接的な可視的／不可視的[*2]価値増殖貢献手段

　＊1　ここで単位移転性とは，同じく価値増殖貢献手段（例えば，機械装置）における「配分移転性」（＝物的1単位の価値が耐用期間に配分され，順次，他（例えば，被加工物）に価値移転するという性質）に対応して私の用いる語である。仮に「単位移転性」という語に替え，「非耐久性」という語を使うと「消耗性」と誤解されるおそれがあるし，また，「流動性」とか「物的流動性」といってもよいが，これも「流動資産」における「流動」の意と思われる可能性もある。そこで，あえて単位移転性ということとした。

　＊2　不可視的なものとしては，仕掛役務とか完成ずみ未引渡の請負加工役務がある（ここでは例示していない。）。

時　価

　時価とは，評価時点における価格という意であるが，これには，広狭多義があり，広義においては，資産・負債・収益・費用などすべての財務諸表項目に関する時価をいい，狭義においては，資産に関する時価をいう。

　時価評価に用いる時価としては，棚卸資産に関する時価と金融商品に関する時価とがある。

① 棚卸資産の低価法計算に用いる時価には次のA〜Fがある。そのうちFについては金銭債権・債券などについても用いられることがある。そのほか，Gもあるが，これはすべての財務諸表項目について時価評価するときに用いられるものである。

A　正常販売時価（実現可能価額／市場価格）

B　非常処分時価

C　正味実現可能価額（実現可能価額から完成させ販売するまでに必要なコストを控除した価額）

D　利益繰延時価[*1]（正味実現可能価額から正常利益を控除した価額）

　＊1　「利益繰延時価」という語は，私の使う語であって，一般的なものではない。

E　取得時価（再調達原価）

F　割引現在価値（将来の換金見込み時点での正味実現可能価額からそれまでの必要金利を複利割引した価額）

G 貨幣購買力修正原価（取得原価に対して取得時点から評価時点までの貨幣価値の変動を示す一定の指数を乗じて求めた価額）

本規則第61条第1項における時価（本規則第28条第1項の時価に同じ。）とは，上の **A** を意味するものと考えられている。しかし，低価法を適用する場合の時価は，公正な会計慣行の認めるところにより，資産の種類・用途に応じ，上の'**A**，**B**，**C**，**D** 若しくは **E**'，'**A** と **E** と比べて低い方*[2] 又は '**C** と **E** と比べて低い方' というように選択*[3]することもできる（私見）。

　*2　'**A** と **E** のうち低い方' よりも '**C** と **E** のうち低い方' の方が比較合理性が高い。
　*3　税法上の低価法における時価についてはその選択の幅は限られている。

② 時価評価をすべき金融商品に関する時価とは，公正な評価額*[4]のことをいい，これには，次の **H**・**I** がある（私見）。ただし，時価とは **H** だけを意味するという見解もあるようである。

H 市場で取引される有価証券など…市場価格（＝市場*[5]において形成される取引価格，気配又は指標その他の相場）に基づく価額

　*4　⇒金融商品に係る会計基準第一・二
　*5　市場には，公設の取引所及びこれに類する市場のほか，随時，売買・換金等を行うことができる取引システム等も含まれる。⇒金融商品に係る会計基準注解（注2）

I 市場取引のない有価証券など…当該商品について適切な知識とそれを取引する意思を有し，特別の利害関係のない取引者間での公正な取引価額として合理的に算定された価額

取得原価

会計上，一般に取得原価（取得価額*[1]ともいう。）とは，購入，製造，制作，産出，建設，造成，受贈，交換，現物出資，会社の分割／合併などによって受け入れた資産をその本来の目的の用に供するために要した一切の正常な支出額／要支出額・資材その他の原価要素の消費額・対価たる提供物の原価その他合理的な評価額をいう。

通常，購入物品の取得原価には，購入代価のほか，買入手数料，関税，引

取運賃，運送保険料，'据付費・試運転費（正常なものに限る。）'などの必須的付随費用を含む。しかし，購入事務費，検収費，保管費，在庫保険料などの付随費用[*2]は，それを算入しても合理性がありかつ回収可能性を失わない場合に，これを取得原価に算入することができる。支払利子[*3][*4]については，期間費用とすることを原則とするが，開発土地などのようにその資産の取得（＝完成）までに相当の期間を要する場合において，その取得に関して特別かつ直接に必要とし，そしてそれを取得し本来の用途に供するまでの正常な期間のものに限るなど，それを算入しても合理性がありかつ回収可能性を失わない場合に，これを取得原価に算入することができる。

　自社製作物品の取得原価は，公正な原価計算基準に準拠して算定した実際原価によるものとされるが，その全部又は一部に正常な見積原価，予定原価又は標準原価を適用して合理的に算定した原価によることもできる。

　製造完了後の付随費用については，購入物品の付随費用（購入個有のものを除く。）に準ずる。

　　＊1　本規則上の「取得価額」とは異なる（→下の「本規則上の取得価額」）
　　＊2　保管費などを取得原価に算入する例としては，季節性備蓄品の場合がある。
　　＊3　支払利子を取得原価に算入するのは，有形固定資産の建設，販売用不動産の開発，季節的備蓄性商品の輸入を行う場合など，特別な場合に限られる。しかし，私見では，それら以外であっても，受注に基づく輸入品・長期受注製造品などであって，その販売価格／受注金額が金利相当額を含むものとして決定されているときに，それに見合う適切な支払利子を取得原価に算入するなど，損益対応の見地から合理性がある場合は，問題ないと思う。
　　＊4　ファイナンス・リース取引により取得したリース物件の取得価額については，原則として，リース料総額から利息相当額を控除する。⇒リース取引に係る合計基準注解（注2）
　　注　→第Ⅰ部第2⑽③注2

本規則上の取得価額

　本規則における取得価額（商法第34条における取得価額も同じ。）には，製作価額を別にしているから，この場合は製作（自社による'建設・造成'などを含む。）以外の理由によって，つまり外部から受け入れたものの取得原価の

意で用いている。

> **第62条（有形固定資産の償却）**
> ① 有形固定資産は，その資産が属する科目ごとに，減価償却累計額を控除する形式で記載しなければならない。ただし，減価償却累計額を控除した残額のみを記載することを妨げない。
> ② 前項ただし書の場合においては，減価償却累計額を注記しなければならない。
> ③ 減価償却累計額は，2以上の科目について一括して記載することを妨げない。

1　本条第1項本文

第62条第1項本文の意味するところは，次のとおりである。

『有形固定資産は，その資産が属する科目ごとに，次のA又はB（いずれか）の方法によって減価償却累計額を控除する形式で記載しなければならない（償却を要しない資産については，当然，資産科目名及び取得価額だけを記載する。）。

A 「資産科目名及び取得価額[*1]」，控除項目としての「減価償却累計額を示す語及びその金額」並びに「その控除後の残額」の三つを記載する方法

B 「資産科目名及び取得価額」並びに控除項目としての「減価償却累計額を示す語及びその金額」の二つを記載する方法』

* 1 通常，取得価額は，外部調達原価と内部生産原価の両方を意味する。
* 2 科目ごとに控除する形式としては，本来，上のAの方法によるべきであるが，本条文の文言上，上のBの方法も可としているものと解する。

2　本条第1項ただし書

第62条第1項ただし書の意味するところは，次のとおりである。

『有形固定資産について，その取得価額*から減価償却累計額を控除して示

す形式によらないで，それを控除した残額だけを<u>記載</u>する方法によって差し支えない。』（本条第2項に留意すること。）

  *　→上の1 B＊1

3　本条第2項

第62条第2項の意味するところは，次のとおりである。

『有形固定資産について，減価償却累計額を控除した残額だけを<u>記載</u>した場合は，その科目ごとに減価償却累計額を注記しなければならない。』

4　本条第3項

第62条第3項の規定の意味するところは，次のとおりである。

『有形固定資産の減価償却累計額を，前各項の規定によるほか，次のA又はB（いずれか）の方法によって<u>記載</u>しても差し支えない。

 A 2以上の科目について，各科目については減価償却累計額を控除しない額を<u>記載</u>し，それらの科目の減価償却累計額を一括しその合計額を有形固定資産の部において控除する形式で<u>記載</u>する方法

 B 2以上の科目について，各科目については減価償却累計額を控除した残額だけを<u>記載</u>し，それらの科目の減価償却累計額を一括しその合計額を注記する方法

●用語の解説

有形固定資産（形態）

有形固定資産は，その形態により，永久資産（土地），減価償却資産（建物，機械装置など），減耗償却資産（鉱床，油井，山林など）及び準備資産（建設仮勘定）に分類することができる。

有形固定資産の中には，特殊なものとして動物・植物・劣化資産[1]・循環流通資産[2]・取替資産[3]などがある。

  [1]　「劣化資産」とは，税務上の用語である。通常の減価償却資産は，その使用によって減耗・劣化するほか，経年劣化とか経済的陳腐化をする。ここでいう劣化資産

は，そのように劣化するものの意ではなく，冷媒・熱媒・触媒・吸脱材・溶剤などのように，必ずしも生産設備の本体の一部を構成するものではないが，それと一体となって繰り返し使用されることにより，数量的に減耗し又は質的に劣化する資産をいうとしている。
* 2　循環使用資産には，内部循環資産と外部循環流通資産とがあるが，このうち内部循環資産については，特別の問題はない。管理上，問題となるのは外部循環流通資産の方である。これは，ボンベ・ドラム缶などのように，会社の所有に属するが，製品とともに出荷し，取扱業者から需要者まで流通した後に自社に還流する物品のことである。
* 3　取替資産とは，鉄道のレール・枕木などのように，同種の減価償却資産が多数集合して，しかも常に一定量のものが事業用に供され，使用に適しなくなった部分が，毎年，平均してほぼ同数ずつ順次に取り替えられ更新されていくものをいう。

建　　物

会計上，建物とは，建物本体及び建物附属設備をいう。

建物本体（造作を含む。）……土地に定着する工作物であって，基本的に人及び／又は物を収容する機能を有する定形的な*構造物

　　*　ここで定型的とは，大体において屋根・柱・壁・窓・出入口を備えていることをいうがその変形もあり得る。

建物附属設備……建物の機能を高め，人及び／又は物を収容するための環境を整えるために，建物本体に密着して設置する諸設備

構築物……土地又は建物に定着する工作物であって，特定の利用目的に供するための構造物（附属設備を含む。）

　　　　例えば，屋内の浴場は建物附属設備，屋外の露天風呂は構築物，屋外／屋内の水泳プールは，ともに構築物である。（私見）

機械装置……機械と装置（それらの附属設備を含む。）とを集合的にいう語である。

機械……工学上，機械とは，複数（通常，多数）の部分品を組み合わせた剛性を有する構造物であって，外部から与えられたエネルギーを使って運動することにより，他のエネルギーに変換して何らかの効用を生じるものをいう。

会計上，機械とは，工学上の機械のうち，物品の製造／請負工事／役務の提供のために用いる'対象物に対し主として物理的な作用を加えることにより形態的変化をおこさせるもの'であって，据付けされているもの及び自走式のものをいう。

装置……会計上，装置とは，工学上の機械のうち，物品の製造／請負工事／役務の提供のために主として化学的・電気的・磁気的・光度的・温度的・湿度的・空圧的などの作用を加えることにより，対象物に対し主として質的変化をおこさせる定置性構造物，人／物を移送・計測・貯蔵するための動的／静的な定置性構造物，人の視覚・聴覚などに知覚させるために仕組んだ一連の動的／静的な定置性構造物などをいう。

工具器具備品

　会計上，工具器具備品とは，工具と器具と備品とを集合的にいう用語である。

工具（治具を含む。）……工作用の道具をいう。これには，手工具（手の力で仕事をするときに手に持って使う工具），機械工具（機械を使って仕事をするときに機械に装着する工具），手動工具（例えば，手でハンドルを廻して仕事をする構造を有するポータブル工具），電動工具（電動機と機械工具とを一体化させたポータブル工具），空気動工具（圧縮空気の供給を受けて使う工具），液圧工具（水・油などの圧力を利用する工具）などがある。

　　治具（ジグ）とは，工具に対応する被加工物の位置を正しく導くための補助的用具である。

器具……会計上，器具とは，本来，静的な構造体，例えば，容器・什器（ジュウキ）[1]・事務用道具[2]などのことをいうが，最近では，簡単な器械（容易に移動・取付け・取り外しが可能なもの）を含むようになった。

　＊1　もと，什とは使うという意，什器とは日常使用道具という意である。したがっ

て，什器には，本来，容器（そのすべてではない。）に当たるもの（例；本箱，金庫）を含む。しかし，ここで什器とは，容器以外のものをいい，机，テーブル，椅子，ついたて，黒板など，受動的な用具をいう。
* 2　単なる事務用消耗品とは異なる。

備品……会計上，備品とは，事務用・作業用・展示用・装飾用・観賞用などとして日常的に使用するため定置する物品であって，器具よりも比較的に高価な／大きい／重い／複雑なものをいう。これには，静的備品（書画・工芸品など）と比較的に大きい／重い器械（他からエネルギーの供給を受けて有機的に運動し，自ら何らかの仕事をするもの）とがある。

注1　① 同じ電力配線であっても，敷地内の受電設備から工場建物直近の電柱・変圧器までは構築物であり，そこから工場内照明用のものは建物附属設備，機械装置運転用のものは機械装置附属設備である。（私見。以下，この**注1**において同じ。）
　　② 車輪付で走行するものであっても：
　　　●パワー・ショベルなど……作業を主目的とするから，自走式作業機械
　　　●コンクリート・ミキサー・カー……主目的が輸送であるから，車輌運搬具
　　　●クレーン車……自動車にクレーンを取り付けたようなものでは，自動車は車輌運搬具，クレーンは機械装置に当たり，自動車とクレーンとが構造的に不可分のものでは，作業現場での作業を主目的とするものは自走式作業機械，物品の輸送を主目的とするものは，車輌運搬具に当たる。
　　③ エレベーター・リフト類：
　　　●屋内／屋外にあって建物の上下間の連絡に使うもの……建物附属設備
　　　●屋外の構築物に装着したもの……構築物附属設備
　　　●機械装置に装着したもの（つまり，製造工程の一貫として，原材料・仕掛品・完成品などの移送に使うもので建物に装着したものではないもの）……汎用のものは機械装置本体，特定の機械装置と不可分のものは機械装置附属設備
　　④ 同じような作業に用いるものでも，ボール盤（＝ドリル盤）は工作機械という種類の機械であるが，ポータブルな電気ドリルは電動工具という種類の工具である。
　　⑤ 同じように測定に用いるものでも，手で持つものは測定工具という種類の工具であり，箱型のもので定置して使うものは測定用器具という器具である。ところが製品などの直接的な自動測定機で定着したものは機械であり，枠組みをして多くの計器・記録器などを取りつけ遠隔操作に使うようなものは装

置である。
⑥ いくら大きくて重くクレーンやリフトで動かす必要のあるものでも，ドラム缶は容器（＝器具）であり，小さくても，屋外工作物で土地に定着しているタンクは構造物である。
⑦ テーブルなどは，大きく・重くても什器（＝器具）である。しかし，器械は，小さく・軽いものは器具であるが，大きく・重いものは備品である。

注2　機械と装置とは概念的には区分し得ても，現実的には，その区分が難しくなってきており，また，それを区分することによる実益もない。したがって，機械と装置を併せ「○○製造設備」などというようになった。

注3　器具と備品については，概念的にもその区分が難しくなってきたので，多くの場合，器具備品として，両者を併せて取扱うようになった。

有形固定資産（属性）

　会計上，有形固定資産とは，その属性の見地からいうと，企業の価値増殖の長期プロセス内にあって，反復的・継続的に効果を発現する可視的な価値増殖貢献手段である。つまり，それは，企業がその価値増殖活動のために取得し，現に実質的に自己に帰属する可視的資産であって，1年を超える[*1]長期にわたり事業の用（投資用を除く。）に反復・継続して使用するもののことである。

　有形固定資産の場合は，その有する1単位の有する価値がその使用期間にわたって部分的に生産品・役務又は期間費用に価値移転する。

　有形固定資産と同様の可視的資産であっても，耐用年数が1年以下のもの[*1]及び'耐用年数が1年を超えるものであってもその取得原価が少額のもの'[*2]は，会計上，有形固定資産としないでその取得時に棚卸資産とし，その使用開始時に費用とする。

* 1 　税法では耐用年数が1年以上のものを固定資産としている。財表規則GLにおいても同様である（⇒同GL十五－十）。しかし，1年基準の見地からは，1年以内のものを流動とし，1年を超えるものを固定とするから，これと整合させるべきである。
* 2 　私見では，事業遂行上，常時，大量に保有し使用する基本的重要資産は，その個々の取得原価が少額であっても，有形固定資産とすべきであると考える。

　有形固定資産に属する各資産について，その属性の見地から，要約して説

明すると，次のようになる。

- A　建物……長期にわたり反復して直接的／間接的[*1]な価値増殖活動を行うとともに，その活動期間にわたり価値を他に移転させる可視的な能動的手段[*2]の1種であって，主として人及び／又は物を収容するための固定的な空間を形成・供用する土地定着の工作物
- B　構築物……上のAと同様の能動的手段[*2]の1種であって，建物以外の土地定着の工作物
- C　航空機……上のAと同様の能動的手段[*2]の1種であって，主として空中を飛行する移動性の構造物
- D　船舶……上のAと同様の能動的手段[*2]の1種であって，主として水上を航行する移動性の構造物
- E　車輌運搬具……上のAと同様の能動的手段[*2]の1種であって，主として地上を走行する移動性の構造物
- F　機械装置……上のAと同様の能動的手段[*2]の1種であって，自らの価値を，価値増殖の受動手段（＝被製造物）に対し，部分的に順次かつ直接的に移転させる構造物
- G　工具器具備品……上のAと同様の能動的手段[*2]であって，主として人の作業や他の有形固定資産の作用の助成・補充'などの用に使われる比較的小型の移動可能な構造物
- H　土地……直接的・間接的な価値増殖活動の場（＝陸地の一定区画）を形成する永久的価値増殖貢献手段
- I　建設仮勘定……可視的な耐久性又は永久性の価値増殖貢献手段の形成段階にあるもの

　*1　直接的とは，事業目的たる製造／役務の形成に役立つということを指し，間接的とは，販売及び一般管理業務に関係するということを指す。
　*2　ここで能動的手段というのは，受動的手段（＝原材料・製品など価値を他から移転・供与を受けるもの）に対応する語であり，自らの価値を，長期間にわたり，順次，他に移転・供与するものということである。
　　例えば，工場用建物にあっては，その減価償却費を通じて価値を可視的な製品に移転・供与するので分かりやすい。これに対し，サービス業，例えばホテル用建物

にあっては，そのうち販売及び一般管理用部分を除き，顧客に提供する不可視的な役務（会計的には営業役務原価）に対して自らの価値を移転・供与しているということができる。同様に，上のC〜Eにあっても，旅客用のものは，減価償却費を通じて，顧客に提供する不可視的な役務に対して価値移転をさせている。

減価償却

広義において減価償却（ときに単に償却ともいう。）とは，長期費用性の資産について，その使用期間／効果発現期間又は生産供用量に応じ，その取得原価（残存価額があればそれを控除した金額）を各事業年度の期間費用として配分するため，計画的・規則的に順次，取得原価を減額していくことをいう。

通常，狭義において，減価償却とは，有形固定資産の取得原価を期間配分するために費用化することをいい，無形固定資産・繰延資産の費用化のことは単に償却*という。なお，減耗資産（涸渇資産ともいう。）の費用化のことは減耗償却といって区別する。

> * 企業会計原則及び財務諸表等規則では，無形固定資産の費用化についても減価償却といい，繰延資産の費用化についてのみ償却といっている。これに対し，本規則では，無形固定資産の費用化の方についても，単に償却といっている（→**第64条**）
>
> 注 本規則第62条では，その条文中では減価償却累計額という語を使っているが，その見出しでは，償却の語を使っている（これは，本規則第29条本文において「相当の償却」という語を使っているから，これに対応させているのであろうが，償却の語を広義に使っている例である。）。

減価償却方法としては，次のようなものがある。（ただし，税法上ではその適用方法が限られている。）

A 物量比例（配分）法
  a 産出高比例法
  b 稼動時間比例法
B 耐用年数（配分）法
  a 定額法
  b 級数法

c　定率法
　C　定額法・産出高比例法の複合法（私見）
　D　取替法（半額償却法）……取替資産に限り適用することができる。

第63条（建設中の有形固定資産等）
　　建設中又は製作中の有形固定資産は，特別の科目を設けて記載しなければならない。

第63条の意味するところは，次のとおりである。

『会社が外部に発注して又は内部において，造成中・建設中又は製作中の有形固定資産については，それに要した金銭の支出額／要支出額，資材の消費額等を，そのことを示す特別の科目＊を設けて記載しなければならない。』

　　＊　通常，上述のような資産を示す科目名として「建設仮勘定」が用いられるが，場合により「固定資産購入前渡金」などの科目名が使われる。

第64条（無形固定資産の償却）
　　無形固定資産については，償却額を控除した残額を記載しなければならない。

第64条の意味する内容は，次の**A**及び**B**によって構成されている。（次の**A**については，文章的に明示されていないが，理の当然として，その意を含んでいる。）

　A　無形固定資産であって償却を要しないもの＊については，その科目ごとにその取得原価を記載しなければならない。
　B　無形固定資産であって償却を要するものについては，その科目ごとに，取得原価から償却累計額を控除した残額を記載しなければならない。
　　＊　無形固定資産であって償却を要しないものとは，永久的に使用可能・譲渡可能なも

のであって、かつ、その性質上、原則としてその取得価額を維持し得るものをいう。例えば、借地権の有償取引の慣行がある地域における借地権がこれに当たる。

●用語の解説

無形固定資産

会計上、無形固定資産とは、その属性面からいうと、企業の価値増殖の長期プロセス内にあって、反復的・継続的に効果を発現する不可視的な価値増殖貢献手段である。つまり、それは、企業がその価値増殖活動に利用するために取得し、現に実質的に自己に帰属する不可視的資産（つまり、原則として有償取得[*1]した権利）であって、1年を超える[*2]長期にわたり事業の用（投資用を除く。）に反復・継続して利用するものである。

 *1 有償取得には有償承継と有償創設とがある。暖簾については内部有償創設によって取得したものの計上は認められない。
 *2 税法では1年以上としている。しかし、1年基準の考え方と整合させるべきである（私見）。

次に、無形固定資産について、その権利の態様に応じて分類し、体系的に示すと、次のとおりである。

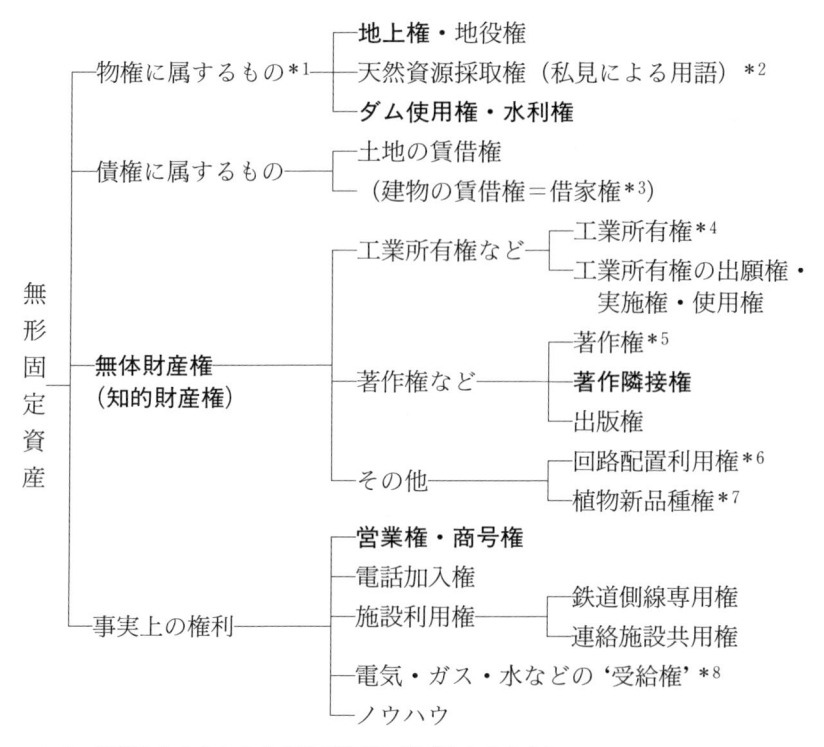

```
                                    ┌ 地上権・地役権
              ┌ 物権に属するもの*1 ─┤ 天然資源採取権（私見による用語）*2
              │                     └ ダム使用権・水利権
              │
              │                     ┌ 土地の賃借権
              ├ 債権に属するもの ──┤
              │                     └（建物の賃借権＝借家権*3）
              │
              │                     ┌ 工業所有権など ──┬ 工業所有権*4
  無          │                     │                   └ 工業所有権の出願権・
  形          │                     │                     実施権・使用権
  固          │                     │
  定 ─────┤ 無体財産権         │                   ┌ 著作権*5
  資          │（知的財産権）       ├ 著作権など ─────┤ 著作隣接権
  産          │                     │                   └ 出版権
              │                     │
              │                     │                   ┌ 回路配置利用権*6
              │                     └ その他 ─────────┤
              │                                         └ 植物新品種権*7
              │
              │                     ┌ 営業権・商号権
              │                     ├ 電話加入権
              │                     │                   ┌ 鉄道側線専用権
              └ 事実上の権利 ─────┤ 施設利用権 ─────┤
                                    │                   └ 連絡施設共用権
                                    │
                                    ├ 電気・ガス・水などの'受給権'*8
                                    └ ノウハウ
```

* 1 物権とみなされるもの及び物権に準ずるものを含む。
* 2 鉱業権，租鉱権，採石権，漁業権などをいう。
* 3 譲渡価値のある借家権があるとすればそれは無形固定資産に該当する。
* 4 **特許権，実用新案権，意匠権，'商標権（サービス・マークを含む。）'** をいう。
* 5 EDP関連のプログラム・データベースに係るものを含む。
* 6 「半導体集積回路の回路配置に関する法律」によるものをいう。
* 7 種苗法による品種登録を受けたものをいう。
* 8 一般には施設利用権といっている。

地上権　地上権とは，他人の土地において建物その他の工作物又は竹木を所有するため，その土地を使用することのできる権利をいう。地下又は地上空間は，工作物を所有するため，上下の範囲を定めこれを地上権の目的とすることができる。その場合，契約をもって地上権行使のために'土地所有者などによる土地の使用'に制限を加えることができる。

借地権　借地権には，多義があり，次の **A〜D** のいずれかを意味する。
- **A** 広く**地上権**，地役権*，永小作権，土地の賃借権及び土地の使用貸借契約に基づく使用権
- **B** 地上権及び"土地の賃借権"
- **C** 土地の賃借権
- **D** 借地借家法に基づく借地権，つまり建物の所有を目的とする地上権又は土地の賃借権

鉱業権　鉱業権とは，鉱区（＝登録を受けた一定の土地の区域）において，登録を受けた鉱物（同種の鉱床中にある他の鉱物を含む。）を掘採し，その所有権を取得することのできる独占的・排他的な権利をいう。鉱業権は物権とみなされるが，他の権利の目的となることについては各種の制限がある。鉱業権には，試掘権と採掘権とがある。

租鉱権　租鉱権とは，鉱物の採掘権者との契約に基づき，一定の鉱区又は鉱床において鉱物を採取することのできる権利をいう。租鉱権は物権とみなされるが，他の権利の目的となることについては各種の制限がある。

採石権　採石権とは，他人の土地において岩石及び砂利を採取することのできる独占的・排他的な権利をいう。採石権は，採石法に基づく物権である。

漁業権　漁業権とは，公有の水面又はこれと隣接して一体をなすその他の水面において，一定の漁業（水産動植物の採取又は養殖を行う事業）を営むことのできる独占的・排他的な権利をいう。漁業権は物権とみなされるが，他の権利の目的となることについては各種の制限がある。漁業権には定置漁業権，区画漁業権及び共同漁業権がある。

ダム使用権　ダム使用権とは，多目的ダムによる一定量の流水の貯留を一定の地域において確保する権利をいう。（⇒特定多目的ダム法2条②）

水利権　水利権とは，河川の流水を一定の流域内で一定の目的のために一定の範囲内で継続して排他的・独占的に使用することのできる権利に関する通称である。現在では，流水占用権（⇒河川法23条・87条，特定多目的ダム法3条）がこれに相当する。

無体財産権　無体財産権とは，財産的価値を有する非有体物に対する物権的

支配権のことをいう。一般には，無体財産権とは，**知的財産権**（＝知的所有権）と同義に解し，工業所有権（**特許権・実用新案権・意匠権・商標権**）及び**著作権**＊のことをいうとされるが，近年，その範囲が拡大されつつある。

無体財産権を法律上の権利に限るとすると，まさに上述のとおりである。しかし，私見では，これらのほか事実上の権利としての**営業権・商号権**を含めるべきであると思う。

　　＊　ここでの著作権には，**出版権・著作隣接権**を含む。

特許権　特許権は，特許法の定めるところに従い，産業上で利用することができる発明＊をした者が，その発明について，特許を受け，特許権設定の登録をしたことにより発生する独占的・排他的な支配権のことである。

　　＊　特許法において，発明とは，自然法則を利用した技術的思想の創作のうち高度のものをいう。
　　注　特許に関し条約に別段の定めがあるときは，その規定による。（⇒特許法26条）

実用新案権　実用新案権は，実用新案法の定めるところに従い実用新案登録を受け，実用新案権設定の登録をしたことにより発生する独占的・排他的な支配権のことである。

実用新案とは，物品の形状，構造又は組合せに係る「考案」のことをいい，「考案」とは，自然法則を利用した技術的思想の創作をいうとされている。

意匠権　意匠権は，意匠法の定めるところに従い意匠登録を受け，意匠権設定の登録をしたことにより発生する独占的・排他的な支配権のことである。

意匠法では，意匠につき，次のように定めている。

『この法律で「意匠」とは，物品（…）の形状，模様若しくは色彩又はこれらの結合であって，視覚を通じて美感を起こさせるものをいう。』

商標権　商標権は，商標法の定めるところに従い商標登録を受け，商標権設定の登録をしたことにより発生する独占的・排他的な支配権のことである。

商標法では，商標につき，次のように定めている。

『この法律で「商標」とは，文字，図形，記号若しくは立体的形状若し

くはこれらの結合又はこれらと色彩との結合（…略…）であって，次に掲げるものをいう。
　一　業として商品を生産し，証明し，又は譲渡する者がその商品について使用をするもの
　二　業として役務を提供し，又は証明する者がその役務について使用をするもの（前号に掲げるものを除く。）』

著作権　著作権は，著作権法の定めるところに従い著作物の創作者が自己の著作物の種類に応じ，その複製・上演・演奏・公衆送信・口述・展示・上映・頒布・貸与・翻訳・翻案に関して保護される独占的・排他的な支配権及び二次的著作物の利用権をいう。

　著作権法において，著作物とは，思想又は感情を創作的に表現したものであって，文芸，学術，美術又は音楽の範囲に属するものをいう。

著作隣接権　著作隣接権とは，著作権法の定めるところに従い，実演家・レコード製作者・放送事業者・有線放送事業者が有し，保護される録音・録画・放送・複製・貸与などの権利をいう。

出版権　著作権法第3章に定められている権利，つまり著作者（＝複製権者）が，その著作物を文書又は図画として出版することを引き受ける者に対し設定した権利のことである。出版権者は，設定行為で定めるところにより，頒布の目的をもって，その出版権の目的である著作物を原作のまま印刷その他の機械的又は化学的方法により文書又は図画として複製する権利を専有する。（⇨著作権法第3章）

ソフトウェア　ソフトウェアとは，コンピュータを機能させるように指令を組み合わせて表現したプログラム等をいう。（⇨「研究開発費等に係る会計基準」一2）

　著作権法においては，プログラムのことを「電子計算機を機能させて著作物の結果を得ることができるようにこれに対する指令を組み合わせたものとして表現したものをいう。」としている（⇨著作権法2条①十の二）

営業権（＝暖簾（ノレン））　営業権（暖簾ともいう。）は，'企業の全体又は特定の事業部門において，将来の相当期間にわたり一般の企業における正

常利益を超えて実現し得る'と期待される超過利益稼得力の評価額（＝超過利益の現在価値）をいう。これは，有償にて'他から取得した場合又は会社の分割／合併によって取得した場合'に限り B/S 計上することが認められ，自家創設によるものの計上は認められない。

 注 営業権は，「のれん」よりも範囲が広く，許認可／登録を必要とする事業の継承権を含むという意見もある。

商号権 商号とは，商人（小商人を除く。）が自己を営業主体として特定するために使用する名称のことである。そして商号権とは，商法の規定に基づき使用し得る独占的・排他的な名称の使用権である。商号権は，営業権と同じく，有償で承継取得したもののみ B/S 計上が認められ，自家創設によるものの B/S 計上は認められないと考える。

 商号を営業とともに譲渡する場合は，商号権の価値は，通常，営業権の価値の中に含まれる。

ノウハウ(know-how) ノウハウとは，事業上の利用目的で企業秘密として開発され実用化されている知識・技術・経験の集大成をいい，経済価値のある権利である。それを他から有償取得したものは，事実上の無形固定資産に相当する（しかし，我が国では，税法との関係もあり，無形固定資産としては扱われていない。）。

償　　却

会計上，償却とは，広義においては減価償却（広）と同義である。

狭義において償却とは，無形固定資産＊・繰延資産の取得原価（＝取得価額）を費用として期間配分するためにその取得原価の額を，計画的・規則的に順次，減額していくことをいう。

 ＊ →「企業会計原則」・財表規則では，その費用化について，「償却」ではなく，「減価償却」としている。

長期前払費用の期間配分についても償却ということがあるが，会計上，本来的には，長期前払費用に償却という観念はない。しかし，会計実務上，税法固有繰延資産を長期前払費用に計上しているので，このようなものを見積

年数によって費用として期間配分を行う場合は、これを償却というほかはない。契約期間にわたって役務の受領に応じて対価を費用化することは償却ではない。

「償却」の語は、このほか、"価値の不良化部分の切捨て"の意で用いられることがある。例えば、貸倒償却、臨時償却などの場合である。

無形固定資産の償却は、通常、定額法によることとされている。しかし、産出高比例法の方が合理的な場合もある。

> **第65条（償却年数等の変更の注記）**
> 　　固定資産の償却年数又は残存価額を変更したときは、その旨を注記しなければならない。ただし、その変更が軽微であるときは、この限りでない。

1　本条本文

第65条本文の意味する内容は、次のA・Bによって構成されている。

A　有形固定資産／投資不動産であって減価償却を要するものの償却年数（＝耐用年数）及び／又は残存価額（いずれか一方又は双方）を変更したときは、その旨を注記しなければならない。

B　無形固定資産であって償却を要するものの償却年数を変更したときは、その旨を注記しなければならない。

2　本条ただし書

第65条ただし書の意味するところは、次のとおりである。

『上の1の資産の償却年数又は残存価額（一方又は双方）を変更した場合でも、その変更の質（内容・程度など）・量（影響金額）がともに軽微であるときは、その旨の注記をしなくても差し支えない。』

●参考説明──償却年数などの変更の注記の内容

　固定資産（有形・無形固定資産及び投資不動産のうちの償却性資産）の償却年数及び／又は残存価額の変更については，その変更の理由が，会計方針の変更に相当するもの，会計事象の変化に基づくもの，税法基準を採用している場合の税法規定の改定に基づくものなど，どの理由によるときであっても，第65条により，変更に関する注記を必要とする（その変更が軽微であるときは，この限りでない。）。

　償却年数／残存価額は，本来，会計事象に対応して決定すべきものであり，したがって，会計事象の変化に対応してその変化のあった時期にそれらの変更が合理的に行われる限り，これは，会計上の見積りの変更に当たり，会計方針の変更には該当しない。しかし，わが国の会計実務においては，固定資産の減価償却基準として，いわゆる税法基準と独自基準とがあり，この両基準間で変更することは，通常，会計方針の変更に該当するものと考える。

　産出高比例法によって減価償却を行っている場合，産出予定数量を変更することは，結果的に償却年数を変更したことと同じことになる。したがって，私見では，そのような変更についても注記すべきであると考える。

　償却年数及び／又は残存価額を変更したとき，この第65条の規定の文言によれば，変更の旨だけを注記すればよいことになる。しかし，私見では，本規則第47条の規定に照らし，変更の旨だけでなく，変更の内容及び変更による影響額も記載する必要があると考える。その理由として，次に償却年数の変更の場合について述べるが，残存価額の変更についても同様に考える必要がある。

　償却年数を変更した場合，その適用方法には実務上，次の３方法＊があり，どの方法をとるかによって，変更年度及びその後の減価償却費の額に相当の差が生じる。したがって，どのような変更方法を採用したかは，会社の損益の状況を判断するために必要な情報である。

　　＊　会計理論上は，第１法が合理的である。

〔第１法〕当期首で保有する変更対象資産のすべてについて，当初から変更

後の償却年数に基づいて減価償却した場合の前期末減価償却累計額を算出し，その額と同一資産の変更前の前期末減価償却累計額との差額を過年度償却修正額として特別損益に計上し，そして当期分から変更後の年数によって減価償却計算を行う方法……この方法によれば，変更年度以後の各年度における減価償却費は，当初から変更後の償却年数で減価償却を行ってきた場合と同じことになる。

〔第2法〕変更対象資産の前期末未償却残高を取得価額とみなし，それと所定の残存価額と未償却年数（すなわち変更後の償却年数から経過年数を控除した年数）とを基礎として，変更後の未償却年数にわたって合理的に減価償却計算を行う方法……この方法によれば，第1法における過年度償却修正額相当額が変更年度以後，変更後の償却年数のうちの未経過年数にわたって配分される。

〔第3法〕法人税法上の耐用年数の改正があった場合における税法上の普通償却限度額の計算方法と同じ方法（つまり，未償却年数の調整を行わない方法）……この方法によった場合，第1法における過年度償却修正額相当額は，おおむね変更年度以後に，逐次，配分されることになるが，資産の取得時から変更後の耐用年数を経過した時点においては，必ずしも所定の残存価額まで減価償却が進んでいるとは限らない点で第2法とは異なる。

●用語の解説

償却年数・耐用年数

　償却年数とは，長期費用性資産について，その取得原価（残存価額があればそれを控除した額）を，費用として配分する年数をいう（償却期間ともいう。）。

　耐用年数とは，償却性の有形・無形の固定資産及び投資不動産について，それが物理的・経済的に使用し得る年数をいう（耐用期間ともいう。）。

　減価償却を耐用年数法で行う場合は，耐用年数にわたって減価償却を行うから，償却年数と耐用年数とは同一となる（繰延資産については，耐用年数という語は当てはまらない。）。

注　わが国では，会計実務として税法の規定に基づく耐用年数を採用することが多いが，重要なものについては，物理的・経済的見地から合理的に定める必要がある。

残存価額

残存価額とは，償却性の'有形固定資産（投資不動産を含む。）'について，その耐用年数が過ぎて使用を取りやめ処分するときの当該資産又は撤去残材の処分可能価額（撤去費等を要するときは，その撤去費控除後の額）をいう。撤去費の方が撤去残材の価額を上回る場合などでその重要性が大きいときは，定額法を採用しているときは残存価額を零とし，定率法を採用しているときは，計算上，不合理を生じないよう仮の残存価額を定めて当初から償却することとするとともに，償却期間にわたり撤去費引当金又は除却損失引当金などを合理的に配分・計上し累積する必要がある。

注　わが国では，会計実務として税法の規定に従って残存価額を処理する場合が多いが，金額的重要性がある場合，やはり合理的に処理すべきである。

第66条（リースにより使用する固定資産）

　リース契約により使用する重要な固定資産は，注記しなければならない。ただし，資産の部に計上するものは，この限りではない。

1　本条本文

第66条本文の意味するところは，次のとおりである。

『リース契約によって使用している重要な固定資産については，その旨，その資産の属する科目名及びその規模など，その重要性が分かるような事項を注記しなければならない。』（ただし書に該当するときはこの限りでない。）

注記すべき内容等については，一般にリース契約によって使用している資産の個々の物件名及び数量又は複数の資産科目に係る設備の総称でよいとされているが，商法第32条第2項の規定に照らし，「リース取引に係る会計基準」三(2)／四1を参考とし，取引内容に応じ，リース物件の取得価額相当額など，

又は決算期末後のリース期間に係る未経過リース料を1年以内と1年後の期間に係るものとに区分した額を注記すべきであろう（私見）。

2　本条ただし書

第66条ただし書の意味するところは，次のとおりである。

『リース契約によって使用している固定資産であって，公正な会計慣行に照らし，その契約内容からみてファイナンス・リース取引に該当するため，資産の部に計上したものについては，注記を必要としない。』

●用語の解説

リース契約

リース契約は，その用語的には，普通の賃貸借契約と何ら異なるものではない。しかし，会計上，問題とされるリース契約とは，その形式にかかわらず，リース物件の有する経済的効用とそのコスト及びリスクとが借手に実質的に帰属するような契約のことであり，結局，その契約内容に次のA，B又はC（いずれか一つ以上）の要件が含まれているものが，これに該当する。

A　名目上の賃借料（リース料）の中に，リース物件の通常のコストのほか，実質上の利息相当額が含まれているもの
B　相当期間，定額又は変額によってリース料が確定しているもの
C　相当期間，事実上，契約を解除することができないもの，又は途中で契約を解除した場合でも，残余のリース期間に係るリース料の相当の額を支払う必要のあるもの

会計上，リースを，その実態に従い，ファイナンス・リース（キャピタル・リースともいう。）とオペレーティング・リースとに区分している。

　注　⇨リース取引に係る会計基準

第67条（所有権が留保された固定資産）
　　割賦販売等により購入した重要な固定資産の所有権が売主に留保

されているときは，その旨及び代金未払額を注記しなければならない。ただし，他の資産又は他の債務と区別して記載するときは，この限りでない。

1 本条本文

第67条本文の意味するところは，次のとおりである。

『割賦売買契約延払条件付契約などによって引渡しを受け（貸借対照表に記載計上し）た重要な固定資産について，契約上，その所有権が売主に留保されているときは，その旨（それを含めて記載計上されている資産科目名を，また，特に重要な場合，その物件名も，示して，その所有権が売主に留保されている旨）及びその代金未払額を注記しなければならない。』

売買特約付／予約付賃貸借契約，設備動産信託契約等によって受け入れた重要な固定資産については，その契約内容と取引目的によって，実質上，この第67条又は第66条（リース資産）の規定に該当するかどうか検討する必要がある。もし，その取引実態からみて，第67条・第66条のいずれの規定にも該当しない場合でも，将来にわたり重要なリスクを負い又は制約を受けているときは第47条（追加情報の注記）の規定に該当することがあるので留意する必要がある。

2 本条ただし書

第67条ただし書の意味するところは，次のとおりである（これを甲説とする。）。

〔甲説〕『割賦売買契約などによって引渡しを受けた重要な固定資産の所有権が売主に留保されている場合でも，次のA，B及びCのうち該当するところに従って記載しているときは，それぞれに従い，その全部又は一部について注記しなくても差し支えない。

A その資産を他の資産と区別し，かつ，その未払代金を他の債務と区別して，それらのことが分かるように記載しているときは，「その旨及び代金未払額」を注記する必要はない。

B　その資産を他の資産と区別してそのことが分かるように記載しているが，債務については区別していないときは，代金未払額の注記は必要であるが，"資産について所有権留保されている旨"の注記は必要ではない。
　　C　その代金未払額を他の債務と区別してそのことが分かるように記載しているが，資産については区別していないときは，"資産について所有権留保されている旨"の注記は必要であるが，代金未払額の注記は必要ではない。』
　　　注　第67条のただし書きの文中の「又は」については，orの意ではなく，and／orの意と解すべきである。

　これに対し，異説として，次の乙説及び丙説があり得る。
〔乙説〕甲説におけるAのときだけでなく，BのときでもCのときでも，つまり資産だけを区別記載したときでも，債務だけを区別記載したときでも，「その旨及び代金未払額」（双方）の注記をしなくても差し支えない。
〔丙説〕第67条ただし書の規定は，甲説におけるAだけを認めているのであって，BもCも認めてはいない。つまり，BやCのときは本文に従って「その旨及び代金未払額」（双方）の注記を必要とする。
　これらのうち，乙説は規定文中に「他の資産又は他の債務と区別して記載」とあるところを「他の資産又は他の債務のうちいずれか一つを区別して記載」というように文理的に（つまり，「又は」を単なる選択的接続詞として）解釈したものである。そして，丙説は，「他の資産又は他の債務」の語句を「他の資産及び他の債務」と同義と解しており，文言と離れすぎる。いずれにしても，第67条本文では，「その旨」と「代金未払額」との二つの注記を求めているのであるから，両者のうちいずれかに区別記載があれば，その区別記載した方に対応する事項の注記を省略してもよいが，区別記載していない方に対応する事項の注記は省略することができない，と解するのが自然であり，したがって，甲説が正しいと考える。
　　　注　上のような議論が生じる理由は，このただし書が，区別記載事項について，「他の資産又は他の債務」として示しておきながら，単に「この限りでない」（即ち，本条

本文の語句を受け，'その旨及び代金未払額の注記について'この限りでないという意）と結んでいるところにある。正確に示すには，結びの語句を，単に「この限りでない」とせず，「その旨又は代金未払額の注記をするに及ばない」というように，区別記載事項における接続詞「又は」に対応するように表現すべきであると思う。

● 用語の解説

所有権留保付売買契約

物の売買を目的とする契約であるが，物の受け渡しは行うものの買主が代金を完全に支払ってしまうまで，その物の法的所有権は売主に留保するという契約である。したがって，法的には，買主は，売主からその物を借用していることになり，それを使用することはできるが，他に譲渡したり担保に提供したりすることはできない。しかし，会計上は，その物の受け渡しとともにその物に関するベネフィットとリスクとが買主に移っているとみられる場合は，法形式上，その所有権が売主に留保されていても，経済的実質に従いその物の受け渡しによって売買が行われたものとして処理する。

売買特約／予約付賃貸借契約

最終的に物の売買を行うことを目的とするが，契約上，当初から一定期間，それを賃貸借として賃料の受払いを行い，その後，あらかじめ定めた価額をもってそれを売買するという特約／予約＊を付したものである。しかし，会計上は，その物の受け渡しとともにその物に関するベネフィットとリスクとが買主に移っているとみられる場合は，経済的実質に従いその物の使用開始のための受け渡し時に売買が行われた場合と同様に処理する。

　＊　特約付の場合は期限の到来により，予約付の場合はその予約完結により，売買契約が成立する。なお，当該特約／予約に停止条件が付されている場合には，条件の内容，契約の目的，対象物件のリスク，賃貸借期間経過後の物件の価値・使用見込みなどを総合的に勘案し，売買の成立が不可避又はその可能性が高いと認められるときは，その停止条件の成就を見越して当初から売買同様に処理することになると思う。

　注　通常，賃料の中に減価償却費相当分・固定資産税その他の維持管理費用相当分・金利相当分が含まれている。売買処理を行った場合，買主は，賃料を購入代価相当分と

期間費用相当分とに分け，適切に費用を期間配分する限りにおいて，買主には重要な問題は生じない。しかし，売主が金利相当分などの将来費用を代価に含めて売上高に計上することは，正しくないというべきである。

設備動産信託契約

　最終的に対象物件の売買を行うことを目的とするが，設備動産の本来の売主がそれを信託財産として所有権を信託銀行に移転して受益権を取得し，信託銀行は，その設備動産を実質上の買主に賃貸し，信託銀行と実質上の買主との間で，賃料の受払いを行うとともにその賃料（信託報酬を差引き）を売主に交付することによって実質的に売買代金の分割決済を行い，その結果，売主の受益権の消滅とともに買主に設備動産の所有権を取得させることを内容とする信託契約である。会計上は，その設備動産の受け渡しとともにそのベネフィットとリスクとが買主に移っている場合は，経済的実質に従いその動産の使用開始のための受け渡し時に売買が行われた場合と同様に処理する。

　注　→上の「売買特約／予約付賃貸借契約」の注

第68条（長期前払費用）
　　第59条の規定により流動資産の部に記載した費用の前払以外の費用の前払は，投資その他の資産の部に記載しなければならない。

　第68条の意味するところは，文章的には，何ら説明を加える点はない。しかし，これについて敷延して説明するとすれば，次のとおりである。
　『費用の前払で次の **A** 又は **B**（いずれか）に該当するものは，投資その他の資産の部に記載しなければならない。
　A　決算期末後1年を超えた後に費用となるもの
　B　当初，支出後1年を超えた後に費用となるものとして支出されたもので，第59条ただし書の規定を適用し，当決算期末において流動資産の部に記載せず，投資その他の資産の部に記載することとしたもの』

●用語の解説

長期前払費用

　一般に長期前払費用とは，前払費用のうち決算期末から1年経過後に費用となるものをいう。

　わが国の会計実務上で長期前払費用として取り扱っているものは，会計理論上の長期前払費用だけではない。これを体系的に示すと，次のようになる。

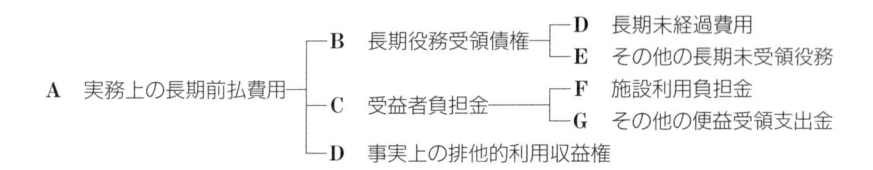

```
                         ┌─ B  長期役務受領債権 ─┬─ D  長期未経過費用
A  実務上の長期前払費用 ─┤                        └─ E  その他の長期未受領役務
                         ├─ C  受益者負担金 ─────┬─ F  施設利用負担金
                         │                        └─ G  その他の便益受領支出金
                         └─ D  事実上の排他的利用収益権
```

　会計原則注解〔注5〕(1)でいう前払費用とは，経過勘定項目に属する未経過費用のことである。したがって，上の **D** の長期未経過費用が本来の長期前払費用である。

　本規則においては，前払費用のことを「費用の前払」として示している。そうすると，未経過費用だけでなく，将来，役務の提供を受けるための対価の前払のすべてを意味するとも解することができる。したがって，後者のような意味の前払費用であって長期のものとなると，上の **B** がこれに該当する。

　ところが，わが国の会計実務では，このような役務受領債権以外のものを長期前払費用に含めて計上している例が多い。それは，'税法上で繰延資産とされているもののうち，商法（商法による委任命令を含む。以下，本条の解説において同じ。）上の繰延資産に該当しない項目（本書では，「税法固有繰延資産」という。）'である。

　税法固有繰延資産のうち，施設利用負担金（特定の施設を利用し得るものに限る。）は，施設利用という便益の提供を受けるための支出であり，かつ，その負担金を受け取った側においても，その負担金拠出者に対し，その施設を利用し得る期間にわたり，その利用という便益を提供する義務があること

を認識しているという関係にある。そしてその施設利用に当たって少なくとも施設の減価償却費中の負担金拠出額見合分については，その使用料を支払う必要がないという状況にあれば，その負担金は，不特定期間の施設利用料の前払であるとみることもできないことはない。しかし，契約に基づく一定期間の役務受領対価とはいえない点で，本来の長期前払費用とは異なる。

いずれにしても，税法固有繰延資産は，貸借対照表上，繰延資産でも無形固定資産でもないということから，実務上，やむを得ず，長期前払費用に含めることになったものと思われる。

ここで，あえて私見を唱えるとすれば，税法固有繰延資産は，長期前払費用の中に含めたりしないで，その内容に応じ，もし，その利用が契約上又は事業上において利用権として確立されている場合は，無形固定資産とし，そうでない場合は，「受益者負担金」「施設利用負担金」「技術利用契約金」などの科目名で，投資その他の資産の部において独立掲記するのが，適切な方法であると考える。

受益者負担金によく似たものに原因者負担金や責任者負担金がある。少なくとも過去の事象（原因・責任など）に起因する支出金は，賠償金や見舞金の性質が強く，大体，資産に計上してはならないことに留意すべきである。

負担金とか補償金とかいわれる（支出）には，いろいろなものがある。そのうち，将来の利用価値に関連するものは，その支出理由，機能，効用等に応じ，次のように区分すべきであると考える。

A 有形・無形の固定資産や投資用・販売用の不動産の造成・建設等，その取得に直接必要とされるもの……直接関連資産の取得原価に算入する。

B 独立した排他的利用収益権を取得したと認められるもの……無形固定資産の部にその名称を付して独立掲記する。

C 確立した権利というまでには至っていないが，将来，一定の便益を受けることが確実なもの……受益者負担金に当たる（上述参照）。

D 将来，特定の効果を発現するが，直接に何らかの便益を受領するとは限らないもの……会計上の繰延資産に該当すると考えられる。しかし，商法上の繰延資産のいずれかに該当すれば，その項目に算入してもよい

が，そうでない限り，仮に税法上の繰延資産に該当しても商法上は資産の部に計上してはならないから費用に計上すべきである。
E　社会一般とか地域社会では，何らかの便益ないし効用を生じるが，当方にとって何ら"特定の便益とか効果"を生じるといえないもの……大体において寄附金に当たる。

第69条（長期繰延税金資産）
　第60条の規定により流動資産の部に記載した繰延税金資産以外の繰延税金資産は，投資その他の資産の部に記載しなければならない。

〔参考規定〕
●税効果会計に係る会計基準の設定について　一・二2　→第60条〔参考規定〕

　第69条の意味するところは，文章的には，何ら説明を加える点はない。しかし，これについて敷延して説明するとすれば，次のとおりである。
　『繰延税金資産であって次の**A**～**D**のいずれかに相当するものは，投資その他の資産の部に記載しなければならない。
　A　会計上の固定資産又は繰延資産に関連して，税務上で資産に加算するとともに益金加算／損金減算をしたことにより生じた繰延税金資産
　B　会計上の固定負債*に関連して，税務上で負債を減算するとともに益金加算／損金減算をしたことにより生じた繰延税金資産
　C　会計上の特定の資産／負債に関連しない繰延税金資産で，決算期末から1年経過後に取崩し，税務上で益金減算／損金加算をすることになると認められるもの』
　　*　上のBの固定負債には，第86条①の規定を適用し及び／又は同条④の規定により引当金の部を設けた場合，その部に属する引当金のうち，実質的に固定負債に属すると認められる引当金を含む（私見）。
　　注　→第87条後半

> **第70条（長期金銭債権）**
> ① 第53条及び第54条の規定により流動資産の部に記載した金銭債権以外の金銭債権は，投資その他の資産の部に記載しなければならない。
> ② 第55条及び第56条の規定は，前項の金銭債権について準用する。

1　本条第1項

第70条第1項の意味するところを敷延して説明すると，次のとおりである。
『金銭債権のうち，次の **A**，**B** 及び **C** のいずれにも該当しないものは，投資その他の資産の部に記載しなければならない。

- **A**　営業金銭債権，つまり営業循環基準によって流動資産とされるもの
- **B**　営業金銭債権であったが破産債権等に該当し営業循環過程外にあるもののうち1年基準により流動資産とされるもの
- **C**　営業金銭債権以外の金銭債権であって1年基準によって流動資産とされるもの（当初，長期金銭債権であったため投資その他の資産の部に引き続き記載することとしたものを除く。）』

2　本条第2項

◎　自社が有限会社である場合，この2 A・B 中，「子会社」は「有限子会社」と「支配株主」は「支配社員」と読み替えること。

第70条第2項の意味する内容は，これを敷延して述べると，次の **A**～**D** によって構成されている。

- **A**　子会社に対する金銭債権で投資その他の資産の部に記載すべきものは，次の **a** の方法によって記載しなければならない。ただし，次の **b** 又は **c**（いずれか）の方法によって記載しても差し支えない。
    - **a**　子会社に対する金銭債権の属する科目ごとに，これを子会社以外の者に対する金銭債権と区別して記載する方法

b　各科目においては，子会社に対する金銭債権を他と区別しないで合算して記載し，その属する科目ごとに，その科目名と子会社に係るものである旨とその金額とを注記する方法

　　c　各科目においては，子会社に対する金銭債権を他と区別しないで合算して記載し，その属する科目の2以上の科目について一括し，投資その他の資産に属する'子会社に対する金銭債権'である旨とその合計金額を注記する方法*1

*1　私見ではあるが，上のcの一括注記方式による場合，次の例のようにどの科目に属するものを一括したのかを明らかにしておく必要があると考える。
〔注記例〕
「投資その他の資産のうち，子会社に対する金銭債権は，長期貸付金及び差入保証金であり，その合計金額は××千円である。」

B　支配株主に対する金銭債権で投資その他の資産の部に記載すべきものは，次のaの方法によって記載しなければならない。ただし，次のb又はc（いずれか）の方法によって記載及び／又は注記しても差し支えない。

　　a　支配株主に対する金銭債権の属する科目ごとに，これを支配株主以外の者に対する金銭債権と区別して記載する方法

　　b　各科目においては，支配株主に対する金銭債権を他と区別しないで合算して記載し，その属する科目ごとに，その科目名と支配株主に係るものである旨とその金額とを注記する方法

　　c　各科目においては，支配株主に対する金銭債権を他と区別しないで合算して記載し，その属する科目の2以上の科目について一括し，投資その他の資産に属する'支配株主に対する金銭債権'である旨とその合計金額を注記する方法*2

*2　→上のA*1（その場合，「子会社」の語を「支配株主」と読み替えること。）

C　有報提出大会社は，上のA・Bにおける金銭債権について，それぞれにおける方法による記載及び／又は注記に代えて，次のa又はb／cの（いずれか）の方法によって記載及び／又は注記をしても差し支えない。

　　a　投資その他の資産の部における'関係会社に対する金銭債権'の属

する科目ごとに，関係会社に対するものとそれ以外の者に対するものとを区別して記載する方法

　b　各科目においては，上の**a**のように二つに区別しないで両者を合算して記載し，その属する科目ごとに，その旨と関係会社に対する金額とを注記する方法

　c　各科目においては，上の**a**のように二つに区別しないで**b**のように合算して記載し，その属する科目の2以上について一括し，投資その他の資産に属する'関係会社に対する金銭債権'である旨とその合計金額を注記する方法*3

＊3　上の**A**＊1（その場合，「子会社」の語を「関係会社」と読みかえること。）
注　→第55条解説4②

D　投資その他の資産の部に記載した金銭債権の中に取立不能のおそれのある債権がある場合には，その属する科目ごとに次の**a**又は**b**（いずれか）によって取立不能見込額を控除する形式で記載しなければならない。ただし，その次の**c**，**d**又は**e**（いずれか）の方法によって記載／注記しても差し支えない。

　a　「対象科目名及び控除前の金額」，控除項目としての「取立不能見込額を示す語又は科目名*4及びその金額」並びに「その控除後の残額」の三つを記載する形式

　b　「対象科目名及び控除前の金額」並びに控除項目としての「取立不能見込額を示す語又は科目名及びその金額」の二つを記載する形式

　c　各科目については取立不能見込額を控除した残額だけを記載し，その科目ごとの取立不能見込額を注記する方法*5

　d　二以上の科目について，各科目については取立不能見込額を控除しない額を記載し，それらの科目の取立不能見込額を一括しその合計額を投資その他の資産の部において控除する形式

　e　二以上の科目について，各科目については取立不能見込額を控除した残額だけを記載し，それらの科目の取立不能見込額を一括しその合計額を注記する方法（流動資産の部における取立不能見込額とは区別

＊4　取立不能見込額を示す科目名として，一般に「貸倒引当金」が用いられる。
　　＊5　科目ごとに控除する形式としては，本来，上の a の方法によるべきであると考えるが，第70条第2項で準用する第56条では，b の方法も認めているものと解する。

●用語の解説

長期金銭債権

　長期金銭債権とは，金銭債権のうち流動資産に属しないもの＊をいう。長期金銭債権には，長期金融債権（長期預金，長期貸付金など）とその他の長期金銭債権とがある。

　　＊　流動資産に属する金銭債権　→第53条●用語の解説「金銭債権」①
　　注1　財務分析の観点（つまり会計情報利用者の立場）から運転資本の安全性を重要視する。したがって，資産については流動資産の方を純化し，負債の方は固定負債の方を純化するというのが，本来の方法である。つまり，流動・固定の区分の不明確なものは，投資その他の資産／流動負債に含ませるのが，本来の方法である。そこで，金銭債権についていえば，まず流動資産に属するものを明確にし，その他のものを投資その他の資産とするということになる。
　　注2　長期金銭債権は営業外金銭債権（営業金銭債権のうち破産債権等であって1年基準によって投資その他の資産に属するとされたものを含む。）に限られる。

第71条（取締役等に対する金銭債権）
　　取締役，執行役又は監査役との間の取引による取締役，執行役及び監査役に対する金銭債権は，その総額を注記しなければならない。

---

①　第71条の意味するところは，次のとおりである（これを甲説とする。）。
〔甲説〕『決算期末に在任する'取締役，執行役及び／又は監査役'（つまり，期末前の退任者を含まない。）と会社との間における取引（その就任前に行った取引を含む。）によって取得し現に保有している金銭債権については，次のA～E（いずれか）によって注記しなければならない。
　A　取締役に対する金銭債権だけを有するときは，"取締役に対する金銭債

権"としてその総額を注記する。
　B　執行役に対する金銭債権だけを有するときは，"執行役に対する金銭債権"としてその総額を注記する。
　C　監査役に対する金銭債権だけを有するときは，"監査役に対する金銭債権"としてその総額を注記する。
　D　三種の役員のうち二種の役員（例えば"取締役と執行役"，"取締役と監査役"又は"執行役と監査役"のうち，いずれか一つ）に対する金銭債権を有するときは，'取締役及び執行役に対する金銭債権'など，該当する役員に対する金銭債権として，その総額を注記する。
　E　"取締役に対する金銭債権"と"執行役に対する金銭債権"と"監査役に対する金銭債権"との三つを有するときは，"取締役，執行役及び監査役に対する金銭債権"としてそれらの総額を注記する。』
② 上の甲説に対し，異説として次の乙説及び丙説があり得る。
〔乙説〕第71条の規定は，①のA～Eではなく，次のFによるべきであると解する。
　F　"取締役に対する金銭債権"と"執行役に対する金銭債権"と"監査役に対する金銭債権"とのうち，'いずれか二つ'は，'三つすべて'を有するときは，それぞれの総額を，各別に注記しなければならない。
〔丙説〕第71条の規定は，①ではなく，取引時点において，取締役，執行役又は監査役であった者との間の取引であって，決算期末において，取締役，執行役又は監査役である者に対する当該取引に係る金銭債権について，三者の各別ではなく，それらの総額を注記する。
③ 本条だけではなく，本規則の解釈上，留意すべき点として，次のa～dがある。
　a　本規則は，大小に関係なくすべての株式会社及び有限会社に適用されるし，そして，その中には，いろいろな会社があり，現実にはまったく予想外の事例があり得ること。
　b　法令の解釈に当たっては，まず，文理的に解釈し，その解釈・適用上，不合理があるときに論理解釈を試みること。

c 日本語の「又は」には，英語の 'and／or'（及び／又は）の意があること。

d "取締役に対する金銭債権"だけを有する場合に，"取締役，執行役及び監査役に対する金銭債権"と表示することは，明瞭性（→第44条①）に反する。

例えば，監査役Ａ氏に対してその長男Ｂ氏を保証人として住宅資金を貸し付けたところＡ氏が死亡退任したので，その貸付金は，Ａ氏の相続人Ｂ氏に対する債権として同一条件のまま継承され，その後Ｂ氏が取締役に就任したケースとか，取締役Ｃ氏に金銭を貸し付けた後，Ｃ氏は取締役を退任し監査役に就任したケースとか，いろいろなケースがある。したがって，③の説ではなくＡ〜Ｅの説をとる必要がある。

次に，本条を乙説のＦのように取締役と執行役と監査役とに対する債権を各別に注記することは，いっこうに差し支えないばかりか，取締役・執行役・監査役の立場の相違を考えると，むしろ好ましい方法である。しかし，Ｅを不可としＦだけを可とするには，本条の文言解釈上，無理な点がある。もし本条の文中の「取締役，執行役及び監査役に対する金銭債権」というところを「取締役，執行役又は監査役に対する金銭債権」というように表現したりすることにより，簡単に乙説のＦのような意を示すことができるのに，そうしていないということは，甲説のＥのように解釈するほかはない。

また，丙説は，あまりにも，文章中の語にこだわった考えであり，この規定の趣旨に適合しないと思う。あえていうならば，第71条における「取締役，執行役又は監査役との間の取引」とは，「現に，取締役，執行役又は監査役である者との間の取引」と解すべきであると思う。

更に私見をいうとすれば，第71条における「取締役，執行役又は監査役との間の取引による」という部分を削り，それに続く残りの部分のみをもって本条の規定とすればよいと思う。

> **第72条（長期保有の株式等）**
> ① 第57条の規定により流動資産の部に記載した株式及び社債以外の株式及び社債は，投資その他の資産の部に記載しなければならない。
> ② 前項の規定は，有限会社の社員の持分その他出資による持分について準用する。
> ③ 第56条の規定は，第１項の規定により投資その他の資産の部に記載すべき社債のうち市場価格のないものについて準用する。

1　本条第１項

第72条第１項の意味するところを敷延して説明すると，次のとおりである。

『株式及び"社債その他の債券"であって，次の **A** 又は **B**（いずれか）に該当するものは，投資その他の資産の部に記載しなければならない。

- **A** 市場価格のある株式又は債券のうち，'売買目的で所有するもの'以外の株式及び債券
- **B** 市場価格のない株式
- **C** 満期保有目的の債券のうち，次の **a** ／ **b** に該当するもの
    - **a** 決算期末から１年経過後に償還期限の到来するもの
    - **b** 当初の償還期限が１年を超える債券であって，決算期末後から１年以内に償還期限が到来しても，投資その他の資産の部に記載する方法を選択した場合の該当債券

2　本条第２項

第72条第２項の意味するところは，次のとおりである。

『次の **A** ／ **B** に該当するものは，投資その他の資産の部に記載しなければならない。

- **A** 有限会社の社員の持分
- **B** "有限会社以外の法人"又は"法人格のない組織体"に対する出資による持分

注　第72条第2項の規定を文理的に解釈すれば，有限会社の社員の持分については，いかなる場合でも，すべて投資その他の資産の部に記載しなければならないことになる（→下の●補足説明）。

3　本条第3項

第72条第3項の意味するところを敷延して説明すると，次のとおりである。

『投資その他の資産の部に記載した市場価格のない"社債その他の債券"であって，その債券に係る債権額の全部又は一部について取立不能のおそれのある場合には，次のA又はB（いずれか）によって取立不能見込額を控除する方法で記載しなければならない。ただし，C，D又はEによる方法によって記載及び／又は注記しても差し支えない。

A　「対象科目名及び控除前の金額」「取立不能見込額を示す語又は科目名及びその金額」並びに「その控除後の残額」の三つを記載する方法

B　「対象科目名及び控除前の金額」並びに「取立不能見込額を示す語又は科目名及びその金額」の二つを記載する方法

C　その属する科目については，取立不能見込額を控除した残額だけを記載し，科目ごとにその控除した取立不能見込額を注記する方法

D　金銭債権に係る科目を含め，2以上の科目の取立不能見込額を一括し，その合計額を投資その他の資産の部において控除する方法

E　その属する科目においては取立不能見込額を控除した残額だけを記載し，金銭債権に係る科目とともにその取立不能見込額を一括し，その合計額を注記する方法』

●用語の解説

持　分

① 法律上，持分（モチブン）には，共有者持分と出資者持分とがある。
　共有者持分とは，複数の者が共同で一定の財産を所有するときの各人が有する権利ないしその権利の割合をいい，出資者持分とは，会社とか共同事業体とかに対する出資に基づいて保有する持分をいう。

② 会計上，持分には，広狭二義がある。

広義において持分とは，企業に対して資金・財貨・役務などを提供した者が企業の資産（その総体）に対してもっている請求権をいう。そして，このうち債権者としての地位に基づいて有する持分を債権者持分（相手方企業にとっては負債に当たる。）といい，出資者としての地位に基づく持分を出資者持分（相手方企業にとっては資本＝純資産に当たる。）という。

狭義における持分（出資者持分のこと）とは，出資者が出資先に対して有する出資者としての地位（権利義務関係）をいう。

注1　会計上，出資者持分については，法人又は法人に準じるような社団に対するものに限ると考える（私見）。
注2　株式は，株式会社における出資者持分すなわち株主持分の単位を示すものである。

●補足説明——'有限会社法上の親会社'の持分

第72条第2項の規定を文理的に解釈すれば，所有する有限会社持分はすべて投資その他の資産の部に記載しなければならないことになる。しかし，自社の株主／社員が有限会社法上の親会社（親会社とみなされる会社を含む。）である場合，その有限会社の持分を適法に取得したとき，親会社株式に準じて相当の時期に処分する必要がある（有限会社法第24条第1項により準用される商法第211条ノ2第2項による）。そのような持分は，容易には短期間に処分することができないかもしれないが，仮に取得当初から早期処分が予定されている場合であっても投資その他の資産の部に記載することを強制されることになる。しかし，これは，厳密に1年基準を適用する見地からは問題である。そもそも，親会社株式については，市場性の有無に関係なく流動資産に属するとされているのであるから，それとのバランス上，親会社持分についても，市場性のない親会社株式に準じて流動資産の部に記載することとすべきであると考える。

●参考説明——民法上の組合の持分

〔参考規定〕
●民法
第667条 ①組合契約ハ各当事者カ出資ヲ為シテ共同ノ事業ヲ営ムコトヲ約スルニ因リテ其効力ヲ生ス
第668条 各組合員ノ出資其ノ他ノ組合財産ハ総組合員ノ共有ニ属ス
第676条 ①組合員カ組合財産ニ付キ其持分ヲ処分シタルトキハ其ノ処分ハ之ヲ以テ組合及ヒ組合ト取引ヲ為シタル第三者ニ対抗スルコトヲ得ス
②組合員ハ清算前ニ組合財産ノ分割ヲ求ムルコトヲ得ス

　以下においては，民法上の組合（以下，この**参考説明**において，単に「組合」という。）の組合員が有する持分は，第72条第2項でいう「出資による持分か否かについて検討を加える。
(1) 持分には，共有持分と出資持分の2種がある。そこで，まず，組合の構成員たる組合員が組合への出資に基づいて有する持分は，共有持分に当たるか，それとも出資持分に当たるかについて検討する必要がある。これについては，次の甲・乙の二つの説があると考える。
〔甲説〕組合員が有する持分は，民法第667条に示されているとおり，出資を行うことにより有する持分であるから，出資持分である。
〔乙説〕組合員は，民法第668条に示されているとおり，他の組合員のすべてとともに，組合財産を共有している。したがって，その有する持分は，共有持分*であって，出資持分ではない。このことは，民法第676条第1項の文中における「……組合財産ニ付キ其持分」という語からみても分かるように，それが財産について有する持分すなわち共有持分であることからも，明らかである。
　私見は，上の乙説に賛同する。というのは，民法第667条は，組合の成立要件の一つとしての出資を示すだけに過ぎず，その出資の効果として，その持分が出資持分であるとしているわけではなく，民法第668条こそ，その持分を性格づける重要な規定である（つまり，もしそれが出資持分であれば，当然の理として，民法第668条や第676条は不要である。）と考えるからである。

＊　組合財産の共有は，民法第249条などにおける共有とは異なり，団体的共有（＝合有）であるという説がある。この説に従うとすれば，組合財産については，合有持分というべきであろう。

(2)　次に，第72条第2項でいう「出資による持分」とは，何を意味するかについて検討する必要があるが，これについては，次の丙・丁の二つの説があると考える。

〔丙説〕第72条第2項における「出資による持分」とは，「出資を行ったことにより有する出資者としての地位に基づく純資産（＝残余財産）に係る持分」即ち出資持分のことである。組合に対して行った出資により有するものであっても，組合財産についての直接的な持分即ち共有持分（この場合，合有持分ともいうべきもの）は，これには含まれない。

〔丁説〕同項における「出資による持分」とは，「出資を行ったことにより有する持分」のことであり，その出資の効果として有する持分が出資持分であるか共有持分であるかを問うものではない。

(3)　上の(1)における甲・乙及び(2)における丙・丁の各説につき，(1)の説と(2)の説とを組み合わせた場合，次のような結論が導き出される。

　　ア　甲＋丙，甲＋丁，乙＋丁のとき……組合持分は，（その論拠は異なるが，）第72条第2項でいう「出資による持分」に該当する。
　　イ　乙＋丙のとき……組合持分は，第72条第2項でいう「出資による持分」には該当しない。

私見では，乙・丙の両説に賛同する。したがって，結論は，上のイと同じである。

ちなみに組合に係る会計処理について私見を簡単に述べると，組合持分（＝組合出資金）は，組合の決算期末におけるB/S・P/Lに基づき，原則として，比例連結に準じた方法により個別（＝単体）の決算に，その資産・負債及び／又は収益・費用を算入すべきであって，出資金を原価基準により計上するのは，適切でないということである。この方法は，例えば，組合につき50％持分を有するときは，これを50％支店と考えて，本支店結合計算を行って決算に組み入れるという考えである。

上述の処理は，法人税法上の取扱いとか，建設工事における共同企業体の会計処理と，その軌を一にするものである。これらは，税法上の特別の措置であるとか，建設業界における固有の処理方法であるとか考えるべきでない。つまり，それらが，組合の法的実態と経済的実質，したがって会計情報開示の目的にかなうものであるから，そのように処理することとされているものと考える。

なお，金融商品会計に関する実務指針（協会・会計制度委員会報告第14号）132では，組合損益の持分相当額を損益に計上し，組合財産の持分相当額を出資金として計上することとしているが，税法上の取扱いも考慮しないと，不利益を生じることになりかねない。(同132では，「原則として」と示しているから，合理的である限り，他の方法によっても差し支えないと思う。)

第73条（子会社の株式等）

① 子会社（有限会社にあっては，有限子会社）の株式又は持分は，他の株式又は持分と区別して投資その他の資産の部に<u>記載</u>しなければならない。ただし，その額が重要でないときは，注記によることを妨げない。

② 有報提出大会社は，前項の規定による<u>記載又は注記</u>に代えて，財務諸表等規則第31条第一号に規定する関係会社株式又は関係会社の持分を，他の株式又は持分と区別して投資その他の資産の部に<u>記載</u>又は注記（その額が重要でないときに限る。）をすることを<u>妨げな</u>い。

1　本条第1項本文

第73条第1項本文の意味する内容は，次の**A〜C**に述べるとおりである。

A　'自社が株式会社である場合，その子会社たる株式会社（自社が有限会社である場合，その有限子会社*¹である株式会社）の株式'（以下，この第73条における解説で子会社株式という。）は，それ以外の株式と区別して

投資その他の資産の部に記載しなければならない。

B　'自社が株式会社である場合，その子会社たる有限会社（自社が有限会社である場合，その有限子会社*1たる有限会社）の持分'（以下，この第73条における解説で子会社持分という。）は，それ以外の有限会社の持分やその他の出資持分と区別して投資その他の資産の部に記載しなければならない。

C　Aの子会社株式・Bの子会社持分とを合わせ，投資その他の資産の部において'子会社株式及び子会社持分'として別に記載しなければならない。*2

*1　「有限子会社」という語については，誤解しないよう留意すること（→第2条①二十）。
*2　私見では，上の1Cは，好ましくなく，下の2C／Dによるべきであると思う。しかし，文理的には，この条文中の「又は」をand／orの意と解することにより，1Cも認められる。

2　本条第1項ただし書

第73条第1項ただし書の意味する内容は，次のとおりである。

『子会社株式又は子会社持分の額が重要でないときは，次のA～E（いずれか）の方法によって記載／注記しても差し支えない。

A　子会社株式の額が重要でないとき，子会社株式を他の株式と区別することなくそれらの額を合算して記載し，その中に含まれる子会社株式の額を注記する方法

B　子会社持分の額が重要でないとき，子会社持分を他の出資持分と区別することなくそれらの額を合算して記載し，その中に含まれる子会社持分の額を注記する方法

C　子会社株式の額は重要であるが子会社持分の額が重要でないとき，この両者を他の株式及び出資持分と区別し，例えば「子会社株式及び子会社持分」という科目でその合計額をB/Sに記載し，その中の子会社持分の額を注記する方法

D　子会社株式の額は重要でないが子会社持分の額が重要であるとき，こ

の両者を他の株式及び出資持分と区別し，例えば「子会社株式及び子会社持分」という科目でその合計額をB/Sに記載し，その中の子会社株式の額を注記する方法』

E 子会社株式も子会社持分も各単独でその額が重要でなく，かつ，両者の合算額も重要でない場合，それぞれを他の株式又は他の出資持分と区別することなくそれらに含め，株式合計額と出資持分合計額各別にをB/Sに記載し，前者に含まれる子会社株と後者に含まれる子会社持分との合算額を注記する方法

注1 株式は株主持分のことであり，また，これを株主出資金といっても必ずしも間違いではない。しかし，会計上では，株主持分は株式といい，株式以外の出資持分は出資金といって区別している。

注2 上のEの場合ではなく，両者の合算額については重要であるときは，本条第1項ただし書は適用されず，1Cによるべきであると思う（私見）。

3 本条第2項

第73条第2項の意味するところは，次のとおりである。

『有報提出大会社は，上の第1項による子会社株式／子会社持分に関する記載／注記に代えて，財表規則における関係会社株式[1]／関係会社出資金[2]を，他の株式／持分と区別して投資その他の資産の部に記載／注記することとしても差し支えない。』

[1] '売買目的有価証券に該当する株式'・親会社株式[3]を除く（⇒財表規則第31条一）

[2] 自社の支配株主／支配社員に該当する有限会社の持分は，含まれるものと解する。

[3]（上の[1]の文中） 本規則における親会社と財表規則における親会社とは，その範囲に差があるが，親会社株式については，財表規則においても本規則でいう親会社の発行する株式のことをいう（⇒財表規則第18条）。

> 第74条（繰延資産）
>
> 　繰延資産(第35条から第41条までに規定する金額をいう。第163条第4項において同じ。)については，償却額を控除した残額を<u>記載</u>しなければならない。

① 　第74条の意味するところは，次のとおりである。

『次の A から G までの繰延資産として計上した金額については，原始計上金額から，'その計上した営業年度から当営業年度までの毎決算期末における償却額'を控除した残額を記載しなければならない。

　A　第35条に規定する金額……創立費の金額
　B　第36条に規定する金額……開業費の金額
　C　第37条に規定する金額……研究費及び開発費の金額
　D　第38条に規定する金額……新株発行費・新株予約権発行費の金額
　E　第39条に規定する金額……社債発行費の金額
　F　第40条に規定する金額……社債発行差金の金額
　G　商法第291条第1項に規定する金額……建設利息の金額』

② 　第74条に示されている項目以外に，特別の法律によって認められる繰延資産として，下の〔参考規定〕に示す「民間資金等の活用による公共施設等の整備等の促進に関する法律」第20条第1項による次のA～Cのような繰延資産がある。

　A　公共施設整備用不動産売却損失繰延べ…当該不動産に所有権を有していた会社の売却損失の繰延額
　B　公共施設整備用不動産担保提供損失繰延べ…当該不動産を担保として提供していた会社の保証損失の繰延額
　C　公共施設整備用不動産担保債権貸倒損失繰延べ…当該不動産に担保権を有していた会社の債権貸倒損失の繰延額

これらは，商法上も，会計上も，資産性を認められるものではなく，全く，政策的な立法に基づく繰延資産である。いずれにしても，これらは上例の科

目名をもってしては，明瞭性に欠けるため，その損失の内容及び繰延資産に計上する法的根拠について注記する必要があると考える。(私見)

〔参考規定〕
民間資金等の活用による公共施設等の整備等の促進に関する法律　第20条　①　選定事業者が選定事業を実施する際に不動産を取得した場合であって当該不動産が担保に供されていた場合において，当該不動産に担保権を有していた会社，当該不動産を担保として供していた会社又は当該不動産に所有権を有していた会社に損失が生じたときは，当該会社は，当該損失に相当する額を，当該事業年度の決算期において，貸借対照表の資産の部に計上し，繰延資産として整理することができる。この場合には，当該決算期から10年以内に，毎決算期に均等額以上の償却をしなければならない。

第75条（担保に供されている資産）
　　資産が担保に供されているときは，その旨を注記しなければならない。

● 財表規則
　第43条　資産が担保に供されているときは，その旨を注記しなければならない。
● 財表規則 GL
　四三　規則第43条の規定による注記は，当該資産の全部又は一部が，担保に供されている旨並びに当該担保資産が担保に供されている債務を示す科目の名称及びその金額（当該債務の一部に担保が付されている場合には，その部分の金額）を記載するものとする。なお，当該資産の一部が担保に供されている場合には，当該部分の金額を明らかにするものとする。
　　　ただし，資産が財団抵当に供されている場合には，その旨，資産の種類，金額の合計，当該債務を示す科目の名称及び金額を記載するものとする。

本規則第75条と財表規則第43条と，その文言はまったく同じである。そして，後者については，財規GL四三において，その具体的な記載内容を示している。結局，第75条についても，財表規則第43条と同じ内容を意味し，したがって，財規GL四三に準じて記載すべきこととなると思われる。
　これを整理すると，次のようになる。
　A　資産が財団抵当以外の担保に供されているときは，次の **a** 及び **b** のす

べての事項（場合により担保権の内容）を注記しなければならない。

 a 総資産又はある資産（科目）の全部が担保に供されているときはその旨。ある資産（科目）の一部が担保に供されているときはその資産の一部（当該部分の金額を示して）が担保に供されている旨

 b a の資産が担保に付されている債務（各科目）の名称及びその（担保が付されている部分の）各金額

B 資産が財団抵当に供されているときは，次の **a, b** 及び **c** のすべての事項を注記しなければならない。

 a 財団の種類及び財団抵当に供されている旨

 b 財団を組成する資産の種類及び金額の合計

 c 財団抵当による担保付債務（各科目）の名称及びその（担保が付されている部分の）各金額

C 契約上，担保権は設定されていないが，実質上，担保提供と同然の状態にあり当方として自由に処分権を行使することができないときは，上の **A** に準じて注記しなければならないと考える。

> 注 第75条の規定によれば，「その旨」（つまり，資産を担保に供している旨）だけを注記すればよいようにみえる。しかし，担保に供されている資産があるとき，どのような債務（金額を含む。）の担保に供されているかなどを記載しないと，会計情報としては不十分であり，したがって第44条①及び第47条に照らし，それが重要であるならば，担保付債務（少なくともその総額）についても記載する必要があると考える。
> 　　附属明細書に担保権等とともに担保付債務の明細が記載されているとしても，附属明細書は広く公表されるものではないから，それをもって代えることは一般の株主に対し不親切であり，好ましくないと考える。

●用語の解説

担　　保

　一般に担保とは，債権者が現在及び／又は将来の債権の回収を確保するため，債務者又は第三者に対する人的又は物的な回収保全措置をいう。

　担保には，広義では人的担保（保証）と物的担保とがあるが，通常，担保といえば物的担保のことである。

なお，事実上で担保的役割を果たす措置・契約・権利などとして，物上保証・所有権移転仮登記・相殺権・代理受領権・'代物弁済の予約／売買の予約'による未確定の'物件の受領権'・譲渡担保・売戻し特約付／予約付買取り契約などがある。

担 保 権

担保権とは，債務者又は'当該債務者の保証人などの第三者'の現に有する債権，動産・不動産の所有権，無体財産権その他の権利（予約に基づく権利，停止条件付権利などを含む。）及び／又は将来において取得する権利の上に，債権者が現在又は将来の債権の回収保全措置として保有する権利をいう。

担保権には，当事者の契約によって設定する質権・抵当権と，法律の規定によって一定の要件に該当したときに当然に成立する留置権・先取特権とがある。

抵 当 権

抵当権とは，債務者又は第三者がその占有を移さずに債権者に対し債務の担保として提供した不動産・立木・航空機・船舶・自動車・財団・地上権などについて，債権者が他の一般債権に先立って換価し弁済を受けることのできる権利をいう。抵当権については，登記／登録しないと第三者に対抗することができない。

根 抵 当 権

根抵当権は，抵当権の一種であって，現在及び将来において生じる一定の範囲に属する不特定の債権について極度額の範囲内で担保するものである。

質 権

質権とは，債権者が債権の担保として債務者又は第三者の権利に属する物（譲渡性のあるものに限る。）を，債務の弁済がなされるまで占有するなど所定の手続下におき，もしその債務の弁済がなされないときは，その物の換価

などをすることによって他の一般債権よりも優先的に弁済を受けることのできる権利をいう。

> **第76条（負債の部）**
> 　　負債の部は，流動負債及び固定負債の各部に区分しなければならない。

　第76条は，負債の部の中の区分について定めたものであり，この条文について，格別，説明を要する点はない。(第76条に対する例外規定として第86条(引当金の部等)があることに留意すること。)。

　本規則では，流動負債と固定負債とを記載する順序とか，流動負債及び固定負債の各部の中で，各部に属する科目を記載する順序とか，その配列について，何ら規定していない。そこで，その配列について決定する必要があるが，いずれにしても，負債の各部及びその各科目の配列法は，資産における配列法と整合する方法による必要がある。(→**第51条解説**)

●用語の解説

流　動　負　債

　会計上，流動負債とは，流動資産（特に棚卸資産）を調達することによって生じた債務及び'その他の資産の調達・役務の受領などの対価として1年以内に資金，動産，不動産，権利[*1]又は役務を提供すべき債務及び負債性引当金'をいう。つまり，資産の調達と弁済が，原則として短期間に反復・流動している負債という意である。これには，次の**A〜C**がある。

*1 ここでは財産的価値のある権利をいう。
　　債務　→**第78条●用語の解説「債務」**片務的に負担する義務に限る。

A　正常な営業循環周期内にある債務（弁済までの期間の長短を問わない。）
　　a　棚卸資産の調達又は'棚卸資産原価を直接的に構成することとなる

役務' の受領によって生じた債務（営業金銭債務）
  b　棚卸資産を提供すべき債務（前受金など）
B　上のA以外の債務で：
  a　1年以内に資金を提供すべき債務（短期借入金，一時預り金，未払金，未払費用など）
  b　1年以内に棚卸資産以外の資産を提供すべき債務（営業外前受金，借入有価証券など）
  c　1年以内に財産的価値のある権利を提供すべき債務（営業外前受金）
  d　1年以内に役務を提供すべき債務（前受収益）
C　既存の原因に基づき1年以内に資金の支出又は棚卸資産（修繕用資材など）の消費を要すると認められる引当金
　　注　引当金には，資金の支出とか資材の消費ではなく，資産価値の減少を来たしていると見込まれるものもある。しかし，それらは負債ではなく，評価性引当金（＝資産控除項目）である。

固定負債

会計上，固定負債とは，'1年を超えた後に資金，動産，不動産，権利又は役務の提供を要することとなる営業外債務及び負債性引当金' のことである。これには，次のA～E（いずれも営業取引に基づくものを含まない。）がある。

A　1年後に資金を支出すべき債務（長期借入金，社債，長期未払費用*など）
B　1年後に動産（棚卸資産を除く。）又は不動産（不動産事業用の販売用不動産を除く。）を提供すべき債務（設備譲渡代長期前受金などの長期営業外前受金）
C　1年後に'財産的価値のある権利'を提供すべき債務（権利譲渡代金に係る長期営業外前受金）
D　1年後に役務（営業取引によるものを除く。）を提供すべき債務（長期前受収益*）

E　既存の原因に基づき1年後に資金の支出又は棚卸資産の消費を要すると認められる引当金

　　＊　会計原則注解(注16)⑤及び財表規則第48条では，未払費用及び前受収益は，すべて流動負債に属するものとしている。しかし，本規則では，前受収益に関して何ら規定していない。したがって，重要性があれば，1年基準により長期未払費用・'長期前受収益(当方の営業上の役務の提供に係るものを除く。)'を固定負債として計上しても差し支えないと思う。
　　注1　1年基準による負債の流動・固定区分に当たっては，支出時期の不明確なものは流動負債とするのが本来の方法である。
　　注2　1年基準は，負債管理の観点から，通常，取引時点で判断し，そしてさらに毎決算期末において再び判断する。しかし，取引時点の属する期の期末を起点として処理する方法もある。

第77条〔負債の部――科目細分〕
　　前条の各部は，支払手形，買掛金，社債その他の負債の性質を示す適当な名称を付した科目に細分しなければならない。

(1)　第77条の意味する内容は，次のA及びBによって構成されている。
　A　流動負債の部は，支払手形，買掛金その他の流動負債の性質を示す適当な名称を付した科目に細分しなければならない。
　B　固定負債の部は，社債その他の固定負債の性質を示す適当な名称を付した科目に細分しなければならない。
(2)　第77条の規定の文言上では，「負債の性質を示す適当な名称」と記述されているが，これは，「その属する部及び当該負債の性質を示す適当な名称」を意味すると解する。したがって，次のa，b，c又はdに示すように配慮する必要がある。
　a　営業循環基準によって流動負債の部に属するとされる負債の科目名は，一般の会計慣行に従い，通常，用いられる慣用名を使っても差し支えない。しかし，それ以外の負債については，営業取引以外の取引に基づく負債であることを示すような名称をつけなければならない。

例えば，営業取引に基づく手形債務は，本来，「営業手形債務」又は「営業支払手形」という科目名によるべきであるが，通常，単に「支払手形」という慣用名を用いても差し支えない。これに対し，設備購入取引に基づく手形債務については，「設備代支払手形」のように，そのことが明らかになるような科目名をつける必要がある（重要性が小さいときは，この限りでない。）。

b　1年基準によって流動負債の部と固定負債の部とに区分する負債については，原則として，それが属する部の負債であることを示すような科目名をつけなければならない。

例えば，金銭消費貸借契約に係る債務について，流動負債の部に属する債務には「短期借入金」，固定負債の部に属する債務には「長期借入金」という科目名を用いる必要がある。

c　通常の商取引慣行上，1年以内に決済される債務については，流動負債の部において，その性質を示す慣用名を用いても差し支えないが，例外的に固定負債の部に属するような債務については，長期性の債務であることを示すような科目名をつけなければならない。

例えば，営業外の取引に基づく未払代金については，本来，「短期営業外未払金」とか，少なくとも「短期未払金」又は「営業外未払金」という科目名によるべきであるが，通常，単に「未払金」という慣用名が用いられることが多い。これに対し，設備購入取引に基づく長期の未払代金については，「設備購入長期未払金」とか少なくとも「長期未払金」というように，そのことが明らかになるような科目名をつける必要がある。

d　通常の資金取引上，1年を超える長期間の債務であると理解されている債務については，固定負債の部において，その性質を示す科目名を用いても差し支えないが，それが決算期後1年以内に返済すべきこととなり流動負債の部に属する債務となった場合には，そのことを示すような科目名をつける必要がある。

例えば，社債については，固定負債の部において「社債」という科目名を用いてよく，「長期社債」などの科目名を用いる必要はない。しか

し，流動負債の部に属する社債については，「１年以内償還社債」というように，そのことが明らかになるような科目名をつける必要がある。

(3) 本規則では，流動負債及び固定負債の各部の中における諸科目の記載順序，すなわち配列について，何ら規定していない。しかし，一般の会計慣行に従い，流動性配列法によるべきであると考える（ただし，本規則第５章第５節の特例規定の適用を受ける会社については，それぞれに適用される規則の定めるところによることとなる。）。

> 注１　流動性配列法によれば，基本的に，その性格上，通常，資金支出が早い（重要性も高い）と思われる項目から先に配列すべきであろう（私見）。
> 注２　一般に，財表規則に示されている科目配列にならって記載している例が多い。財表規則においては，科目の記載の配列は流動性配列法によるものとする旨，明示している。しかし，細部については，必ずしも厳密な意味での流動性配列法に則しているとはいえないところがある。

● 用語の解説

支払手形　→第78条●用語の解説
買　掛　金　→第78条●用語の解説
社債（負債）　→第82条●用語の解説

第78条（買掛金等）
　　買掛金，支払手形その他営業取引によって生じた金銭債務は，流動負債の部に記載しなければならない。

第78条の意味するところは，次のとおりである。

『買掛金，支払手形その他'営業取引に基づいて負担している金銭債務'は，その弁済を行うまでの期間の長短にかかわらず，これを流動負債の部に記載しなければならない。』

●用語の解説

営業取引

　第78条でいう営業取引とは，第53条における営業取引とは対照的に，調達側の営業取引，つまり商品仕入，原材料などの購買，営業上の役務の受領などに係る取引をいう（→**第53条●用語の解説「営業取引」**）。

債　務

　会計上の債務は，法律上の債務のうち，会計上の負債（資本の外部調達形態であって，将来，経済価値の流出を要する責務）に該当するものである。

　法律上では，「債務とは，特定の人が他の特定の人に対し特定又は不特定の給付（経済的又は非経済的な作為又は不作為）を提供すべき義務である。」といわれる。

　これに対し，会計上，「債務とは，会計主体が，過去の取引・作用・事象・法的根拠などに基づいて，特定の人に対し，将来，反対給付を受けないでその価値量が測定可能な特定又は不特定の経済的給付を提供すべきことが確定している義務である。」ということができる。

　　注　会計上，債務とは確定債務のことであり，未確定債務であって，その負担の確度が高いためB/Sに計上するものは，負債性引当金に相当する。ただし，営業債務であって金額未確定である場合，その予定額をもって債務とし，あえて引当金として別記したりしない。

金銭債務

　会計上，金銭債務とは，会計主体が，過去の取引・作用・事象・法的根拠などに基づいて，特定の人に対し，反対給付を受けないで金銭の提供を行うべきことが確定している義務をいう（金銭債権を提供する義務や金銭債務を継承する義務の確定しているものを含む。）。

　金銭債務は，流動負債に属する金銭債務と固定負債に属する金銭債務とに分類される。

流動負債に属する金銭債務は，次のＡ・Ｂのとおりである。

Ａ　営業金銭債務
Ｂ　短期営業外金銭債務（＝固定負債に属する金銭債務以外の営業外金銭債務）

　　注１　財務分析の観点(つまり会計情報利用者の立場)から運転資本の安全性を重要視する。したがって資産については流動資産の方を純化し，負債については固定負債の方を純化するというのが，本来の方法である。つまり，１年基準の適用に際し，流動・固定区分の不明確なものは，投資その他の資産／流動負債に含ませることとするのが，本来の方法である。そこで，営業外金銭債務についていえば，まず固定負債に属するものを純化し，その他を流動負債とするということになる（逆に営業外金銭債権の場合は，流動資産に属するものを純化する。）。
　　注２　固定負債に属する金銭債務　→第82条●用語の解説「長期金銭債務」

営業債務

営業債務とは，営業取引に基づき（主として棚卸資産の取得／金銭の事前受領に対応して）負担している債務をいう。営業債務は，提供すべき給付の種類により，営業金銭債務と営業物的債務（前受金等）と営業役務債務（営業前受収益）との３種に分けることができる。

営業金銭債務は，債務の形式により営業手形債務（支払手形）と一般営業金銭債務とに分かれる。

一般営業金銭債務には，取引の内容に応じ，次のＡ，Ｂ及びＣの三つ種別がある。

Ａ　営業未払金（＝買掛金）……商品／原材料の仕入取引代金及び棚卸資産原価を直接的に構成する役務の受領代金の未払金
Ｂ　外注工事未払金……工事請負業者に対する外注工事原価の未払金
Ｃ　営業役務未払金……営業役務収益の物的対応原価を構成する外注役務原価その他の営業役務原価の未払金

買 掛 金（＝営業未払金）

「買掛金」とは，「営業未払金」ともいい，商品／原材料などの仕入取引[*1]

に基づいて負担している金銭債務*1・*2のことである。

* 1　仕入取引に基づく'金銭債権の提供債務や金銭債務の継承義務'を含む。
* 2　仕入運賃など，原材料／商品の取得原価に直課する付随費用及び外注加工賃など，重要な製造費に係る未払金を含む。

支払手形（＝営業手形債務）

「支払手形」とは，商品／原材料などの仕入取引に基づいて負担している手形上の債務をいう。

第79条（借入金等）

　　借入金その他前条に掲げる金銭債務以外の金銭債務で，その履行期が決算期後１年以内に到来するもの又は到来すると認められるものは，流動負債の部に記載しなければならない。

---

(1)　第79条の意味する内容は，次のとおりである。

『借入金その他'営業取引によって生じた金銭債務'以外の金銭債務*であって，次のA，B又はC（いずれか）に該当するものは，流動負債の部に記載しなければならない。

* 営業外金銭債務を意味する。また，本規則上，金銭債務には，金銭支出を要する引当金を含むものと解する。

A　確定期限付債務であって，その履行期限が決算期末後１年以内に到来するもの

B　不確定期限付債務であって，情勢の推移からみて，'その履行期限が決算期末後１年以内に到来すると認められるもの（正しくは，１年を超えた後に履行期限が到来すると認められる債務でないものというべきである。私見）'

C　期限不定債務又は期限未定債務であって，契約内容・取引慣習や過去の実績からみて，'その履行期限が決算期末後１年以内に到来すると認め

られるもの（正しくは，1年を超えた後に履行期限が到来すると認められる債務でないものというべきである。私見）'

(2) 第79条は，営業外金銭債務に関する規定であるが，これに相対するものとして第54条の営業外金銭債権に関する規定がある。第54条の方には，ただし書の規定によって1年基準による区分について例外が認められている。これに対し，第79条の方には，ただし書の規定がなく1年基準による区分について例外が認められていない点に留意する必要がある。それは，資産・負債の流動・固定区分に当たって，資産の方は流動資産を純化し，負債の方は固定負債の方を純化しようという思想に基づいているからである（上のB・Cの文末（　）内の私見は，そのような観点からの文言を示したものである。）。

したがって，第79条を厳密に解釈すれば，例えば，決算期末後1年以内に定年に到達し退職する従業員に対する退職一時金債務は，固定負債の退職給付引当金ではなく，流動負債の部に，その負債の性質を示す適当な科目名（例えば，1年内支出退職給付引当金）をもって記載すべきこととなる（その重要性が小さいときは，「その他の流動負債」に含めてよいと思うかもしれないが，引当金は明記すべきであるという点のほか，税法上の退職給与引当金として認められるために独立掲記する必要がある。）。

しかし，第79条においても，通常，そこまで厳密に区別することを要求しているわけではなく，一般の会計慣行とか，重要性の原則に照らして表示すればよいと考える（ただし，リストラなどにより，臨時的な大量退職が予定されているような場合は，この限りでない。）。

(3) 第79条の規定に該当する金銭債務（＝短期営業外金銭債務）としては，借入金のほか，預り金，未払金，立替受債務，未払費用，仮受金などがある。

●用語の解説

営業外債務

会計上，営業外債務とは，営業債務以外の債務をいう。

営業外債務は，提供する給付の種類により営業外金銭債務（未払金など）と営業外物的債務（営業外前受金*）と営業外役務債務（＝前受収益）とに分

けられる。

　　＊　特殊なものとして権利提供債務があるが，それも営業外前受金に相当する。

　営業外債務は，弁済までの期間に応じ（1年基準により）短期営業外債務と長期債務（営業債務に属するものはないから，あえて長期営業外債務という必要はない。）とに分けられる。

営業外金銭債務

　'営業取引によって生じた金銭債務'以外の金銭債務を営業外金銭債務という。

　営業外金銭債務には，次の**A**及び**B**の二つの種類がある。

　A　金融取引債務＊……金融取引によって生じた金銭債務（預り金，借入金）

　B　その他の営業外金銭債務……"営業債務及び金融取引債務"以外の金銭債務（未払金，立替受金など）

　営業外金銭債務は，弁済までの期間に応じ（1年基準により）短期営業外金銭債務と'長期金銭債務（営業金銭債務に属するものはないから，あえて長期営業外金銭債務という必要はない。）'とに分けられる。

　　＊　上の**A**でいう金融取引債務は狭義におけるものであり，金融取引による金銭債務のことである。広義における金融取引債務には，金融目的の有価証券消費貸借契約債務・有価証券消費寄託契約債務やデリバティブ差金債務も含まれる。また，一般にいう金融負債とも異なる。

借　入　金

　会計上，「借入金」とは，金銭消費貸借契約に基づく債務及びこれに準ずる金融取引債務をいう。その具体的内容は，次の**A・B**のとおりである。

　A　金銭消費貸借契約債務

　　a　一般にいう証書借入金

　　b　当座借越金

　　c　手形借入金（その1）；実質上の手形＊1担保借入金

B　上のAに準じる金融取引債務（例）

 a　受取手形・有価証券・貴金属・土地・有価証券に該当しない信託受益権などの買戻し条件付／'予約付[*2]'売渡し契約による買戻し物件代金の支払債務[*3]

 b　手形借入金（その２）；手形[*1]の買戻し条件付売渡し契約による買戻し手形代金の支払債務[*3]

 c　手形借入金（その３）；売却した手形[*1]の手形金額決済債務[*3]

 d　有価証券・貴金属などの貸付契約／寄託（預け）契約の担保として受入れた現金の返還債務

 *1　ここで手形とは，自社振出し約束手形／自社引受け為替手形をいう。
 *2　買戻し予約付売渡し契約の場合，その契約目的・契約内容（つまり，売渡し物件の危険負担・市価変動差損益の帰属など），予約完結の見込みなどによっては，借入金としなくてよい場合もあるかもしれない。
 *3　上のa，b，cの場合，売却代金受領ずみの場合のことである。

預り金

会計上，預り金とは，主として，'当方（＝預り主）／第三債務者（＝受入先）' の債権者の '都合とか便宜のため若しくは預け主に対し何らかの便益を供するために' 若しくは当方（＝預り主）の取引／債権の保全措置の一環として，又は法律／契約の定めにより，受入先（＝預け主／第三債務者）から資金を受け入れた（支払うべき資金の一部を留保した場合を含む。）ことにより，その預け主／'受入先の債権者' に対し弁済すべき金銭債務をいう。

預り金の典型的なものは，金銭消費寄託契約に基づく債務（金融機関における預金を除く。）であるが，その外，源泉所得税預り金などや社内預金*など，種々のものがある。

 *　通常，重要性が高く，また異質の預り金であるから，B/S上，別掲する。

未払金

未払金には，広狭多義がある。ここでいう未払金とは，営業外未払金のことであり，営業取引以外の取引によって受領した動産・不動産・工事・役務・

エネルギー・権利などの対価に係る金銭債務（支払手形又は未払費用＊若しくは負債性引当金に属するものを除く。）のことである。したがって，対価性を有しない未払税金・未払配当金などは，本来，未払金には属さない。また，求償債務（＝立替受金）も，本来，未払金ではない。しかし，実務上では，重要性の小さい種々の営業外金銭債務を未払金に含めることがある。

> ＊ 未払費用とは，継続的な取引に基づく役務受領対価に係る金銭債務をいう。(⇒会計原則注解〔注5〕(3)，→**第54条●用語の解説「未収収益」注**）

前受金

会計上，単に前受金というときは，営業上の前受金（＝商品／製品の販売，'営業取引による工事／役務の提供対価'に係る前受金）のことをいう。

前受金は，金銭債務ではなく金銭受領対価たる'物的債務／役務債務／権利提供債務（営業上のものに限る。）'である。前受金は営業循環基準によりすべて流動負債に属するものとされる。

ちなみに営業外前受金（金銭受領対価たる'物的債務／権利提供債務'）については，1年基準により，流動・固定の区分をする。

> 注1 営業外前受金であって重要なものは，例えば，土地売却代前受金のように，そのことが分かるような科目名をもって表示する必要がある。
> 注2 営業外の役務債務は，前受収益として，前受金とは別に取扱う。

前受収益

会計上，前受収益とは，いわゆる未経過収益，つまり，継続的な一定期間の役務提供契約又は継続的な一定量の役務提供契約に係る未提供役務に係る対価の前受部分をいう（⇒会計原則注解〔注5〕(2)）。

前受収益は，義務の面からみると役務（提供）債務である。役務債務のうち，提供する役務に係る収益を提供に応じて期間配分すべき場合の債務が前受収益に相当する。

> 注 役務債務であっても，営業役務債務（＝営業役務収益に計上すべき役務の提供対価の前受分）は，前受金として営業循環基準により流動負債に属するものとすべきであ

ると考える。

> **第80条（支配株主等に対する金銭債務）**
> ① 支配株主（有限会社にあっては，支配社員）に対する金銭債務で流動負債の部に記載すべきものは，その金銭債務が属する科目ごとに，他の金銭債務と区別して記載しなければならない。ただし，その金銭債務が属する科目ごとに，又は2以上の科目について一括して，注記することを妨げない。
> ② 前項の規定は，子会社（有限会社にあっては，有限子会社）に対する金銭債務で流動負債の部に記載すべきものについて準用する。
> ③ 有報提出大会社は，第1項（前項において準用する場合を含む。）の規定による記載又は注記に代えて，関係会社に対する金銭債務を，その金銭債務が属する科目ごとに他の金銭債務と区別して記載し，又はその金銭債務が属する科目ごとに若しくは2以上の科目について一括して注記することを妨げない。

◎ 自社が有限会社である場合，本条解説1～3中，「支配株主」は「支配社員」と，「子会社」は「有限子会社」と読み替えること。

1 本条第1項本文

第80条第1項本文の意味するところは，次のとおりである。

『流動負債の部に記載すべき金銭債務に係る各科目の中に支配株主に対する金銭債務が含まれている場合は，その科目ごとに，支配株主に対する金銭債務を支配株主以外に対する金銭債務と区別して記載しなければならない。』

2 本条第1項ただし書

第80条第1項ただし書の意味するところは，次のとおりである。

『流動負債の部に記載すべき金銭債務に係る各科目について，その科目に

属する支配株主に対する金銭債務をその他のものと区別しないで合算して記載し，次の**A**又は**B**（いずれか）に従って注記する方法によっても差し支えない。

A 支配株主に対する金銭債務の属する科目ごとに，その科目名と支配株主に係るものである旨とその金額とを注記する。

B 支配株主に対する金銭債務の属する科目の２以上の科目について一括し，流動負債に属する'支配株主に係る金銭債務'である旨とその合計金額を注記する。*』

> * 私見ではあるが，上の**B**の一括注記方式による場合，第47条の規定に従い，また，明瞭性の見地からも，本来，次の**a**及び／又は**b**のようにすべきであると考える。
> **a** 全科目を一括するのではなく，少なくとも，営業金銭債務と短期営業外金銭債務とは区分し，その区分の中で一括する。
> **b** 上の**a**に加えて又は**a**によらないで少なくとも一括して記載したものが，どの科目に属するものかを明らかにしておく。

3 本条第2項

第80条第２項の意味する内容は，これを敷延して述べると，次の**A**及び**B**によって構成されている。

A 流動負債の部に記載すべき金銭債務に係る各科目の中に子会社に対する金銭債務が含まれている場合は，その科目ごとに，子会社に対する金銭債務を子会社以外に対する金銭債務と区別して記載しなければならない。

B 上の**A**の場合，各科目についてその科目に属する子会社に対する金銭債務を他と区分しないで合算して記載し，次の**a**又は**b**（いずれか）に従って注記する方法によっても差し支えない。

a 子会社に対する金銭債務の属する科目ごとに，その科目名と子会社に係るものである旨とその金額とを注記する。

b 子会社に対する金銭債務の属する科目の２以上の科目について一括し，流動負債に属する'子会社に係る金銭債務'である旨とその合計金

額を注記する。*

＊ →上の２＊ その場合,「支配株主」の語は「子会社」と読み替えること。

4 本条第３項

第80条第３項の規定の意味するところを敷延して述べると，次のとおりである。

『有報提出大会社は，第１項の規定による子会社及び前項の規定による支配株主に対する金銭債務の記載又は注記に代えて，流動負債に属する'関係会社に対する金銭債務'を，次の**Ａ・Ｂ・Ｃ**（いずれか）に従って記載又は注記する方法によることとしても差し支えない。

Ａ 関係会社に対する金銭債務の属する科目ごとに，関係会社に対するものをそれ以外の者に対するものと区別して記載する方法

Ｂ 各科目について上の**Ａ**のように二つに区別しないで両者を合算して記載し，次の**ａ／ｂ**（いずれか）に従って注記する方法

　ａ 関係会社に対する金銭債務の属する科目ごとに，その旨と関係会社に係る金額とを注記する方法

　ｂ 関係会社に対する金銭債務の属する科目の２以上の科目について一括し，流動負債に属する'関係会社に対する金銭債務'である旨とその合計金額を注記する方法』

注 →第55条解説４②

第81条（繰延税金負債）

　流動資産に属する資産又は流動負債に属する負債に関連する繰延税金負債は，流動負債の部に記載しなければならない。特定の資産又は負債に関連しない繰延税金負債で決算期後１年内に取り崩されると認められるものについても，同様とする。

●税効果会計に係る会計基準の設定について 一・二２ →第60条〔参考規定〕

第81条の意味するところは，次のとおりである。

『繰延税金負債であって次の **A～C** のいずれかに相当するものは，流動負債の部に記載しなければならない。

A 会計上の流動資産に関連して，税務上で資産を減算するとともに益金減算／損金加算をしたことにより生じた繰延税金負債

B 会計上の流動負債*1に関連して，税務上で負債に加算するとともに益金減算／損金加算をしたことにより生じた繰延税金負債

C 会計上の'特定の資産／負債に関連しない繰延税金負債'*2で，決算期末後1年以内に取崩し，税務上で益金加算／損金減算*2をすることになると認められるもの』

*1 上の **B** の流動負債には，第86条第1項を適用し及び／又は同条第4項の規定により引当金の部を設けた場合，その部に属する引当金のうち，'実質的に固定負債に属すると認められる引当金以外の引当金'*3を含む（私見）。

*2 '特定の資産／負債に関連しない繰延税金負債' としては，利益処分により資本の部に任意積立金の一種として計上する租税特別措置法上の準備金がある。'B/S・P/L が取締役会で確定するが利益処分案は株主総会の承認を要する' という場合，その利益処分案に提示されている租税特別措置法に基づく準備金の増減に係る次の **a・b** の額は，株主総会による利益処分案の承認を停止条件として計上された金額である。

　a B/S 上の税金繰延負債及び未払法人税等の要計上額への影響額（当期未処分利益の額には影響しないが）

　b 上の **a** に対応する P/L 上の法人税等及び同調整額への影響額（当期純利益の額には影響しないが）

　特例会社以外の株式会社の場合，このような停止条件付のものが含まれている B/S・P/L について，株主総会による利益処分確定前に果たして「確定」といい得るのかどうか，甚だ疑問である。したがって，少なくとも，このようなものがある場合，注記により，そのことを，影響する金額を示して，明らかにしておくのが，本来の方法であると思う。

*3 （*1の文中）　固定負債純化の見地からは，'実質的に固定負債に属すると認められる引当金以外の引当金' としている。その点，流動資産純化の見地による繰延税金資産の場合とは異なる。

注1　→第87条前半

注2　上の **A・B** のケースは，正常な決算を行っている限り，極めてまれなケースを除き，通常，あり得ないと思う。

> **第82条（長期金銭債務）**
> ① 第78条及び第79条の金銭債務以外の金銭債務は，固定負債の部に<u>記載</u>しなければならない。
> ② 第80条の規定は，前項の金銭債務について準用する。

1 本条第1項

第82条第1項の意味するところは，次のとおりである。

『金銭債務のうち次の **A** 又は **B** のいずれにも該当しないもの，すなわち長期金銭債務は，固定負債の部に<u>記載</u>しなければならない。

A 営業金銭債務
B 営業外金銭債務であって1年基準によって流動負債とされるもの』

注1　会計上，固定負債に属するものは，長期金銭債務（確定債務）だけでなく，長期の負債性引当金が含まれる。また，まれではあるにしても，営業債務に属さない"長期物的債務及び長期役務債務"も，固定負債に属する。しかし，本規則では，多くの負債性引当金（つまり，将来，金銭の支出を要するもの）は，第86条において特別に規定している第43条の引当金に該当するものを除き，金銭債務に属するとみているようであり，これに関する規定はない。そして，物的債務や役務債務については，流動であれ固定であれ，何らの規定をしていない。したがって，一般の会計慣行によることとなると思う。

注2　流動・固定の区分の不明確な負債は流動負債に属するものとし，固定負債の方を純化する必要がある（資産の場合は，流動資産の方を純化すべきであり，これと対照的である。）。したがって，その見地からいえば，第79条及び第82条①の規定の文言は好ましい表現ではない。

2 本条第2項

◎　自社が有限会社である場合，この2 A・Bの解説中，「支配株主」は「支配社員」と，「子会社」は「有限子会社」と読み替えること。

第82条第2項の意味する内容は，これを敷衍して述べると，次の **A・B・C** によって構成されている。

A 支配株主に対する長期金銭債務は，次の **a** の方法によって記載しなければならない。ただし，次の **b** 又は **c**（いずれか）の方法によって記載及び／又は注記しても差し支えない。

　a 支配株主に対する長期金銭債務の属する科目ごとに，支配株主に対するものをその他に対するものと区別して記載する方法

　b 支配株主に対する長期金銭債務を他と区別しないで合算して記載し，その属する科目ごとに，その科目名と支配株主に係るものである旨とその金額とを注記する方法

　c 上の **b** のように科目ごとではなく，2以上の科目について一括し，固定負債に属する'支配株主に係る金銭債務'である旨とその合計金額を注記する方法

B 子会社に対する長期金銭債務について，上の **A** の **a** に準じて記載しなければならない。ただし，**A** の **b** 又は **c** に準じて記載しても差し支えない（いずれの場合も，**A** の文中の「支配株主」の語は「子会社」と読み替えること。）。

C 有報提出大会社は，上の **A**・**B** における金銭債務について，それぞれにおける方法による記載及び／又は注記に代えて，次の **a** 又は **b** ／ **c** の（いずれか）の方法によって記載及び／又は注記をしても差し支えない。

　a 固定負債の部における'関係会社に対する金銭債務'の属する科目ごとに，関係会社に対するものとそれ以外に対するものとを区別して記載する方法

　b 各科目においては，上の **a** のように二つに区別しないで両者を合算して記載し，その属する科目ごとに，その旨と関係会社に係る金額とを注記する方法

　c 各科目においては，上の **a** のように二つに区別しないで **b** のように両者を合算して記載し，その属する科目の2以上について一括し，固定負債に属する'関係会社に対する金銭債務'である旨とその合計金額とを注記する方法

注　→第55条解説4②

● 用語の解説

長期金銭債務

長期金銭債務とは，営業外金銭債務であって決算期末後1年を超えた後に履行期が到来するもの又は到来すると認められるものをいう。これには，次のものがある。

　a　長期金融取引債務＊（社債，長期借入金，長期預り金など）
　b　その他の長期金銭債務（長期未払金など）
　　注　本規則における金銭債務には，金銭支出を要する引当金を含むものと解する。

社債（負債）

「社債」とは，商法の規定に基づいて，まとまった1個の債務を多数の部分に分割し社債券を発行して行う資金調達に係る金銭債務をいう。

負債性引当金・債務性引当金

会計上の負債性引当金は，債務性引当金＊とその他の負債性引当金とに区分することができる（私見）。

債務性引当金＊とは，会計上の債務ではないが法律上の債務たる引当金に当たるもの（例えば保証修理引当金）をいう。

　　＊　一般的に，債務性引当金という語が使われることはない

その他の負債性引当金とは，例えば，役員退職給付引当金のように，将来は別として，現時点では（つまり，株主総会の承認を得るまでは，）法的債務性を有しないものをいう。

第83条（長期繰延税金負債）

　第81条の規定により流動負債の部に記載した繰延税金負債以外の繰延税金負債は，固定負債の部に記載しなければならない。

●税効果会計に係る会計基準の設定について 一・二2 →第60条〔参考規定〕

第83条の意味するところは，文章的には，条文を読めば分かることであり，何ら説明を加える点はない，しかし，これについて敷衍して説明するとすれば，次のとおりである。

『繰延税金負債であって次のA〜Dのいずれかに相当するものは，固定負債の部に記載しなければならない。

A　会計上の固定資産又は繰延資産に関連して，税務上で資産を減算するとともに益金減算／損金加算をしたことにより生じた繰延税金負債

B　会計上の固定負債[*1]に関連して，税務上で負債に加算するとともに益金減算／損金加算をしたことにより生じた繰延税金負債

C　会計上の特定の資産／負債に関連しない繰延税金負債で，決算期末から1年経過後に取崩し，税務上で益金加算／損金減算をすることになると認められるもの』

* 1　上のBの固定負債には，第86条第1項の規定を適用し及び／又は同条第4項の規定により引当金の部を設けた場合，その部に属する引当金のうち，実質的に固定負債に属すると認められる引当金'[*2]を含む（私見）。
* 2　（*1の文中）　固定負債純化の見地から，'実質的に固定負債に属すると認められる引当金'としている。その点，流動資産純化の見地による繰延税金資産とは異なる。

注1　→第87条後半
注2　上のA・Bのケースは，正常な決算を行っている限り，極めてまれなケースを除き，通常，あり得ないと思う。

第84条（取締役等に対する金銭債務）

　　取締役，執行役又は監査役との間の取引による取締役，執行役及び監査役に対する金銭債務は，その総額を注記しなければならない。

第84条の意味するところは，次のとおりである。

『決算期末に在任する'取締役，執行役及び／又は監査役（つまり，期末前の退任者を含まない。）と会社との間における取引（その就任前の取引を含

む。）によって負担している金銭債務については，次の **A**，**B** 又は **C**（いずれか）によって注記しなければならない。

　A　取締役に対する金銭債務だけを有するときは，'取締役に対する金銭債務'としてその総額を注記する。

　B　執行役に対する金銭債務だけを有するときは，'執行役に対する金銭債務'としてその総額を注記する。

　C　監査役に対する金銭債務だけを有するときは，'監査役に対する金銭債務'としてその総額を注記する。

　D　3種の役員のうち2種の役員に対する金銭債務を有するときは，該当する役員に対するものであることを示してその総額を注記する。』

　　＊　本条の解釈については，第71条を参照すること。その場合，「金銭債権」の語は「金銭債務」と読み替えること。

　E　全種の役員に対する金銭債務を有するときは，'取締役，執行役及び監査役に対する金銭債務'としてその総額を注記する。

第85条（保証債務等）

　保証債務，手形遡求義務，重要な係争事件に係る損害賠償義務その他これらに準ずる債務は，注記しなければならない。ただし，負債の部に計上するものは，この限りでない。

●財表規則

第58条　偶発債務（債務の保証（債務の保証と同様の効果を有するものを含む。），係争事件に係る賠償義務その他現実に発生していない債務で，将来において事業の負担となる可能性のあるものをいう。）がある場合には，その内容及び金額を注記しなければならない。ただし，重要性の乏しいものについては，注記を省略することができる。

第58条の2　①受取手形を割引に付し又は債務の弁済のために裏書譲渡した金額は，受取手形割引高又は受取手形裏書譲渡高の名称を付して注記しなければならない。
　②……（略……。受取手形以外の手形《すなわち営業外手形債権》の割引・裏書譲渡についての準用規定など）

● 財表 GL
　五八　規則第58条の規定による注記は，当該偶発債務の内容（債務の保証（債務の保証と同様の効果を有するものを含む。）については，その種類及び保証先等，係争事件に係る賠償義務については，当該事件の概要及び相手方等）を示し，その金額を記載するものとする。
　五八の二　規則第58条の2の規定により注記すべき受取手形及びその他の手形の割引高又は裏書譲渡高は，割引に付し又は裏書譲渡した当該手形の額面金額を記載するものとする。

1　本条本文

　第85条本文については，文言上，格別の解説を必要としない。ただ，問題は，「……これらに準ずる債務」とは何をいうのかということである。まず，考慮すべきことは，ここでいう「債務」とは，まず第1に，会計用語としての「債務」の意味よりも広いという点である。なぜならば，会計上の債務であれば，すべて負債の部に計上しなければならない事項であり，注記事項には該当しないから，「……これらに準ずる債務」というのは，会計上の債務以外の法的債務をいうことになる。第2に，この「債務」は法律用語としての「債務」（すなわち経済的・非経済的給付提供義務）の意味よりも狭く，経済的給付提供義務に限られるという点である。第3に，この「債務」には，損害賠償義務のように債務としての効力が未発生ではあるが，発生可能なものを含むという点である。

　このように考えると，ここでいう「債務」とは，会計上のいわゆる偶発債務（正しくは偶発負債）に当たるということができる。そうすれば，その注記すべき債務の種類，注記すべき内容等については，商法第32条第2項及び本規則第44条に照らし，上掲の財表規則及び財規 GL を参考にするのがよいと考える。

　以上に述べた見地から，本条の規定によって注記すべき事項及びその内容は，次の A・B のとおりであると考える。ただし，A・B いずれについても，その債務の発生原因が当決算期末以前に生じておりそれによる損害の発生の可能性が高いものは，その金額を合理的に見積り，負債性引当金として計上すべき事項であって，単なる注記事項として片づく問題ではないから，その

ようなものを含まない点に留意すべきである。

 A 過去における契約・取引・行為・作用等に起因して，その性格上，一般に，将来において損害の発生する可能性があるとされるもの

  a 割引手形遡求義務・裏書譲渡手形遡求義務・振出為替手形遡求義務・裏書譲渡小切手遡求義務など……当該事項及びその金額を（各別に又は一括して）注記する。

  b 保証契約による保証債務・手形又は小切手における保証債務・債務保証予約その他の保証類似行為による負担義務など……保証債務などの種類及び主たる債務の金額を注記する。

  c 損害賠償に係る係争事件・債務の存否に係る係争事件・納税上の係争事件など……事件の種類・相手方・係争金額等を注記する。

 B 過去における契約・取引等に起因して，将来において現実に損害の発生する可能性があるもの

  a 製品保証修理契約・工事補償契約その他の停止条件付契約による重要な負担……契約の内容，金額等を注記する。

  b 価格変動等による損失発生の可能性のある多額受注契約・多額発注契約による重要な負担……契約の内容，金額，期限等を注記する。

  c 営業取引契約などに伴う債務者又は共同契約者のための万一の場合の代位弁済とか代位履行に係る契約による重要な負担……契約の内容，金額等を注記する。

2　本条ただし書

第85条ただし書の意味するところは，次のとおりである。

『偶発性の経済的給付提供義務であっても，それを負債の部に合理的に計上するものは，注記する必要はない。』

偶発性の経済的給付提供義務であっても，負債の部に計上すべきものとしては，次のようなものがある。

 A 停止条件付債務であって契約全般をみた場合，一定割合について条件成就の度合いが高いため負債の部に計上するもの……例えば，保証修理

契約による修理費について合理的な発生金額を見積り負債性引当金として計上するケース
　B　代位弁済を行う可能性が高く，しかも求償権の行使による回収が困難と思われるため負債の部に計上するもの……例えば，保証債務を履行し代位弁済しなければならない可能性が高く，かつ求償債権の回収可能性が低いため，それによる損失の額を合理的に見積り，負債性引当金として計上するケース
　C　債務として確定する可能性が高いため負債の部に計上するもの……例えば，係争中の損害賠償事件について，不可避と思われる賠償金額を予想し，負債性引当金として計上するケース

●用語の解説

偶発債務・偶発負債

　会計上，過去の取引・契約・事象などに起因するものの，少なくとも現時点では，その負担の可能性はないが，将来においては，事態の変化・進展により，負担することになることもあり得るというような不確実な負債のことを一般に「偶発債務」という。しかし，その意味するところに照らすと，この用語は正しい表現ではない。私見によれば，正しい用語は，「偶発債務」ではなく「偶発負債」である（ちなみに，英語でも，contingent liability（偶発負債）といっている。）。なぜならば，会計上，負債には債務と負債性引当金とがある。債務としては偶発性をもっていても発生の可能性が高いため負債性引当金として負債の部に計上する（すべき）ものがある。つまり，負債性引当金の中には偶発債務に該当するものがある。これに対し，偶発性はあるが引当金に計上しない（する必要がない）ものについて注記を要するのである。つまり，これは，将来，場合により負債（債務又は負債性引当金）になる可能性はあるものの，現時点では債務にも負債性引当金にも当たらないものである。したがって，その意味を正しく表現する用語は，偶発負債の方であって，偶発債務の方ではない。

　結局，偶発負債とは，過去の契約・取引・作用等に起因して，将来，場合

により何らかの経済的な給付を提供しなければならない可能性はあるものの，その提供の要否は，すべて，将来，何らかの法律関係とか事象等が確定又は発生するか否かにかかっているため，現時点では負債として認識すべき状態ではない又は負債として合理的に計上することのできないものをいう。

偶発費用・偶発損失

偶発費用・偶発損失とは，いずれもその費用・損失の発生又はその金額が確定するかしないかは，すべて，将来，その負担原因となる法律関係とか事象などが発生又は確定するかしないかにかかっているものをいう。

偶発費用とは，通常，引当費用を意味し，個々の費用（したがって債務）としては偶発性を有するが，全体としてみればその一部に発生の可能性があるため，その発生額を合理的に見積り，引当計上する（すべき）費用のことである。例えば，貸倒引当額（費）や製品保証修理引当額（費）がこれに当たる。

これに対し，現在又は将来における所有資産について若しくは現時点における偶発負債によって，将来，起こるかもしれない損失は，偶発損失である。そのような段階では，偶発損失引当金及び偶発損失は，会計上，負債及び損失として計上すべきではない（もちろん，偶発性の段階を過ぎ，損失発生の可能性が高くなれば別である。）。

偶発損失には，偶発負債と対応するものと対応関係のないものとがある。偶発負債に関係のある偶発損失（例えば保証損失）は注記すべきであるが，偶発負債に関係のない偶発損失（例えば仮に毎年の如く台風被害を受けるとしても，そのような未発生の災害損失）は注記する必要もない（情報開示を必要とするほど，重要である場合は，営業報告書において説明すべきであろう。）。

未確定債務・未確定負債

債務（この場合，便宜上，金銭債務に限っていうこととする。）について，債務の各種の要件が確定か未確定かという観点からみると，次のように区分

することができる。

A　期限の確定／未確定

A-1　確定期限付債務……一定の日時又は一定の期間をもって履行期限とするもの

A-2　期限未確定債務……次の**a**～**c**をいう（私見）。

　a　期限未定債務……「期限は協議して定める。」という契約をしたまま，未協議の状態のものなど

　b　期限不定債務……期限についてまったく定めていないもの

　c　不確定期限付債務……将来において発生することは確実であるがいつ発生するか分からない一定事実の発生を根拠として，期限を定めているもの

B　金額の確定／未定／不確定

B-1　金額確定債務……一定金額もの又は一定の算定方法によって金額が確定するもの

B-2　金額未確定債務

　a　全体金額未定債務……債務金額の全体又は相当部分について金額又は金額算定要件の決まっていないもの

　b　増減金額未定債務……最低金額は決まっているがその上乗せ金額の決まっていないもの及び逆に最高金額は決まっているがその切下げ金額の決まっていないもの

　c　金額不確定債務……ある方法・要件で金額を算定するということ自体は決まっているが，その要件の一部が未確定のため金額が決まっていないもの

C　効力の確定／未確定

C-1　無条件債務……債務としての効力が確定しているもの

C-2　条件付債務……将来において発生するかしないか分からない一定の事実の発生いかんによって失効したり発効したり又は失効しなかったり発効しなかったりするもののことであり，これには次の**a・b**がある。

　a　解除条件付債務……債務の効力を失うかどうかが条件付であるもの

(→後記「解除条件付債務」)
- **b** 停止条件付債務……債務の効力が発生するかどうかが条件付であるもの（→後記「停止条件付債務」）

C-3 一部条件成就済債務……契約全体としては停止条件付であるが，その経過期間等に係る部分について条件成就済であるもの

会計上，一般に未確定債務というのは，上述の各種の要件の未確定のもののうち，次の二つをいう。

・上の B-2 a 又は B-2 c の金額未確定債務であって，相当部分の金額が未確定のもの（例えば従業員賞与引当金など）
・上の C-2 b の停止条件付債務（例えば製品保証修理引当金など）

これら二つの未確定債務は見積負債の1種として，個々の契約ではなく契約全体を総合して，その発生度合いに応じ合理的に負担金額を見積り債務性引当金として計上すべきものである。

これら二つの未確定債務以外のものは，その期限・金額などの一部未確定なところがあっても，それについては合理的に見積り，本来の負債の科目に計上することとなる。

次に，未確定負債（偶発損失引当金を含まない。）は，未確定債務を含み，それよりも広く，次の A・B の二つのものをいう。

A 債務性引当金……上述の未確定債務
B 法的債務性のない負債性引当金……債務としては未成立であるが，将来において特定の支出（資産の消費を含む。）をすることが確実であると見込むことができ，かつその支出の負担原因が当決算期末以前に存在するもの（例えば，修繕引当金など）

条件付債務

条件付債務には，解除条件付債務と停止条件付債務とがある。この両者は，その効力の見地から，まったく正反対のものであり，したがって会計上の性格も異なるから，両者を包括して単に"条件付債務"というのは適切でなく，必ず，解除条件付か停止条件付かを明らかにすべきである。

なお，ここでの条件とは，民法上の条件のことであり，次のことをいう。
『条件とは，将来において発生するかしないか分からない一定の事実であって，もしそれが発生すれば，法律上の効力に影響を及ぼすものをいう。』

〔参考規定〕
● 民　法
第127条　①停止条件附法律行為ハ条件成就ノ時ヨリ其効力ヲ生ス
　　　　　②解除条件附法律行為ハ条件成就ノ時ヨリ其効力ヲ失フ

停止条件付債務

停止条件とは，将来において発生するかしないか分からない一定の事実であって，もしそれが発生すればその発生時に法律上の効力が発生し，もしその事実が発生しないことに確定すれば，それに伴いその法律上の効力も発生しないことが確定することになる事実をいう（その事実が発生すれば効力を生じるが，そのときまで効力の発生を停止させているから停止条件といわれる。）。

停止条件付債務の例としては，製品保証修理契約債務がある。つまり，一定期間内に通常の使用状態のもとでの故障が生じるかどうか分からないが，もしそのような故障が発生すれば無償修理債務が現実に効力を生じ，もしその所定期間内に故障が発生しなかったならば，その条件付無償修理債務は失効する，という契約による債務である（この場合，'通常使用下の故障'が停止条件である。）。

停止条件付債務は，個々の相手先との関係では，その発生の度合いは不明であるとしても，同種の契約を総合し全体として検討してみると何らかの割合でその発生を見込むことができる。したがって，その発生の度合い・金額を合理的に見積り，重要性があれば，債務性引当金として計上すべきである。

　　注1　停止条件付債務は,効力未確定債務であるとともに,その多くは金額未確定債務でもある。逆に，会計上の効力未確定債務の多くは，停止条件付債務であるが，金額未確定債務は停止条件付債務であるとは限らない。
　　注2　保証債務は停止条件付代位弁済債務である（→後記**「保証債務」**）。
　　注3　停止条件付債務は確定債務ではなく，偶発債務(単なる注記事項たる偶発負債で

あるとは限らない。）である。もし，その債務の全体についてその発生（つまり停止条件成就）の度合いが高いと認められる場合は，その金額を見積り，債務性引当金に計上すべきものである。

注4　「停止条件付債務は法律上の債務であるから，必ず，負債の部に計上すべきである。」というような主張には欠点がある。

注5　単純に従業員退職給付支給義務は停止条件付債務であるという説明は間違いである。停止条件付であるのは，将来の勤続年数とか退職事由に基づき増加する部分であって期末自己都合要支給額のことではない。

解除条件付債務

解除条件とは，将来において発生するかしないか分からない一定の事実であって，もしそれが発生すればその発生時にそれまで有していた法律上の効力を失い，もしそれが発生しないことに確定すればその法律上の効力も失わないことに確定することになる事実をいう（その事実が発生すればそのときにその効力を解除するから解除条件といわれる。）。

解除条件付債務の例としては，手付金債務がある。つまり，当方が売主で，買主から手付金を受領した場合，買主が契約を解除するかどうか分からないけれども，もし買主が契約を履行すればその手付金は契約代金の一部に充当するが，もし契約を解除すれば手付金債務は解消し当方の利得となる，という契約による債務である（この場合，"買主の解約"が解除条件である。）。

解除条件付債務は，通常，その条件が成就するまで，通常の債務と同様に負債として計上すべきであり，解除条件が成就したときにその債務を減少させ利益に計上する。

保証債務

債務保証とは，債務者が債務を厳行しない場合にはその保証人がその債務者に代わってその債務を履行することを債権者に約することをいい，保証債務とは，そのようなことを約した保証契約によって保証人が負担している代位弁済債務である。

保証債務は，将来，主たる債務者が債務を履行すると思うが，しないかも

分からない。もし，債務者がそれを履行しなければ保証人として代位弁済する必要があり，それを履行したとすれば消滅する，つまり代位弁済を要しないことが確定するところの債務である。したがって保証債務は，保証人にとって，主たる債務者の債務不履行を条件とするところの停止条件付債務であるということができる（私見）。

保証債務によって代位弁済を行った保証人は，主たる債務者に対して求償権を有する。（ただし回収可能性について留意する必要がある。）

手形遡求義務

手形遡求義務とは，手形（約束手形又は為替手形）が不渡りになった場合に，その手形の所持人（裏書の連続により自己よりも後にその手形を取得した者）に対し，その手形の通常の裏書人（又は為替手形の振出人若しくは参加引受人）又はその保証人として，手形金額の償還請求に応じて支払うべき義務をいう。

遡求義務を履行し手形を受け戻した場合は，自己よりも前の遡求義務者がいるときはその者に対して遡求権を有するほか，手形上の支払義務者に対する求償権を有する。（ただし回収可否について留意する必要がある。）

手形遡求義務は，不渡りを条件とするところの停止条件付債務であると考える（私見）。

第86条（引当金の部等）
① 第43条に規定する引当金は，第76条の規定にかかわらず，負債の部に別に引当金の部を設けて記載することができる。
② 前項の引当金は，その計上の目的を示す適当な名称を付して記載しなければならない。
③ 第１項の引当金で，引当金の部に記載しないものについては，第43条に規定する引当金であることを注記しなければならない。
④ 法令の規定により負債の部に計上することが強制される引当金又

は準備金で，他の部に記載することが相当でないものは，引当金の部に記載しなければならない。
⑤　法令の規定により負債の部に計上することが強制される引当金又は準備金については，その法令の条項を付記しなければならない。

→本規則　第43条

第86条各項の意味するところは，次の1～5（それぞれ）のとおりである。

1　本条第1項

第43条によって計上する引当金（以下，「第43条の引当金」という。）は，第76条の規定によれば，その性質に応じ，流動負債の部又は固定負債の部のいずれかに記載することとなるが，その規定にかかわらず負債の部の中で，それらとは別に引当金の部を設けて，その部に記載することができる。

2　本条第2項

第43条の引当金は，第76条の規定によってその性質に応じ流動負債又は固定負債の部に記載する場合でも，前項の規定によって引当金の部に記載する場合でも，その計上の目的を示す適当な名称を付して記載しなければならない。

3　本条第3項

第43条の引当金であって，引当金の部に記載しないでその性質に応じ流動負債又は固定負債の各部に記載するものは，それが第43条に規定する引当金であることを注記しなければならない。

4　本条第4項

本来の負債ではないが特別の法令の規定により負債の部に計上することを強制される'引当金又は準備金'について，それが流動負債又は固定負債の部に記載することが相当であるものはその部に記載してもよく，第1項の引当

金に準じ引当金の部に記載してもよいが，それが相当でないものは必ず引当金の部に記載しなければならない。

5　本条第5項

特別の法令の規定により負債の部に計上することを強制される'引当金又は準備金'については，流動負債，固定負債及び引当金の各部のいずれの部に記載するものでも，その根拠となる法令の名称及びその条項をその'引当金又は準備金'に付記しなければならない。

●用語の解説

引　当　金

① 　本規則上の引当金

第43条の引当金とは，'法令，定款，株主総会等の決議，契約等に基づく債務'ではないが，既に支出原因が発生しているために将来において資金を支出することが確実であると認められる場合，その支出による費用又は損失がその支出を行ったとき（又は支出義務が確定したとき）の一時の費用又は損失ではなく，その支出原因の発生した各期間にその負担すべき'費用又は損失'として配分することを相当とするときに，当年度以前の負担に属するものとして見積った額を将来の当該支出に備えて負債の部に計上する科目のことである（資金の支出ではなく，物若しくは役務の提供又は物／権利の費消若しくは滅失となる場合も同様である。）。

第43条の引当金は，会計上の負債性引当金のうち法的債務性を有しないものである。これに該当するものとして，修繕引当金，役員退職給付引当金などがある。

② 　会計上の引当金

会計上，引当金とは，当期以前の費用又は損失としてその負担原因が実質的・概数的に発生しているが現実の債務又は"資産の減少"として確定していないため，将来における資金の支出若しくは支出すべき債務の確定，物・役務などの提供又は物／権利の費消・滅失に備えてその金額を見積り計上す

③　特別法上の引当金

会計上の引当金には該当しないが，特定の事業を営む会社について特別の法令に基づき負債の部に計上することを強制される引当金がある。この種の引当金は，特定の損失について，その負担原因は発生していないし，将来においても発生するかしないか分からないけれども，一応，発生の可能性があり，もし発生すれば相当の負担となるため，その発生に備えてあらかじめ計上しておくよう強制される項目である（その引当金繰入額又は取崩額は，特別損益の部に計上される。）。

特別法上の引当金に該当するものとしては，電気事業法に基づき電力会社が計上すべき渇水準備引当金がある。電力会社には，第3節の規定は，ほとんど，適用されない。（→第119条）

準　備　金

準備金という名称をもつ項目には，負債の部に計上されるもの（特別の法令の規定によって強制されるものに限る。）と資本の部に計上されるものとがある。

①　負債の部に計上される準備金

特別の法令の規定によって負債の部に計上することを強制される準備金は，その名称が準備金とされるだけであって，その性格は上の「引当金」における③の引当金とまったく同じである。これに該当するものとしては，証券取引法の規定に基づき証券会社が計上すべき証券取引責任準備金などがある。

そのほか，租税特別措置法の規定に基づく準備金であっても第43条の引当金に相当するものは，負債の部に計上することとなる。

②　資本の部に計上される法定準備金

資本の部に計上される法定準備金は，商法第288条ノ2による資本準備金と同法第288条による利益準備金である。そのほか，特別の法令に基づく準備金として，保険会社の計上すべき損失てん補準備金がある*。

　＊　保険会社には，第3節の規定は，ほとんど，適用されない。（→第118条）

これらの法定準備金も，その性質に応じ，資本剰余金の部に計上すべきものと利益剰余金の部に計上すべきものと区別することとされている。

*　銀行・証券会社・保険会社の利益準備金要積立額については，特別の規定が設けられている。

③　資本の部に計上される租税特別措置法上の準備金

租税特別措置法に基づく準備金であって'負債性を有しないもの及び第43条の引当金に該当しないもの'は，利益金処分を通じ任意積立金として資本の部に計上することとなる（この場合，課税繰延される税金について税効果計算を行う必要がある。）。

> **第87条（繰延税金資産及び繰延税金負債の記載の方法）**
> 　第60条の規定により流動資産の部に記載すべき繰延税金資産と第81条の規定により流動負債の部に記載すべき繰延税金負債とがある場合には，その差額を繰延税金資産又は繰延税金負債として記載しなければならない。第69条の規定により投資その他の資産の部に記載すべき繰延税金資産と第83条の規定により固定負債の部に記載すべき繰延税金負債とがある場合についても，同様とする。

第87条の意味する内容は，次の **A・B** によって構成されている。

A　その性質上，次の **a** の性質を有するものと次の **b** の性質を有するものとがある場合，**a>b** のときは，両者の差額を繰延税金資産として流動資産の部に記載しなければならない。逆に **a<b** のときは，両者の差額を繰延税金負債として流動負債の部に記載しなければならない。

　a　流動資産に属する繰延税金資産
　b　流動負債に属する繰延税金負債

B　その性質上，次の **c** の性質を有するものと次の **d** の性質を有するものとがある場合，**c>d** のときは，両者の差額を繰延税金資産として投資その他の資産の部に記載しなければならない。逆に **c<d** のときは，両者の

差額を繰延税金負債として固定資産の部に<u>記載</u>しなければならない。
- c 投資その他の資産に属する繰延税金資産
- d 固定負債に属する繰延税金負債

第88条（資本の部）

　資本の部は，資本金，資本剰余金及び利益剰余金の各部に区分しなければならない。

第88条の意味するところについては，格別，解説を要する事項はない。

●用語の解説

資　本

資本とは，元来，出資者から提供され，営利事業を遂行するための元手となる金銭その他の財貨の額のことであったが，財貨そのものは変転するものであるから，財貨そのものが資本ではなく，その財貨によって表章されている元の貨幣価値が資本である。

① 会計上，資本には広狭多義がある。

ア　広義の資本とは総資本つまり'総資産に投下された資本'のことであり，その額は総資産の額と一致する。総資本は，自己資本（内部資本ともいう。）と他人資本（外部資本ともいう。）とに分類される。

イ　狭義の資本とは，純資本（自己資本，内部資本ともいい，また，正味財産，純財産，正味資産，純資産ともいう。）のことであり，総資本（すなわち総資産）から他人資本（すなわち負債）を差引した残余の額である。会計上，単に「資本」といえば，通常，純資本のことである。米国では，資本といわないで，所有者持分とか出資者持分（株式会社の場合は株主持分）といっている。（私見では，企業持分とか内部持分とか自社持分とかいうことにしている。）

　　＊　資本には，以上のほか，固定資本とか運転資本とかいう場合の「資本」があり，ま

た，損益取引に対応する語としての資本取引や収益的支出に対応する語としての資本的支出という場合の「資本」とか，各種のものがある。

② 商法上，資本とは法定資本すなわち会計上の資本金のことである。ただし，「資本の欠損」という場合の資本とは，資本金及び法定準備金の合計額のことである。

資本金

資本金とは，元来，営利企業が出資者から事業の基金として金銭その他の財貨の拠出を受けた額のことである。しかし，そのうち株式会社及び有限会社においてのみ資本金の語を用い，その他の企業においては出資金の語を用いることが多い。

株式会社において，資本金とは，法定資本のことである。すなわち，資本金の額は，原則として株主からの金銭若しくは現物による出資又は合併／分割に対応して発行された株式の発行価額の総額（商法284ノ2①）とするも，商法の別段の定めによって資本の額に組み入れたり組み入れなかったりした額があればその増額又は減額後の額が資本金の額である。

有限会社において，資本金とは，法定資本のことである。

資本の欠損

資本の欠損とは，新株式払込金などや評価差額金などを除外した実質上の純資産の額（→**第92条**）が資本金及び法定準備金（＝資本準備金＋利益準備金）の合計額よりも小さい場合の，その状態又はその差額をいう。

剰余金

剰余金とは，本来の用語上，出資者から所定の資本金の額を超えて拠出された資金とか資本の運用による利益のうちの留保された資金のことであるが，会計的には資金そのものではなくて，そのような資金の源泉の意で用いられる。これは，場合によりいろいろな意味で使われる。

① 会計上の剰余金

会計上,剰余金とは,自己資本のうち資本金を超える部分のことである。そして剰余金は,発生源泉に基づき資本剰余金(評価性剰余金*を含む。(私見))と利益剰余金とに区分される。また,その法規制の有無によって法定剰余金(法定積立金とも法定準備金ともいう。)と任意剰余金とに区分することができる。

* ここでいう評価性剰余金とは,貨幣価値変動時における再評価積立金などをいい,特殊なもの(つまり現行の土地再評価差額金及び株式等評価差額金のことを指す。)を含まない。

会計上,資本剰余金は,これを配当源資としてはならないし,また損益取引をこれに影響させてはならないとされる。商法上は法定準備金(資本準備金及び利益準備金)の使用について特別の規定が設けられている(⇒商法第289条)ほか,それ以外の剰余金についてはそのような用途上の規制はなく(配当可能な金額については制限が設けられている。),むしろ資本準備金以外の資本剰余金は利益留保と同様に取り扱われる。

② 本規則における剰余金

本規則において,剰余金とは,会計上の剰余金と同じく,資本剰余金(特殊な性格を有する評価性剰余金を除く。)と利益剰余金との二つのことをいっている。しかし,特殊な評価性剰余金の性質を有する土地再評価差額金及び株式等評価差額金は,剰余金には属さない別個の資本項目としている。

欠　　損

欠損とは,本来,損失による"元手"の食い込みのことである。これは,場合により次のA,B,C及びDの四通りの意味に使われる。

A　実質上の純資産*の合計額が資本金の額を下回り,資本金の食い込みを生じている状態

B　実質上の純資産の合計額が資本金及び資本剰余金の合計額を下回る場合の,その状態

C　実質上の純資産の合計額が資本金,資本準備金及び利益準備金の合計

額を下回る場合の，その状態（商法上，資本の欠損という語は，この場合の状態又はその不足する差額の意）
D　実質上の純資産の合計額が資本金，法定準備金及び任意積立金の合計額を下回る場合の，その状態（つまり未処理損失の意）
　＊　「実質上の純資産」とは，B/S上の純資産から，新株式払込金などや評価差額金などを除外したものをいう。

債務超過
債務超過とは，負債（債務及び負債性引当金）の総額が資本の総額よりも多い状態，すなわち資本の部がマイナスとなっている状態をいう。

第89条（資本剰余金の部）
　　資本剰余金の部には，資本準備金及びその他資本剰余金を記載し，その他資本剰余金は，資本金及び資本準備金減少差益，自己株式処分差益その他の内容を示す適当な名称を付した科目に細分しなければならない。

第89条の意味する内容は，次のA・Bによって構成されている。
A　資本剰余金の部には，資本準備金と「その他資本剰余金」[*1]とを記載しなければならない。
　＊1　「その他資本剰余金」という表現は，国語的に好ましくないと思う。「その他の資本剰余金」というべきであろう。
B　上の「その他資本剰余金」は，'資本金及び資本準備金減少差益[*2]'，自己株式処分差益など，その内容を示す適当な科目名を付した科目に細分して記載しなければならない。
　＊2　「資本金及び資本準備金減少差益」とは，次のA・Bをいう。
　　　A　資本金減少差益……減資差益
　　　B　資本準備金減少差益……商法第289条②（→第101条〔参考規定〕）による資本準備金減少額

●参考説明──自己株式処分差損の処理・表示

この**参考説明**における略語；
　処分益＝自己株式処分差益（有限会社では自己持分処分差益）
　処分損＝自己株式処分差損（有限会社では自己持分処分差損）
　自己株式処分差益の表示については，第89条に示されているが，その逆の処分差損についてどうすべきかは明らかでない。そこで，これについて私見を述べると，以下のとおりである。

◎処分損が生じた場合（当期中に数回にわたり処分した場合は，その差損益通算後の差損がある場合）；

1　B/S 資本の部に，それまでの処分益の計上額が；
　1－1　有るとき……次の2へ
　1－2　無いときで，B/S 資本の部に「資本金及び資本準備金減少差益の計上額が；
　　1－2－1　有るとき……下の3へ
　　1－2－2　無いとき……下の4へ
2　既計上の処分益の額から当期における処分損の額を直接減額する。その結果；
　2－1　全額を減額し，処分損の残額がないとき……結了
　2－2　減額しきれない処分損の残額があり，そして，B/S 資本の部に「資本金及び資本準備金減少差益」の計上額が；
　　2－2－1　有るとき……次の3へ
　　2－2－2　無いとき……下の4へ
3　「資本金及び資本準備金減少差益に達するまでの額を，「資本金及び資本準備金減少差益」の次に「自己株式処分差損」（控除項目）として計上する。それによる残額が；」
　3－1　なお有るとき……次の4へ
　3－2　もう無いとき……結了
4　下の①，②又は③の額を，P/L の'当期未処分利益又は当期未処分損

失'の計算区分の中で,「自己株式処分差損」(利益の減又は損失の増)として計上する。
① 上の1-2-2のときは,処分損の額
② 上の2-2-2のときは,処分益から減額しきれなかった処分損の残額
③ 上の3-1のときは,「資本金及び資本準備金減少差益」の計上額を超過する処分損の額
＊ 本書執筆の段階では,その取扱いについて明確に示されていない。

> **第90条 (利益剰余金の部)**
> 利益剰余金の部には,利益準備金及び任意積立金並びに当期未処分利益又は当期未処理損失を記載し,任意積立金は,その内容を示す適当な名称を付した科目に細分しなければならない。

第90条の意味する内容は,次の **A・B** によって構成されている。
A 利益剰余金の部には,利益準備金及び任意積立金並びに当期未処分利益／当期未処理損失を記載しなければならない。』
B 任意積立金は,その内容を示す適当な科目名を有する科目に細分しなければならない。

注 本条では,規定されていないが,特別の法律により,その計上が強制され,その取崩しについて制限がある利益留保性の準備金がある場合,それについては,特別に区分し,そのことが分かるようにしなければならないと考える(私見)。

●用語の解説

任意積立金

任意積立金とは,法定積立金(＝法定準備金)に対応する語であり,会社が定款の規定や株主総会の決議によって未処分利益金を処分するという形式で積み立てた利益留保金(＝任意処分済剰余金)のことである。

これには，会計上，「任意処分済資本剰余金」（資本準備金以外の資本剰余金）に属するものと「任意処分済利益剰余金」（利益準備金以外の処分済利益剰余金）に属するものとがある（本規則上では，後者についてのみ任意積立金として示している。）。

また，任意積立金には，各種の積立金があるが，その積立目的（すなわち取崩目的）の明白なものと，特定の目的を有しない別途積立金のようなものとがある。

当期未処分利益（金）

本規則でいう「当期未処分利益」とは，会計における「当期未処分利益金」（＝未処分利益剰余金）のことである。

当期未処分利益（金）とは，当期末現在で未処分の（＝次期以降で処分可能な）利益剰余金のことであり，前期末から繰越された未処分利益（金）から定時株主総会でのそれに係る処分額を控除した額＊に任意積立金の目的取崩額・中間配当額など当期中における変動額を加減算した残額に当期純損益を加減したものをいう。

　＊　一般にこの額を前期繰越利益といっているが，正しくは前期処分後繰越利益金というべきである。

　注　本来，「利益」とは期間概念（差額概念）を示し，時点概念（残高概念）の項目（すなわち貸借対照表項目）については，利益金（剰余金）というのが正しい。借入金といえば，まだ"借りたお金"という感じがしないこともない。しかし，買掛金などは，別に"買おうとしたお金"ということではなく，"物を買ったことにより払うべきお金"の意である。利益金というのは"利益として余ったお金"ということで時点概念（残高概念）である。この利益金の語と利益の語とを混用し貸借対照表において未処分利益金というべきところを未処分利益というとは，私のような古典的な会計人にとっては，まったく嘆かわしい限りである。

当期未処理損失（金）

本規則でいう「当期未処理損失」とは，会計における「当期未処理損失金」のことである。

当期未処理損失とは，当期末において，過年度分及び/又は当期分の損失で

あってその処理を行っていないものという意である。
注1　損失金とか欠損金というのは，時点概念（残高概念）の意をもち，期間概念（差額概念）の「損失」とは異なる。
注2　損失と利益とは正反対であり，当期未処分利益の解説を参照すること。

第91条（その他資本の部に計上すべきもの）
① 次の各号に掲げるものは，第88条の規定にかかわらず，株式会社の貸借対照表の資本の部に当該各号に定める部に区分して<u>記載</u>しなければならない。
　一　新株式払込金又は申込期日経過後における新株式申込証拠金　　新株式払込金又は新株式申込証拠金の部
　二　土地の再評価に関する法律（平成10年法律第34号）第7条第2項に規定する再評価差額金　　土地再評価差額金の部
　三　資産につき時価を付すものとした場合（第28条第1項ただし書及び第2項（これらの規定を第31条第2項（同条第3項において準用する場合を含む。）及び第32条第2項において準用する場合を含む。）の場合を除く。）における当該資産の評価差額金（当期純利益又は当期純損失として計上したものを除く。）　　株式等評価差額金の部
　四　自己株式の処分に係る払込金又は申込期日経過後における申込証拠金　　自己株式払込金又は自己株式申込証拠金の部
　五　自己株式　　自己株式の部
② 前項第一号に掲げるものに係る株式の発行数，資本金増加の日及び当該金額のうち資本金に組み入れられないことが予定されている金額は，注記しなければならない。
③ 第1項第五号に定める部は，控除する形式で<u>記載</u>しなければならない。
④ 前各項の規定は，有限会社の貸借対照表の資本の部について準用

> する。この場合において，第1項第一号中「新株式払込金」とあるのは「出資払込金」と，「新株式申込証拠金」とあるのは「出資申込証拠金」と，同項第四号中「自己株式の」とあるのは「自己持分の」と，「自己株式払込金」とあるのは「自己持分払込金」と，「自己株式申込証拠金」とあるのは「自己持分申込証拠金」と，同項第五号中「自己株式」とあるのは「自己持分」と，第2項中「株式の発行数」とあるのは「出資の口数」と読み替えるものとする。

1 本条第1項，第2項及び第3項

第91条第1項，第2項及び第3項は，株式会社の貸借対照表の資本の部において，第88条の規定における'各部の区分にかかわらず（＝各部に追加して）'，区分して記載すべき部とその部に記載すべき事項及びそれらに関連する注記（→第2項）及びそのうちの控除形式項目（→第3項）について規定している（ここでは，第1項の規定における各号の内容について，そこで記述している順序とは逆に，各号に定める部を先に示し，そしてその部に記載すべき事項を示している。）。

結局，第91条第1項，第2項及び第3項の規定を統合し，その意味するところを述べると，次のとおりである。

『株式会社の場合，次のAa～Eの各部において，それぞれに記載すべき内容として示しているものに該当する事項については，そのB/Sの資本の部において，当該事項を，それぞれの属する部に区分して記載しなければならない。

- **A a** 新株式払込金の部…新株式払込金を記載する。併せて新株式の発行数，資本金増加の日及び当該金額のうち'資本金に組み入れないことを予定している金額[*1]'を注記する。
- **A b** 新株式申込証拠金の部…申込期日経過後における新株式申込証拠金を記載する。併せて上の**A a**と同様の注記をすること。
- **B** 土地再評価差額金の部…土地再評価に関する法律第7条第2項に規定する再評価差額金を記載する。

C 株式等評価差額金の部…市場価格のある「その他有価証券」*2*3の洗い替え方式*4による評価差額*5を記載する。

* *1 本条②では,「資本金に組み入れられないことが予定されている金額」として示されている。このような法令規定における文言を,自社の作成する文書に丸写しをすると,(特に,自社の意思や行為に基づく諸事項の場合),まるで他人事のような感じの文章になるので,留意すること(その理由について述べると長くなるので,省略する。)。
* *2 「その他有価証券」とは'売買目的有価証券,満期保有目的の債券,子会社株式及び関連会社株式'以外の有価証券をいう(→金融商品に係る会計基準第三・二4)。
* *3 単なる「その他有価証券」ではなく,'「その他有価証券」のうちの本規則上の有価証券その他の資産'というべきであるといわれるかもしれない。というのは,本規則と財表規則との間で,有価証券の範囲に差があるという見解があるからである(私見は賛同しない。→第57条●参考説明──本規則上の有価証券と財表規則上の有価証券)。そのほか,金融商品に係る会計基準では認められていないが,本規則第30条③では,市場価格のある金銭債権についても,時価評価が認められているから,その評価差額が計上される場合もあるからである。
* *4 洗い替え方式というのは,例えば,ある決算期末において原価で記帳している資産について時価評価し,その評価差額を当該資産の原価に加減するとともに,同額をP/L又はB/S(繰延税金資産と株式等評価差額とに配分)に計上・記載したとき,当該期の翌期首において帳簿上,当該評価差額の振り戻しを行い,当初の原価に戻しておくことをいう(したがって,当該翌期の期末まで継続して所有している資産については,当初の原価と当該翌期の期末における時価との差額が当該翌期の評価差額となる。)。

  なお,当期のP/Lには,前期P/L計上の評価損益の振戻し額が含まれているが,その振戻し額(法人税等及び税効果計算後のもの)は,当期B/S計上資産の時価評価差額の計算に関係させてはならない。つまり,P/Lには前期分振戻し額と当期評価差額とが通算されているから,前者を除外すべきである。(私見)。
* *5 評価差額とは,通常,簿価と評価額との差額をいう。ここでは,結局,原価と時価との差額に相当する。なお,市場価格のある「その他有価証券」評価差額の処理方法には,次の**a**・**b**の二つがあり,いずれかを継続適用する必要がある。
  * **a** 評価差額の通算額(=評価増差額−評価減差額)をB/Sの繰延税金負債と資本の部の株式等評価金とに配分して計上する方法
  * **b** 評価増差額は上の**a**に準じてB/Sに計上し,評価減差額はP/Lに損失として計上する方法

D a 自己株式払込金の部…自己株式の処分に係る払込金を記載する。

D b 自己株式申込証拠金の部…自己株式の処分に係る申込期日経過後に

おける申込証拠金を記載する。
　E　自己株式の部…自己株式を記載する。この部は，資本の部における金額から控除する形式で記載しなければならない。』

　第91条第1項各号のうち，第三号を除き，他の各号については，格別，解説を要する点はない。これに対し，第三号については，その記述が長く，かつ，複雑である。しかし，その意味する内容を要約すると，上のCのようになる。

　この第三号における記述の「資産につき時価を付するものとした場合（…略…）における当該資産の評価差額金」ということは，結局，「時価評価を認められる資産[*6]について時価評価したことにより生じた評価差額金」ということを意味し，その場合の時価評価には，強制評価減[*7]を行ったときの時価評価及び低価法を適用したことによる時価評価を除いているということを，関連する規定の条項を示しながら，述べたものである。そして「（当期純利益又は当期純損失として計上したものを除く。）」という記述は，「（損益計算書に評価益又は評価損として計上し，結果的に当期純利益又は当期純損失の計算に算入されたものを除く。）」というように解すべきである。

　　[*6]　ここで「時価評価を認められる資産」としたのは，本規則では，市場価格のある'金銭債権，債券及び株式（子会社／有限子会社の株式を除く。）'に係る時価評価について，これを「強制」とせず「許容」としているからである。これに対し，金融商品に係る会計基準では，売買目的有価証券及び市場価格のある「その他有価証券」については，時価評価が強制されている。
　　　本規則では，'株式及び債券'以外の有価証券（例えば投資信託受益証券など）の評価については，何ら規定していない。これに対し，同会計基準では，市場価格のある「その他有価証券」のすべてについて時価評価を強制している。公認会計士又は監査法人による法定監査を受ける会社は，同会計基準に準拠しなければならない。そうすると，上述の投資信託受益証券などで市場価格のあるものの時価評価について，本規則上，どう考えるべきかが，問題となる。私見では，市場価格のある「その他有価証券」のうち，'株式及び債券'とそれら以外の有価証券との間には，会計情報の形成・提供の観点から，実質的に差異は認められないから，商法第32条第2項にてらし，また類推解釈を行うことにより，後者についても，本規則上，時価評価が許容されると考える。
　　[*7]　ここで「強制評価減」というのは，原価基準を採用している資産[*]について，時価が原価より著しく低いとき，その時価が原価まで回復すると認められないため，

時価まで評価減することを意味している。
注　本規則第30条③では，市場価格のある金銭債権につき，時価評価することを許容している。これに対し，金融商品に係る会計基準では，それを認めていない。したがって公認会計士／監査法人による法定監査を受ける会社は同会計基準によることとなる。

それ以外の会社が本規則第30条③を根拠に市場価格のある金銭債権について時価評価した場合，その評価差額をどのように処理すべきか示されていないのでそれが問題となる。私見では，いわゆる「その他有価証券」の処理に準じ，次のようにすべきものと思う。

A　売買目的の金銭債権の場合，その評価差額は P/L に計上する。
B　上のA以外の金銭債権の場合，次の **a**／**b** による。
　a　すべての評価差額を通算し，その税効果計算後の評価差額金を B/S 資本の部に計上する。
　b　評価増差額と評価減差額とを分別し，前者の税効果計上後の評価差額金を B/S に計上し，後者を P/L に計上する。

2　本条第4項

第91条第4項の意味するところは，次のとおりである。

『有限会社の場合，次の**Aa〜E**の各部において，それぞれに記載する内容として示しているものに該当する事項については，その B/S の資本の部において，当該事項を，それぞれの属する部に区分して記載しなければならない。

なお，本条第4条では明示していないが，有限会社については，土地の再評価に関する法律の適用がないから，土地再評価差額金の部は，関係がない。

A a　出資払込金の部……出資払込金を記載する。併せて払込に係る出資の口数，資本金増加の日及び当該金額のうち'資本金に組み入れないことを予定している金額[*1]'を注記しなければならない。

*1　→上の1*1

A b　出資申込証拠金の部……申込期日経過後における出資申込証拠金を記載する。併せて上の**A a**と同様の注記をすること。

B　株式等評価差額金[*2]の部……上の1 Cに同じ（1の*2〜*7についても同じ。）

C a　自己持分払込金の部……自己持分の処分に係る払込金を記載する。

　C b　自己持分申込証拠金の部……自己持分の処分に係る申込期日経過後における申込証拠金を記載する。

　D　自己持分の部……自己持分を記載する。この部は，資本の部における金額から控除する形式で記載しなければならない。

　＊2　有限会社の場合，本規則の定めるとおり，市場価格のある'金銭債権，債券及び株式（有限子会社＊3の株式を除く。）'について，その時価評価（強制評価減によるものを除く。）は，強制されるものではなく，任意であると考える。

　　　なお，商法第32条第2項の規定は，商人に関する規定であるから，有限会社法において，それの準用規定がなくても，当然に適用されると解する。したがって，任意であるとはいえ，継続性の原則については，その適用があると考える。

　＊3　（上の＊2の文中）　第32条②では，「子会社」として示されている。したがって，これを第2条①十九の「子会社」と解すると，同二十の有限会社は該当しないこととなる。しかし，理の当然として，ここは，有限子会社についても同十九の子会社と同様に第32条②のとおりにすべきであると思う（私見）。

第92条（資本の欠損の注記）
　　貸借対照表上の純資産額から前条第1項第一号から第三号まで（これらの規定を同条第4項において準用する場合を含む。）に定める部に記載した金額の合計額を控除した額が，資本金，資本準備金及び利益準備金の合計額を下廻る場合には，その差額を注記しなければならない。

第92条の意味する内容は，次の **A・B** によって構成されている。

　A　株式会社の場合，次の **a** に比し **b** の方が小さいときは，その差額（＝資本の欠損）を注記しなければならない。

　　a　資本金＋資本準備金＋利益準備金
　　b　B/Sの純資産額－（新株式払込金＊1＋土地再評価差額金＋株式等評価差額金＊2）

　＊1　払込期日が到来していないときは，新株式申込証拠金

*2　差損の場合はマイナス

B　有限会社の場合，次の**a**に比し**b**の方が小さいときは，その差額（＝資本の欠損）を注記しなければならない。

　a　資本金＋資本準備金＋利益準備金
　b　B/Sの純資産額－（出資払込金＊1＋株式等評価差額金＊2）

*1　払込期日が到来していないときは，出資申込証拠金
*2　→上の**A**＊2
注　→第91条解説2なお書

第93条（繰延資産等に関する注記）

　第124条第一号＊1又は第126条第一号＊2に規定する超過額及び第124条第三号＊1又は第126条第三号＊2に規定する純資産額は，注記しなければならない。

※1　第124条　……主文略……
　一　第36条及び第37条の規定により貸借対照表の資産の部に計上した金額の合計額が，商法第290条第1項第2号＊3の合計額に同項第3号＊3の額を加算した額を超えるときは，その超過額
　三　資産につき時価を付するものとした場合(第28条第1項ただし書及び第2項(これらの規定を第31条第2項(同条第3項において準用する場合を含む。)及び第32条第2項において準用する場合を含む。)の場合を除く。)において，その付した時価の総額が当該資産の取得価額の総額を超えるときは，時価を付したことにより増加した貸借対照表上の純資産額

※2　第126条　……主文略……
　一　第36条及び第37条の規定により貸借対照表の資産の部に計上した金額の合計額が，有限会社法第46条第1項＊4において準用する商法第290条第1項第二号の合計額に有限会社法第46条第1項＊4において準用する商法第290条第1項第三号の額を加算した合計額を超えるときは，その超過額
　三　第124条第三号に掲げる額（→上掲）

※3　商　法　第290条　①二　資本準備金及利益準備金ノ合計額
　三　其ノ決算期ニ積立ツルコトヲ要スル利益準備金ノ額

※4　有限会社法　第46条　①　商法……第290条……ノ規定ハ有限会社ノ計算ニ之

ヲ準用ス……。

(1) 第93条の規定の意味する内容は，これを整理して要約すると，結局，次のA及びBの二つから構成されている。(このうちBについては，有限会社法の準用する商法の規定を，次々と参照していく必要があり，構文上きわめて複雑であるが，結局，内容的には，Aと同じである。)

A　株式会社の場合，次のa・bを注記しなければならない。

　a　以下のiiに対するiの超過額
　　i　繰延資産の部に計上している'開業費＋研究費及び開発費'の額
　　ii　資本準備金＋利益準備金＋その決算期に係る利益準備金の要積立額

　b　資産の時価評価（下の(2)ア〜クの時価による評価を除く。したがって下の(3)ケ〜セの時価による評価をいう。）により増加したB/S上の純資産額，つまり以下のb1・b2のいずれかの額

　b1　次のi〜vのすべてが差益である場合，その合計額
　　i　B/S資本の部に計上した土地再評価差額金（税効果計算後）
　　ii　B/S資本の部に計上した株式等評価差額金（税効果計算後）
　　iii　当年度のP/Lに計上した株式等の評価差額（'低価法評価損及び強制評価減損失'を含まない。）につき，それにより'法人税その他の税額及び法人税等調整額'に及ぼした影響を減算／加算して求めたその純額
　　iv　当年度のB/S計上の株式等の中に，過年度において有価証券の所有目的の変更による科目変更など，何らかの事情により切放し法によって時価評価（低価法評価及び強制評価減によるものを除く。）したものが含まれている場合には，それについて，上のiiiに準じて求めた純額のすべての通算額
　　v　第30項第3項により時価評価した金銭債権*の評価差額につき，上のiiに準じて計上した額／上のiiiに準じて求めた額
　　　＊　金融商品に係る会計基準では，金銭債権の時価評価を認めていない。

　b2　上のb1のi〜vの中に差益と差損とがある場合でその通算額が

差益のとき，その純額
　B　有限会社の場合，次の a・b を注記しなければならない。
　　a　有限会社法で準用する商法の規定による上の A の a に相当する額。
　　b　上の A の b（b 1 i を除く。）に同じ。
　　　注1　→第91条解説1＊4
　　　注2　→第91条解説2なお書

(2)　第93条で引用している第124条第三号（→上掲※1三）の文中で，同号の時価から除外しているものは，以下のア〜クである。
　ア　第28条第1項ただし書によるもの…流動資産で原価基準評価しているものの強制評価減により付した時価
　イ　第28条第2項によるもの…流動資産の低価基準評価により付した時価
　ウ　第31条第2項で準用する上のアによるもの…市場価格のある社債で原価基準評価しているものの強制評価減により付した時価
　エ　第31条第2項で準用する上のイによるもの…市場価格のある社債の低価基準評価により付した時価
　オ　第31条第3項で準用する同条第2項により重ねて準用する上のアによるもの…市場価格のある '国債，地方債その他の債券' で原価基準評価しているものの強制評価減により付した時価
　カ　第31条第3項で準用する同条第2項により重ねて準用する上のイによるもの…市場価格のある '国債，地方債その他の債券' の低価基準評価により付した時価
　キ　第32条第2項で準用する上のアによるもの…市場価格のある株式で原価基準評価しているものの強制評価減による時価
　ク　第32条第2項で準用する上のイによるもの…市場価格のある株式（子会社／有限子会社の株式を除く。）の低価基準評価により付した時価

(3)　結局，第93条でいう第124条第三号／第126条第三号の純資産額（厳密には純資産増加額）の計算根拠となる時価とは，次のケ〜セをいうことにな

る。

ケ 第30条第3項により,市場価格のある金銭債権について付した時価(→上の(1)A b 1 v ＊)

コ 第31条第2項で準用する第30条第3項により,市場価格のある社債について付した時価＊1

サ 第31条第3項で準用する同条第2項で重ねて準用する第30条第3項により,市場価格のある'国債,地方債その他の債券'について付した時価＊1

シ 第32条第2項で準用する第30条第3項により,市場価格のある株式(子会社／有限子会社の株式を除く。)について付した時価＊1

ス 土地の再評価に関する法律＊2第3条第1項により再評価した土地に付した時価＊3

セ '社債・株式'以外の有価証券で市場価格のあるものについて,金融商品に係る会計基準に準拠することにより付した時価＊1

＊1 時価評価差額をP/Lに計上するか,税効果計算後の評価差額金をB/S資本の部に計上するかについては,金融資産に係る会計基準による必要がある。
＊2 有限会社には適用されない。
＊3 土地再評価に関する法律第7条②により,税効果計算後の再評価差額金は,B/S資本の部に計上することとされている。

●参考説明——第93条の純資産額と市場価格のある有価証券の評価差額との関係

　第93条による注記事項のうち,第124条第三号(有限会社にあっては第126条第三号)の純資産額(＝資産の時価評価に基づく純資産の増加額)について,その計算根拠から除外されているものの中に,市場価格のある債券・株式(子会社／有限子会社の株式を除く。以下,この参考説明において同じ。)の低価法評価損も含まれている。

　他方,金融商品に係る会計基準においては,有価証券につき,低価基準評価を認めていない。しかしながら,次の①・②に述べるように,同会計基準に準拠してP/Lに計上する有価証券評価損は,実質上,低価法評価損と同じ

性質のものである。
① 売買目的有価証券の評価損…グループ別（目的別）通算方式*つまり，それに属する有価証券を一つのポートフォリオとした場合の低価法評価損と同じ。

　　* 我が国では一般的ではないが，会計理論上，あり得る。

② 「その他有価証券」の評価差額について，銘柄別の'評価増差額と評価減差額'とを分別し，前者をB/S資本の部に，後者をP/Lに評価損として計上する方針を採用した場合のP/L計上額…後者を生じた有価証券に係る銘柄別低価法評価損と同じ。

　　上の①・②とも，時価基準による評価損であるから，形式上，低価法評価損とは異なるが，その発生原因・P/L計上根拠は，低価法評価損と同じものである。にもかかわらず，上の①・②の評価損を第93条の純資産額の計算根拠から除外しないとすれば，本来の低価法評価損の取扱いとの整合性に欠け，本規則における規定の趣旨に反することとなる。逆に，これらのすべてを同条の純資産額の計算根拠から除外するとすれば，今度は，株式等評価差額金について銘柄ごとの評価増減差額を通算した純額をもってB/S資本の部に計上する方針を採用している場合との間にアンバランスが生じることになる。

　　したがって，私見では，市場価格のある'債券・株式'について，その評価差額（'法人税等・同調整額'に及ぼす影響を考慮する必要がある。）のB/S計上・P/L計上にかかわらず，その銘柄ごとの差額を通算し，次のⅰ／ⅱによって取扱うこととすべきであると思う。

　　ⅰ　通算後の純額が評価増差額となった場合は，それを他の資産の時価評価差額と通算する。

　　ⅱ　通算後の純額が評価減差額となった場合は，それをもって打切り，他の資産の時価評価差額とは通算しない。

第3款　損益計算書

> 第94条（区　分）
> 　損益計算書には，経常損益の部及び特別損益の部を設け，経常損益の部は，営業損益の部及び営業外損益の部に区分しなければならない。

第94条の意味する内容は，次の **A・B** によって構成されている。

A　P/L には，経常損益の部と特別損益の部との二つの部を設けなければならない。

B　さらに経常損益の部は，営業損益の部と営業外損益の部との二つに区分しなければならない。

● 用語の解説

経 常 損 益

経常損益の語には，次の **A**，**B** 及び **C** の三つの意味がある。

A　経常利益又は経常損失のいずれか一方の意（一つの会社における一つの営業年度についていう場合）

B　経常利益及び経常損失の両方の意（複数の会社及び／又は複数の営業年度についていう場合）

C　経常利益と経常損失の各合計額の差額の意（複数の営業年度などに係る通算額についていう場合）

　注　経常損益というタイトルのもとで複数の営業年度又は複数の会社に係る数字を並記して示すとき，数字に符号をつけない場合は経常利益を意味し，△の符号をつければ経常損失を意味するように使い分けをしたりする例がある。

なお，経常利益とは企業の当期における経常的な営業活動，一般管理活動，財務活動などによって稼得した成果（＝消費価値に対する回収価値の剰余）

のことであり，経常損失とはそれらの活動の不振／失敗による回収価値の欠減のことである。

経常利益又は経常損失を形成する要因となる項目には，利益プラス要因たる経常収益項目（営業収益項目及び営業外収益項目）と利益マイナス要因たる経常費用項目（営業費用項目及び営業外費用項目）とがある。

営業（会計）

営業とは，本来，企業の事業目的を達成するための資本の価値増殖活動業務のことをいうが，この語は，広狭多義に使われる。そのうち，会計上でいう「営業」に限っていうとすれば，通常，広義においては，次のA・Bの両者を意味し，狭義においては，Aのみを意味する。

A 企業の根幹的な価値増殖活動業務，つまり，商業会社における商品の仕入・保管・販売に関する一連の業務（メーカーの場合，原材料の'調達・保管'，製品の'製造・保管・販売'に関する一連の業務。その他の事業の場合，これらに類する業務）

B 価値増殖活動を支えるために不可欠な業務，つまり一般管理業務（メーカーの場合，研究開発業務を含む。）

営業損益

営業損益の語には，経常損益の語と同じように，次のA，B及びCの三つの意味がある。

A 営業利益又は営業損失のいずれか一方の意
B 営業利益及び営業損失の両方の意
C 営業利益と営業損失の各合計額の差額の意

なお，営業利益とは企業の当期における営業活動（主たる'資本の価値増殖活動'）及び一般管理活動によって稼得した成果（＝消費価値に対する回収価値の剰余）のことであり，営業損失とはその活動の不振／失敗による回収価値の欠減のことである。

営業利益又は営業損失を形成する要因となる項目には，利益プラス要因た

る営業収益項目と利益マイナス要因たる営業費用項目とがある。営業費用には，売上原価と"販売費及び一般管理費"とがある。

販売費及び一般管理費はさらにその内訳費目に細分されるが，本規則では，その内訳明細は附属明細書に記載することとされている（小株式会社及び有限会社の場合はこの限りではない。）。

営業外損益

営業外損益の語には，次の A，B 及び C の三つの意味がある。

A　営業外収益項目の合計額と営業外費用項目の合計額との差額の意……通常，営業外損益とは営業外収益と営業外費用との差額のことであり，前者の額が後者の額よりも大きい場合はその差額が営業外利益となり，その逆の場合は営業外損失となる。

B　営業外収益及び営業外費用の両方の意

C　営業外収益又は営業外費用のいずれか一方の意

　注　→第98条●用語の解説「営業外収益」・「営業外費用」

特別損益

特別損益の語には，次の A，B 及び C の三つの意味がある。

A　特別利益項目の合計額と特別損失項目の合計額との差額の意

B　特別利益及び特別損失の両方の意

C　特別利益又は特別損失のいずれか一方の意

　注　→第99条●用語の解説「特別利益」・「特別利益」・「特別損失」

第95条（経常損益の部）

　営業損益の部及び営業外損益の部は，売上高，売上原価，販売費及び一般管理費その他の収益又は費用の性質を示す適当な名称を付した科目に細分しなければならない。

第95条の意味する内容は，次の **A・B** によって構成されている。
 A 　営業損益の部は，売上高その他の営業収益の性質を示す適当な名称を付した科目と，売上原価，'販売費及び一般管理費'その他の営業費用の性質を示す適当な名称を付した科目とに細分しなければならない。
 B 　営業外損益の部は，営業外収益の性質を示す適当な名称を付した科目と，営業外費用の性質を示す適当な名称を付した科目とに細分しなければならない。

営業損益の部については営業収益と営業費用とに区分し，営業外損益の部については営業外収益と営業外費用とに区分し，その区分ごとに適当な科目に細分することを要する。したがって，営業外費用に属する支払利息から営業外収益に属する受取利息を控除し，その差額を純支払利息として記載するような方法は認められないと解する。ただ，「営業外収益」とか「営業外費用」とかの標題を記載することまでは，この規定上からは，要求されていないが，明瞭性の原則からいえば，区分標題をつけ，区分ごとの合計額を記載すべきであろう。

●用語の解説

売上高・工事収益・営業役務収益

売上高とは，本来，商業／製造業における商品・製品・半製品の販売取引高をいう。

本来，工事収益(＝請負工事取引高)・営業役務収益(サービス事業取引高)＊は，売上高として表示したり，これに含めたりせず，別掲すべきである。しかし兼営事業の場合，売上高に比しその重要性が小さいときには，売上高に含めても差し支えない。

　＊　通常，その事業の名称を付した科目名（例；○○事業収益）をもって表示する。

売上原価・工事原価・営業役務原価

売上原価とは，販売した商品・製品等の取得原価のことである。したがって，本来，売上高と売上原価とは，物的対応（＝売上高計上品と売上原価計

上品とは同一のもの，つまり物量的に対応合致）する*1ものである。

工事原価は工事収益に物的対応する原価をいい，販売費や一般管理を含まない。

営業役務原価は，営業役務収益に物的対応する原価*2をいい，販売費や一般管理費を含まない*3。

- *1 売上原価に賦課／配賦された原価差額も，一応，売上高に物的対応をしているといえる。期末棚卸資産に係る低下法評価損などは，事実上，その計上時では売上高と物量的に対応をしているものではない，しかし期間差異であり，本質的に物的対応していると考える（前期売上計上品の当期値引高についても同様である。）。
- *2 顧客へ提供するサービス・コンテンツの企画・制作，顧客利用物品の購入・管理，顧客受入れの準備・待機，顧客の到着から退出までのサービス提供，顧客退出後の整理，関係設備の維持・修理などに関する費用（いわゆるフロントの費用）をいう。ただし，資産計上すべきものを除く。
- *3 サービス業の場合，P/L上，営業役務原価と販売費とを区分しないで表示している例がある。これは，「企業会計原則」（⇒同原則第二・三・D②・F）に反し，したがって財表規則第1条②，ひいては商法第32条②に反することになりかねない。
- 注 工事収益・営業役務収益を売上高に含めた場合には，これに物的対応する工事原価・営業役務原価も売上原価に含める必要がある。

販売費及び一般管理費

販売費及び一般管理費とは，文字どおり販売費と一般管理費とを総括した科目名である。

販 売 費

販売費とは，本来，商品・製品・半製品の受注・販売のために消費した経済価値をいう。請負工事業／サービス業では，工事収益／営業役務収益の獲得のために消費された経済価値（＝営業企画をたて，宣伝・広告，代理店へのプレゼンテーションなどを経て，受注・提供するまでの段階の費用。場合により，料金回収やアフターサービス費を含む。）を販売費という。

一般管理費

一般管理費とは，企業経営上の一般的な管理活動のために消費した経済価値をいう。

一般管理費には，一般的・基礎的な'技術研究費及び製品等開発費'を含み，財務費用を含まない。

> **第96条（営業損益）**
> 　営業収益の合計額と営業費用の合計額との差額は，営業利益又は営業損失として記載しなければならない。

第96条の意味するところは，次のとおりである。

『営業収益の合計額と営業費用の合計額とを比較し，次の **A／B**（いずれか該当する方）によらなければならない。

A　営業収益の合計額の方が大きいときは，両者の差額を営業利益として記載しなければならない。

B　営業収益の合計額の方が小さいときは，両者の差額を営業損失として記載しなければならない。』

　注　企業会計原則では，売上高と売上原価との差額を売上総利益（又は売上総損失）として示し，これから"販売費及び一般管理費"を控除して営業利益を表示することとしているが，本規則では，売上総利益の計算・表示を求めていない。

● 用語の解説

営業収益

営業収益とは，営業（つまり主たる経営目的として行う経済活動による資本増殖活動）のための（ときにより資本の欠減を生じるものの）経済価値の増加的流入（稼得性流入）をいい，売上高，工事収益，営業役務収益などがこれに当たる。

　注　「営業収入」という語は，C/F で使う語であり，P/L で使うべきでない。

営業費用

営業費用とは，営業（つまり主たる経営目的として行う経済活動による資

本増殖活動）のために，通常，必要とされる経済価値の減少的流出をいい，売上原価，工事原価，営業役務原価，'販売費及び一般管理費' などがこれに当たる。

第97条（子会社等との取引高）

① 子会社（有限会社にあっては，有限子会社）との取引による取引高の総額は，営業取引によるものとそれ以外のものとを区分して，注記しなければならない。

② 前項の規定は，支配株主（有限会社にあっては，支配社員）との取引による取引高について準用する。

③ 有報提出大会社は，第１項（前項において準用する場合を含む。）の規定による注記に代えて，関係会社との取引による取引高の総額を，営業取引によるものとそれ以外のものとを区分して，注記することを妨げない。

1　本条の第１項・第２項

◎　自社が有限会社である場合，この１の解説中，「子会社」は「有限子会社」と，「支配株主」は「支配社員」と読み替えること。

第97条の第１項及び第２項の意味する内容をまとめて記載すると，次のA・B及びC・Dのとおりである（私見）。

　A　子会社との間の収益性／収入性[*1]の取引に係る取引高（つまり資産／役務／権利の '有償提供／無償受領' に係る取引高）の総額は，営業取引によるものとそれ以外の取引によるものとを区分して，P/L に注記しなければならない。

　　　＊１　ここでいう収入性の取引とは，有形固定資産などの売却取引をいう。P/L 面では，売却差損益が表示されるが，この注記としては，売却高を示す必要がある。

　B　子会社との間の費用性／支出性[*2]の取引に係る取引高（つまり資産／

役務／権利の'有償受領／無償提供'に係る取引高）の総額は，営業取引によるものとそれ以外の取引によるものとを区分して，P/L に注記しなければならない。

*2 ここでいう支出性の取引とは，棚卸資産・有価証券・有形固定資産などの購入取引をいう。

C 支配株主との間の収益性／収入性の取引に係る取引高（つまり資産／役務／権利の'有償提供／無償受領'に係る取引高）の総額は，営業取引によるものとそれ以外の取引によるものとを区分して，P/L に注記しなければならない。

D 支配株主との間の費用性／支出性の取引に係る取引高（つまり資産／役務／権利の'有償受領／無償提供'に係る取引高）の総額は，営業取引によるものとそれ以外の取引によるものとを区分して，P/L に注記しなければならない。

2 本条第3項

第97条第3項の意味する内容は，次の A・B によって構成されている。

A 有報提出大会社の場合には，上の1の A・C による注記に代えて，関係会社との間の収益性／収入性の取引に係る取引高の総額を，営業取引によるものとそれ以外の取引によるものとに区分して，P/L に注記しても差し支えない。

B 有報提出大会社の場合には，上の1の B・D による注記に代えて，関係会社との間の費用性／支出性の取引に係る取引高の総額を，営業取引によるものとそれ以外の取引によるものとに区分して，注記しても差し支えない。

注1 第97条では，営業取引によるものとそれ以外のものと区分してその総額を記載すればよく，その内訳までも注記することを求めていない。しかしながら，私見では，特に営業取引以外の取引であって，その金額が重要であり，かつその取引内容からみて'一般的・経常的に行われる取引とか事由'によるものではない場合においては，第44条①・第47条の規定に照らし，その内容・事由が分かるように注記する必要があると考える。

また，無償又は'低額若しくは高額の有償取引'，債権放棄／債務免除などであって，その取引が異例であるとかその及ぼす影響が重要である場合にも，第44条①・第47条の規定に照らし，その内容・事由・影響などを別に注記する必要があると考える（私見）。

注2　→第48条①

●用語の解説

取　引

① 簿記・会計上の「取引」

簿記上において，「取引」とは，資産，負債，資本の経済価値の増減変化や収益（広義），費用（広義）の発生・消滅に関する一切の事象のことである。つまり，会計上の識別・認識・測定の対象となる一切の事象を取引という。したがって，外部取引（＝対外取引）のほか，内部取引（つまり，資産の減耗や価格の低落など）も取引に該当する。

会計上では，簿記上の取引に当たるものを会計取引＊というが，会計行為，会計活動とか，会計事象といわれたりする。

> ＊　会計上，場合により，「取引」と「事象（現象ともいう。）」とを区分し，外部取引のことを単に取引といい，資産の減耗や価格の低落などの内部取引のことを「事象」ということもある。

② 第97条における「取引」

第97条における「取引」とは，P/Lへの注記事項という点からみて，直接的／間接的に損益に影響を及ぼす取引，つまり有形・無形の各種資産の売買取引，役務の'提供／受領'取引など，'収益・費用（いずれも広義）'／'収入・支出'に影響を及ぼす商取引及び無償支援取引などを意味するものと解する。したがって，金銭貸借などの金融取引それ自体は，ここにいう取引には該当しないが，それに附帯する利息の受払取引は，ここにいう取引に該当するものと解する。しかし，支配株主（個人）が取締役になっている場合に，同人に対する取締役報酬の支払は，ここでいう取引には該当しないと解する。

営業取引

　ここでの営業取引とは，企業の主たる事業目的として継続的に行う対外的な商取引（物や権利の売買・役務の授受などに関する活動）をいい，これには収益性の営業取引と費用性の営業取引とがある。具体的には，'商品／製品の売上高，工事収益，営業役務収益などの営業収益を生じさせる取引' 及び '商品仕入高，原材料仕入高，外作製品購入高，外注加工費，外注工事費，外注役務費用，製品／商品の荷造包装費，商品／製品／原材料の運送費など，営業収益の獲得に必要であり営業収益と物的関連の強い費用であっていずれは商品／製品の売上原価，工事原価，営業役務原価などを構成することになる直接費用を生じさせる取引' をいうものと解する。

　したがって，販売費・一般管理費はもちろん，製造費用のようにいずれは売上原価を構成することになる費用であっても設備賃借料，設備修繕費などの補助的，非継続的な間接費用を生じさせる取引は，ここでいう営業取引には当たらないで，営業外取引に相当すると解する（私見）。

営業外取引

　営業外取引とは営業取引以外の取引ということであるが，その内容としては，通常，収益性の財務（果実）取引，費用性の財務（果実）取引，不動産等の営業外の賃貸借取引，'設備の購入／不要設備の売却' 取引，有価証券の売買取引その他の雑取引がある。

　広義においては，上述に加え，金銭貸借などの財務取引や債務保証などの利益相反取引を含む。

第98条（経常損益）

　　第96条の営業利益又は営業損失の額に，営業外収益の合計額と営業外費用の合計額を加減した額は，経常利益又は経常損失として<u>記載</u>しなければならない。

第98条の意味する内容は，次の **A・B** 及び **C・D** によって構成されている。

A 営業利益を計上している場合，その額に営業外収益の合計額を加え，営業外費用の合計額を減じて残額があるときは，その残額を経常利益として記載しなければならない。

B 営業利益を計上している場合，'営業利益の額と営業外収益の合計額との合算額'が営業外費用の合計額よりも小さいときは，両者の差額を経常損失として記載しなければならない。

C 営業損失を計上している場合，営業外収益の合計額が'営業損失の額と営業外費用の合計額との合算額'よりも大きいときは，両者の差額を経常利益として記載しなければならない。

D 営業損失を計上している場合，営業外収益の合計額が'営業損失の額と営業外費用の合計額との合算額'よりも小さいときは，両者の差額を経常損失として記載しなければならない。

次に同一の種類／性格／目的の取引から生じる営業外収益と営業外費用とを通算してよいかどうかという問題がある。これについては，次のように考える（私見）。

① 受取利息と支払利息とは，その発生原因が異なるから通算してはならない。

② 有価証券の売却益と売却損について；

　i 同一銘柄について売却時期が異なるために生じた売却益と売却損とは通算する。

　ii 異なる銘柄に係る売却益と売却損とは，通算しない。ただし，次のiiiの場合を除く。

　iii 一般企業の売買目的有価証券については（一つのポートフォリオに属すると考えられるから），異なる銘柄であってもそれらの売却益と売却損とは通算する。（この場合，有価証券売却益（損）ではなく，有価証券評価損益と合わせ有価証券運用益（損）として表示することとされている。*

合算額'が特別損失の合計額よりも小さいときは，両者の差額を税引前当期純損失として記載しなければならない。
C　経常損失を計上している場合，特別利益の合計額が'経常損失の額と特別損失の合計額との合算額'よりも大きいときは，両者の差額を当期税引前純利益として記載しなければならない。
D　経常損失を計上している場合，特別利益の合計額が'経常損失の額と特別損失の合計額との合算額'よりも小さいときは，両者の差額を税引前当期純損失として記載しなければならない。

2　本条第2項

第100条第2項の意味するところについては，格別，説明を要する点はない。

> 注　本項第一号の「法人税その他の税の額」とは，法人所得に対して課される各種の税の額を意味し，これに相当する科目名としては，一般に「法人税，住民税及び事業税*」という名称が使われていることが多い。
> 　なお，本書では，多くの場合，これを「法人税等」と簡記し，また，「法人税等」と「法人税等調整額」との2科目のことを単に「法人税等及び調整額」と簡記している。また，場合により「法人税等調整額」のことを「税効果額」としていることがある。
> 　*　ここでの事業税は，所得割に限る。

3　本条第3項

第100条第3項の規定の意味する内容は，次の**A・B**の二つによって構成されている。
A　税引前当期純利益を計上している場合，'その額から／その額に'法人税等及び調整額を減算／加算した額は，当期純利益（ただし，減算額の方が大きいときは，当期純損失）として記載しなければならない。
B　税引前当期純損失を計上している場合，'その額に／その額'から法人税等及び調整額を加算／減算した額は，当期純損失（ただし，減算額の方が大きいときは，当期純利益）として記載しなければならない。

特別損失

特別損失とは，事業経営上，経常的に発生する'費用／損失'*1とは異なり，当期に実現した異常・臨時かつ巨額な'損失（＝経済価値の減少的流出*2）'をいう。

* 1 　この場合，経常的に発生する費用とは，支払利息など，狭義の費用をいい，損失とは'有価証券の売却損や評価損'などをいう。
* 2 　→第98条●用語の解説「営業外費用」*

第100条（当期純損益）

① 　第98条の経常利益又は経常損失の額に，前条の利益の合計額と損失の合計額を加減した額は，税引前当期純利益又は税引前当期純損失として<u>記載</u>しなければならない。

② 　税引前当期純利益又は税引前当期純損失に加減すべき次に掲げる額は，その内容を示す適当な名称を付して前項の税引前当期純利益又は税引前当期純損失の次に<u>記載</u>しなければならない。
　　一　法人税その他の税の額
　　二　法人税等調整額

③ 　税引前当期純利益又は税引前当期純損失の額に前項各号に掲げる額を加減した額は，当期純利益又は当期純損失として<u>記載</u>しなければならない。

1　本条第1項

第100条第1項の意味する内容は，次のA・B及びC・Dから構成されている。

A 　経常利益を計上している場合，その額に特別利益の合計額を加え，特別損失の合計額を減じて残額があるときは，その残額を税引前当期純利益として<u>記載</u>しなければならない。

B 　経常利益を計上している場合，'経常利益の額と特別利益の合計額との

＊ 「異常」とは，「非経常」という意であるが，この場合，臨時かつ巨額をいう。

　特別損益というのは，特別利益及び特別損失のことである。したがって，特別損益の部については，特別利益と特別損失とを区分し，まず特別利益の区分に特別利益に属する科目とその金額とを記載し，その次に特別損失の区分に特別損失に属する科目とその金額とを記載する方がよいと思われる。その場合，「特別利益」とか「特別損失」とかの区分標題を記載することは，この規定上からは要求されていないが，明瞭性の原則からいえば，区分標題をつけ，区分ごとの合計額を記載すべきであろう。

　次に，同一種類の取引から生じる特別利益と特別損失とを通算してよいかどうかという問題がある。例えば，ある物件に係る固定資産売却益と他の物件に係る固定資産売却損とを通算してその差額を固定資産売却益（損の方が大きいときは固定資産売却損）として記載してよいかという問題である。これについては，わが国では，取引結果の総額表示という観点から，物件単位ごとに差損益を算出してその利益と損失とは各別に集計し表示するのが原則であると考える。ただ，会計情報の有用性という観点から，形態的分類表示では好ましくないと思われるために，機能的・性格的分類表示をすることもあると思われる。その場合には，同種の取引の損益が通算されることもあろうが，少なくとも同一のプロジェクトとか同一事業場における同一目的のものとかの通算に限るべきであると考える。

●用語の解説

特別利益

　特別利益とは，事業経営上，経常的に発生する'収益／利益'[*1]とは異なり，当期に実現した臨時かつ巨額な'利益（＝経済価値の増加的流入[*2]）'をいう。

　　＊1　この場合，経常的に発生する収益とは，受取利息など，狭義の収益をいい，利益とは'売買目的有価証券運用益'などをいう。
　　＊2　→第98条●用語の解説「営業外収益」＊

＊　→金融商品会計に関する実務指針（協会・会計制度委員会報告第14号）設例1・3

●用語の解説

営業外収益

営業外収益とは，主たる事業目的に付随して行う経常的な経営活動による‛経済価値の増加的流入’＊をいう。

　　＊　経済価値の増加的流入とは，他の資産／負債との等価交換的な資金流入や増資などの資本取引による資金流入などではなく，経済価値の稼得性の流入をいう。

営業外収益には財務収益が含まれる。

営業外費用

営業外費用とは，主たる事業目的に付随して行う経常的な経営活動とか付随的に生じた事象による‛経済価値の減少的流出’＊をいう。

　　＊　経済価値の減少的流出とは，他の資産／負債との等価交換的な流出や減資／利益処分などの資本取引による資金流出などではなく，所有する経済価値の欠減性の流出をいう。

営業外費用には財務費用が含まれる。

> **第99条（特別損益の部）**
> 　　特別損益の部には，前期損益修正損益，固定資産売却損益その他の異常な利益又は損失について，その内容を示す適当な名称を付した科目を設けて<u>記載</u>しなければならない。

第99条の意味するところは，次のとおりである。

『特別損益の部には，前期損益修正益，固定資産売却益その他の異常＊な利益を特別利益とし，また前期損益修正損，固定資産売却損その他の異常＊な損失を特別損失とし，それぞれについてその内容を示す適当な名称を付した科目を設けて<u>記載</u>しなければならない。』

第5章第3節第3款　損益計算書　　　　309

●用語の解説

税引前当期純利益

　税引前当期純利益とは，基本的に，経常利益に特別利益・特別損失を加減算した利益，つまり，所得課税に係る税金を計算する前の利益（大体において，通常であれば課税対象となる利益）ということである。

　　注　特別利益－（経常損失＋特別損失）＝税引前当期純利益

税引前当期純損失

　税引前当期純損失とは，所得課税に係る税金を計算する前の損失ということである。これは，基本的に，'経常損失－特別利益＋特別損失'として計算されるが，'特別損失－（経常利益＋特別利益）'として算出される場合もある。

　　注　税引前当期純損失を計上している場合は，通常，法人税等の納付はないと思われる。しかし，現実には，（少なくとも住民税の均等割額の納付は必要であるが，通常，その重要性は小さい。）土地譲渡の重課とか'利益処分案／損失処理案における租税特別措置法上の準備金（任意積立金としたもの）の取崩し'とかによって，相当の法人税等の計上を要する場合があるし，さらには，法人税等の還付を受ける場合もある。その上，税効果に関する調整額の計算が加えられる。このような場合，法人税等の記載前の項目として"税引前当期純損失"という名称でよいのかという問題がある。
　　　私見では，明瞭性の見地からみて，このような場合，実情に応じ，「税引前当期純損失」の語は好ましくなく，「税加算前当期純損失」とか「税計算前当期純損失」とか又は「税還付前当期純損失」などと実態を示す用語を記載する必要があると思う。ちなみに，連結損益計算書の場合，同様の損失について，税金等調整前当期純損失という名称を用いている（⇒**第176条**）。

当期純利益

　当期純利益は当期における価値増殖活動の正味の成果である。

　利益は，基本的に「収益－費用」（いずれも広義）として計算され，これには，売上総利益・営業利益・経常利益・税引前当期純利益などその計算段階に応じた中間的な利益があり，最終的に「税引前当期純利益－法人税等＋税効果額」つまり「総収益－（総費用＋法人税等－税効果額）」として計算され

る利益が「当期純利益」である。
> 注　中間的な利益の語には「当期」の語をつけないのは「利益」とは期間利益であり，当期分に決まっているからである。「純利益」にだけ，わざわざ「当期」の語をつけるのは，それが最終締めくくりの利益であるということと，「前期繰越利益金」と対比させる関係上，当期分であることを明示するためであると思う。

結局，当期純利益とは企業の当期における資本の価値増殖活動による成果たる剰余（純増殖部分）のことである。商法上では，当期純利益は基本的に法的な処分適格利益金の当期増加額であるべきであると考えられているものと思う。

当期純損失

損失と利益とはまったく正反対であって，企業の価値増殖活動の不振・失敗などによって総収益よりも総費用の多い場合（つまり稼得の欠減によるコストの回収不能部分又は特別の理由による損害が経常利益よりも大きかった場合）をいう。
> 注　→上の**当期純利益**・注

第101条（当期未処分利益又は当期未処理損失）
① 次に掲げる額は，その内容を示す適当な名称を付して前条の当期純利益又は当期純損失の次に<u>記載</u>しなければならない。
　一　前期繰越利益又は前期繰越損失の額
　二　一定の目的のために留保した利益のその目的に従う取崩しの額
　三　商法289条第2項*（有限会社法第46条第1項において準用する場合を含む。）の規定により減少した利益準備金の額
　四　商法第293条ノ5第1項*の金銭の分配の額及びこれに伴う利益準備金の積立ての額
　五　その他当期純利益又は当期純損失の額に加減すべき額
② 前条の当期純利益又は当期純損失の額に前項各号に掲げる額を加

減した額は，当期未処分利益又は当期未処理損失として記載しなければならない。

※商　法
第289条②*　会社ハ前項ノ規定ニ拘ラズ株主総会ノ決議ヲ以テ資本準備金及利益準備金ノ合計額ヨリ其ノ資本ノ４分ノ１ニ相当スル額ヲ控除シタル額ヲ限度トシテ資本準備金又ハ利益準備金ノ減少ヲ為スコトヲ得　此ノ場合ニ於テハ……略
　　＊　有限会社法第46条①によって準用されている。
第293条ノ５①　→第101条●用語の解説「中間配当」〔参考規定〕

第101条第１項及び第２項の意味する内容をまとめて示すと，各場合に応じ，次の **A** 又は **B** 若しくは **C** によらなければならない，ということである。

A　当期純利益を計上しており，そして前期繰越利益*1（前期に係る定時株主総会による利益処分後の未処分利益の残額）があった場合には，おおむね次の **a〜h***2 の順序*3 で記載すること。
　＊１　会計上，正確には前期繰越利益金
　＊２　a〜h についてはその内容を示す適当な名称によって（うち **c・g** については各科目ごとに）記載しなければならない（以下，次の **B** 及び **C** において同様とする。）。

a　当期純利益の額（第100条によって記載）
b　前期繰越利益の額（加算）
c　一定目的のための任意積立金の目的取崩額（加算）
d　本条①三の利益準備金減少額（加算）
e　中間配当の額（減算）
f　中間配当に伴う利益準備金積立額（減算）
g　その他の'加算／減算'項目の額*4
h　当期未処分利益の額（$a+b+c+d-e-f\pm g=h$）

B　当期純損失を計上しており，そして前期に係る損失処理後において前期繰越損失があり，かつ，任意積立金の目的取崩額が"当期純損失の額及び前期繰越損失の額の合算額"よりも小さい場合には，おおむね次の **a′〜f′** の順序*3 に従って記載すること。

a′　当期純損失の額（第100条によって記載）
　　b′　前期繰越損失の額（加算）
　　c　　一定目的のための任意積立金の目的取崩額（減算）
　　d　　本条①三の利益準備金減少額（減算）
　　e　　中間配当の額*5（加算）
　　f　　中間配当に伴う利益準備金積立額*5（加算）
　　g　　その他の'加算／減算'項目の額*4
　　h′　当期未処理損失の額（a′+b′-c-d+e+f±g=h′）
C　上のAでもなくBでもない場合には，おおむね次のa／a′〜h／h′（a′，b′及びh′は，いずれも損失を意味する。）の順序*3に従って記載すること。
　　a／a′　当期純利益又は当期純損失の額（第100条によって記載）
　　b／b′　前期繰越利益又は前期繰越損失の額
　　c　　　一定目的のための任意積立金の目的取崩額
　　d　　　本条①三の利益準備金減少額
　　e　　　中間配当の額*5
　　f　　　中間配当に伴う利益準備金積立額*5
　　g　　　その他の'加算／減算'項目の額*4
　　h／h′　当期未処分利益又は当期未処理損失の額（a-b′+c+d-e-f±g=h），（a′-b-c-d=h′），（b+c+d-a′=h），（b′-a-c-d=h′），（c+d-a′-b′=h）など各様

*3　本条では，記載の順序まで規制していないが，通常，上のような順序になると思う。

*4　ここに計上する項目は，法令／株主総会決議により，取締役／取締役会の権限をもって処理可能とされた未処分利益／未処理損失の増減項目である。自己株式処分差損（その他資本剰余金をもって消去しきれなかった額に限る（私見）。（→**第89条●参考説明**））もこれに該当する。

*5　a′やb′が大きい場合には，通常，e及びfは計上されないが，中間配当決定時には相当の留保利益があった場合もあり，必ずしもあり得ないことではない。

●用語の解説

利益剰余金・留保利益

利益剰余金とは，各期の純利益のうち株主配当金（中間配当を含む。），役員賞与その他社外流出に充当した後の社内に残した部分（累積）をいう。

会計上，利益剰余金のことを留保利益*ともいい，損益取引を源泉とする剰余の留保に限られる。

会計上，利益剰余金（留保利益）は次のように分類することができる。

A 法定積立利益剰余金（法定留保利益）……利益準備金
B 特定任意積立利益剰余金（任意の特定目的留保利益——特定目的のもの）……一定目的の各種の任意積立金
C 不特定任意積立利益剰余金（任意の不特定目的留保利益——不特定目的のもの）……別途積立金
D a （処分前）未処分利益剰余金……利益処分案の冒頭に記載されるもの
D b （処分後）未処分利益剰余金（未処分留保利益）……後期繰越利益金

* 「留保利益」の場合，在高概念（＝時点概念）ものであることから，「留保利益金」というのが本来であると思う。

中間配当

一般に，中間配当とは，商法第293条ノ5第1項の規定による株式会社における金銭の分配のことをいう。

〔参考規定〕
●商　法
第293条ノ5　①営業年度ヲ1年トスル会社ハ定款ヲ以テ1営業年度ニ付1回ニ限リ営業年度中ノ一定ノ日ヲ定メ其ノ日ニ於ケル株主ニ対シ取締役会ノ決議ニ依リ金銭ノ分配ヲ為スコトヲ得ル旨ヲ定ムルコトヲ得
②前項ノ決議ハ同項ノ一定ノ日ヨリ3月内ニ之ヲ為スコトヲ要ス
③第1項ノ金銭ノ分配ハ最終ノ貸借対照表上ノ純資産額ヨリ第一号乃至第四号ノ金額ヲ控除シタル残額ニ第五号乃至第七号ノ金額ヲ加算シタル額ヲ限度トシテ之ヲ為スコトヲ得
一　最終ノ決算期ニ於ケル資本*1及準備金ノ合計額

二　最終ノ決算期ニ関スル定時総会ニ於テ積立テタル利益準備金及金銭ノ分配ノ時ニ積立ツルコトヲ要スル利益準備金ノ合計額
三　最終ノ決算期ニ関スル定時総会ニ於テ利益ヨリ配当シ若ハ支払フモノト定メ又ハ資本ニ組入レタル額及第210条第1項※1又ハ第211条ノ3第1項※2ノ決議ニ依リ定メタル株式ノ取得価額ノ総額ノ合計額
四　前3号ニ掲グルモノノ外法務省令ニ定ムル額※2
五　最終ノ決算期後減少シタル資本準備金又ハ利益準備金ノ額ヨリ其ノ資本準備金又ハ利益準備金ノ減少ニ係ル第289条第2項各号※3ニ定ムル額ヲ控除シタル額
六　最終ノ決算期後減少シタル資本ノ額ヨリ其ノ資本ノ減少ニ係ル第375条第1項各号※4ニ定ムル額ヲ控除シタル額
七　前2号ニ掲グルモノノ外法務省令ニ定ムル額※3

④会社ハ其ノ営業年度ノ終ニ於テ貸借対照表上ノ純資産額ガ第290条第1項各号※5ノ金額ノ合計額ヲ下ル虞アルトキハ第1項ノ金銭ノ分配ヲ為スコトヲ得ズ
⑤……（以下略）

※1　**第210条**　①会社ガ自己ノ株式ヲ買受クルニハ本法ニ別段ノ定アル場合ヲ除クノ外定時総会ノ決議アルコトヲ要ス
※2　**第211条ノ3**　①……
　　一　其ノ子会社ノ有スル自己ノ株式ヲ買受クルトキ
　　二　取締役会ノ決議ヲ以テ自己ノ株式ヲ買受クル旨ノ定款ノ定アル場合ニ於テ第210条第9項本文ニ規定スル方法ニ依リ自己ノ株式ヲ買受クルトキ
※3　**第289条**　②……
　　一　株主ニ払戻ヲ為ス場合　　払戻ニ要スベキ金額
　　二　資本ノ欠損ノ塡補ニ充ツル場合　　塡補ニ充ツルベキ金額
※4　**第375条**　①……
　　一　株主ニ払戻ヲ為ス場合　　払戻ニ要スベキ金額
　　二　株式ノ消却ヲ為ス場合　　……消却ニ要スベキ金額
　　三　資本ノ欠損ノ塡補ニ充ツル場合　　塡補ニ充ツルベキ金額
※5　**第290条**　①……
　　一　資本＊1ノ額
　　二　資本準備金及利益準備金ノ合計額
　　三　其ノ決算期ニ積立ツルコトヲ要スル利益準備金ノ額
　　四　其ノ他法務省令に定ムル額＊4
＊1　商法上，資本とは会計上の資本金のことである。
＊2　⇒本規則第125条①
＊3　⇒本規則第125条②
＊4　株式会社⇒本規則第124条，有限会社⇒本規則第126条

当期未処分利益（金）→第90条 ● 用語の解説「当期未処分利益（金）」

当期未処理損失(金)→第90条 ●用語の解説「当期未処理損失(金)」

> **第102条（１株当たりの当期純利益等）**
> 　１株当たりの当期純利益又は当期純損失の額は，注記しなければならない。

　第102条の意味するところは，次のとおりである。
　『発行済株式の１株に対応する当期純利益又は当期純損失の額は，P/L に注記しなければならない。』
　利益配当に関する優先株を発行している場合で，優先株に対する利益配当を行うために普通株の１株当たり当期利益額が全株式１株当たり当期利益額と異なることになるときなど，そのことが財務情報として重要であると認められるときは，第44条第１項及び第47条の規定に照らし，全株式１株当たり当期純利益額とともに普通株１株当たり当期純利益額などの必要事項も注記すべきであると考える。

●参考説明──１株当たり当期純利益額の計算方法

　１株当たり当期純利益額は，普通株だけ発行している場合，"当期純利益の額から'役員賞与など株主に対する配当以外の利益処分による社外流出額'を控除した額"を"発行済株式数から自己株式数を控除した数"で割ることによって求める。
　配当優先株を発行している場合に普通株１株当たり当期純利益額を求めるには，当期純利益額（役員賞与など控除後）から配当優先株に配当すべき利益の総額を控除した残額を普通株の発行数（自己株式数控除後）で割ることとなる。
　１株当たり当期純利益額を計算する場合，次の点に留意する必要がある。
(1)　計算に用いる発行済株式数が期中において増減している場合は，期中の平均株式数によって計算する。

(2) 平均株式数は，毎日の株式数の加重平均によるのを原則とするが，毎月末の株式数の平均など，合理性を失わない範囲で簡便な平均法によることもできよう。

　注　⇒「1株当たり当期純利益に関する会計基準」,「1株当たり当期純利益に関する会計基準の適用指針」

第4款　営業報告書

第103条（営業報告書）
① 営業報告書には，次に掲げる事項その他計算書類作成会社の状況に関する重要な事項を記載しなければならない。
　一　主要な事業内容，営業所及び工場，株式の状況，従業員の状況その他の計算書類作成会社の現況
　二　その営業年度における営業の経過及び成果（資金調達の状況及び設備投資の状況を含む。）
　三　親会社との関係，重要な子会社（連結特例規定適用会社にあっては，重要な子法人等）の状況その他の重要な企業結合の状況（その経過及び成果を含む。）
　四　過去3年間以上の営業成績及び財産の状況の推移並びにこれについての説明
　五　計算書類作成会社が対処すべき課題
　六　その営業年度の取締役及び監査役（特例会社にあっては，取締役及び執行役）の氏名，計算書類作成会社における地位及び担当又は主な職業
　七　上位7名以上の大株主及びその持株数の数並びに当該大株主への出資の状況（議決権の比率を含む。）
　八　主要な借入先，借入額及び当該借入先が有する計算書類作成会社の株式の数
　九　次に掲げる自己株式の区分に応じ，それぞれ次に定める事項
　　イ　その営業年度中に取得した自己株式　その種類，数，取得価額の総額
　　ロ　その営業年度中に特定の者から買受けた自己株式（商法204条ノ3第1項（同法第204条ノ5第1項において準用する場合を含

む。）の請求又は同法第210条第1項の決議に基づき買い受けた
ものに限る。）　その売主の氏名又は名称若しくは商号
　　ハ　その営業年度中に商法第211条ノ3第1項の決議により買い
　　　受けた自己株式（同項第一号の子会社から買い受けたものを除
　　　く。）　同条第4項の規定により定時総会に報告しなければな
　　　らない事項
　　ニ　その営業年度中に処分した自己株式　その種類，数及び処
　　　分価額の総額
　　ホ　その営業年度中に株式失効の手続をした自己株式　その種
　　　類及び数
　　ヘ　決算期において保有する自己株式　その種類及び数
　十　商法第266条第12項(同条第18項の規定により読み替えて適用す
　　るこの規定を同法第280条第1項において準用する場合を含む。）
　　又は同法第266条第19項の定款の定めをした計算書類作成会社に
　　あっては，取締役に支払った報酬その他の職務遂行の対価（取締
　　役が使用人を兼ねる場合の使用人としての報酬その他の職務遂行
　　の対価を含む。）である財産上の利益の額及び監査役に支払った報
　　酬その他の職務遂行の対価である財産上の利益の額
　十一　決算期後に生じた計算書類作成会社の状況に関する重要な事
　　実
②　次の各号に掲げる新株予約権がある株式会社は，それぞれ当該各
　号に定める事項をも営業報告書に記載しなければならない。
　一　現に発行している新株予約権　新株予約権の数，目的となる
　　株式の種類及び数並びに発行価額
　二　その営業年度中に株主以外の者（次に掲げる者（計算書類作成
　　会社の取締役又は執行役を兼任する者を除く。以下この項におい
　　て「特定使用人等」という。）を除く。）に対し特に有利な条件で
　　発行した新株予約権　割当てを受けた者の氏名又は名称並びに
　　その者が割当てを受けた新株予約権の数，目的となる株式の種類

及び数，発行価額，行使の条件，消却の事由及び条件並びに有利な条件の内容
 イ 計算書類作成会社の使用人
 ロ 計算書類作成会社の子会社（連結特例規定適用会社にあっては，その関係会社（計算書類作成会社の親会社を除く。）。以下この号において同じ。）の取締役（監査委員を除く。）及び執行役
 ハ 計算書類作成会社の子会社の監査役及び監査委員
 ニ 計算書類作成会社の子会社の使用人（ロ又はハに掲げる者を兼任する者を除く。）
三 その営業年度中に次に掲げる特定使用人等に対し特に有利な条件で発行した新株予約権 前号に定める事項
 イ その営業年度中に割当てを受けた新株予約権の目的となる株式の数（以下この号において「割当株式数」という。）の上位10名（同順位にある者が複数ある場合において，上位10位までに当たる者の割当株式数が10名を超えるときは，そのうち最も下位に当たる者については，その上位に当たる者の数と合わせて10名に満つるまでの数の者）以上の特定使用人等
 ロ その割当株式数が計算書類作成会社の取締役，執行役又は監査役の割当株式数のうち最も少ない数以上の特定使用人等（前号ロ及びハに掲げる者に限る。）
四 その営業年度中に特定使用人等に対し特に有利な条件で発行した新株予約権 第二号イからニまでに掲げる者の区分に応じ，新株予約権の数，目的となる株式の種類及び数並びに付与した者の総数

③ 営業の部門が分かれている計算書類作成会社にあつては，第1項第二号に掲げる事項の<u>記載</u>は，その部門別にもしなければならない。ただし，資金調達の状況その他の<u>記載</u>が困難な事項については，この限りでない。

> ④　小株式会社及び有限会社の営業報告書には，前3項の規定にかかわらず，計算書類作成会社の状況に関する重要な事項（小株式会社にあっては，第1項第九号ハに定める事項を含む。）を記載すれば足りる。

1　本条第1項

　第103条第1項の主文に示されているとおり，その各号は限定列挙でなく，例示列挙であるから留意を要する。

　第103条第1項（'小株式会社・有限会社'→本条④）各号の意味するところについて，格別，解説する必要のないところもあるが，極めて長文かつ複雑なところもある。また，現実に営業報告書を記載するに当たっては，種々，疑問が出たり，悩んだりすることがあると思われるので，そのような場合の留意点を含めて，順次，私見を述べておく。

① 　営業報告書の記載順序

　営業報告書を第103条第1項各号の順に，その該当事項を記載するのも一つの方法であるが，他面，会社及び株主等の立場からみてきわめて関心の深いと思われる事項を先に記載するというのも一つの方法である。

② 　営業報告書の記載内容の体系化

　営業報告書の記載事項を平面的に順次記載するのも一つの方法であるが，他面，同種又は関係の深い事項を体系化して記載する方法もある。

　その場合，「営業の概況」と「会社の概況」とに大別し，もし，後発事象があればそれを加えるという原則二分法をとる例が多いが，私見では，「営業の概況」「会社の概況」「企業結合の状況」及び「過去3年間（以上）の推移」とに大別し，後発事象があればそれを加えるという原則四分法を推奨したい。

③ 　数字の記載

　数字を示す場合，その記載単位とともに，期間量（いつからいつまで）か時点量（いつ現在）かが分かるように明記する必要がある。

④ 　第一号——営業所及び工場

　第103条第1項第一号にいう「営業所」とは，商法第9条にいう「営業所」

め
- **B** 商法第266条第19項(＝社外取締役の会社に対する一定の損害賠償責任の一定条件による一定の限度超過分の免除に関する約定についての規定)による定款の定め
- **C** '商法第266条第18項により読み替えて適用する同条第12項'を商法第280条第1項において準用する場合(＝監査役の会社に対する一定の損害賠償責任の一定条件による一定の限度超過分の免除する場合)における定款の定め

CD． 取締役に支払った報酬その他の職務対価性の財産上の利益(使用人兼務取締役の使用人職務に対するものを含む。)の額

CA． 監査役に支払った報酬その他の職務対価性の財産上の利益の額

⑮ 第十一号――後発事象

　第十一号は，いわゆる後発事象のことを示している。後発事象の例としては，次のものがある。いずれも決算期後に生じた事実(これらに関する決定を含む。)に限られる(重要でないものは<u>記載</u>する必要はない。)。

- **a** 会社の合併・分割，営業の譲受／譲渡，事業の新規展開・拡張／縮小・休廃・再開，事業所の新設・拡大／縮小・休廃・再開・移転，企業買収又は買収に準じるような株式の取得
- **b** '経営成績に影響を及ぼすような資産の廃却・譲渡'，担保提供
- **c** 経営の根幹に関係する契約の締結／解除，営業取引系列の変化
- **d** 天災・事故その他による異常・多額な損失の発生，係争事件その他多額の損失を発生させる可能性のある事由の発生
- **e** 従業員の大量解雇・希望退職の募集
- **f** 資本の増減，新株予約権の発行，転換社債・社債の発行，社債の繰上償還
- **g** 子会社等の増減，子会社等への支援の開始／中止
- **h** 親会社の異動，自社の所属する企業系列の変化，経営に影響を及ぼすような大株主の異動
- **i** 取引金融機関の異動，多額の借入先の異動，借入金の重要な変動

中に行った A〜E' 及び F につき，それぞれに示す事項を記載しなければならないということである。

　A　取得した自己株式……取得株式の種類，取得数及び取得価額の総額
　B　特定の者からそれぞれ商法所定の手続を経て買い受けた自己株式（次の a〜c に該当するものに限る。）……その売主の氏名／名称／商号
　　a　商法第204条ノ3第1項の請求に基づき買い受けたもの，つまり譲渡制限株式の譲渡希望者から買い受けたもの⇒商法第204条ノ3ノ2など
　　b　商法第204条ノ5第1項において準用する同法第204条ノ3第1項の請求に基づき買い受けたもの，つまり譲渡制限株式の取得者から買い受けたもの⇒商法第204条ノ3ノ2など
　　c　商法第210条第1項の決議に基づき買い受けたもの，つまり定時株主総会の決議により買い受けたもの
　C　商法第211条ノ3第1項の決議（＝取締会の決議）により買受けた自己株式（同項第一号の子会社（＝自社の子会社）から買受けたものを除く。）……同条第4項により定時株主総会に報告すべき事項（買受けを必要とした理由，買受株式の種類，その数，買受総額）*
　　＊　Cにより営業報告書に記載するものは，「その営業年度中に，取締会決議により買受けた自己株式」である。これに対し，定時株主総会に報告すべきものは，'当該決議前の最終の定時株主総会後から，買受け後の最初の定時株主総会前まで' に買受けた自己株式であるから，注意する必要がある（ともかく，両者に差があるので，その間には買受けしない方がよい。）。
　D　処分した自己株式……その株式の種類，その数及び処分価額の総額
　E　株式失効の手続をした自己株式……その株式の種類及びその数
　F　決算期末に保有する自己株式……その株式の種類及びその数

⑭　第十号——役員報酬など

　次の A〜C（一つ以上）の定めをした株式会社にあっては，次の CD.・CA.（両方）の額を記載しなければならない。
　A　商法第266条第12項（＝取締役の会社に対する一定の損害賠償責任の一定条件による一定の限度超過分の免除についての規定）による定款の定

に関係なく，有限会社法上の親会社とか外国親会社との関係についても「重要な企業結合」である場合には，本条第1項主文に照らし，記載する必要がある（私見）。

⑨　第四号——過去3年間

第四号でいう「過去3年間」とは，暦年での3年間であるから，営業年度が6か月であったり，決算期の変更があったときなど，気をつける必要がある。

⑩　第四号——営業成績

ここでの「営業」とは，会計上の「営業」よりも広く「営利事業経営」を意味し，したがってここでの「営業成績」とは，会計でいう「経営成績」の意であると解する。したがって，私見では，少なくとも，売上高，営業利益，経常利益，税引前当期純利益及び当期純利益について記載すべきであると考える。また，1株当たり当期純利益を示している例もあるが，これも有用な情報であると思う。

なお，ここで注意すべきは，会計方針の変更により，期間比較上，重要な影響を受けているにもかかわらず，そのことに全く触れずに，表面的な数字上の推移について説明しても役に立たないという点である。

⑪　第四号——財産

第四号でいう「財産」は，積極財産（すなわち資産），消極財産（すなわち負債）及び正味財産（すなわち資本）を意味すると解する。したがって，少なくとも，それらの各総額を記載する方がよいと考える。また，1株当たり純資産（自己資本）を示している例もあるが，これも有用な情報であると思う。

　　　注　→上の⑩なお書

⑫　第七号——大株主

第七号の大株主に関する事項については，第1号の中の「株式の状況」と併せて記載する方が便利であると思う。

⑬　第九号——自己株式

第九号は構文が複雑であり分かりにくいが，結局，次に示す'その営業年度

のことであって本店及び実質上の支店のことである。したがって単なる製造工場・倉庫，売店，出張所などは「営業所」ではない（→●用語の解説「営業所」）。

次に，「工場」とは，'製品・半製品・自社他工場向けの原材料などの製造工場'や修理工場のことである。

また，例えば，多種の事業を行っている場合，"東京製鉄所"とか"大阪電機工場"とかいえば事業所の所在地とともに大体の事業内容も類推できるが，"東京製作所"とか"大阪工場"といった場合，何を製作しているか分からない。したがって，そのような場合，主要な工場について主要な生産品目を示す必要があろう。もちろん，主要な事業内容と関連づけて工場を記載するのも一つの方法である。

（以下，本条の解説中，「第103条第1項各号」につき，単に「第○号」ということとする。）

⑤ 第一号──その他の会社の現況

第一号における「その他の会社の現況」には，重要な休止設備の状況とか重要な物資の備蓄状況とかが含まれると考える。

⑥ 第二号──営業の経過及び成果

第二号の「営業の経過及び成果（資金調達の状況及び設備投資の状況を含む。）」については，第一号の「主要な事業内容」と関連づける必要がある。そこで，「主要な事業内容」を記載し，その次に第二号に示されている事項を記載する方が分かりやすい。また，本条第3項の規定により，これらについては，営業部門が分かれている場合，会社全体とともに部門別内訳について記載する必要がある（部門別記載が困難な事項はこの限りでない。）。

⑦ 第二号──営業

第二号における「営業」とは，会計上の「営業」よりも広く，「営利事業経営」を意味するものと解する。したがって，売上，仕入（メーカーの場合，原材料購買，製造，研究開発），設備投資，資金調達などについて記載する。

⑧ 第三号──親会社

第三号における「親会社」がわが国の株式会社を意味すると解すると否と

j　営業成績・資金繰りの急変（悪化／向上・改善）
　　k　研究開発の成功・失敗
　　l　取引先・保証先の倒産，欠陥製品等の回収，法人税等の更正・追納
　　　　これらのうち，具体的事実は決算期末後に確定したが，そのことを予想して既に決算面で手当されている事項であるとしても，株主・債権者にとってきわめて関心の高い事項については，その概要を記載し，手当済である等の説明を要する場合があると考える。
⑯　その他
　本条の冒頭の文章に示されているところから分かるように，第一号〜第十一号に示されている事項は，あくまでも最低限の記載事項であって，このほかにも次のような会社の状況に関する事項つまり株主・債権者にとって関心の高い事項であって重要なものは記載しなければならない。
　　a　コンプライアンス対策，リスクマネジメント，財務面でのリスク・ヘッジ，環境保全対策，社会貢献活動
　　b　特許の状況，技術提携契約（供与又は受入）
　　c　独占禁止法・証券取引法・各種事業法等による規制，外国との条約等による規制等で，平常，営業面・財務面で制約を受けている事項
　　d　前営業年度の営業報告書などにおいて後発事象として記載した事項のその後の推移
　　e　過去の株主総会における承認事項の実施状況
　　f　特殊なケースとして，リストラ政策，財政再建計画，経営改善計画など
⑰　営業報告書の記載例（ひな型）
　営業報告書の記載例（ひな型）については，㈳日本経済団体連合会・経済法規委員会企画部会による「商法施行規則による株式会社の各種書類のひな型」(2003年5月27日) Ⅰに示されている*。したがって，これを参考にすればよいと思われる。
　　　＊　本規則の一部改正（平成15年9月22日）は反映されていない。また，第104条（特例会社の特例）による追加的記載事項については示されているが，第105条（連結特

例規定適用会社等の特例）による記載事項については示されていない。
注　本規則第49条では営業報告書の金額の表示単位については規定していない。したがって，第44条第2項に従う限り，記載内容に応じて適宜に表示してよいものと解する。その場合，B/S・P/Lにおける記載内容と関連のある事項については，表示単位の相違によって誤解を生じることのないよう，配慮しておく必要があろう。

2　本条第2項

第103条第2項は，新株予約権を発行している株式会社が，その営業報告書に追加記載すべき事項を定めている。結局，次のA～Dがある会社は，それぞれに示す事項を記載する必要がある。

A　現に発行している新株予約権……a 新株予約権の数，b その目的となる株式の種類及びその数，c 発行価額

B　その営業年度中に株主以外の者（特定使用人等*1を除く。）に対して特に有利な条件で発行した新株予約権……a 割当てを受けた者の氏名／名称，b その者が割当てを受けた新株予約権の数，c 目的となる株式の種類とその数，d 発行価額，e 行使の条件，f 消却の事由と条件，g 有利な条件の内容

　　*1　特定使用人等とは，次のi～ivの者（会社の取締役／執行役を兼任する者を除く。）をいう。
　　　　i　会社の使用人
　　　　ii　会社の子会社*2の取締役（監査委員を除く。）／執行役。
　　　　iii　会社の子会社*2の監査役／監査委員
　　　　iv　会社の子会社*2の使用人（上のii／iiiの兼任者を除く。）
　　*2　会社が連結特例規定適用会社である場合は，子会社でなく関係会社（会社の親会社を除く。）とする。

C　その営業年度中に，次のア・イの特定使用人等*3に対し特に有利な条件で発行した新株予約権……上のBのa～g

　　ア　その営業年度中の割当株式数*4の上位10名以上の特定使用人等（同順位者が複数ある場合には，調整措置がある。→第103条②三イ）
　　イ　その割当株式数が会社の役員中，最も少ない割当株式数以上の特定使用人等（B*1中のii・iiiの者に限る。）
　　*3　→B*1

＊4　その営業年度中に割当てを受けた新株予約権の目的となる株式の数をいう。

D　その営業年度中に特定使用人等＊5に対し特に有利な条件で発行した新株予約権……B＊1中のi〜ivの区分に応じ，a新株予約権の数，b目的となる株式の種類・数，c付与した者の総数

　＊5　→B＊1

3　本条第3項

第103条第3項については，格別，解説を要する事項はない。

4　本条第4項

第103条第4項の意味するところは，結局，第103条第1項〜第3項は，小株式会社及び有限会社については強制適用しないということである。(小株式会社にあっては，'本条第1項第九号ハ＝上の**解説**1⑬**C**'は要記載事項)

このことは，小株式会社及び有限会社の場合，取締役は営業報告書をどのように自由に記載してもよいというわけではなく，取締役としての会社に対する忠実義務に従って，会社の状況を正確に判断することができるよう，重要な事項を記載しなければならない。したがって，当然，第44条第2項の規定に照らし，そして第103条第1項の規定を参考とし，これらの事項のうち当該会社にとって重要と思われるものを記載することとするのが好ましい方法であると考える。

●用語の解説

営　業（一般）

一般に「営業」とは「営利事業経営」つまり「利益を求めて事業を営むこと」をいう。商法的にいうとすれば，「商行為を行うことを業とすること」であり，「業とする」とは，「自己のために自己の付した名をもって，一定の目的と計画と統制のもとに継続的・社会的に活動すること」である。

営業年度

営業年度とは，商法上の用語であって，継続的に行う営利事業活動について計算し報告するために区切った期間（通常，1年）をいい，一般にいう事業年度と同じである。会計上は，財務年度とか会計年度とか決算年度とかいうこともあるが，これらは観点が違うだけであって，事実上，すべて同じである。

ちなみに，商法上，決算期といえば，決算期末つまり営業年度末のことである。

営業所

商法上，営業所というのは，商法第9条における営業所，すなわち統一的に営業活動を行う地理的・人的・物的・組織的な拠点をいう。営業所には本店と支店とがある。

支店というのは，その名称が支店・支社であっても営業所・事業所であってもその他であっても，名称に関係なく，また，登記の有無*にかかわらず，本店による全般的な指揮のもとで，一定の範囲内で統一的な指揮と管理によって企業の主目的たる商行為を行う拠点を意味すると解する。

　　＊　支店の場合，登記をしていないと法律行為の効力などに関し，問題が生じることがあるかもしれない。
　　注　私見ではあるが，工場であっても営業部門をもち対外的に商行為を行うところがあるが，その場合，商法上の営業所(支店)に該当することがあると思われる。しかし，一般的には，工場の主目的は製品の製造などであり，したがって，そのような場合，特殊な工場という意味で一般の営業所及び工場と区別するとか，そのことを明らかにする必要があると思う。

企業結合

企業結合には，広狭二義がある。広義において企業結合とは，カルテル（企業連合），コンツェルン（狭義の企業結合）及びトラスト（企業合同）を意味する。

狭義において企業結合とは，営業分野・営業地域等を異にする複数の企業

が，法律的・形式的には独立企業体を保持しながら，実質上において経済的・経営的に又は資本的・人的に結合して活動する形態をいう。具体的には，中心となる親会社とその子会社（＝本規則における子法人等）・関連会社とによる企業集団の形成をいう。

本規則における「企業結合」とは，この狭義における「企業結合」をいう。

第104条（特例会社の特例）
　特例会社の営業報告書には，前条第１項（第十号を除く。）に規定する事項のほか，次に掲げる事項を記載しなければならない。
一　商法特例法第21条の７第１項第二号に掲げる事項についての取締役会の決議の概要
二　商法特例法第21条の11第１項に規定する方針
三　商法特例法第21条の17第４項若しくは同条第６項において準用する商法第266条第12項又は商法特例法第21条の17第５項において準用する商法第266条第19項の定款の定めをした特例会社にあっては，取締役及び執行役に支払った報酬その他の職務遂行の対価（取締役又は執行役が使用人を兼ねる場合の使用人としての報酬その他の職務遂行の対価を含む。）である財産上の利益の額

第104条は，特例会社の営業報告書に記載すべき事項を定めている。
その規定の意味する内容は，次の**A**・**B**によって構成されている。

A　特例会社の営業報告書には，前の第103条第１項第一号から第九号までと第十一号に規定する事項を記載しなければならない。（そのうち第二号については，同条第３項による部門別記載について要留意）

B　特例会社の営業報告書には，上の**A**に加え，次の**a**〜**c**を記載しなければならない。
　a　特例法第21条の７第１項第二号に掲げる事項（＝監査委員会の職務の遂行のために必要なものとして法務省令で定める事項＝本規則第

193条に規定している事項＝次の **i～vi**）についての取締役会の決議の概要

  i 監査委員会の職務を補助すべき使用人に関する事項

  ii 上の **i** の使用人の執行役からの独立性の確保に関する事項

  iii '執行役及び／又は使用人'が監査委員会に報告すべき事項その他の監査委員会に対する報告に関する事項

  iv 執行役の職務の執行に係る情報の保存・管理に関する事項

  v 損失の危険の管理に関する規程その他の体制に関する事項*1

     *1 与信管理，デリバティブなどのハイ・リスク取引管理，防災保安対策，損害保険政策，自然現象デリバティブ，業務上の傷病防止策，環境公害対策，所有者責任・使用者責任・管理者責任・製造者責任・販売者責任などの問題防止策，顧客安全の保持対策，財務上のリスク・ヘッジなど，多岐にわたると思う。

  vi 執行役の職務の執行が法令・定款に適合し，かつ，効率的に行われることを確保するための体制に関するその他の事項*2

     *2 企業倫理，コーポレート・ガバナンス，内部統制，コンプライアンス，に関する事項も含まれると思う。

b 特例法第21条の11第1項に規定する方針＝報酬委員会が定める'取締役・執行役'の個人別報酬の内容の決定に関する方針

c 次の **i～iii**（一つ以上）に示す定款の定めをした特例会社にあっては，次の **CDO**.

  i 特例法第21条の17第4項において準用する商法第266条第12項（＝取締役の会社に対する一定の損害賠償責任の一定条件による一定の限度超過分の免除についての規定）による定款の定め

  ii 特例法第21条の17第6項において準用する商法第266条第12項（＝執行役の会社に対する一定の損害賠償責任の一定条件による一定の限度超過分の免除）による定款の定め

  iii 特例法第21条の17第5項において準用する商法第266条第19項（＝社外取締役の会社に対する一定の損害賠償責任の一定条件による一定の限度超過分の免除に関する約定）による定款の定め

CDO．取締役・執行役に支払った報酬その他の職務対価性を有する財産上の利益（使用人兼務者の使用人職務に対するものを含む。）の額

第105条（連結特例規定適用会社等の特例）
① 連結特例規定適用会社は，次に掲げる事項をも営業報告書に記載しなければならない。
一 連結特例規定適用会社の会計監査人である公認会計士（公認会計士法（昭和23年法律第103号）第16条の２第３項に規定する外国公認会計士を含む。）又は監査法人に当該連結特例規定適用会社及びその子法人等が支払うべき金銭その他の財産上の利益の合計額（子法人等にあっては，当該営業報告書を作成すべき決算期に係る連結損益計算書に記載すべきものに限る。）
二 前号の合計額のうち，公認会計士法第２条第１項の業務の対価として支払うべき金額の合計額
三 前号の合計額のうち，連結特例規定適用会社が支払うべき会計監査人としての報酬その他の職務遂行の対価である財産上の利益の額
② 連結計算書類作成会社の営業報告書には，第103条第１項第一号（株式の状況を除く。），第二号，第四号，第五号及び第十一号に掲げる事項に代えて，当該連結計算書類作成会社及びその子法人等から成る企業集団の状況に関する当該各号に掲げる事項を記載することができる。ただし，同項第四号に掲げる事項については，当該連結計算書類作成会社に関する事項をも記載しなければならない。
③ 第103条第３項の規定は，前項の規定による企業集団の状況に関する同条第１項第二号に掲げる事項の記載について準用する。

---

1 本条第１項

第105条第１項は，連結特例規定適用会社（＝平成14年改正法附則第８条・

第9条の適用がなく現実に連結決算書類を作成する株式会社）における営業報告書に追加して記載すべき事項を定めている。

その記載すべき事項を要約すると，次のA～Cのとおりである。

A　会社の会計監査人である公認会計士／監査法人に対し，会社及び会社の子法人等が支払うべき報酬などの財産上の利益の総額（子法人等の場合，当該期の連結P/Lへの要記載分）

B　上のAの額中，監査業務の対価の合計額

C　上のBの額中，会社が支払うべき会計監査人としての報酬などの職務遂行対価たる財産上の利益の額

　　注　監査人は，商法特例法監査と証券取引法監査とを，通常，一体的に実施する。私見では，会計監査人は，会社の株主総会で選任されたものであり，会社の会計に関する全業務を監査する職責を有するから，会計監査人として証券取引法監査なども行っていると考えればよく，上のCの報酬について，証券取引法監査報酬とか英文財務諸表監査報酬を除外する実益もないと考える。ただ，その旨を明らかにする必要はあると思う。

2　本条第2項・第3項

第105条第2項は，要するに，連結特例規定適用会社にあっては，その営業報告書に会社固有の事項を除き，具体的には，第一号（株式の状況を除く。），第二号，第四号，第十一号の記載に代えて，それぞれにつき，連結ベースの情報を記載することも許容されるということを定めている。ただし，その場合，同条第1項第四号の事項（＝過去3年間以上の営業成績・財産の状況の推移及びその説明）については，会社の個別（＝単体）の情報と連結ベースの情報とを併せて記載することを求めている。

同条第3項では，上による場合，営業の経過などについては，記載困難な事項を除き，企業集団に関する事業部門別情報を記載するよう，求めている。

第5款　附属明細書

> **第106条（附属明細書）**
> ① 附属明細書には，この規則で定めるもののほか，貸借対照表，損益計算書及び営業報告書の記載を補足する重要な事項を記載しなければならない。
> ② 貸借対照表又は損益計算書の作成に関する会計方針を変更したときは，附属明細書にその変更の理由を記載しなければならない。ただし，変更が軽微であるときは，この限りでない。

1　本条第1項

第106条第1項の意味するところは，次に示すとおりである。

『附属明細書には，本規則においてその記載事項として定めているものだけでなく，B/S，P/L 及び営業報告書のいずれかに記載してある事項について補足する必要のある重要な事項を記載しなければならない。』

　注1　本規則の定めるところによって B/S，P/L 及び営業報告書のいずれかに記載しなければならない事項を，それらに記載しないで附属明細書に書いてよいということではなく，附属明細書は，それらに書いてある事項について補足的に記載するだけである。
　注2　第47条によって B/S 又は P/L に追加して注記すべき事項は，それを附属明細書に記載しても何にもならないのであって，それらの事項は，ともかく B/S 又は P/L に注記しなければならない。

2　本条第2項本文

第106条第2項本文の意味するところは，格別，解説を必要としない。ただ，次の点に留意する必要があると思う。
① 本規則で「会計方針」とは，厳密には「会計処理方針」というべきものを意味する（その点，企業会計原則と異なり，表示の方法を含まない。）。このことは，第45条において，第2項（＝会計方針の変更）と第3項（＝記載

の方法の変更）とを区別していることから，理解することができる。

② 会計方針の変更とは，通常，一般に公正妥当と認められる複数の会計処理基準間における選択の変更として行われる。しかし，法令等の改正による強制的変更も，変更であることに違いがないから，決算書類の利用者の立場から記載の要否を考える必要があり，「強制的変更はここにいう"変更"でない」というような，従前，よく言われた一般には不可解な論理にこだわらない方がよい。

③ 会計方針の変更は，正当な理由なく*，これを行ってはならない。

    * 法令等の改正による会計処理基準の変更の強制は，ここにいう正当な理由の一つである。

④ 本来，会社は，選択可能な複数の会計処理基準がある場合，その中から，会社の会計事象に最もよく適合する会計処理基準を選択して会計方針としなければならない。したがって，会計事象の変化があってそれまでの会計処理基準を適用するよりも他の会計処理基準を適用する方が合理性において優れることになれば，その会計事象の変化に即応して会計方針を変更する必要がある。

正当な理由による会計方針の変更とは，本来，会計事象の変化に伴うものである。したがって，「会計事象の変動により当然に会計処理の方法を変更する場合は，会計処理基準の変更に該当しない。」というような見解があるとすれば，それは間違いである。これは，'会計事象の変動に伴って見積りの変更を行うことは，会計処理基準の変更に該当しない'ことから，'見積りの変更'と'会計方針の変更'とを誤解したことによった見解であるといえよう。

なお，'見積りの変更'とは'見積りの要素の変化による見積りの結果の変更'を意味するのであって，見積方法を変更することは，往々にして会計処理基準の変更に当たることがあるから留意する必要がある。

⑤ 正当な理由に基づく会計方針の変更とは，本来，会計事象の変化に対応して，その変化のあったときに，より合理的な会計処理基準に変更する場合のことをいう。しかし，会計事象は，必ずしも一挙にその変化がみられるものではないし，また，会計処理基準の方も，特に新しい会計処理基準は順次

に慣行化することもあるから，変更の時期については多少のずれもやむを得ないものと思われる。いずれにしても，会計事象との適合性について合理性の高い会計処理基準に変更することの方が重要である。

⑥　会計方針の変更は，本来，会計事象に対する会計基準の適合性の問題である。しかし，中には，会計事象に関係なく，会計処理基準の方に変更を要する要因を内包しているものがある。つまり，一般には複数基準の中にその一つの基準として認められてはいるものの相対的に合理性の低い会計処理基準が存在する場合，合理性の低い会計処理基準から合理性の高い会計処理基準へ変更することは，いつ変更しても，どの会社が変更しても，それは正当な変更であって，変更の理由についてあげつらっても，何の実益もない（私見）。

このような場合，逆方向への変更は認められないことからも分かるように，会計処理基準の方に問題があるのであって，会計事象との適合性の問題ではない。したがってこのような変更について，その変更の理由の正当性の説明を求めても説明のしようがないものであり，このようなものについてまで正当な理由なく変更してはならないとしてその理由を探し求めていると，いつまでたっても，より合理性の高い会計処理基準へ変更することができない。むしろ，このようなものは，できる限り早く変更すべきもの，つまり，変更すること自体に正当性があるものであって，変更の理由の正当性を問うべき筋合のものではないことに留意する必要があると考える。(現実には，まれながらその変更の理由の正当性を問われることがあり，それに対して論理的説明を適切に行う見識の乏しいような事例を見聞するから困ったものである。)

3　本条第2項ただし書

第106条第2項ただし書の意味するところは，次のとおりである。

『B/S と P/L のいずれか一方又は両方の作成に関する会計方針を変更した場合でも，その変更が質的・量的ともに軽微であって B/S 又は P/L のいずれにもその注記していないときは，附属明細書にその変更の理由を<u>記載</u>しなくても差し支えない。』

注　有限会社の附属明細書については，第106条は適用されるが，これ以外，本規則上，その記載方法につき，何ら規定されていない。

なお，有限会社にあっては，その定款において，各社員が次の請求をすることができる旨，定めた場合には，附属明細書を作る必要はない。

A　会計の帳簿／資料が書面で作られているときは，その書面の閲覧／謄写の請求

B　会計の帳簿／資料が電磁的記録をもって作られているときは，それに記録されている情報の内容を紙面／'出力装置の映像面'に表示する方法により表示したものの会社の本店における閲覧／謄写の請求

第107条（附属明細書──株式会社の記載事項）

① 株式会社の附属明細書には，次に掲げる事項を記載しなければならない。

一　資本金，資本剰余金並びに利益準備金及び任意積立金の増減

二　社債，社債以外の長期借入金及び短期借入金の増減

三　固定資産(投資その他の資産については，長期前払費用に限る。)の取得及び処分並びに減価償却費の明細

四　資産につき設定している担保権の明細

五　保証債務の明細

六　引当金の明細並びにその計上の理由及び額の算定の方法（貸借対照表に注記したものを除く。）

七　支配株主に対する債権及び債務の明細

八　各子会社が有する計算書類作成会社の株式の数

九　子会社に対する出資及び債権の明細

十　取締役，執行役，監査役又は支配株主との間の取引（これらの者が第三者のためにするものを含む。）及び第三者との間の取引で計算書類作成会社と取締役，執行役若しくは監査役又は支配株主との利益が相反するものの明細

十一　第103条第1項第十号の株式会社以外の株式会社及び第104条第三号の特例会社以外の株式会社にあっては，取締役及び執行役に支払った報酬その他の職務遂行の対価（取締役又は執行役が使用人を兼ねる場合の使用人としての報酬その他の職務遂行の対価を含む。）である財産上の利益の額並びに監査役に支払った報酬その他の職務遂行の対価である財産上の利益の額
② 　前項第五号，第八号又は第九号の事項については，重要でないものは，一括して記載することができる。
③ 　連結計算書類作成会社の附属明細書には，第1項第九号に掲げる事項は，記載することを要しない。

　第107条第1項及び第2項の大部分は，すべての株式会社（うち，第九号は連結計算書類作成会社を除き，第十一号は一部の株式会社を除く。）が附属明細書に記載すべき事項について規定している（小株式会社以外の株式会社は，次の第108条による追加事項がある。）。この規定の意味するところについては，格別，解説を必要とする難しい問題はない。しかし，実際に作成する段になると，具体的にどのような様式でどの程度まで記載すべきかについて迷うことがある。

　そこで，日本公認会計士協会が実務上の参考に供するため，「附属明細書のひな型」（平成15年11月5日，会計制度委員会研究報告第9号）を発表している。なお，同「ひな型」のⅢ13～18の部分については，小株式会社の附属明細書には記載する必要はない。

　そのほか，㈳日本経済団体連合会・経済法規委員会企画部会によって「商法施行規則による株式会社の各種書類のひな型」（うち，Ⅱが附属明細書のひな型）が発表されている。

　本条第2項・第3項については，格別，解説を要する点はないから，ここでは，本条第1項の規定について，若干，補足的な説明を行う程度にとどめることとする。
① 　第二.号の規定は，社債と'社債以外の長期借入金'と短期借入金とを意味

社と当該第三者との間の保証取引がこれに当たる。

第108条（附属明細書──小株式会社以外の株式会社の追加記載事項）

① 小株式会社以外の株式会社の附属明細書には，次に掲げる事項をも記載しなければならない。
　一　担保として取得している自己株式及び親会社の株式の明細
　二　リース契約により使用する固定資産及び割賦販売等により購入した固定資産でその所有権が売主に留保されているものの明細
　三　計算書類作成会社が総株主の議決権の4分の1を超える議決権を有する株式会社又は総社員の議決権の4分の1を超える議決権を有する有限会社（子会社を除く。）に対する出資の明細及び当該株式会社又は有限会社が有する計算書類作成会社の株式の数
　四　子会社との間の取引の明細並びに各子会社に対する債権及び債務の増減
　五　他の会社の無限責任社員，取締役，執行役，監査役又は支配人を兼ねる取締役又は監査役につきその兼務の状況の明細（重要でないものを除く。）
　六　営業費用のうち販売費及び一般管理費の明細

② 前項第五号の他の会社の営業が計算書類作成会社の営業と同一の部類のものであるときは，その旨を付記しなければならない。

③ 第1項第六号の明細は，第133条第1項第2号に掲げる事項に関し監査役又は監査委員が監査をするについて参考となるように記載しなければならない。

④ 前条第2項の規定は，第1項第二号から第四号までに掲げる事項の記載について準用する。

⑤ 連結計算書類作成会社の附属明細書には，第1項第四号に掲げる事項は，記載することを要しない。

第108条第1項～第4項は,小株式会社の附属明細書には記載する必要はないが,それ以外の株式会社(うち,第四号は,連結計算書類作成会社を除く。)の附属明細書において第107条による事項とともに附属明細書に記載すべき事項について定めている。この規定についても,格別に解説を要する点はないと思われるし,また,第107条の解説で触れたように,日本公認会計士協会による「附属明細書のひな型」(うち,Ⅲ13～18がこの第108条関係事項)を参考にすると便利である。そのほか,㈳日本経済団体連合会・経済法規委員会企画部会による「商法施行規則による株式会社の各種書類のひな型」のⅡ3が,この第108条に関係のある事項である。

　次に,参考までに,本条の解釈上,留意すべきであると思われる事項について私見を述べる。

①　数字を示すときは,期間量(いつからいつまでのもの)か時点量(いつ現在のもの)かが明らかになるようにしておく必要がある。附属明細書の場合,B/Sに係る事項についてはB/S日現在をもって示し,P/Lに係る事項については当営業年度をもって示し,B/S項目の増減については期首・期末の増減をもって示すのが通例である。しかし,合併などがあった場合,そのことを区別して示さないと正しい判断ができないおそれがある。

②　営業報告書記載事項に関して附属明細書に記載する事項については,営業年度末現在の状況だけを記載すればよいのか,その営業年度中の変動をも記載しなければならないのかという問題がある。これについては,営業報告書において記載すべき内容に応じて記載することとなろう。例えば,第108条第1項第五号における当社役員の他社役員等の兼務状況は,営業報告書に関する第103条第1項第六号の記載を補足する事項と考えられる。同第六号では,「その営業年度の取締役及び監査役……」と規定されており,期中で退任した役員も含まれると解されるから,第108条第1項第五号による記載においても,本来,年度途中で退任した役員の兼務状況を記載すべきであると考える。また,年度途中で兼務をやめた場合でもそれを記載すべきであると考える。(もちろん,重要性がなければ,その必要はない。)

③　第108条第3項における「第133条第1項第二号に掲げる事項」とは,「会

社が無償でした財産上の利益の供与（反対給付が著しく少ない財産上の利益の供与を含む。）」のことである。第1項第六号の明細には，商法第294条ノ2の規定で禁止されている利益供与が含まれる可能性があると思われ，監査役／監査委員は，そのような利益供与があるかないかをこの項目のところでも監査するであろうから，その監査について参考となるように記載しなければならないというのが，この第3項の趣旨である。しかし，そのような利益供与は，本来，あってはならないことであるから，"ないことを監査するために参考とする"ということは，非常に分かりにくいし，その記載方法は難しいと思う。強いてこれを例示するとすれば，第六号による明細を記載した上，通常，次のように注記することとなろう。

　「○○費の中に社外に対する無償供与などの額×××円が含まれているが，すべて，営業上ないし社交儀礼上のものであって，商法違反となるものはない。」

●用語の解説

支配人

　ここで支配人とは，商法第37条・第38条などで規定している「支配人」のことであって，商業使用人（商法第45条）のうち営業主たる商人に代わって本店又は支店において営業を行い，したがってその営業に関する一切の裁判上又は裁判外の行為をする権限を有する者のことである。

　会社にあっては，通常，本店における営業部長とか支店における支店長がこれに該当すると考える。取締役（代表取締役を除く。）や執行役（代表執行役を除く。）は支配人を兼ねることができる。支配人については所要事項を登記する必要があるが，登記をしていなくても，支配人同然の名称をつけている使用人は，善意の第三者との関係では裁判外の行為について支配人と同じ権限（したがって責任も）をもっているとみなされる。

無限責任社員

　無限責任とは，自己の全財産を債務の弁済に充当すべき責任をいう。

社員*1とは，法人格を有する社団（物的会社*2を除く。）の構成員（通常，出資者*3）をいう。

無限責任社員とは，自己の所属する法人の債務について，一定の条件のもとで，法人の債権者に対して直接に無限責任を負う社員をいう。

無限責任社員としては，合名会社の社員，合資会社の無限責任社員などがある。

*1　ここで「社員」とは，'法人の構成員'という意であって，いわゆる会社員（＝会社の従業員）のことではない。社員には，無限責任社員と有限責任社員とがあるが，これに当たる者としては，社団法人・合名会社・合資会社・保険相互会社・社団たる医療法人・監査法人・税理士法人などの社員がある。

*2　物的会社とは，社団ではあるが，その物的条件によって信用の程度に差が生じる会社を意味し，株式会社・有限会社がこれに当たる。

*3　ちなみに保険相互会社では，社員は保険契約者であり，保険料を限度とする有限責任を有する。

第4節
貸借対照表及び損益計算書の公告

> **第109条（注記部分の省略）**
> 　貸借対照表又は損益計算書を公告する場合には，この規則（第56条第2項（第70条第2項及び第72条第3項において準用する場合を含む。）第62条第2項，第92条，第93条及び第102条を除く。）により<u>記載</u>した注記の部分の公告を省略することができる。ただし，損益計算書を公告しない場合には，貸借対照表の利益剰余金の部に当期純利益又は当期純損失を付記し，かつ，同条の1株当たり当期純利益又は当期純損失の額を貸借対照表の注記として公告しなければならない。

　商法特例法第16条第2項（同法第21条の31第2項において準用される場合を含む。）又は商法第283条第4項によって，大会社・みなし大会社（経過措置があるため，実際上，大<u>株式会社等</u>）の場合はB/S及びP/L又はそれらの各要旨を，その他の株式会社の場合にはB/S又はその要旨を公告＊しなければならない。本条は，要旨ではなく，B/S及び／又はP/Lそのものを公告する場合の規定である。

　　＊　取締役会の決議により，公告にかえ，電磁的方法により情報提供することもできる。（⇒商法特例法第16条③・第21条の31③における準用規定，商法第283条⑤，本規則第10条）

1　本条本文

　第109条本文は，公告するB/S及び／又はP/Lには，次の**A～E**の注記を除き，その他の注記の部分の公告を省略することができる旨の規定である（要旨を公告する場合の規定ではない。）。

A　流動／長期の金銭債権及び'市場価格のない債券'の各取立不能見込額
B　有形固定資産の減価償却累計額
C　資本の欠損の額
D　繰延資産に計上した開業費，研究費及び開発費の各金額の合計額が資本準備金及び利益準備金の合算額並びにその決算期に積み立てる必要のある利益準備金の額の合計額を超えるときの，その超過額
E　第124条第三号に規定する'資産の時価評価（低価法・強制評価減に係る時価評価を除く。）により増加したB/S上の純資産の額'（→**第93条解説**(1) **Ab**）
F　1株当たりの当期純利益/当期純損失の額

2　本条ただし書

第109条ただし書の規定は，P/Lを公告しないでB/Sだけを公告する場合（='大株式会社・みなし大株式会社・特例会社'以外の株式会社の場合）におけるB/Sの付記及び注記に関する追加事項について定めるものであり，格別，説明を要する点はない。

第110条（小株式会社の貸借対照表の要旨）

①　小株式会社が公告すべき貸借対照表の要旨は，資産の部を流動資産，固定資産及び繰延資産の各部に，負債の部を流動負債及び固定負債並びに第86条第1項の引当金の部を設けたときは引当金の各部に，資本の部を資本金，資本剰余金及び利益剰余金並びに第91条第1項第三号の株式等評価差額金の部を設けたときは株式等評価差額金並びに同項第五号の自己株式の部を設けたときは自己株式の各部に区分して，各部につきその合計額を記載し，資本剰余金の部に資本準備金を，利益剰余金の部に利益準備金及び当期純利益又は当期純損失を付記しなければならない。ただし，これらの各部は区分し，

> 又は細分して記載することを妨げない。
> ② 前項の要旨には，第92条の差額並びに第93条の超過額及び純資産額の注記をも記載しなければならない。

　第110条は，小株式会社がB/Sそのものを公告しないで，B/Sの要旨を公告する場合の規定である。

　すなわち，小株式会社が公告するB/Sの要旨においては，次の**A～E**に従って記載しなければならない。

A　資産の部を，流動資産，固定資産及び繰延資産の三つの部に区分して，各部につきその合計額を記載する（もちろん，資産の部の合計額を記載する。）。

B　負債の部を，流動負債及び固定負債の二つの部（又は引当金の部を設けたときは，それらに引当金を加えた三つの部）に区分して，各部につきその合計額を記載する（もちろん，負債の部の合計額を記載する。）。

C　a　資本の部を，資本金，資本剰余金及び利益剰余金の三つの部に区分し，該当事項がある場合，株式等評価差額金の部・自己株式の部を加え，各部につきその合計額を記載する（もちろん，資本の部合計額を記載する。また，負債及び資本の合計額も記載するのが会計上の常識である。）。

　b　資本剰余金の部に資本準備金を，利益剰余金の部に利益準備金及び当期純利益（又は当期純損失）を付記する。

D　上の**A～C**の区分について，さらに区分し（例えば，固定資産の部を有形固定資産，無形固定資産及び投資その他の資産の各部に区分する。），又は適宜の項目に細分して記載しても差し支えない。

E　次の**a～c**（すべて）の注記も記載しなければならない。

　a　資本の欠損の額

　b　繰延資産の超過額（→**第109条解説1 D**）

　c　資産の時価評価（低価法・強制評価減に係る時価評価を除く。）に基づくB/S上の純資産の増加額（→**第93条解説(1) Ab**）

> **第111条（小株式会社以外の株式会社の貸借対照表の要旨）**
> ① 小株式会社以外の株式会社が公告すべき貸借対照表の要旨は，前条第１項本文（大株式会社等にあっては，当期純利益又は当期純損失の付記に関する部分を除く。）の定めるところによるほか，固定資産の部を有形固定資産，無形固定資産及び投資その他の資産の各部に区分し，第91条第１項第二号の土地再評価差額金の部を設けたときは資本の部に土地再評価差額金の部を追加して，その各部につきその合計額を記載しなければならない。
> ② 前項の要旨の各部は，会社の財産の状態を明らかにするため重要な適宜の項目に細分しなければならない。
> ③ 第１項の要旨には，前条第２項に定めるもののほか，第102条の１株当たりの当期純利益又は当期純損失の額の注記をも記載しなければならない。ただし，大株式会社等にあっては，この限りでない。

小株式会社が公告するB/Sの要旨については第110条で規定しているのに対し，それ以外の株式会社が公告するB/Sの要旨については，第111条において，前の第110条第１項本文の定めるところによるほか，さらに追加的に記載すべき事項についての規定を設けている。

本条第１項（前条第１項本文を含む。）～第３項を総括すると，小株式会社以外の株式会社の公告するB/Sの要旨については，次の**A**～**E**に示すところに従って記載しなければならないことになる。

A 資産の部を，流動資産，固定資産及び繰延資産の三つの部に区分し，更に固定資産の部を，有形固定資産，無形固定資産及び投資その他の資産の三つの部に区分した上，それらの各部についてその合計額を記載する（もちろん，資産の部の合計額を記載する。）。

B 負債の部を，流動負債及び固定負債の二つの部（又は引当金の部を設けたときは，それらに引当金を加えた三つの部）に区分して，各部についてその合計額を記載する（もちろん，負債の部の合計額を記載す

る。)。
- C a 資本の部を，資本金，資本剰余金及び利益剰余金の三つの部に区分（土地再評価差額金・株式等評価差額金・自己株式の各部の全部／一部を設けたときは，その部を追加）して，各部についてその合計額を記載する（もちろん，資本の部の合計額を記載する。また，負債及び資本の合計額を記載するのが会計上の常識である。)。
  - b 資本剰余金の部に資本準備金を，利益剰余金の部に利益準備金を付記する。
- D 上の A, B 及び C の各部は，会社の財産の状態を明らかにするため重要な適宜の項目に細分しなければならない。
  - 注 ここでいう項目は，科目とは限らない。したがって，重要な科目をそのまま記載してもよいし，性質のよく似た二以上の科目をまとめて一つの項目としてもよいと解する。
- E 次の a〜d（すべて）の注記を記載しなければならない。ただし，d については大株式会社等（＝大株式会社＋みなし大株式会社＋特例会社）の場合は，記載しなくても差し支えない（P/L の要旨に記載する。)。
  - a 資本の欠損の額
  - b 繰延資産の超過額（→第109条解説 1 D）
  - c 資産の時価評価（低価法・強制評価減に係る時価評価を除く。）に基づく B/S 上の純資産の増加額（→第93条解説(1) Ab）
  - d 1 株当たりの'当期純利益／当期純損失'の額

第112条（大株式会社等の損益計算書の要旨）

① 大株式会社等が公告すべき損益計算書の要旨には，営業収益，営業費用，営業外収益，営業外費用，経常利益又は経常損失，第99条の利益又は損失，税引前当期純利益又は税引前当期純損失，第100条第 2 項各号に掲げる額，当期純利益又は当期純損失，第101条第 1 項各号に掲げる額，当期未処分利益又は当期未処理損失及び第102条第

> 　1項の1株当たりの当期純利益又は当期純損失の額の注記を記載しなければならない。ただし，営業外収益若しくは営業外費用又は第99条の利益若しくは損失の額が重要でないときは，その各額の記載に代え，その差額を営業外損益又は特別損益として記載することができる。
> ② 　前項の規定により記載すべき事項は，会社の損益の状態を明らかにするために必要があるときは，適宜の項目に細分して記載しなければならない。

　第112条は，大株式会社等（＝大株式会社＋みなし大株式会社＋特例会社）が公告するP/Lの要旨の記載内容に関する規定である。(法律上，大株式会社等以外の株式会社がそのP/L又はその要旨を公告すべき旨の規定はない。)

(1) 　本条第1項により，大会社の公告するP/Lの要旨には，次のA〜N（すべて）について記載しなければならない。そして，本条第2項により，会社の損益の状態を明らかにするために必要があるときは，これらを適宜の項目に細分して，記載しなければならない。

　A　営業収益・営業費用（各合計額）

　B　営業外収益・営業外費用（各合計額）。ただし，それらの額が重要でないときは，その各額の記載に代え，両者の差額を営業外損益として記載することができる。その場合，その差額が利益か損失かを明らかにする必要がある。したがって，その場合，私見では，「営業外利益（純）」とか「営業外損益（益）」又は「営業外損失（純）」とか「営業外損益（損）」として示す方が好ましいと考える。'もし△印をつけて損失を示すのであれば，その旨，注記すべきであろう（下のDにおいて同じ。）。'

　C　経常利益／経常損失

　D　特別利益・特別損失（各合計額）。ただし，それらの額が重要でないときは，その各額の記載に代え，両者の差額を特別損益として記載することができる。その場合，その差額が利益か損失かを明らかにする必要がある（したがって，その場合，私見では，「特別利益（純）」とか「特別

損益（益）」又は「特別損失（純）」とか「特別損益（損）」とかとして示す方が好ましいと考える。→上のＢ最終パラグラフ）。

E 税引前当期純利益／税引前当期純損失
F 法人税その他の税・法人税等調整額（各額）
G 当期純利益／当期純損失
H 前期繰越利益／前期繰越損失
I 任意積立金の目的取崩額（各額）
J 利益準備金の減少額
K 中間配当の額・これに伴う利益準備金積立額（各額）
L その外，当期純利益／当期純損失に加減すべき各項目とその額
M 当期未処分利益／当期未処理損失
N １株当たり'当期純利益／当期純損失'の額の注記

(2) 第112条第１項の文中，「第101条第１項各号に掲げる額」と示されているが，これの意味について，次の三通りの解釈があり得ると考える。

A 第101条第１項各号の額の全合計額
B 同各号の区分ごとの合計額（例えば，複数の任意積立金の目的取崩額がある場合，それらを合算して「任意積立金取崩額」として記載する。）
C 同各号に該当する事項の各細目ごとの額（例えば，複数の任意積立金の目的取崩額がある場合，それらを各別に記載する。）

もし，Ａであれば，「各号に掲げる額の合計額」として示されるはずであるから，これは可とし難い。次に要旨における他の項目の記載とのバランスを考えると，Ｂでよいように思われる点もある。しかし，私見では，その内容に多様性があると思うので，Ｃの見解による方がよいと考える。

第113条（要旨の金額の表示の単位）

① 株式会社の公告すべき貸借対照表又は損益計算書の要旨に記載すべき金額は，百万円単位をもって表示することができる。

② <u>大株式会社等</u>の公告すべき貸借対照表又は損益計算書の要旨に記

載すべき金額は，前項の規定にかかわらず，1億円単位をもって表示することができる。
③　会社の財産又は損益の状態を的確に判断することができなくなるおそれがあるときは，前2項の規定にかかわらず，貸借対照表又は損益計算書の要旨に記載すべき金額は，適切な単位をもって表示しなければならない。

(1)　第113条第1項から第3項までの規定を併せて解説すると，次のA～Cのようになる。

　A　株式会社が公告する'B/S又はP/L'の要旨に記載する金額は，会社の財産又は損益の状態を的確に判断することができなくなるおそれがない限り，百万円単位をもって表示することができる。

　B　大株式会社等が公告する'B/S又はP/L'の要旨に記載する金額は，会社の財産又は損益の状態を的確に判断することができなくなるおそれがない限り，1億円単位をもって表示することができる。

　C　大株式会社等であれ，その他の株式会社であれ，表示金額単位を1億円／百万円とすると会社の財産又は損益（いずれか一方又は双方）の状態を的確に判断することができなくなるおそれがあるときは，B/S又はP/Lの要旨に記載する金額は，適切な単位をもって表示しなければならない。

(2)　第44条第1項及び第47条の各文中では「会社の財産及び損益の状態」という表現をしているのに対し，本条第3項の文中では「会社の財産又は損益の状態」という表現をしている。本条第3項の方は，その「又は」の語は「及び／又は」の意であると解することにより，一応，用語の不統一とかの問題は生じないと思う。

(3)　本条では，第1項から第3項までの各項の文中に，「貸借対照表又は損益計算書の要旨」という表現*がある。したがって，これに基づいて各項を文理的に解釈すると，B/S要旨とP/L要旨と，その重要性に応じ，異なる金額単位を用いてもよいということになる。

規則上はともかく，会社としては，B/S 要旨と P/L 要旨と，その表示金額単位を統一すべきであると考える。そうしないと，ややもすれば，その読者が誤解をしたり，その利用者が EDP のインプットミスを起こしたりするおそれがある。

　＊　ちなみに，第49条（金額の表示の単位）では，B/S・P/L・附属明細書について，「及び」の語を使って接続しており，統一制を求めている。

第5節
特定の事業を行う会社についての特例

> 第114条（2以上の事業を兼ねて営む場合の適用関係）
> ① この節の規定が適用される事業の2以上を兼ねて営む株式会社又は有限会社が作成すべき貸借対照表，損益計算書，営業報告書及び附属明細書の記載の方法並びに公告すべき貸借対照表及び損益計算書の要旨の記載方法については，それらの事業のうち，当該株式会社又は有限会社の営業の主要な部分を占める事業に関して適用されるこの節の規定の定めによる。ただし，その主要事業以外の事業に関する事項については，主要事業以外の事業に関するこの節の規定の定めによることができる。
> ② この節の規定が適用される事業とその他の事業とを兼ねて営む株式会社又は有限会社において，当該株式会社又は有限会社の営業の主要な部分がその他の事業によるものである場合においては，当該株式会社又は有限会社が作成すべき貸借対照表，損益計算書，営業報告書及び附属明細書の記載の方法並びに公告すべき貸借対照表及び損益計算書の要旨の記載方法については，この節の規定を適用しないことができる。ただし，この節の規定の適用を受ける事業に関係ある事項については，当該事業に関するこの節の定めによることができる。

第114条の第1項・第2項を整理・補足して示すと，次のとおりである。

『株式会社／有限会社が，次の **A** ／ **B** （いずれか）に該当する場合，その会社の B/S，P/L，営業報告書・附属明細書の記載の方法及び公告すべき B/S・P/L の要旨の記載方法については，**A** ／ **B** のそれぞれに示したところによる。

A 特定事業*1の二つ以上を兼営する会社の場合，本規則の適用については，次のa／b（いずれか）による。

  a 原則：全事業につき主要事業たる特定事業に関して適用される第5節の規定による。

  b 許容：基本的に主要事業たる特定事業に関して適用される第5節の規定を適用し，部分的に'主要事業以外の特定事業'に関する事項について当該'主要事業以外の特定事業'に関する第5節の規定によることができる。

*1 第5節の規定（第115条～第123条のうちいずれか一つ以上）が適用される事業をいう。

B 特定事業と一般事業*2とを兼営する会社の場合，本規則の適用については，次のa～c（いずれか）による

  a 主要事業が特定事業であるとき……本規則上，明文の特別規定はない。*3

  b 主要事業が一般事業*2であるとき，本規則の適用については，次のi～iii（いずれか）による。

    i 原則：本規則上，明文の規定はない。*4

    ii 許容：全事業につき，第5節の規定を全く適用しない（＝第3節・第4節による）ことができる。

    iii 上のiiの許容に対する再許容：基本的に主要事業たる一般事業に関して第3節・第4節を適用し，部分的に主要事業以外の事業たる特定事業に関する事項について当該特定事業に関する第5節の規定によることができる。

*2 第5節の規定の適用を受けない事業をいう（これは，法令上の用語ではなく，本書における用語である。）。

*3 **Ba**の場合，明文の特別規定がないということは，次のイ・ロを前提としているものと思う。

  イ 第5節の規定の趣旨に照らし，特に規定をしなくても，当然に理解し得るはずである。

  ロ ただし書があればともかく，例外的な適用方法は認められない。

第5章第5節　特定の事業を行う会社についての特例　　　　355

したがって，このときは，上の**A a**に準じ，主要事業たる特定事業に関して適用される第5節の規定によることを意味すると思う。

＊4　第114条第2項本文の規定自体が許容的規定として表現されているにもかかわらず，その前提となる原則的規定は見当らないから，何とか推測するほかはない。ところが，同項には，ただし書が示され，それが，同項本文に対する許容的規定となっている。ということは，この第2項の場合，その本文における許容に対するただし書の許容規定（上の**B b iii**）が，廻り廻って，結果的に第2項の場合における実質的な原則的適用方法を示していることになると考えられる。したがって，**B b i**は**B b iii**と同じである（ただし末尾の語「ことができる」を削ること。）と思う。

●参考説明──「特定の事業」以外の特殊な事業を営む会社のB/S・P/Lなど

第5節においては，「特定の事業」として，九つの事業が取り上げられ，それぞれ，それを営む会社が'商法／特例法（以下，この「参考説明」において，単に「商法」という。）'に基づき作成すべきB/S・P/Lなどの<u>記載</u>その他について，特例が設けられている。しかし，次に示すような（例示であり，すべてではない。）事業会社については，特殊な会計規則があっても特例は設けられていない。

- バス会社・タクシー会社……一般旅客自動車運送事業会計規則
- トラック運送会社……一般貨物自動車運送事業会計規則
- 道路運送固定施設会社……自動車道事業会計規則
- 海運会社……海運企業財務諸表準則
- 造船会社……造船業財財務諸表準則
- 証券会社……証券会社に関する内閣府令

したがって，上例のような会社にあっては，それぞれに示す特殊な規則・準則と本規則の第3節・第4節との関係について，どのように考えるべきかが問題になると思う。

これについて，私見では，それらの規則などの制定根拠に基づき，次の**A**〜**D**のように判断する必要があると考える。

A　法律又は"法律による特定の委任に基づく命令（＝政令又は'府令／省

令'*1〕"において，B/S・P/L などの作成／記載の前提となる会計そのものについて，商法に対する例外的な規定を設けている規則など……本規則に関係なく，当該規則などによることとなる。

B　上の A と同様の法令により，株主総会に提出／報告すべき B/S・P/L などの作成／記載について，商法に対する例外的な規定を設けている規則など……本規則に関係なく，当該規則などによることとなる。

C　'法律の包括的な委任に基づく命令'*2 において，会計処理や，'B/S・P/L などの作成／記載' について規定をしている規則など……商法に基づき作成すべき B/S・P/L などにまで，影響を及ぼすことはない（私見）*3。

D　単に，所掌の行政機関などに対し提出／報告すべき B/S・P/L などの作成・記載について規定している規則など……商法に基づき作成すべき B/S・P/L などにまで，影響を及ぼすことはない*3。

*1　法律による特定の委任に基づく政令における特定の再委任による府令/省令を含む。

*2　'法律による包括的な委任に基づく政令又は府令／省令' とか 'そのような政令により再委任された府令／省令' をいう。

*3　上の C／D の場合の規則などは，本来，当該法令の施行を担当する行政機関などの所掌する範囲／権限に属する事項に限られていると解すべきであり，法律による特定の委任がない限り，その所掌範囲を超えて，商法に基づき作成すべき B/S・P/L などに関する特別の規定を設けることはできないと考える。とはいうものの，所管の機関が，有権解釈として（商法上の B/S・P/L などについても），その所掌範囲内に含まれるとし，法務省が，それに同意／それを黙認しているとすれば，社会的に何らの実害を生じない限り，あえて，これをあげつらうほどの実益はないといえよう。

いずれにしても，上の C／D に属する規則などの適用を受ける会社にあっては，当該規則などに反せず，しかも，本規則の規定にも反しないよう（特に注記などの追加記載の要否について）検討すべきであると考える。

注　本規則における細分科目名は例示であるから，特殊な事業に係る特有の科目名を用いて差し支えない。また，本規則で強制適用される項目・分類などは，それらと本規則との間で調整されていると思われる。

第115条（建設会社に関する特例）

① 建設業法（昭和24年法律第100号）に定める建設業者である株式会社又は有限会社（以下この条において「建設会社」という。）の作成すべき貸借対照表及び損益計算書の<u>記載</u>の方法については，前2節（第49条，第55条（第70条第2項において準用する場合を含む。），第56条（第70条第2項及び第72条第3項において準用する場合を含む。），第62条並びに第80条（第82条第2項において準用する場合を含む。）を除く。）の規定は適用せず，建設業法施行規則（昭和24年建設省令第14号）の定めるところによる。ただし，貸借対照表については，報告様式とすることを要しない。

② 建設業法施行規則別記様式（以下この条において「別記様式」という。）第15号及び第16号中各科目に付された番号並びに別記様式第16号中完成工事原価報告書に関する部分は，<u>記載</u>することを要しない。

③ 別記様式第15号記載要領33及び第16号記載要領21の規定にかかわらず，別記様式第15号及び第16号の注に掲げる事項は，該当するものがない場合には，<u>記載</u>することを要しない。この場合においては，当該事項の後の事項に付された番号を繰り上げ，一連番号を付すことができる。

④ 別記様式第16号中販売費及び一般管理費の科目を細分する科目の記載は，省略することができる。

⑤ 第109条の規定は，建設会社の公告する貸借対照表及び損益計算書について準用する。

1 本条第1項

第115条第1項を整理・要約／補足して示すと，次の**A・B**のとおりである。

A 建設会社〈株式会社／有限会社〉のB/S・P/Lの<u>記載</u>の方法について

は，第3節（＝B/S・P/L・営業報告書・附属明細書の記載の方法）・第4節（＝B/S・P/Lの公告）[1]のうち，以下のa〜iは適用するが，それ以外は適用しない。（→下のB）

[1] 本条第1項では，その文の冒頭において建設会社の「B/S・P/Lの記載の方法については」という意の文言が示されている。これに対し，前2節（＝第3節・第4節）を適用しない旨，示しているが，第3節中の第4款は営業報告書，第5款は附属明細書，そして第4節はB/S・P/Lの公告に関する規定であるから，これらはB/S・P/Lには関係のないものである。したがって，この冒頭の文言を前提とすれば，ここでの「前2節」は，事実上，第3節のうちB/S・P/Lに関係する規定のことをいうと解するほかはない。（→下の3注1・注2）

a 第49条：金額の表示の単位
b 第55条[4]：子会社[2]・支配株主[3]に対する'流動資産に属する金銭債権'の記載／注記
c 第70条第2項において準用する第55条[4]：子会社[2]・支配株主[3]に対する長期金銭債権の記載／注記
d 第56条：流動資産に属する金銭債権の取立不能見込額の記載／注記
e 第70条第2項で準用する第56条：長期金銭債権の取立不能見込額の記載／注記
f 第72条第3項で準用する第56条：投資その他の資産に属する'市場価格のない債券'の取立不能見込額の記載／注記
g 第62条：有形固定資産の減価償却累計額の記載／注記
h 第80条[4]：支配株主[3]・子会社[2]に対する'流動負債に属する金銭債務'の記載／注記
i 第82条第2項において準用する第80条[4]：支配株主[3]・子会社[2]に対する長期金銭債務の記載／注記

[2] 有限会社の場合，有限子会社と読み替える。
[3] 有限会社の場合，支配社員と読み替える。
[4] 第55条③・第80条③によれば，有報提出大会社にあっては，関係会社特例規定（＝子会社・支配株主に対する金銭債権債務に代え，関係会社に対する金銭債権債務とする方法）によることができる（その場合，第48条①によりすべての関係会社特例規定を統一的に適用する必要がある。）。ところが建設会社の

場合，第48条・第73条②・第97条③が適用されないから，有報提出大会社たる建設会社においては，第73条②・第97条③における関係会社特例規定によることはできず，建設業法施行規則の定めるところによる。
　注　規則では明示されていないが，上の f とのバランス上，次についても f 同様に取扱うべきであろう（私見）。
　　　『第57条第3項で準用する第56条：流動資産に属する'市場価格のない債券'の取立不能見込額の記載／注記』

B　上の A の a～i によるほか，建設業法施行規則の定めるところによる。ただし，B/S については，報告様式とすることを要しない。

2　本条第2項～第4項

第115条の第2項～第4項については，格別，解説を要する点はない。

3　本条第5項

第115条第5項を整理・要約／補足して示すと，次のとおりである。

『建設会社〈株式会社〉が公告する B/S・P/L について，第109条を準用する。つまり，次の A・B のとおりとする。

A　B/S・P/L を公告する場合，B/S 又は P/L に記載した下の a～g *1 の注記の公告は必要であるが，それ以外の注記の公告は任意である。

　*1　小株式会社の場合，下の a～d・g について第48条②により B/S・P/L への注記を省略しているときは，当然，公告する事項ではないと思う。

a　第56条第2項：流動資産に属する金銭債権の取立不能見込額の注記
b　第70条第2項で準用する第56条第2項：長期金銭債権の取立不能見込額の注記
c　第72条第3項で準用する第56条第2項：投資その他の資産に属する'市場価格のない債券'の取立不能見込額の注記
d　第62条第2項：有形固定資産の減価償却累計額の注記
e　第92条：資本の欠損の注記
f　第93条：次の i・ii の注記
　i　第124条第一号の超過額：（開業費＋研究開発費）*2 －（資本準備

金＋利益準備金＋当期利益処分に係る要積立利益準備金）

＊2　B/S上の繰延資産計上残額

　ii　第124条第三号の純資産額：資産の時価評価（低価法・強制評価減に係る時価評価を除く。）に基づくB/S上の純資産の増加額

　g　第102条：1株当たりの'当期純利益／当期純損失'の注記

B　B/Sを公告し，P/Lを公告しない場合，次の**a・b**により，追加／補整する。

　a　B/Sの利益剰余金の部に，当期純利益／当期純損失を付記する。

　b　1株当たりの'当期純利益／当期純損失'をB/Sの注記とする。

注1　本条①の冒頭の文言においては，上の1**A**＊1で述べたように，'B/S・P/L又はそれらの要旨'の公告について触れていない（つまり，本規則の適用除外対象に含めていない＝当然の適用事項である。）。したがって，これを前提とする限り，本条⑤の存在は，重複規定となり，不可解である。

　しかし，この本条⑤の存在が正当であるとすれば，本条①本文は次のような意をもつ文とすべきであると思う。

　『建設会社の作成すべきB/S及びP/Lの<u>記載</u>の方法並びに公告すべきB/S若しくはP/L又はそれらの要旨の記載方法については，第3節第1款から第3款まで（第49条……を除く。）及び第4節の規定は適用せず，建設業法施行規則の定めるところによる。』

　ところがである。建設業法施行規則には，'B/S・P/L又はそれらの要旨'の公告に関する規定は存在しない。

注2　本条①冒頭においては，建設会社の附属明細書・営業報告書の<u>記載</u>方法についても，触れていない（→上の1＊1）。したがって，これを前提とする限り，これらについては，第3節第4款・第5款の規定が適用されることになる。

第116条（ガス会社に関する特例）

① ガス事業法（昭和29年法律第51号）に定める一般ガス事業者である株式会社又は有限会社（以下この条において「ガス会社」という。）の作成すべき貸借対照表，損益計算書及び附属明細書の<u>記載</u>の方法については，前2節（第44条第1項及び第3項，第49条，第56条（第70条第2項及び第72条第3項において準用する場合を含む。），第62

条並びに第108条第１項第六号及び第３項を除く。）の規定は適用せず，ガス事業会計規則（昭和29年通商産業省令第15号）の定めるところによる。ただし，貸借対照表又は損益計算書に記載すべき注記は，貸借対照表又は損益計算書の末尾以外の適当な箇所に記載することを妨げない。
② 第48条第２項の規定はガス会社であって小株式会社又は有限会社に該当するものの貸借対照表及び損益計算書について，第109条の規定はガス会社の公告する貸借対照表及び損益計算書について，それぞれ準用する。

1 本条第１項

第116条第１項を整理・要約／補足して示すと，次の**A・B**のとおりである。

A ガス会社〈株式会社／有限会社〉のB/S・P/L・附属明細書の記載の方法については，第３節・第４節のうち，次の**a～h**は適用するが，それ以外は適用しない。（→下の**B**）

- **a** 第44条第１項・第３項：B/S・P/L・附属明細書の作成の基本原則
- **b** 第49条：金額の表示の単位
- **c** 第56条：流動資産に属する金銭債権の取立不能見込額の記載／注記
- **d** 第70条第２項で準用する第56条：長期金銭債権の取立不能見込額の記載／注記
- **e** 第72条第３項で準用する第56条：投資その他の資産に属する'市場価格のない債券'の取立不能見込額の記載／注記
- **f** 第62条：有形固定資産の減価償却累計額の記載／注記
- **g** 第108条＊第１項第六号：附属明細書における営業費用のうち販売費及び一般管理費の明細
- **h** 第108条＊第３項：上の**g**の記載に関する監査役／監査委員の監査上の参考的記載

＊ 小株式会社・有限会社に対しては，第108条は適用されない。

注1 →**第115条解説1 A** ＊1（附属明細書に関する部分を除くほか，必要な読み替えをすること。）

注2 →**第115条解説1 A**注（文中の**f**は**e**と読み替えること。）

B 上の**A**の**a**〜**h**によるほか，ガス事業会計規則の定めるところによる。ただし，B/S 又は P/L の注記は，B/S 又は P/L の末尾以外の適当な箇所に記載しても差し支えない。

2 本条第2項

第116条第2項を整理・要約／補足して示すと，次の**A**・**B**のとおりである。

A ガス会社である小株式会社／有限会社の B/S・P/L については，第48条第2項を準用する。つまり，次の**a**・**b**の注記は必要であるが，それ以外の注記は任意である。

a 第92条：資本の欠損の注記

b 第93条：次の**i**・**ii**の注記

　i 第124条第一号／第126条第一号の超過額：(開業費＋研究開発費)＊－（資本準備金＋利益準備金＋当期利益処分に係る要積立利益準備金）

　　＊ B/S 上の繰延資産計上残額

　ii 第124条第三号／第126条第三号の純資産額：資産時価評価（低価法・強制評価減に係る時価評価を除く。）に基づく B/S 上の純資産の増加額

B ガス会社〈株式会社〉が公告する B/S・P/L について，第109条を準用する。その内容は，適用対象会社が異なる点を除き，第115条第5項と全く同じである。（→**第115条解説3**）

注1 本条②の第109条に関する事項につき→**第115条解説3**注1（必要な読み替えをすること。）

注2 →**第115条解説3**注2（附属明細書に関する部分を除くほか，必要な読み替えをすること。）

第5章第5節　特定の事業を行う会社についての特例

第117条（銀行等に関する特例）
　次の各号に掲げる株式会社の作成すべき貸借対照表及び損益計算書の記載の方法並びに公告すべき貸借対照表及び損益計算書の要旨の記載方法については，前2節（第44条第1項を除く。）の規定は適用せず，それぞれ当該各号に定める命令の定めるところによる。この場合において，公告すべき貸借対照表及び損益計算書の要旨の記載方法は，銀行法施行規則（昭和57年大蔵省令第10号）別紙様式第6号若しくは別紙様式第6号の2，長期信用銀行法施行規則（昭和57年大蔵省令第13号）別紙様式第4号若しくは別紙様式第4号の2又は無尽業法施行細則（昭和6年大蔵省令第23号）第16条の定めるところによる。
一　銀行法（昭和56年法律第59号）に定める銀行　銀行法施行規則
二　長期信用銀行法（昭和27年法律第187号）に定める長期信用銀行　長期信用銀行法施行規則
三　無尽業法（昭和6年法律第42号）に定める無尽会社　無尽業法施行細則

第117条を整理・要約／補足して示すと，次のA・Bのとおりである。
A　次のaに該当する株式会社が作成すべきB/S・P/Lの記載の方法については，第3節のうち下のbは適用するが，それ以外の第3節は適用せず，aに示すそれぞれの命令の定めるところによる。
　a　銀行……銀行法施行規則
　　　長期信用銀行……長期信用銀行施行規則
　　　無尽会社……無尽業法施行細則
　b　本規則第44条第1項（＝B/S・P/L作成の基本原則）
　注　→第115条解説1A＊1（B/S・P/Lの要旨の公告に関する部分を除くほか，必要な読み替えをすること。）

B　上のAaに該当する会社が公告するB/S・P/Lの各要旨の記載方法に

ついては，第4節の規定は適用せず，上の**A**の**a**のそれぞれに示した命令（具体的には，次の**a～c**）の定めるところによる。

a 銀行……銀行法施行規則別紙様式第6号又は第6号の2
b 長期信用銀行……長期信用銀行法施行規則別紙様式第4号又は第4号の2
c 無尽会社……無尽業法施行細則第16条

第118条（保険会社に関する特例）

① 保険業法（平成7年法律第105号）に定める保険会社である株式会社の作成すべき貸借対照表，損益計算書，営業報告書及び附属明細書の<u>記載</u>の方法並びに公告すべき貸借対照表の要旨の記載方法については，前2節（第44条を除く。）の規定は適用せず，保険業法施行規則（平成8年大蔵省令第5号）の定めるところによる。

② 商法特例法第16条第2項（商法特例法第21条の31第3項において準用する場合を含む。）の規定により貸借対照表又は損益計算書を公告する場合には，保険業法施行規則別紙様式第12号第4記載上の注意1 ⒀, ⒂, ⒅, ⒆及び⒇並びに第12号の2第4記載上の注意1 ⒀, ⒂, ⒅, ⒆及び⒇の注記を除くその他の注記の部分の公告を省略することができる。

第118条を，整理・要約／補足して示すと，次の**A・B**のとおりである。

A 保険会社〈株式会社〉のB/S・P/L・営業報告書・附属明細書及び'公告するB/S・P/Lの各要旨'については，第3節・第4節の規定のうち，第44条*については適用するが，その他の規定は適用せず，保険業法施行規則の定めるところによる。

 ＊ 第44条：作成の基本原則

B 保険会社が，次の**a／b**の規定により，B/S又はP/Lを公告する場合には，保険業法施行規則別紙様式のうち，次の**p・q**の注記の公告は必要

であるが，それ以外の注記の公告は任意である。
- a 商法特例法第16条第2項（大株式会社／みなし大株式会社の場合）
- b 商法特例法第21条の31第3項で準用する同法第16条第2項（特例会社の場合）
- p 第12号第4記載上の注意1のうち(13)・(15)・(18)・(19)・(20)
- q 第12号の2第4記載上の注意1のうち(13)・(15)・(18)・(19)・(20)

第119条（電気会社に関する特例）

① 電気事業法（昭和39年法律第170号）に定める一般電気事業者及び卸電気事業者である株式会社又は有限会社(以下この条において「電気会社」という。)の作成すべき貸借対照表，損益計算書及び附属明細書の記載の方法については，前2節（第44条第1項及び第3項，第56条（第70条第2項及び第72条第3項において準用する場合を含む。），第62条並びに第108条第1項第六号及び第3項を除く。）の規定は適用せず，電気事業会計規則（昭和40年通商産業省令第57号）の定めるところによる。ただし，貸借対照表又は損益計算書に記載すべき注記は，貸借対照表又は損益計算書の末尾以外の適当な箇所に記載することを防げない。

② 電気会社の公告すべき貸借対照表の要旨は，第111条第1項の規定にかかわらず，固定資産の部を電気事業固定資産，投資その他の資産その他その内容を示す適当な名称を付した部に区分して記載しなければならない。

③ 第48条第2項の規定は電気会社であって小株式会社又は有限会社に該当するものの貸借対照表及び損益計算書について，第109条の規定は電気会社の公告する貸借対照表及び損益計算書について，それぞれ準用する。

1 本条第1項

第119条第1項を整理・要約／補足して示すと，次の **A**・**B** のとおりである。

A 電気会社〈株式会社／有限会社〉の B/S・P/L・附属明細書の<u>記載</u>の方法については，第3節・第4節のうち，次の **a**〜**g** は適用するが，それ以外の規定は適用せず，電気事業会計規則の定めるところによる（→下の **B**）。

- **a** 第44条第1項・第3項：B/S・P/L・附属明細書の作成の基本原則
- **b** 第56条：流動資産に属する金銭債権の取立不能見込額の記載／注記
- **c** 第70条第2項で準用する第56条：長期金銭債権の取立不能見込額の記載／注記
- **d** 第72条第3項で準用する第56条：投資その他の資産に属する'市場価格のない債券'の取立不能見込額の記載／注記
- **e** 第62条：有形固定資産の減価償却累計額の記載／注記
- **f** 第108条＊第1項第六号：附属明細書における営業費用のうち販売費及び一般管理費の明細
- **g** 第108条＊第3項：上の **f** の記載に関する監査役／監査委員の監査上の参考的記載

＊ 小株式会社・有限会社に対しては，第108条は適用されない。

注1 →**第115条解説1A**＊1（附属明細書に関する部分を除くほか，必要な読み替えをすること。）

注2 →**第115条解説1A注**（文中の **f** は **d** と読み替えること。）

B 上の **A** の場合，B/S 又は P/L の注記は，B/S 又は P/L の末尾以外の適当な箇所に記載することも許容される。

2 本条第2項

第119条第2項の意味するところは，次のとおりである。

『電気会社の公告すべき B/S の要旨は，第111条第1項の固定資産の部の区分法ではなく，その部を電気事業固定資産・投資その他の資産など，その内

容を示す適当な名称をつけた部に細分しなければならない。』
- 注1　ここでは，公告するP/Lの要旨については，触れられていないから，本条①冒頭の文言を前提とする限り，第112条によることとなる。
- 注2　本条②の文中に「第111条①の規定にかかわらず」という意の語があるが，これは第4節の適用を前提としているものであり，本条①における「前2節（＝第3節・第4節）の規定は適用せず」という文言と相反する。

3　本条第3項

　第119条第3項は，第116条第2項と適用対象会社が異なるだけであって，その規定内容は全く同じである。（→**第116条解説2**）

第120条（電気通信会社に関する特例）

① 　電気通信事業法（昭和59年法律第86号）に定める第1種電気通信事業者である株式会社又は有限会社（以下この条において「電気通信会社」という。）の作成すべき貸借対照表，損益計算書及び附属明細書の記載の方法については，前2節（第44条第1項及び第3項，第49条，第56条（第70条第2項及び第72条第3項において準用する場合を含む。），第62条並びに第108条第1項第六号及び第3項を除く。）の規定は適用せず，電気通信事業会計規則（昭和60年郵政省令第26号）の定めるところによる。ただし，同規則第2条ただし書の規定により会計の整理をするときは，前2節の規定に適合する場合に限り，その記載の方法によることができる。

② 　貸借対照表又は損益計算書に記載すべき注記は，貸借対照表又は損益計算書の末尾以外の適当な箇所に記載することができる。

③ 　電気通信会社の公告すべき貸借対照表の要旨は，第111条第1項の規定にかかわらず，固定資産の部を，投資その他の資産の部のほか，電気通信事業固定資産及び他の事業固定資産の各部に区分した上，有形固定資産及び無形固定資産の各部に区分して記載しなければならない。

> ④　第48条第2項の規定は電気通信会社であって小株式会社又は有限会社に該当するものの貸借対照表及び損益計算書について，第109条の規定は電気通信会社の公告する貸借対照表及び損益計算書について，それぞれ準用する。

1　本条第1項・第2項

第120条の第1項・第2項を整理・要約／補足して示すと，次のA～Cのとおりである。

A　電気通信会社〈株式会社／有限会社〉のB/S・P/L・附属明細書の記載の方法については，第3節・第4節のうち，次のa～hは適用するが，それ以外は適用せず，電気通信事業会計規則による。

- **a**　第44条の第1項・第3項：B/S・P/L・附属明細表の作成の基本原則
- **b**　第49条：金額の表示の単位
- **c**　第56条：流動資産に属する金銭債権の取立不能見込額の記載／注記
- **d**　第70条第2項で準用する第56条：長期金銭債権の取立不能見込額の記載／注記
- **e**　第72条第3項で準用する第56条：投資その他の資産に属する'市場価格のない債券'の取立不能見込額の記載／注記
- **f**　第62条：有形固定資産の減価償却累計額の記載／注記
- **g**　第108条＊第1項第六号：附属明細書における営業費用のうち販売費及び一般管理費の明細
- **h**　第108条＊第3項：上のgの記載に関する監査役／監査委員の監査上の参考的記載

＊　小株式会社・有限会社に対しては，第108条は適用されない。
注1　→第115条解説1A＊1（附属明細書に関する部分を除くほか，必要な読み替えをすること。）
注2　→第115条解説1A注（文中のfはeと読み替えること。）

B　電気通信事業会計規則第2条ただし書により会計の整理をするときは，第3節・第4節に適合する場合に限り，その記載方法によることができ

る。
C　B/S 又は P/L の注記は，B/S 又は P/L の末尾以外の適当な箇所に記載することも許容される。

2　本条第3項

　第120条第3項は，電気通信会社の公告する B/S の要旨について，第111条第1項の規定にかかわらず，次の A・B によることとしている。
　A　固定資産の部を，電気通信事業固定資産・他の事業固定資産・投資その他の資産の各部に区分しなければならない。
　B　上の A の電気通信事業固定資産・他の事業固定資産の各部について，更に，それぞれ，有形固定資産・無形固定資産の各部に区分しなければならない。

　注1　→第119条解説2注1
　注2　→第119条解説2注2（文中の「本条②」は「本条③」と読み替えること。）

3　本条第4項

　第120条第4項は，第116条第2項と適用対象会社が異なるだけであって，その規定内容は全く同じである。（→第116条解説2）

第121条（鉄道会社に関する特例）
①　鉄道事業法（昭和61年法律第92号）に定める鉄道事業者である株式会社又は有限会社（以下この条において「鉄道会社」という。）の作成すべき貸借対照表及び損益計算書の記載の方法については，前2節（第44条第1項，第49条及び第56条（第70条第2項及び第72条第3項において準用する場合を含む。）を除く。）の規定は適用せず，鉄道事業会計規則（昭和62年運輸省令第7号）（旅客鉄道株式会社及び日本貨物鉄道株式会社に関する法律（昭和61年法律第88号）第1条第1項に規定する旅客会社（以下この条において「旅客会社」と

いう。)にあっては，鉄道事業会計規則及び経営安定基金に係る経理の整理に関する省令（昭和62年運輸省令第21号））の定めるところによる。ただし，同規則中第2条ただし書の規定により会計の整理をするときは，前2節の規定に適合する場合に限り，その<u>記載</u>の方法によることができる。

② 鉄道事業会計規則別表第2第1号表中各事業の固定資産及び建設仮勘定の款並びに第2号表中各事業の営業収益及び営業費の款を細分する科目の<u>記載</u>は，省略することができる。

③ 各事業の固定資産については，土地，建物その他の資産の性質を示す適宜の名称を付した科目ごとにこれを合算した総額を，営業損益については，売上高，売上原価，販売費及び一般管理費その他の収益又は費用の性質を示す適宜の名称を付した科目ごとにこれを合算した総額を注記しなければならない。

④ 貸借対照表又は損益計算書に<u>記載</u>すべき注記は，貸借対照表又は損益計算書の末尾以外の適当な箇所に<u>記載</u>することができる。

⑤ 鉄道会社の公告すべき貸借対照表の要旨は，第111条第1項の規定にかかわらず，固定資産の部を鉄道事業固定資産，他の事業固定資産，各事業関連固定資産，建設仮勘定及び投資その他の資産の各部に区分して記載しなければならない。

⑥ 旅客会社の公告すべき貸借対照表の要旨は，資産の部に別に経営安定基金資産の部を，資本の部に別に経営安定基金の部を設けて記載しなければならない。

⑦ 旅客会社の公告すべき損益計算書の要旨には，経営安定基金運用収入の額を注記しなければならない。

⑧ 第48条第2項の規定は鉄道会社であって小<u>株</u>式会社又は有限会社に該当するものの貸借対照表及び損益計算書について，第109条の規定は鉄道会社の公告する貸借対照表及び損益計算書について，それぞれ準用する。

⑨ 旅客会社が作成すべき附属明細書には，経営安定基金資産の明細

> を他の資産と区分して記載しなければならない。
> ⑩　鉄道会社で軌道法（大正10年法律第76号）に定める軌道事業を経営するものは，鉄道事業に係る固定資産又は営業損益に関する記載を軌道事業に係るものと一括してすることができる。この場合においては，鉄道事業会計規則別表第2第1号表及び同第2号表中鉄道事業とあるのは鉄軌道事業として記載する。

1　本条第1項～第4項

第121条の第1項～第4項を整理・要約／補足して示すと，次のA～Fのとおりである。

A　鉄道会社〈株式会社／有限会社〉のB/S・P/Lの記載の方法については，第3節・第4節のうち，次のa～eは適用するが，その他の規定は適用せず，鉄道事業会計規則による（→下のC）。

　a　第44条第1項：B/S・P/Lの作成の基本原則
　b　第49条：金額の表示の単位
　c　第56条：流動資産に属する金銭債権の取立不能見込額の記載／注記
　d　第70条第2項で準用する第56条：長期金銭債権の取立不能見込額の記載／注記
　e　第72条第3項で準用する第56条：投資その他の資産に属する'市場価格のない債券'の取立不能見込額の記載／注記

注1　→第115条解説1Ａ＊1（必要な読み替えをすること。）
注2　→第115条解説1注（文中のfはeと読み替えること。）

B　本条第1項でいう旅客会社のB/S・P/Lの記載の方法については，第3節・第4節のうち，上のAのa～eは適用するが，その他の規定は適用せず，鉄道事業会計規則及び経営安定基金に係る経理の整理に関する省令による。

注　→上のA注1・注2

C　鉄道事業会計規則第2条ただし書により会計の整理をするときは，第3節・第4節の規定に適合する場合に限り，その記載の方法によること

ができる。
　D　鉄道事業会計規則別表第2における次の款を細分する科目の記載は，省略することができる。
　　a　第1号表中，各事業の固定資産及び建設仮勘定の款
　　b　第2号表中，各事業の営業収益及び営業費の款
　E　次の **a・b**（それぞれ）について，その科目ごとに全事業の合算総額を注記しなければならない。
　　a　各事業の固定資産について，土地・建物その他の資産の性質を示す適宜の名称を付した科目
　　b　各事業の営業損益について，売上高・売上原価・販売費及び一般管理費その他の収益／費用を示す適宜の名称を付した科目
　F　B/S 又は P/L の各注記は，B/S 又は P/L の末尾以外の適当な箇所に記載することも許容される。

2　本条第5項〜第7項

　第121条の第5項〜第7項は，次の **A〜C**（それぞれ）について，特別の規定を行ったものであり，格別，解説を要する点はない。
　A　第5項……鉄道会社の公告する B/S の要旨*1*2
　B　第6項……旅客会社の公告する B/S の要旨*1*2
　C　第7項……旅客会社の公告する P/L の要旨*3

　　*1　→**第119条解説2**注1・注2（必要な読み替えをすること。）
　　*2　'本条⑤・⑥'以外の事項については，本条①冒頭の文言を前提とする限り，第111条によることとなる。
　　*3　本条⑦以外の事項については，本条①冒頭の文言を前提とする限り，第112条によることとなる。

3　本条第8項

　第121条第8項は，第116条第2項と適用対象会社が異なるだけであって，その規定内容は全く同じである。（→**第116条解説2**）

4　本条の第9項・第10項

第121条の第9項・第10項は，次のＡ・Ｂ（それぞれ）について，特別の規定を行ったものであり，格別，解説を要する点はない。

Ａ　第9項……旅客会社の附属明細書
Ｂ　第10項……軌道事業を兼営する鉄道会社における記載

第122条（軌道会社に関する特例）
　　前条第1項から第5項まで及び第8項の規定は，同条第10項の軌道事業を経営する者である株式会社及び有限会社について準用する。

第122条の規定の意味するところについて，格別，解説を要する点はない。（→上の**第121条解説**。旅客会社に関する部分を除く。）

第123条（東京湾横断道路建設会社に関する特例）
①　東京湾横断道路の建設に関する特別措置法（昭和61年法律第45号）に定める東京湾横断道路建設事業者である株式会社（以下「東京湾横断道路建設会社」という。）の作成すべき貸借対照表，損益計算書及び附属明細書の記載の方法については，前2節（第44条第1項及び第3項，第49条，第56条（第70条第2項及び第72条第3項において準用する場合を含む。）並びに第62条を除く。）の規定は適用せず，東京湾横断道路事業会計規則（昭和63年建設省令第1号）の定めるところによる。ただし，貸借対照表又は損益計算書に記載すべき注記は，貸借対照表又は損益計算書の末尾以外の適当な箇所に記載することを妨げない。
②　第48条第2項の規定は東京湾横断道路建設会社であって小株式会社に該当するものの貸借対照表及び損益計算書について，第109条の規定は東京湾横断道路建設会社の公告する貸借対照表及び損益計算

書について，それぞれ準用する。

1　本条第1項

第123条第1項を整理・要約／補足して示すと，次のA・Bのとおりである。

A　東京湾横断道路建設会社〈株式会社〉のB/S・P/L・附属明細表の記載の方法については，第3節・第4節のうち，次のa～fは適用するが，それ以外は適用せず，東京湾横断道路事業会計規則による。

　　a　第44条第1項・第3項：B/S・P/L・附属明細書の作成の基本方針
　　b　第49条：金額の表示の単位
　　c　第56条：流動資産に属する金銭債権の取立不能見込額の記載／注記
　　d　第70条第2項で準用する第56条：長期金銭債権の取立不能見込額の記載／注記
　　e　第72条第3項で準用する第56条：投資その他の資産に属する'市場価格のない債券'の取立不能見込額の記載／注記
　　f　第62条：有形固定資産の減価償却累計額の記載／注記

　　注1　→**第115条解説1A＊1**（附属明細書に関する部分を除くほか，必要な読み替えをすること。）
　　注2　→**第115条解説1A注**（文中のfはeと読み替えること。）

B　B/S又はP/Lの注記は，B/S又はP/Lの末尾以外の適当な箇所に記載することも許容される。

2　本条第2項

第123条第2項は，第116条第2項と適用対象会社が異なるだけであって，その規定内容は全く同じである。（→**第116条解説2**。有限会社に関する部分を除く。）

第11章　雑則（抄）
────商法施行規則────

> **第197条（計算書類の用語及び様式の特例）**
> ① 有報提出大会社の貸借対照表，損益計算書……の用語又は様式の全部又は一部については，第5章第3節第2款及び第3款……の規定にかかわらず，財務諸表等規則……の定めるところによることを妨げない。
> ② 前項の規定は，第5章第5節の規定の適用がある大株式会社等の貸借対照表及び損益計算書については，適用しない。

　第197条は，有報提出大会社*のB/S・P/Lの特例に関する規定であり，格別，解説を要しないと思うが，念のため，第1項・第2項をまとめ，整理して示すと，次の**A**のとおりである。

　　＊　「有報提出大会社」という語の中の「大会社」とは，「単なる大会社」ではないことに留意すること。

　『証券取引法の規定に基づき有価証券報告書を提出すべき大株式会社等（＝大株式会社＋みなし大株式会社＋特例会社）のB/S・P/L（第5章'第5節＝特定の事業を行う会社についての特例'の適用がある大株式会社等のB/S・P/Lを除く。）の用語／様式*1の全部／一部*2については，財表規則の定める用語／様式によっても差し支えない。』

　　＊1　用語・様式の両方でもよく，片方だけでもよい。（作成方法は含まれない。）
　　＊2　用語の全部でも一部だけでも様式の全部でも一部だけでもよい。
　　注1　上の枠内の第197条の条文では，その記載を略したが，連結計算書類について，上述と同様に連結財務諸表規則の定めるところによっても差し支えないとしている。連結計算書類については，第5章第5節の特例の適用がある大株式会社等であっても，連結財務諸表規則の定めるところによっても差し支えない。
　　注2　第197条の特例による場合は，そのことが分かるように説明を加えておく方がよいと思う。

本規則と財表規則との間では，従前において同義異語であった会計用語の調整が行われたので，第197条の適用に当たり基本的に重要な問題は生じない。しかし，本規則における「株式等評価差額金」と財表規則における「その他有価証券評価差額金」とではその内容に差があるという有力な見解があるので，それについて留意する必要がある。

① 両者の差の第1点は，前者には市場価格のある金銭債権の時価評価（→本規則第30条第3項）による差額金が含まれるが，後者にはそれは含まれないという点である。

　しかし，有報提出大会社に関する限り，通常，金銭債権の時価評価が行われることがないので，現実にはこの問題は生じない。

② 両者の差の第2点は，前者と後者とでは有価証券の範囲に差があるという点であり，その具体例として，次のA・Bがある。

　A　譲渡性預金証書

　　譲渡性預金証書につき，前者ではこれを金銭債権とするのに対し，後者ではこれを有価証券とする[*1]（これらの見解には問題があるが，ここではその正否を問わない。）。

　　*1　→金融商品会計に関する実務指針8，58及び219第1パラ

　B　抵当証券

　　抵当証券につき，前者ではこれを有価証券とする[*2]のに対し（私見），後者ではこれを有価証券とはしない[*3]。

　　*2　一般には，あまり説明されていないようであるが，抵当証券法上，有価証券性が付与されており，それが会計上の有価証券（＝投融資目的の有価証券）としての性格を有するにもかかわらず，それには一般的市場性がないという理由だけをもって，法令による特別の規定がないのに，本規則上の有価証券に該当しないということは妥当でない（私見）。

　　*3　→金融商品会計に関する実務指針219第2パラ

　注　上のAに関し，有力な見解が示されるということは，有価証券に関する限り，金融商品に関する実務指針につき，「公正ナル会計慣行」を示すものとは解さないということを意味することになる（私見）。

上のA・Bのうち，Bについては一般的な市場性がなく，したがって市場価格を有するものはないので時価評価の問題は生じない。

これに対し，上の**A**については，それに市場価格がある場合に時価評価の問題が生じる。したがって，次の**a**〜**c**のように考える必要がある。

a 譲渡性預金につき時価評価することには，何ら問題はない。というのは，本規則上は金銭債権として第30条第3項に基づき時価評価することになり，財表規則上は「その他有価証券」として「金融商品に係る会計基準」に基づき時価評価することになるからであり，どちらも適法であるからである。

b 譲渡性預金の評価差額金を有する有報提出大会社にあっては，第197条を適用する場合でも，「株式等評価差額金」を「その他有価証券評価金」として表示することはできない。

c 譲渡性預金の評価差額金を有しない有報提出大会社にあっては，第197条を適用して「株式等評価差額金」に代えて「その他有価証券評価差額金」として表示することができる。

●参考説明──固定資産の減損に係る会計基準の適用について

固定資産の減損に係る会計基準の設定に関する意見書（平成14年8月9日企業会計審議会）に応じて，財務諸表等規則の改正（平成16年1月30日内閣府令第5号）が行われ，平成17年4月1日以後に開始する事業年度から本格的に適用されることとなった（早期適用可）。これに対し，本規則に関しては，それに関連する改正が行われていない（平成16年2月現在）。

そこで，いわゆる「固定資産の減損会計」の実施について私見を述べておくこととする。

① 固定資産の減損会計の実施の適法性

証取法上の財務諸表は，商法上の確定決算を前提とし，それに基づいて必要な形式上の組替，細分，追加，変更等の加工を行って作成すべきものである。したがって，まず，この減損会計の実施が商法（その委任による商法施行規則を含む。）上で適法であることがその実施の前提となる。

これについて，私見では，本規則第29条（固定資産の評価）ただし書の規定に照らし，その実施は，商法上，適法であると考える。

② 減損処理は，対象固定資産を回収可能価額で評価することを意味する。この回収可能価額は，時価の1種であるから，結局，減損処理をしたということは，本規則における次のA～Cの計算上，その各条項でいう「時価を付した」に該当するものと考える。

　A　株式会社／有限会社のB/Sにおいて，第93条により注記すべき額のうちの第124条第三号／第126条第三号の純資産額（＝次のBの額）

　B　株式会社／有限会社に係る第124条第三号／第126条第三号における純資産額（＝利益配当限度額計算上の控除額）

　C　株式会社に係る第125条第三号における最終のB/S上の純資産額（＝中間配当限度額計算上の控除額）

　　注　減損処理による損失は，特別損失とすることとされているから，本規則第91条第1項第三号の評価差額金には関係がない。

③ 上の②のA～Cは，利益配当／中間配当の限度額から，未実現利益と未実現損失とを通算した未実現純利益を控除することを目的とするものである。したがって，それらの計算上で除外される強制評価減における時価評価（＝第28条第1項ただし書及びそれを準用する各条項）と同様に，固定資産の減損処理＊に係る時価評価についても上の②のA～Cの純資産額の計算に用いる時価評価から除外すべきであると思う。

　しかしながら，本規則上，その手当てがなされていないから，現状では強制することはできないものの，会社としては，企業倫理及びコーポレート・ガバナンスの見地から，次のように配慮すべきであると考える。

　a　上の②のAの注記に当っては，本規則に従って計算した金額を注記するとともに，本規則第44条第1項・第47条に照らし，減損処理額を他の評価益と通算しないで上の②Bに準じて算定した「時価評価による純資産増加額」を別に注記する。

　b　利益配当／中間配当の実施に当たっては，法令によるその限度額から減損処理額を減算した額をもって会社の自主的な限度額とし，実質上，'未実現純利益を原資として社外流出処分を行うことによって商法の基本理念たる資本充実の原則に反する'ことのないようにする。

附　則

───商法施行規則───

附則（平成14年法務省令第22号）（抄）

第1条（施行期日）

　　この省令は，平成14年4月1日から施行する。ただし，……略。

第2条（株式会社の貸借対照表，損益計算書，営業報告書及び附属明細書に関する規則等の廃止）

　　次に掲げる省令は，廃止する。

一　株式会社の貸借対照表，損益計算書，営業報告書及び附属明細書に関する規則（昭和38年法務省令第31号）

二～四　（略）

五　株式会社の貸借対照表，損益計算書，営業報告書及び附属明細書に関する規則の特例に関する省令（昭和57年法務省令第42号）

附則（平成15年法務省令第7号）（抄）

第1条（施行期日）

　　この省令は，平成15年4月1日から施行する。

第3条（計算書類等に関する経過措置）

① この省令の施行前に到来した決算期に関して作成すべき貸借対照表，損益計算書，営業報告書及び附属明細書（次項において「計算書類等」という。）の記載又は記録の方法並びに公告すべき貸借対照表及び損益計算書並びにこれらの要旨の記載方法に関しては，この省令の施行後も，なお従前の例による。

② 前項の規定は，この省令による改正後の商法施行規則の規定に基

づき計算書類等を作成する旨を決定した株式会社又は有限会社については，適用しない。この場合においては，同項の貸借対照表に，その旨の注記をしなければならない。

附則（平成15年法務省令第68号）

（施行期日）
1　この省令は，平成15年9月25日から施行する。
（営業報告書に関する経過措置）
2　この省令の施行前に到来した決算期に関して作成すべき営業報告書の記載又は記録の方法に関しては，この省令の施行後も，なお従前の例による。
3　前項の規定は，この省令による改正後の商法施行規則の規定に基づき営業報告書を作成することを決定した株式会社については，適用しない。この場合においては，同項の営業報告書に，その旨の注記をしなければならない。

これらの附則について特別に解説を要する点はない。

注　法令の「附則」とは，法令の本則の外において，施行期日，経過措置，関係法令の改廃などについて規定する条項をいう。従って，附則における規定の中には，時の経過によってその目的を果たし，事実上，不要となってしまうものもある。
　しかし，ある法令とは，一見，無関係と思われる他の法令（特に改正法令）の附則の中に，当該「ある法令」の一部の条項を改正する規定が含まれていたりするから，附則を軽視してはならない。

項目索引

ア

預り金 …………………………252
預け金 …………………………163
A and／or B …………………137

イ

委員会等設置会社………………74
委員会等設置会社特例規定……74
以下………………………………66
以外………………………………67
以後………………………………66
以上………………………………66
意匠権…………………………209
以前………………………………66
１年基準…………………159,185
一般管理費……………………298
以内………………………………67
委任規定………………………3,5
委任命令…………………………4

ウ

受取手形………………………157
売上……………………………134
売上原価………………………297
売上高……………………134,297
売掛金…………………………157

エ

営業……………………………327
営業外金銭債権………………162
営業外金銭債務………………251
営業（会計）…………………295
営業外債権……………………162
営業外債務……………………250

営業外収益……………………305
営業外損益……………………296
営業外取引……………………303
営業外費用……………………305
営業外物的債権………………162
営業外物的債務………………250
営業外役務債権………………162
営業外役務債務………………250
営業金銭債権…………………156
営業金銭債務…………………248
営業権…………………………210
営業債権………………………156
営業債務………………………248
営業収益………………………299
営業循環基準…………………159
営業所…………………………328
営業損益………………………295
営業手形債権　→受取手形
営業手形債務　→支払手形
営業取引……………154,247,303
営業年度………………………328
営業費用………………………299
営業物的債権…………………156
営業報告書……………………94
営業前受金　→前受金
営業前払金　→前払金
営業未収金　→売掛金
営業未収収益…………………156
営業役務原価…………………300
営業役務債権…………………156
営業役務債務……………248,253
営業役務収益…………………299
営業未払金　→買掛金

オ

親会社 …………………………………17
親会社株式 ……………………………182
親会社たる有限会社の持分　→有限会社法
　　　　　　　　上の親会社の持分
　　　　　　　　及び
　び ……………………………………68

カ

外 ………………………………………67
買掛金 …………………………………248
開業費 …………………………………100
会計（一般）……………………………25
会計科目 ………………………………135
会計慣行 ………………………………29
会計基準 ………………………………31
会計原則注解　→企業会計原則注解
会計公準 ………………………………29
会計事象 ………………………………32
会計上の引当金 ……………………109, 273
会計処理 ………………………………34
　──の原則及び手続 …………………30
会計処理基準 …………………………31
会計書類 ………………………………16
会計報告基準 …………………………30
会計方針 ……………………………52, 118
　──の変更 ………………………54, 123
外国親会社 ……………………………19
解除条件付債務 ………………………270
解除条件 ………………………………270
解除条件付債権 ………………………169
開発費 …………………………………102
外部報告会計 …………………………27
買戻し条件付／'予約付' 売渡し契約 …252
価格 ……………………………………61
価額 ……………………………………61
確定期限付債権 ………………………166
確定期限付債務 ………………………267
貸付金 …………………………………163

ガス会社に関する特例 ………………360
価値 ……………………………………61
割賦回収基準 …………………………42
株式 ……………………………………183
'株式及び債券' 以外の有価証券 ………178
株式等評価差額金 ……………………285
科目 ……………………………………134
借入金 …………………………………251
仮払金 …………………………………165
関係会社 ………………………………23
勘定科目 ………………………………134
勘定式 …………………………………17
管理会計 ………………………………28
関連会社 ………………………………23

キ

機械 ……………………………………199
機械装置 ……………………………199, 203
企業会計 ………………………………26
企業会計基準委員会 …………………14
企業会計原則 …………………………9
企業会計原則注解 ……………………xvii
企業会計審議会 ………………………13
企業結合 ………………………………328
器具 ……………………………………200
期限不確定債権　→不確定期限付債権
期限不確定債務　→不確定期限付債務
期限不定債権 …………………………167
期限不定債務 …………………………267
期限未確定債権 ………………………167
期限未確定債務 ………………………267
期限未定債権 …………………………167
期限未定債務 …………………………267
記載 ……………………………………87
軌道会社に関する特例 ………………373
求償債権 ………………………………164
漁業権 …………………………………208
金額確定債権 …………………………167
金額確定債務 …………………………267

金額不確定債権	168
金額不確定債務	267
金額未確定債務	267
金額未定債権	168
銀行等に関する特例	363
金銭債権	155
──以外の債権の回収不能見込額	176
金銭債務	247
金銭消費寄託契約債務　→預り金	
金銭消費寄託債権　→預け金	
金銭消費貸借契約債権　→貸付金	
金銭消費貸借契約債務　→借入金	

ク

偶発債務	265
偶発損失	266
偶発費用	266
偶発負債	265
組合の持分　→民法上の組合の持分	
繰延資産	149
繰延税金資産	189
繰延税金負債	257

ケ

経済価値	115
計算書類	15
経常損益	294
削る	71
決算期	7
決算期末／期末	xviii
決算書類	xviii, 16
決算報告書	16
欠損	278
原価基準	47
原価計算基準	xvii
原価主義	46
減価償却	204
減価償却方法	204
減価償却累計額	197

原価法	47
研究費及び開発費	101
現金	152
現金基準	42
現金基準認識方法	42
現金主義	41
原材料	192, 193
建設会社に関する特例	357
建設仮勘定	203
建設利息	107

コ

後	66
鉱業権	208
工業所有権	207, 209
工具	200
航空機	202
工具器具備品	200, 203
更生債権	158
構築物	199, 203
後発事象	324
子会社	20, 83
──に対する金銭債権	171
固定資産	148
固定負債	243
この限りでない	65
子法人等	82
コマーシャル　ペーパー	338
根底当権	241

サ

在外親会社　→外国親会社	
在外子会社	22
債権	154
財規 GL　→財表規則 GL	
債券	184
財産	115
再生債権	158
採石権	208

再調達原価　→取得時価
財表規則　→財務諸表等規則
財表規則GL ……………………xvii,10
財表規則上の有価証券 ………………179
債務 ……………………………………247
財務会計 …………………………………26
㈶財務会計基準機構………………………13
財務諸表科目 …………………………135
財務諸表等規則 …………………xvii,9
債務性引当金 …………………………260
債務超過 ………………………………279
債務保証 ………………………………270
削除………………………………………71
残存価額 ………………………………215

シ

時価 ……………………………………194
時価基準…………………………………50
時価主義…………………………………50
時価法……………………………………51
仕掛品 …………………………192,193
識別………………………………………32
識別基準…………………………………36
識別原則…………………………………36
識別方法…………………………………36
自己株式処分差益 ……………………279
自己株式処分差損 ……………………280
資産 ……………………………………145
支出………………………………………59
市場価格 ………………………………177
施設利用権 ……………………………207
施設利用負担金 ………………………221
質権 ……………………………………241
実現原則…………………………………41
実現主義…………………………………40
　　──の原則…………………………40
実現認識方法……………………………41
執行規定…………………………………4
執行命令…………………………………4

実用新案権 ……………………………209
してはならない…………………………65
しなければならない……………………64
支配株主…………………………………81
　　──に対する金銭債権 …………172
支配社員…………………………………81
支配人 …………………………………342
支払手形 ………………………………249
資本（B/S） …………………………146
資本 ……………………………………276
　　──の欠損 ………………………277
資本金 …………………………………277
借地権 …………………………………208
社債（資産） …………………………184
社債（負債） …………………………260
社債発行差金 …………………………106
社債発行費 ……………………………105
車輌運搬具 ……………………………203
収益………………………………………58
修繕引当金 ……………………………110
収入………………………………………58
出荷基準　→出荷時認識法
出荷時認識法……………………………41
出版権 …………………………………210
取得価額 ………………………………195
取得時価…………………………………51
受任命令…………………………………4
主文 …………………………………xviii
純資産額 ………………………………290
準備金 …………………………………274
準用する…………………………………70
小会社……………………………………79
小会社特例規定…………………………79
小株式会社………………………………79
償却 ……………………………………211
償却年数 ………………………………214
証券性営業債権　→受取手形
条件付債務 ……………………………268
商号権 …………………………………211

385

譲渡性預金証書 …………………180	
商標権 ……………………………209	
商品 …………………………191, 193	
商法規則　→本規則	
商法上の取得価額　→本規則上の取得価額	
商法上の引当金　→本規則上の引当金	
商法上の流動資産　→本規則上の流動資産	
商法特例法 ……………………………xvii	
剰余金 ……………………………277	
取得原価 …………………………195	
所有権留保付売買契約 …………219	
新株式払込金 ……………………284	
新株式申込証拠金 ………………284	
新株発行費 ………………………104	
新株予約権 ………………………104	
新株予約権発行費 ………………105

ス

水利権 ……………………………208	
することができない ……………63	
することができる ………………63	
することを妨げない ……………65	
するものとする …………………66	

セ

税計算前当期純損失 ……………309	
製造費用 …………………………59	
制度会計 …………………………27	
税引前当期純損失 ………………309	
税引前当期純利益 ………………309	
製品 …………………………192, 193	
税法固有繰延資産 ………………221	
設備動産信託契約 ………………220	
前期繰越利益金 …………………311	
前渡金(ゼントキン)	
→前渡金(マエワタシキン)　→前払金	
船舶 ………………………………202	

ソ

装置 ………………………………200
創立費 ……………………………99
測定 ………………………………32
測定基準 …………………………44
測定原則 …………………………43
測定方法 …………………………45
租鉱権 ……………………………208
租税特別措置法上の準備金 ……275
その他 ……………………………70
その他資本剰余金 ………………279
その他資本の部 …………………283
その他の ………………………… 70
その他有価証券 …………………285
ソフトウェア …………………102, 210
損益 ………………………………115
損益及び未処分利益結合計算書……94
損益計算書 ………………………93

タ

大会社特例規定 …………………73
大株式会社 ………………………72
大株式会社等 ……………………79
貸借対照表 ………………………92
耐用年数　→償却年数
立替金 ……………………………164
建物 …………………………199, 203
棚卸資産（形態） ………………191
棚卸資産（属性） ………………193
ダム使用権 ………………………208
担保 ………………………………240
担保権 …………………………241, 339

チ

地上権 ……………………………207
知的財産権　→無体財産権
中間配当 …………………………313
注記 ………………………………24

超……………………………………66
超過額………………………………290
長期金銭債権………………………227
長期金銭債務…………………258, 260
長期繰延税金資産…………………223
長期繰延税金負債…………………260
長期前払費用………………………221
長期前払費用の1年以内費用化部分…187
著作権………………………………210
著作隣接権…………………………210
貯蔵品…………………………192, 193

ツ

追加情報の注記……………………135

テ

低価基準………………………………48
低価主義………………………………48
低価法…………………………………49
停止条件……………………………269
停止条件付債権……………………169
停止条件付債務……………………269
抵当権………………………………241
手形借入金…………………………251
手形遡求義務………………………271
できない　→することができない
適用する………………………………70
できる　→することができる
鉄道会社に関する特例……………369
電気会社に関する特例……………365
電気通信会社に関する特例………367
電磁的記録……………………………86
電磁的方法……………………………87

ト

当期純損失…………………………310
当期純利益…………………………309
当期未処分利益(金)………………282
当期未処理損失(金)………………282

東京湾横断道路建設会社に関する
　特例………………………………373
動産設備信託契約　→設備動産信託契約
投資その他の資産…………………149
とき……………………………………71
特別損益……………………………296
特別損失……………………………307
特別法上の引当金…………………274
特別利益……………………………306
特例会社………………………………74
特例法　→商法特例法
土地…………………………………203
土地再評価差額金…………………284
土地受贈益……………………………58
特許権………………………………209
取立不能見込額……………………175
取引…………………………………302

ナ

内………………………………………67
内部報告会計…………………………28
並びに…………………………………68
なることができない…………………63

ニ

日本公認会計士協会報告……………14
任意剰余金…………………………278
任意積立金…………………………281
認識……………………………………32
認識基準………………………………38
認識原則………………………………37
認識方法………………………………38

ノ

のほか…………………………………67
暖簾(ノレン)　→営業権

ハ

場合……………………………………71

パートナーシップ……………………22
売却時価……………………………51
売買特約付／予約付賃貸借契約………219
破産債権……………………………157
破産債権などと1年基準……………159
破産債権などに準ずる債権…………158
発生基準……………………………39
発生主義……………………………38
　　──の原則……………………38
発生認識方法………………………39
半製品………………………192, 193
販売費………………………………298
販売費及び一般管理費………………298

ヒ

B/S……………………………xviii
B/S・P/L の記載の方法……………130
P/L　→損益計算書
引当金（会計）　→会計上の引当金
引当金（特別法）　→特別法上の引当金
引当金（本規則）　→本規則上の引当金
引渡基準　→引渡時認識法
P/L……………………………xviii
引渡時認識法………………………41
1株当たり当期純利益額の計算方法…315
備品…………………………………201
備忘 a／c……………………………135
費用…………………………………59
評価基準……………………………44
評価原則……………………………43
評価差額……………………………88
評価差額金…………………………88
評価性引当金………………………109
評価の方法…………………………129
評価方法……………………………45
表示方法……………………………30
費用の前払…………………………187

フ

不確定期限…………………………166
不確定期限付債権…………………166
不確定期限付債務…………………267
付記…………………………………24
負債…………………………………145
負債性引当金………………………260
附則…………………………………379
附属明細書…………………………96
物的対応……………………………297

ヘ

平成14年改正法……………………xvii

ホ

報告式………………………………17
法人税等……………………………308
法人税等及び調整額………………308
ほか…………………………………67
保険会社に関する特例……………364
保証債務……………………………270
本規則………………………………xvii
　　──上の取得価額………………196
　　──上の引当金…………109, 273
　　──上の有価証券………………179
　　──上の流動資産………………190
本規定………………………………xvii
本則…………………………………xviii
本文…………………………………xviii

マ

前……………………………………66
前受金………………………………253
前受収益……………………………253
前払金………………………………157
前払費用……………………………186
前渡金　→前払金
又は…………………………………69

ミ

未確定債務 …………………………266
未確定負債 …………………………268
未収金 ………………………………164
未収収益 ……………………………165
みなし大会社 …………………………75
みなし大会社特例規定………………77
みなし大株式会社……………………77
未払金 ………………………………252
未払費用 ……………………………253
未満……………………………………66
民法上の条件 ………………………269
民法上の組合の持分 ………………233

ム

無形固定資産 ………………………206
無限責任社員 ………………………342
無体財産権 ……………………207, 208

メ

命令 ……………………………………3

モ

若しくは ………………………………69
持分 …………………………………231

ユ

有形固定資産（形態）……………198
有形固定資産（属性）……………202
'有限会社法上の親会社'の持分 ……232
有限子会社……………………………83
有報　→有価証券報告書
有報提出大会社………………………80
　　──のB/S・P/Lの特例 …………375
　　──の注記の特例 ………………139

ヨ

預金 …………………………………153

リ

リース契約 …………………………216
利益 …………………………………116
利益金 ………………………………282
利益剰余金 …………………………313
利益相反取引 ………………………339
流動資産（会計）…………………147
流動資産（商法）　→本規則上の流動資産
流動性配列法 ………………………152
流動負債 ……………………………242
留保利益　→利益剰余金

レ

劣化資産 ……………………………198
連結子会社……………………………84
連結子会社（財表規則）　→連結子法人等
連結子法人等…………………………83
連結対象子会社 ………………104, 122
連結特例規定適用会社………………85
連続意見書 …………………………xvii

河野　保（こうの　たもつ）　昭和2年生まれ
公認会計士
- 昭和22年大阪商科大学高等商業部卒業
- 昭和23年日本電気精器㈱大阪製作所就職
- 昭和31年大阪電気精器㈱（現・松下エコシステムズ㈱）転籍，総務課長・経理課長歴任
- 昭和44年監査法人朝日会計社（現・あずさ監査法人）代表社員就任，ニューヨーク事務所長・大阪事務所長など歴任，平成7年定年退職
- 日本公認会計士協会近畿会会長，日本公認会計士協会副会長，㈱ユー・エス・ジェイ監査役，帝人㈱監査役など就任（いずれも退任済み）
- 著書：『商法決算書類規則詳解』（平成8年）清文社
　　　　『新財務諸表等規則逐条解説』
　　　　　　　　　　　　　　（平成13年）清文社

株式会社 有限会社 決算書類規定詳解

平成16年4月15日　発行	定価はカバーに表示してあります
著　者　Ⓒ河　野　　保	
発行者　　成　松　丞　一	
発行所　　株式会社　清　文　社	

〒530-0041　大阪市北区天神橋2丁目北2－6（大和南森町ビル）
電話06(6135)4050　FAX 06(6135)4059
〒101-0048　東京都千代田区神田司町2－8－4（吹田屋ビル）
電話03(5289)9931　FAX 03(5289)9917
〒730-0022　広島市中区銀山町2－4（高東ビル）
電話082(243)5233　FAX 082(243)5293

清文社ホームページ　http://www.skattsei.co.jp/　　　印刷・製本　大村印刷㈱

◆著作権法により無断複写複製は禁止されています。落丁・乱丁本はお取替えいたします。

ISBN4-433-25354-5 〈O-1〉

商法計算書類の作成実務と記載事例 [第4版]

東陽監査法人 編

計算書類を作成される方、監査を行う方、利用される方を対象に、商法が求める書類の作成について、作成上議論の対象となるような事例を取り上げ、争点ごとにグルーピングして解説。

400を超える豊富な記載事例を収録！
平成15年4月に改正され、
商法施行規則により導入された
「連結計算書類制度」を解説！

■A5判664頁/定価 4,830円(税込)

[新版] 商法決算ガイドブック

数値モデルによる計算書類の作成手順

スリー・シー・コンサルティング
公認会計士　児玉　厚/髙橋幹夫　共著

商法施行規則（平成15年4月）の主な改正点をはじめ、商法計算書類作成の基礎資料、連結計算書類作成マップ、連結計算書類作成の基礎資料等を新たに設け、また、平成15年9月改正商法施行規則の内容も盛り込んだ、大幅増補の最新版。

■A5判498頁(本文2色刷)/定価 3,360円(税込)